21 世纪普通高等院校系列规划教材
ERSHIYI SHIJI
PUTONG GAODENG
YUANXIAO
XILIE GUIHUA JIAOCAI

主　编　曹嘉晖
副主编　赵修文　邓红　陈虎

人力资源管理

Renli Ziyuan Guanli

西南财经大学出版社
Southwestern University of Finance & Economics Press

21 世纪普通高等院校系列规划教材

编　委　会

名誉主任：丁任重

主　　任：章道云

副 主 任（以姓氏笔画为序）：

王朝全　李成文　龚　灏　彭礼坤　傅江景

委　　员（以姓氏笔画为序）：

邓　健　冯明义　李兴荣　杨明娜　周　一

张旭辉　岳正华　钟大辉　赵晓鸿　诸　丹

黄　萍　曹邦英　蒋远胜　董洪清

总序

为推进中国高等教育事业可持续发展，经国务院批准，教育部、财政部启动实施了“高等学校本科教学质量与教学改革工程”（下面简称“质量工程”）。这是深入贯彻科学发展观，落实“把高等教育的工作重点放在提高质量上”的战略部署，在新时期实施的一项意义重大的本科教学改革举措。“质量工程”以提高高等学校本科教学质量为目标，以推进改革和实现优质资源共享为手段，按照“分类指导、鼓励特色、重在改革”的原则，加强课程建设，着力提升我国高等教育的质量和整体实力。为满足本科层次经济类、管理类教学改革与发展的需求，培养高素质有特色应用型创新型人才，迫切需要普通本科院校经管类教学部门开展深度合作，加强信息交流。值得庆幸的是，西南财经大学出版社给我们搭建了一个平台，协调组织召开了普通本科院校经管学院院长联席会议，就教学、科研、管理、师资队伍建设、人才培养等方面的问题进行了广泛而深入的研讨。

为了切实推进“质量工程”，第一次联席会议将“课程、教材建设与资源共享”作为讨论、落实的重点。与会人员对普通本科的教材内容建设问题进行了深入探讨，认为目前各高校使用的教材存在实用性和实践性不强、针对性不够等问题，需要编写一套高质量的普通本科教材，以促进课程体系和教学体系的合理构建，推动教学内容和教学方法的创新，形成具有鲜明特色的教学体系，以利于普通本科教育的可持续发展。通过充分的研讨和沟通，与会人员一致同意，共同打造切合教育改革潮流、深刻理解和把握普通本科教育内涵特征、贴近教学需求的高质量的21世纪普通高等院校系列规划教材。

鉴于此，本编委会与西南财经大学出版社合作，组织了乐山师范学院旅游与经济管理学院、西南科技大学经济管理学院、西华师范大学管理学院、西华师范大学历史文化学院、宜宾学院经济与管理学院、成都大学管理学院、成都大学经济政法学院、成都大学旅游文化产业学院、攀枝花学院经管学院、吉林农业科技学院经济管理学院、内江师范学院经济与管理学院、成都理工大学商学院、成都信息工程学院商学院、成都信息工程学院管理学院、西华大学管理学院、四川农业大学经济管理学院、四川理工学院经济管理学院、佛山科技大学经济管理学院、西昌学院经济与管理学院等院校的教师共同编写本系列规划教材。

本系列规划教材编写的指导思想：在适度的基础知识与理论体系覆盖下，针对普通本科院校学生的特点，夯实基础，强化实训。编写时，一是注重教材的科学性和前沿性，二是注重教材的基础性，三是注重教材的实践性，力争使本系列教材做到“教师易教，学生乐学，技能实用”。

本系列规划教材以立体化、系列化和精品化为特色，包括教材、辅导读物、讲课课件、案例及实训等；同时，力争做到“基础课横向广覆盖，专业课纵向成系统”；力争把每本教材都打造成精品，让多数教材能成为省级精品课教材、部分教材成为国家级精品课教材。

为了编好本系列教材，在西南财经大学出版社的支持下，编委会经过了多次磋商和讨论。首先，成立了由西南财经大学副校长、博士生导师丁任重教授任名誉主任，西华大学管理学院院长章道云教授任主任，西南科技大学经济管理学院院长王朝全教授、宜宾学院经济与管理学院院长李成文教授、成都理工大学商学院院长龚灏教授、四川理工学院经济管理学院院长彭礼坤教授、佛山科技大学经济管理学院院长傅江景教授任副主任，其他院校院长任委员的编委会。在编委会的组织、协调下，第一批规划了公共基础、工商管理 、财务与会计 、旅游管理、电子商务、国际商务、专业实训、金融、综合类九大系列70余种教材。下一步根据各院校的教学需要，还将组织规划第二批教材，以补充、完善本系列教材。其次，为保证教材的编写质量，在编委会的协调下，由各院校具有丰富教学经验并有教授或副教授职称的教师担任主编，由各书主编拟订大纲，经编委会审核后再编写；同时，每一种教材均吸收多所院校的教师参加编写，以集众家之长。

经过多方努力，本系列规划教材终于与读者见面了。在此，我们对各学院领导的大力支持、各位作者的辛勤劳动以及西南财经大学出版社的鼎力相助表示衷心的感谢！

21世纪普通高等院校系列规划教材编委会

2008年12月

前 言

21 世纪，人类已经进入了一个以知识为主宰的全新经济时代——知识经济时代。企业知识化、网络化、全球化的发展改变了传统的时空观念，知识的竞争、信息的竞争、反应速度的竞争，归根到底是人才的竞争，人力资源与知识资本优势的独特性成为企业的核心竞争力，人力资源的价值成为衡量企业整体竞争力的最主要的差异因素。面对全球一体化，在高度整合、激烈竞争的时代，企业的管理者和人力资源管理从业人员，必须以一种新的全球思维方式重新思考企业人力资源的角色确定与价值增值问题。

从理论层面讲，人力资源管理是管理科学的重要组成部分，也是管理课程的基础。它是一门广泛吸收多学科知识的边缘科学，具有很强的实践性和应用性。参加本书编写的各位教师都具有比较丰富的实践和教学管理经验，有自己对教学过程的体会和对教材功能的理解。本书在编写上理论与实践相结合，以满足教、学、用的不同需要。在本书编写过程中，我们结合教学工作中的经验，参考和借鉴了国内外几十位专家、学者的大量著作，通过总结和提炼，力求反映近年来国内外在人力资源管理的理论与技术方面的最新研究成果。本书的编写在实践方面紧密结合了我国经济环境的现有特征，在教学方面条理清晰，在实际应用方面简洁有效，具有一定的理论深度和广度，能够充分体现系统性、前沿性、实践性和启发性。

（1）系统性。根据普通高等院校管理类专业的教学要求，本书在内容上力争涵盖人力资源管理的相关内容及主要活动，保持理论的系统性。

（2）前沿性。本书对人力资源管理的理论与原理、人力资源招聘的风险、能力素质模型建立、劳动人事法规政策、人力资源外包等都作了详细的介绍。本教材与其他同类教材相比更体现了人力资源管理与时俱进的特点。

（3）实践性。本书作为本科生教材，特点之一是将案例教学引进教材与教学实践，对学生课前课后阅读、自学提供了极大方便，能提高学生的学习兴趣。

（4）启发性。本书的编写结合实践，做到深入浅出、易于理解，用案例导读激发学生学习的兴趣与积极性。

本书由西华大学曹嘉晖教授担任主编，并负责全书的统稿和完善。由西华大学赵修文、四川理工学院邓红、攀枝花学院陈虎担任副主编。本书共分为十章：第一章由邓红编写、第二章和第七章由曹嘉晖编写、第三章和第六章由肖洁编写、第四章和第九章由鲜艳编写、第五章由陈虎编写、第八章由赵修文编写、第十章由曹嘉晖和芮光正编写。

在编写本教材的过程中，我们参阅和借鉴了大量的相关书籍和论文，在此谨向本书参考文献的作者表示最诚挚的谢意！

本书不足与错误之处，恳请批评指正。

为方便教学，本次修订后为教师提供了与本书配套的教学电子课件。

编　者

2012 年 8 月

目录

第一章 人力资源管理概论

【本章学习目标】

- 理解人力资源管理的基本概念与含义
- 理解人力资源管理的基本内容与功能
- 了解中国人力资源管理的现状与发展

【引导案例】

微软的人力资源管理

当比尔·盖茨被问到他过去几年为公司所做的最重要的事情时，他回答说："我聘用了一批精明强干的人。"

微软公司在1975年创办之时，只有3人，年收入只有16 000美元。到1999年，微软公司拥有50 000多名员工，市场价值已达4 000亿美元，公司总裁比尔·盖茨已成为世界首富，微软被称为"致力于个人电脑（PC）软件开发的迄今为止世界上最大最富有的公司"。可以说，微软的成功，人力资源的作用是最关键的因素之一。

微软人力资源管理的一个独到之处是其聘用了一大批懂技术、善经营的人才。这种人才的高明之处，就在于他们既拥有雄厚的科学技术和专门业务的知识存量，又了解和掌握经营管理规则，并能运用这些知识存量和规则使自己在市场的激烈竞争中操作自如，得心应手。微软公司以比尔·盖茨为代表，聚集了一大批这样的人才，在技术开发上一路领先，在经营上运作高超，因而微软成为全球发展最快的公司之一。目前，微软拥有众多精心挑选过的员工，他们以其才智、技能和商业头脑而闻名，是公司长足发展的原动力。比尔·盖茨在清华大学演讲时曾说过：虽然自己并不是每一天都痛快，但他不愿与别人交换这个工作，他觉得能够与一群充满智慧的人去工作、去交流是一件十分幸福的事情。微软（中国）公司市场部一名员工对记者说，他曾在另外两家外企工作过，进入微软后，每天都和一群非常有才气的人工作在一起，感觉自己提高很快。他认为，这个年轻的公司是最让他心动和倾心的公司，对年轻人充满诱惑力。

微软人力资源管理的另外一个独到之处是充分授权，这与微软公司特殊的历史、文化有关。微软早期主要由软件开发人员组成，强调独立性和思想性。公司一些高层人员在写工作报告时，常说一个比较中国化的词——"责任到人"。这表明公司非常重视人的作用，愿意给员工提供充分的空间，发挥他们最大的作用和潜能，在微软（中国）公司的市场推广部，每一个产品项目下都有一个产品经理。像负责桌面应用系统的经理，完全由他制定和完成整个国内市场的产品定位和推广计划等一系列工作。这就符合年轻人喜欢独当一面的特点，年轻人在微软工作觉得有足够的挑战性和吸引力。公司总部一位员工每星期都在自己的电子邮箱发一句激励性的口号。一次他这样发道："当你真正第一次成长起来时，你才会有真正开心的笑。"在微软，每个人都把能在这里工作当作自己事业成功的机会，如果一个公司每个人都把这一点放在重要位置的话，那么这个公司就没有不成功的道理。

第一节　人力资源概述

在全球经济一体化的当今世界，人的因素已成为组织实现自己战略目标的关键因素。技术创新、组织变革、人员的流动、市场不确定因素的增加，使组织所面临的环境越来越复杂。而"国以人兴，政以才治"，当今和未来的国际间的竞争，现代企业组织之间的竞争，说到底是人才的竞争。人力资源是第一资源，人力资源管理是所有管理工作的核心。在这场没有硝烟的人才资源争夺战争中，发挥人力资源丰富的潜在优势，走人才强国之路，是我们的必然选择。它关系到我国人力资源质量的提高，综合国力的增强，关系到国家、民族、企业组织的兴衰成败。

人力资源管理是一个重要而又复杂的领域，要使其效率提高，必须首先了解和认识人力资源和人力资源管理的基本理论的概念、内涵、功能及在我国的现状和发展等基本内容。

一、人力资源的含义和内容

（一）人力资源的含义

1. 资源

资源是人类赖以生存的物质基础。从经济学的角度来看，资源是人类形成财富的来源，是指可以投入到生产中去创造财富的一切要素和生产条件。

纵观人类社会的发展，能形成财富的资源分为两类：一是来自自然界的物质，称为自然资源，如土地、森林、矿山、江河等；另一类是来自人类自身的智力、体力和劳动能力，称为人力资源。马克思认为，生产要素包括劳动对象、劳动资料和劳动者，而劳动对象和劳动资料又构成了生产资料，因此，"不论生产的社会形式如何，劳动者和生产资料始终是生产要素"①。法国经济学家萨伊也认为土地、劳动、资本是构成资源的三要素。经济学家熊彼特认为，除了土地、劳动、资本三种要素之外，还应该加上企业家精神；还有很多经济学家认为，在生产要素中，还应该加上信息、知识等因素。因此，从当代经济环境中的价值创造角度出发，可以把资源分为以下几类：

---

① 中共中央马克思恩格斯列宁斯大林著作编译局. 马克思恩格斯全集：第24卷［M］. 北京：人民出版社，1972：44.

(1) 自然资源：通常指用于生产活动的一切未经加工的自然物。如未经开发的土地、山川、森林、矿藏等。它们具有供人们开发利用的价值。

(2) 资本资源：是指用于生产活动的一切已经过加工的自然物。如资金、机器、设备等。它是人们利用其生产和创造新的产品与新的价值，而不直接消费的资本。

(3) 信息资源：是指对生产活动及其有关的一切活动的事、物描述的符号集合①。

(4) 人力资源：是指生产活动中的活的资源，也是一切资源中最重要的资源。被经济学家称为第一资源。(此点将在后面详述)

(5) 时间资源：是指生产活动（或物质运动）的顺序更替和前后联系的连续性表现。按照德鲁克的观点，时间租不到、买不到、借不到、“定量供应”，毫无调节的弹性，又最容易损耗，无法储存，没有替代品。②

自然资源和资本资源具有独占性，信息资源具有共享性，时间资源具有时效性。这些都是被动资源，都需要由人来认识、利用和开发。因此，只有人力资源才具有主导性或能动性，是具有特殊重要性的核心资源。

从现代经济运行及其管理的角度看，经济活动包括了物质资源、人力资源、资本、管理、技术和信息六项资源要素。在经济全球化的现代社会，经济竞争的成败的根源在于科学技术，科学技术竞争的根源又在于人才，即人力资源起着越来越重要的作用。这也促使了各经济单位越来越重视“以人为本”，因此，人力资源已被看作最根本资源。

2. 人力资源

人力资源（Human Resource）原意包括两层意思：其一，是承认人权和强调人类属性的“人”；其二，是作为事物得以由来的“资源”。这种资源是用于社会经济活动的，是“人”作为一种物质推动力而存在的。因此，人力资源是指一定范围内人口总体所具有的劳动能力的总和，是指在一定范围内具有为社会创造物质和精神财富，从事体力劳动和智力劳动能力的人口的总称。③

这种劳动能力，作为社会生产及各种经济活动以及相关研究等活动的条件，它构成了社会经济活动的必要物质要素前提，也构成了经济活动的推动力，是一种重要的、特殊的经济活动资源。它是对一定范围的人员，通过投资开发而形成的具有一定体力、智力和技能的生产要素资源形式。

人力资源有广义和狭义之分。广义的人力资源是指劳动适龄人口再加上超过劳动年龄仍有劳动能力的那部分人口。狭义的人力资源是指具有劳动能力的劳动适龄人口，包括数量和质量两个指标。

从宏观角度看，人力资源是指一个国家或地区所有人口所具有的劳动能力的总和；从微观角度来看，人力资源是企业等组织雇佣的全部员工所具有的劳动能力的总和。结合西方管理大师彼得·德鲁克、“人力资本理论之父”西奥多·舒尔茨和其他一些西

① 马克思. 资本论：第一卷 [M]. 北京：人民出版社，1975：228.
② 马克思. 资本论：第一卷 [M]. 北京：人民出版社，1975：228.
③ 余凯成，程文文，陈政文. 人力资源管理 [M]. 大连：大连理工大学出版社，2006.

方经济学家的观点，理解人力资源的内涵应该注意以下基本要点：

（1）人力资源不仅是自然存在的资源，更是一种资本性资源，是人类可用于生产产品或提供各种服务的活力、技能和知识。它表现在劳动者身上，是生产经营中最活跃、最积极的生产要素。当然，也需要投资开发，以提高其产出率。

（2）只有通过一定方式的投资，掌握一定知识技能的人力资源才是一切资源中头等重要的资源。人力资源的本质是人所具有的知识、经验、技能、体能等能力，而人只是一个载体。这种资源是财富转化的形态，进而在财富的再生产中起着举足轻重的作用，成为财富形成的来源。而且，这种作为生产要素的资源能力，已经远远超过了一切其他形态的生产要素资源能力的总和，对人的投资带来的收益率超过了一切其他形态的资本的投资收益率。同时，这一能力还能被组织利用。

（3）人力资源与其他生产要素资源有较大差异。区别在于：人力资源既是生产的手段，又是生产的目的；既是生产的承担者，又是生产发展目的的实现者。一切生产活动都是为了满足人的发展需要和社会的全面进步。① 如果把人作为单纯的劳动力存在来看，其他生产要素则是自然现象，是物②。因此，人力资源的生产要素和经济要素的特点是非常突出的。

（4）研究和开发人力资源的目的，是为了有效开发运用人的劳动能力和社会活动能力，即“人力”。从现实作用看，人力主要包括人的体质、智力、知识和技能等部分。它是人之所以能够认识和改造客观事物，驱动和使用各种资源或生产资料的各种能力，是研究人力资源的基本内核。它们的有机组合，便形成了人力资源的丰富内容。

（5）人力资源所具有的劳动能力存在于人体之中，乃是人力资本的存量，在人们劳动时才能发挥出来。

3. 人力资源与其相关资源的关系

人力资源是一个涵盖面很广的理论概括。它是和人口资源、劳动力资源、人才资源等相互联系又相互区别的概念。分析和区别其相互关系，有助于我们准确地理解人力资源的实质和内涵。

（1）人口资源。它是指一个国家或地区所拥有的人口的总量，主要表现为人口的数量。它是人力资源的自然基础。

（2）劳动力资源。这是指一个国家或地区具有劳动能力，并在法定劳动年龄范围之内的人口的总数。它偏重于劳动者的数量。

（3）人才资源。这是指一个国家或地区中具有较强的专业技术能力、创造能力、管理能力、研究能力的人们的总称。它强调的是在价值创造中起关键或重要作用的那部分人，即优质的人力资源。它表明了一个国家或地区所拥有的人才质量。

（4）人力资源。它强调的是在一个国家或地区中，具有为社会制造物质和精神财富、并能够被组织所利用的体力和脑力劳动能力的人口总称。它包含了数量和质量两个概念，能推动社会发展和人类进步。

① 余凯成，程文文，陈政文. 人力资源管理［M］. 大连：大连理工大学出版社，2006.

② 彼得·P. 德鲁克，等. 公司绩效测评［M］. 北京：中国人民大学出版社，2007.

人口资源、人力资源、劳动力资源和人才资源四者之间的关系依次为包容关系和数量基础关系。如图 1.1 所示。①

(a) 人口资源、人力资源、劳动力资源、人才资源四者的包含关系

(b) 人口资源、人力资源、劳动力资源、人才资源四者的数量关系

图 1.1　人力资源关系图

人口资源和劳动力资源强调和突出人的数量和劳动者的数量；人才资源侧重于人的质量；人力资源强调的是人口数量和质量的统一，是潜在人力与现实人力的统一。

(二) 人力资源的基本特征

由于人是一种特殊的物质存在，而人力资源是进行社会生产最基本最重要的资源，因此，与其他资源相比较，人力资源具有以下基本特征。

1. 人力资源的再生性

(1) 人力资源以人身为天然载体。它是一种"活"的资源。与物质资源相似，人力资源在使用过程中也会出现有形和无形的磨损。人自身的疲劳、衰老、体质下降、技能退化等不可避免的损耗，是无法抗拒的有形磨损。而由于个人的知识、技能、经验等相对老化于社会和科技进步等现实而导致劳动能力下降的是无形磨损。人力资源的有形磨损，只能通过医疗和保健来予以减缓其进程，但是是不可逆转的。而人力资源的无形磨损，是可以通过不断学习、自我丰富、持续开发等实现其自我补偿，消除或避免的。

(2) 人口的再生产。这表现为新老更替，遵守一般的生物规律。这种人力资源时序上的再生性，与耕地、矿藏等资源的不可再生性且数量递减形成明显反差。同时，它还受人类意识的支配。

(3) 劳动人口的再生产。这是通过人口总体内各个个体的不断替换更新和恢复得以实现的。

2. 人力资源的能动性

人类不同于其他生物是在于人具有目的性、主观能动性和社会意识。这是人力资源与其他资源最根本的区别。人力资源具有思想、情感和思维，具有主观能动性，能有目的地、有意识地主动利用其他资源推动社会和经济的发展，因而它在经济建设和

① 余凯成，程文文，陈政文. 人力资源管理［M］. 大连：大连理工大学出版社，2006.

社会发展中起到了积极的和主导的作用，其他资源则处于被动使用的地位。另外，人力资源还是唯一能起到创造作用的因素。人具有创造性思维的潜能，这种潜能可在两个方面发挥作用：一是人在社会和经济发展过程中往往能创造性地提出一些全新的方法，加速社会的进步和经济的发展；二是人能适应环境的变化和要求，担负起应变、进取、创新发展的任务，从而使组织更加充满活力。

人力资源的能动性体现在三个方面：①自我强化：通过接受教育或主导学习，使自己的素质（如知识、技能、意志、体魄等）得到提高。②选择职业：在人力资源市场中具有择业的自主权力，即每个人均可按自己的爱好与特长自由地选择职业。③积极劳动：人在劳动过程中，会产生敬业、爱业精神，能够积极主动地利用自己的知识与能力、思想与思维、意识与品格，有效地利用自然资源、资本资源和信息资源为社会和经济的发展创造性地工作。①

因此，开发和管理人力资源不仅要关注数量、质量等外在特征，也要重视如何调动人的主观能动性，发挥积极性的问题。

3. 人力资源的时效性

人力资源是存在于人的生命——一种生物有机体中的劳动能力。它的形成、开发和利用都受到时间的限制。就组织的人力资源构成个体来看，作为生物有机体的人，都有其生命的周期；而作为人力资源的人，能够从事劳动的不同时期（青年、壮年、老年），其劳动能力也有所不同。就组织的人力资源总体或社会的角度来看，在各个年龄组人口的数量以及它们之间的联系方面，特别是“劳动人口与被抚养人口”的比例方面，也存在着时效性的问题。因此，任何范围的人力资源开发与管理都需要考虑动态条件下人力资源形成、开发、分配和使用的相对平稳性，尊重人力资源内在的生命周期规律和时效性规律。②

4. 人力资源的两重性

从生产和消费的角度看，人力资源的投资、开发和维持是一种消费行为，人力资源的使用和创造财富则是一种生产性行为。这与每一个劳动者既是生产者又是消费者的两重性是一样的。而且人力资源与一般资源一样具有投入产出的规律，并具有高增值性。此外，人的消费行为具有刚性，只要是有生命的人，无论其能否为社会创造财富，都需要消耗资源；而人的生产行为则具有弹性，受制于年龄、能力、机会、生产资料等因素。因此，在投资、开发管理人力资源时，需注重人力资源“两重性”的平衡协调问题。

5. 人力资源的社会性

人是社会存在与自然存在的统一体，是社会存在物或“社会的人”。从本质上讲，人力资源是一种社会资源。从微观上看，人类劳动是群体性劳动。不同的人在社会经济运动中，都各自处于各个劳动组织中，承担社会分工。从宏观上看，人力资源形成要依赖于社会，它的配置要通过社会，它的使用要处于社会经济分工体系之中。社会

① 王兰云，王海霞，等. 人力资源开发与管理［M］. 北京：经济科学出版社，2009.
② 王兰云，王海霞，等. 人力资源开发与管理［M］. 北京：经济科学出版社，2009.

对于这种活的、能动性的资源，提供其自身开发的外部条件和市场，并在一定程度上形成其竞争大环境。同时，作为每一个民族（团体）的共同价值取向的文化特征，也是通过人这个载体表现出来的。因此，开发或管理人力资源，除关注其经济特性外，还必须重视精神文化，价值观、人际关系、团队建设、利益整合等社会性的一面。

二、人力资源的构成

作为一种资源，是具有一定质和量的规定性的。人力资源也不例外。人力资源是依赖于人身上的劳动能力，和劳动者是密不可分的，因此，人力资源的构成是由质和量两个方面的内容构成的。

人力资源作为一定人口总体中所具有的劳动能力的总和可以表示为：

人力资源总量 = 人口资源的平均数量 × 人口资源的平均质量。

（一）人力资源的数量

人力资源数量反映着人力资源的量的特性，是人力资源总量的构成基础。一个国家或一个地区宏观上的人力资源数量构成情况如图 1.2 所示，在这里我们着重从宏观角度讨论人力资源数量的主要指标，微观组织的人力资源数量的表示或描述可以参照使用这些指标。人力资源数量可以用绝对数量和相对数量两种指标来表示，每种指标又有“潜在”和“现实”两种计算口径。

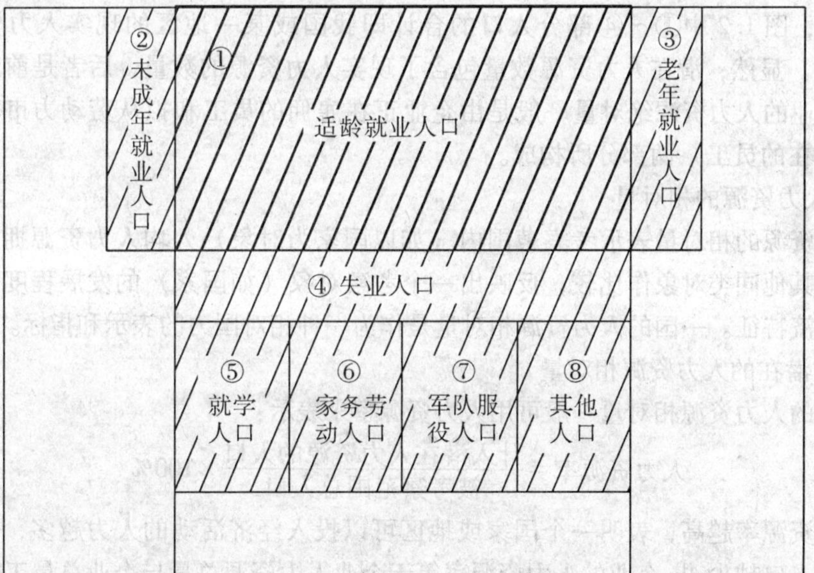

图 1.2 人力资源数量构成图

资料来源：余凯成，程文文，陈政文. 人力资源管理［M］. 大连：大连理工大学出版社，2006.

1. 人力资源的绝对量

一个国家人力资源的绝对量的大小，是反映其国力的重要指标。

(1) 潜在人力资源绝对量。

潜在人力资源绝对量是指被考察范围内（如一个国家或地区）可以动员投入劳动运行的人力资源数量。它是由被考察范围内具有劳动能力的人口量来加以计算的。

例如，我国现行的劳动年龄规定为：男子16~60岁，女子16~55岁。因此，我国或我国某一地区的潜在人力资源数量（绝对量）就包括了图1.2所示的八个阴影部分。即：①处于劳动年龄之内、正在从事社会劳动的人口，它占人力资源的大部分，可称为“适龄就业人口”；②尚未达到劳动年龄、已经从事社会劳动的人口，即“未成年就业人口”；③已经超过劳动年龄、继续从事社会劳动的人口，即“老年就业人口”；④处于劳动年龄之内、具有劳动能力并要求参加社会劳动的人口，这部分可以称为“求业人口”或失业人口，它与前三部分一起，构成经济活动人口；⑤处于劳动年龄之内、正在从事学习的人口，即“就学人口”；⑥处于劳动年龄之内、正在从事家务劳动的人口；⑦处于劳动年龄之内、正在军队服役的人口；⑧处于劳动年龄之内的其他人口。

(2) 现实人力资源的绝对量。

现实人力资源的绝对量是指考察范围内直接投入劳动运行的人力资源，又称为经济活动人口或劳动力人口。它包括了非个人原因而暂时失业人口。

例如，图1.2中①~④部分人口的合计即我国或某一地区的现实人力资源数量（绝对量）。显然，潜在人力资源数量包含了现实人力资源的数量，后者是前者的组成部分。企业的人力资源绝对量一般是由企业正在雇佣的员工和拟从劳动力市场招聘的人员（潜在的员工）两部分所构成。

2. 人力资源的相对量

人力资源的相对量表示考察范围内（如以国家为对象）人均人力资源拥有量，它可用来与其他同类对象作比较，反映出一个考察对象（如国家）的发展程度等深层次的社会经济特征。一国的人力资源相对量是作为一种相对国力的表示和指标。

(1) 潜在的人力资源相对量

潜在的人力资源相对量一般可用人力资源率来表示：

$$\text{人力资源率} = \frac{\text{计入潜在人力资源的人口}}{\text{被考察范围总人口}} \times 100\%$$

人力资源率越高，表明一个国家或地区可以投入经济活动的人力越多，作为单纯消费者的人口越少。[①] 企业的人力资源率等于企业人力资源总量与企业总员工数（包括离退休人员和特殊原因不能工作的员工）的比率。该比率越高，企业人力资源及可利用率越高，企业包袱越小，竞争力越强。

(2) 现实人力资源的相对量

现实人力资源的相对量一般可用劳动参与率来表示：

① 余凯成，程文文，陈政文. 人力资源管理［M］. 大连：大连理工大学出版社，2006：8.

$$劳动参与率 = \frac{劳动力人口}{被考察范围总人口} \times 100\%$$

劳动参与率越高，表明一个国家或地区现实从事经济活动的人力越多，可以创造的国民收入越多。影响人力资源数量的主要因素有以下几方面：

①人口总量及再生产状况。

由于人力资源数量体现为人口总量中的劳动能力或劳动力人口数量（现实和潜在的），所以人口的状况将决定人力资源的数量。人力资源数量的静态分析取决于人口总量或人口基数，人力资源数量的动态分析取决于受人口出生率和死亡率变化影响的人口自然增长率的变动。现代社会，人口死亡率处于低水平的稳定状态。所以，人口总量和人力资源数量，主要取决于人口出生率水平及其基数。

②人口结构及其变动。

人力资源数量要受人口年龄结构及变动的影响。一方面，在人口总量恒定的情况下，人口年龄结构的变化，直接决定人力资源的数量。另一方面，劳动适龄人口内部年龄构成的变动，制约着人力资源内部构成的变动。因此，调节人口年龄构成，需要在相当长的时间内，通过对人口出生率和自然增长率的调节来实现。

③人口迁移。

人口迁移能使一个地区的人口数量发生变化，从而使人力资源的数量发生变化。人口迁移是由多种因素造成的。在国内，人口流动的重要趋势是从农村流到城市，从不发达地区流到发达地区。其原因是收入差距、未来收入的预期、工作概率、文化生活等因素。人口迁移还与人们的流动能力（知识、技能、年龄、健康、财富等）的强弱有关。国际间人口迁移除上述因素外，还有一些特殊的原因。

④社会突变因素。

人类社会的一些不可控因素，如战争、自然灾害、瘟疫等，都可以使一个国家或地区的人口数量及分布发生变化，从而影响人力资源的数量。

（二）人力资源的质量

1. 人力资源质量构成

人力资源质量是指一定范围内（国家、地区、企业等）的劳动力素质的综合反映，人力资源的质量与构成人力资源的单个劳动力素质相关。

人力资源质量从整体上说，是一定范围人力资源所具有的体质、智力、知识、技能和劳动意愿。它一般体现在劳动力人口的体质水平、文化水平、专业技术水平和劳动的积极性上。人力资源质量常常用健康卫生指标、受教育状况、劳动者技术等级状况，以及劳动态度等指标来进行衡量。人力资源质量的构成要素如图 1.3 所示。

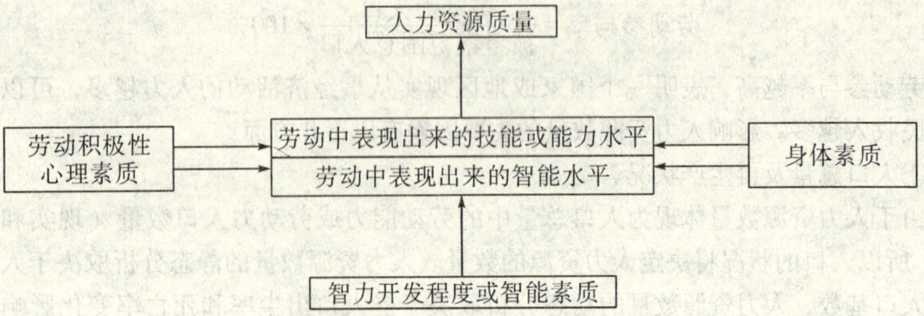

图 1.3　人力资源质量构成要素图

由图 1.3 可见，劳动力素质是劳动者在劳动中所表现出来的体力、知识、智力和技能水平（主要表现为智能水平和技能水平），其反映了人力资源的质量状况。其中劳动者的身体素质是决定人力资源质量的自然基础，智能素质是决定人力资源质量的关键，心理素质（以及劳动积极性）则是发挥劳动者体力和脑力的重要条件。随着社会的发展和进步，智能因素对人力资源质量的影响和作用不断提高，体质因素的影响和作用则逐渐走低。现代人力资源开发的主要目的是提高人力资源质量，关键是提高劳动者的智能素质。[①] 同时，就现代专业科学知识和技术能力而言，存在着“老化”与“更新”速度不断加快的规律，同这一趋势相适应，劳动者的类型大致发生变化，形成趋势发展链条：

体力型→一般文化型→较高文化型→专业技术型。

因此，现代人力资源开发的主要目的是提高人力资源的质量，关键是提高劳动者的智能素质。

2. 影响人力资源质量的因素

（1）遗传和其他先天因素。人类的体质和智能具有一定的继承性，这种继承性来源于人口代际间遗传基因的保持，并通过遗传与变异，使人类不断地进化、发展。人口的遗传，从根本上决定了人力资源的质量及最大可能达到的限度。但是，不同的人在体质水平与智力水平上先天差异是比较小的，这当然不包括那些因遗传病而致残的人。因此我们必须提倡优生优育，提高人口质量。中国现阶段提出的“少生优生”的国策就是为了使人力资源的体质、智力的潜在基础水平提高。

（2）营养因素。营养因素是人体发育的重要条件，一个人儿童时期的营养状况，必然影响其未来成为人力资源时的体质与智力水平。营养也是人体正常活动的重要条件，充足而全面地吸收营养才能维持人力资源原有的质量水平。随着中国国民经济的不断发展，人民生活水平的不断提高，我国的营养水平也在不断地提高。

（3）教育方面的因素。教育是人为传授知识、经验的一种社会活动，是一部分人对另一部分人进行多方面影响的过程，这是赋予人力资源质量的一种最重要、最直接的手段，它能使人力资源的智力水平和专业技能水平都得到提高。

① 王兰云，王海霞，等. 人力资源开发与管理［M］. 北京：经济科学出版社，2009：9.

3. 人力资源数量与质量的关系

一个国家与地区人力资源丰富程度不仅要用数量来计量，而且要用其质量来评价。人力资源质量的提高是人力资源开发的核心与关键。人对生产力的强大影响是智力因素，而智力在一定程度上又是科学技术的一种存在形态。离开了科学技术及人的智能发展，人在大自然面前是微不足道的。

数量偏大且科学文化技术素质低下的劳动力大军，只能从事传统、低效、简单的劳动，很难形成发展经济的重要源泉和推进现代化的主体力量。而且，过多低素质的劳动力不但不能看做是“丰富的资源”，反而会成为国际竞争和未来发展的十分沉重的负担。这是因为，其一，文盲和愚昧有着很强的自复制、自循环特性，文盲繁殖着文盲，愚昧扩散着愚昧。其二，庞大的剩余劳动力和失业人口不仅对食品供应产生持续性压力，而且还不断地强化对投资和积累的约束力，从而形成恶性循环，使短缺的生产基金更加短缺，匮乏的教育经费更加匮乏。其三，在一定条件下，他们为生存所迫还会成为经济发展中的破坏性力量。例如盲目拓荒、砍伐森林造成水土流失，海洋渔业中滥捕幼鱼造成资源枯竭，草原过度放牧造成草场退化，对矿物资源的掠夺性开采，从事严重污染环境的土法冶炼等直接威胁到民族的长期生存环境。这些破坏性活动就是过多的、低素质的劳动力不断堆积的结果。

与人力资源的数量相比，人力资源质量在当代和未来社会更为重要。从人力资源的内部替代性来看，人力资源的质量对于数量的替代性较强，而数量对于质量的替代作用较差。此外，人力资源的数量与质量构成应当与自然资源、物质资源之间保持动态平衡。因此，人力资源是其内在质量和数量的统一。

三、人力资源的作用

人力资源是经济活动中最活跃的因素，也是一切资源中最重要的资源。一个国家或地区的经济发达程度与这个国家或地区的人力资源质量呈正相关性，它对经济增长和企业生存发展具有重要意义。研究成果表明，现代经济增长的途径取决于以下四个方面的因素：①新的资本资源的投入；②新的可利用自然资源的发现；③劳动者的平均技术水平和劳动效率的提高；④科学的、技术的和社会的知识储备的增加。后两项因素是现代经济增长的关键因素。人力资源在经济运行和企业运营中的作用主要表现如下：

(一) 人力资源是社会经济发展的关键因素

资源是生产过程得以运行的基本条件。人力资源构成社会经济运行的基本前提。经济活动和企业运营的三个主要因素是人、财、物。不同主体或企业的经济活动对物力要素的要求没有特别要求，而人力要素却是必不可少的。而且，人力资源在社会经济发展中是组合、运作其他资源的主体，并能推动和促进各种资源实现合理配置。劳动工具本质上是扩大和延伸了的人体器官，是人的助手，任何劳动手段都是经过人类改造的物力要素。在社会经济发展中，物质资源是被动资源，而人力资源是主动资源，是劳动手段得以形成的条件，是造就和运用物力要素的主体动力因素。因此，人力资源是构成社会经济发展和企业运营活动的关键因素和基本前提。

(二) 人力资源是经济增长的主要动力

研究经济增长问题的经济学家一致认为，“知识的进展”是20世纪经济增长的最主要因素。所谓知识进展，主要是对人力资源进行投资、开发，使社会劳动者的文化水平和专业理论、专业技能提高，具有更高的运用物资资源的能力。据美国经济学家丹尼逊的计算，在美国长达60年的国民收入增长中，“增加投入量”的比重在下降，“提高产出率”的比重在上升。进一步分析可以看出，投入方面比重下降，主要在于物力因素，尤其是资本；产出方面比重增加，主要在于人力因素（即“知识进展”）。这一结果也表明，国民经济增长的主要潜力，正在于人力资源方面。

到20世纪60年代以后，发展中国家才逐渐认识到人力资源和人力资本对经济发展的重要性，开始采取有效的措施充分利用和开发本国的人力资源。对于发展中国家来说，人力资源除了以上所述作用外，还有以下特殊的作用：

第一，本国人力资源的质优价廉有利于提高对外资的吸引能力。第二，本国人力资源质量的改善有利于余值增长率的提高。余值增长率是指国民收入增长率大于国民资源投入增长率之差。第三，人力资源素质影响劳动生产率水平。一般发展中国家个人所受的教育年限与其获得的收入呈正比例变动关系。在一般情形下，收入水平又基本上反映了劳动生产率水平。第四，人力资源对经济发展有着积极反馈作用。经济学家认为，人力资源对经济发展的积极反馈作用主要表现在：人力资源的发展会对一个国家探求新的、更为有效的方法来满足需要产生刺激作用；人力资源的增长会迫使人们更为努力地工作，更多地参加社会生产活动，从而提高了社会经济效率；人力资源的增长会刺激对社会基础设施的建设，社会基础设施的发展又将带动经济的起飞；人力资源的增长通过为社会经济运行注入年轻的人口，从而提高社会投资的欲望，相对地减少投资风险，扩大市场，加速经济增长。

现代管理大师彼得·德鲁克曾经说过：“企业只有一项真正的资源：人。”国际商业机器公司（International Business Machines Corporation，IBM）公司总裁华生也说过：“你可以搬走我的机器，烧毁我的厂房，但只要留下我的员工，我就可以有再生的机会。”企业所拥有的各种资源是受到一定条件限制的，如何用最少的资源使企业获得最大的经济效益，这是现代企业正在苦苦思索的一个现实问题。幸运的是，这个问题被经济学家所解决。由于人力资源（资本）具有低投入高产出的特征，人力资源的重要性已被广泛认识。美国微软公司，我国的华为公司、海尔集团无一不是依靠人才而获得成功和辉煌的。

(三) 人力资源对中国社会经济与企业发展的现实作用

1. 人力资源是中国经济进一步腾飞的重要因素

中国拥有世界第一的人力资源，是我们最宝贵的财富。解决好我国的人口与人力资源问题，将沉重的包袱化为巨大的财富，消极的压力将转化为积极的经济推动力。这是21世纪我国面临的重大课题。

从总体发展角度看，中国正处在全球经济一体化背景下市场经济体制的全面构建时期。目前的快速发展状态的成因是社会大量的集约人才和主动灵活的人力资源开发与管理，而进一步的发展要取决于高质量的人才资源和高水平的人力资源开发与管理。因此，科学合理的人力资源选拔、鉴别和使用，完善和建立激励约束体制问题，是关系到我国改革和经济进一步发展的核心和关键问题之一。此外，在迅速全面的融入世界经济的发展进程中，对高素质的人才资源的需求大大增加，从我国经济社会发展的战略角度考虑，对高素质、高层次人才资源的开发，已成为重要任务。

人力资源对于造就现代劳动者和现代组织具有重要的不可替代的作用。在现代组织有效的人力资源开发管理活动中，人力资源本身的潜能的培养开发及文化赋予能量的释放为组织创造效益的同时，也塑造了劳动者自身。能使组织目标与员工利益和目标达到一致。这也是现代组织建设的重要方面。因此，对于中国来说，资金、技术、设备都不会成为腾飞的障碍，“中国经济背景将取决于能否成功调动和有效使用一切资源，特别是人力资源”①。

2. 人力资源是企业生存发展的决定性因素

人力资源是企业生存的关键资源。美国学者劳伦斯·S. 克雷曼认为，为了成功，企业组织必须获取并维持其对竞争对手的优势。这种优势可以用两个途径达到：一是成本优势，二是产品异化。因此，人力资源对于企业获得竞争优势的作用不可替代。

第一，人力资源是企业获取并保持成本优势的控制因素。①高素质的雇员需要较少的职业培训，从而减少教育培训成本支出。②高素质员工有更高的劳动生产率，可以大大降低生产成本支出。③高素质的员工更能动脑筋，寻求节约的方法，提出合理化的建议，减少浪费，从而降低能耗和原材料消耗，降低成本。④高素质员工表现为能力强、自觉性高，无须严密监控管理，可以大大降低管理成本。各种成本的降低就会使企业在市场竞争中处于价格优势地位。

第二，人力资源是企业获取和保持产品差别优势的决定性因素。企业产品差别优势主要表现于创造比竞争对手质量更好的产品和服务，提供竞争者提供不出的创新性产品或服务。显然，对于前者，高素质的员工，包括能力、工作态度、合作精神对创造高质量的一流产品和服务具有决定性作用。对于后者，高素质的员工，尤其是具有创造能力、创新精神的研究开发人员更能设计出创新性产品或服务。二者结合起来就能使企业持续地获取和保持相对于竞争对手的产品差别优势，使企业在市场竞争中始终处于主动地位。

第三，人力资源是制约企业管理效率的关键因素。“管理出效率，人才是关键”。这里的人才是管理人才。企业效率离不开有效的管理，有效的管理离不开高素质的企业经营管理人才。例如，前述竞争优势的获取和保持，其前提条件是科学的人力资源管理，包括选人、用人、育人、培养人、激励人，以及组织人、协调人等使组织形成互相配合、取长补短的良性结构和良好气氛的一系列科学管理。企业发展依赖于一大批战略管理、市场营销管理、人力资源管理、财务管理、生产作业管理等方面的高素质管理人才。

---

① 葛现军，许学军，吴承琪. 人力资源管理［M］. 北京：清华大学出版社，2006：11－12.

第四，人力资源是企业在知识经济时代立于不败之地的宝贵财富。20世纪70年代以来，知识经济时代的来临将人们对人力资源的认识提高到人力资本的高度，而且将智力资本视作人力资本的核心。知识经济是以知识为基础的经济。

在知识经济时代，社会发展的方方面面均依赖于知识，企业经济生产活动也不例外。在其中，信息、知识、科技、创造力成为最重要的战略资源，而产生这些资源的唯一来源就是人。所以，在知识经济时代经济竞争的重点必然由物质资源、金融资本的竞争转向人才、人力资源、智力资本的竞争。

第二节　人力资源管理概述

一、管理及相关问题

（一）管理的含义

作为管理的一个构成部分，人力资源管理属于这个大系统中的一个分支，也有其个性，也同样具备了管理一般原则和规律的共性特征。因此，了解人力资源管理，首先应认识管理的相关内容。

在人类所从事的各项活动中，管理是其中最重要的活动之一。自从科学管理理论出现以来，对管理含义的解释就从来没有停止过，不同的管理学派从各自的观点和角度出发对管理的含义给出了不同的解释。被多数专家学者认同的定义为：管理是指组织中的如下过程：通过信息获取决策、计划、组织、领导、控制和创新等职能的发挥来分配、协调包括人力资源在内的一切可以调用的资源；① 同时，以实现单独个人无法实现的目标，保证以有效的方式实现组织目标的过程。（见图1.4）

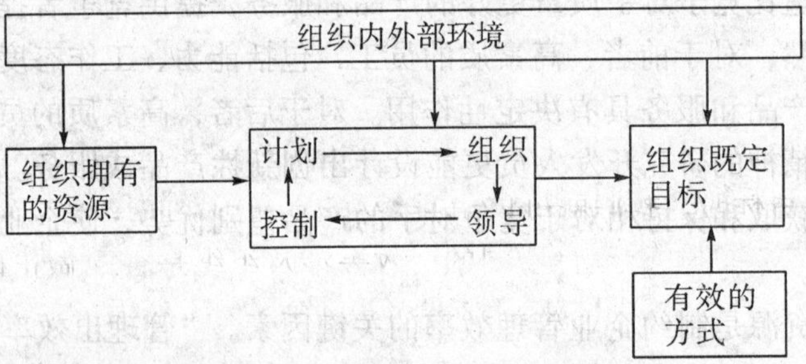

图1.4　管理活动示意图

由图1.4可以看出，管理活动包括以下五个要点：

（1）管理的载体是组织，管理不能脱离组织。管理活动是在特定的环境下进行的，要受到组织内外部各种环境因素的制约。例如，企业的生产经营活动要遵守国家的法律和政策、满足顾客的要求和需要等，这些是外部环境的影响；此外，它还要考虑人

① 周三多，叶向峰．人力资源管理概论［M］．北京：中国人民大学出版社，2007：23-26.

员的状况、资金的状况等，这些则是内部环境的影响。

（2）管理的对象是组织所拥有的一切可以调用的各种资源，如人力资源、资金资源、物质资源和信息资源等。资源既是管理的对象，同时也是管理活动进行的基础。

（3）管理的本质是活动或过程。管理过程是由一系列相关职能组成的，这些职能包括计划、组织、领导和控制等。管理职能是管理者进行管理活动的方法和手段，同时也是管理活动区别于一般作业活动的标志。

（4）管理是要实现既定的组织目标，为组织目标的实现服务，因此管理是一个有目的、有意识的活动过程。组织的目标在不同时期可能有所不同，同一时期的目标可能也是多层次、多方面的。而目标仅凭单个人的力量是无法实现的。

（5）管理要以最有效的方式来实现目标，这也是管理的价值所在。管理要通过各种手段和方式以最少的资源投入来实现既定的目标，否则管理就没有存在的必要和意义。

（二）管理的目标

通过对管理含义的解释，我们可以将管理活动所追求的主要目标概括为“一个中心，两个基本点”，一个中心就是组织目标，两个基本点就是效率和效果。管理活动就是要在组织目标的指引下，增进管理的效果，提高管理的效率。

效率（Efficiency）是指投入与产出的关系，组织的投入包括资金、技术、信息、劳动力、原材料和时间等，而产出指生产经营活动的结果，包括产品或服务，当然这些产品或服务必须是合格的或有效的。效率、投入和产出的关系可用下式表示：效率=产出/投入。

由上式能够看出，效率的提高主要有三种方式：一是投入不变的条件下提高产出；二是产出不变的条件下减少投入；三是提高产出的同时降低投入。效率越高，表示资源的利用程度越高。而在提高效率的过程中，管理的作用是不可忽视的，德鲁克曾说过：“提高生产率的最大契机一定可以在知识的运用中，特别是在管理本身的运用中找到。”①

效果（Effect）则与组织的目标有关，是指实现目标的有效程度，当管理实现或有助于实现组织的目标时，我们就可以说它是有效果的；否则，管理就是无效果的。可以看出，效果和效率的侧重点是不同的，效果涉及组织是否“做正确的事”（Do the Right Things），而效率则涉及组织是否“正确地做事”（Do the Things Right），它们之间的关系可以用图 1.5 表示。②

① 董克用，叶向峰. 人力资源管理概论［M］. 北京：中国人民大学出版社，2004：23-26.
② 董克用，叶向峰. 人力资源管理概论［M］. 北京：中国人民大学出版社，2004：23-26.

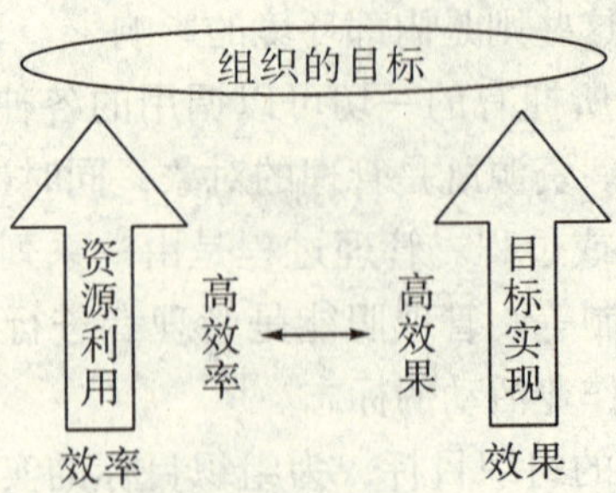

图 1.5　管理的目标

(三) 管理的职能与方式

管理的职能就是它所要承担或履行的一系列活动，最早系统地提出“管理职能”的是亨利·法约尔（Henri Fayol)，1916 年他在《工业管理和一般管理》一书中将管理分为计划、组织、指挥、协调和控制五项职能，此后管理学家们对管理的职能提出了各种不同的看法。

目前，国内通行的对管理职能的划分方式是将其划分为计划、组织、领导和控制四大职能。计划是指对组织目标和达成目标的方式、途径做出决策和选择；组织是指管理者根据计划对组织拥有的各种资源进行合理的安排，以实现最佳的组合；领导是指对下属人员进行指导，激励他们的工作热情，协调他们之间的关系；控制是指对工作活动进行监控，发现并及时纠正偏差，以保证目标的实现。需要强调的是，这四项职能是相互联系、相互依赖的，并不是截然分开的。(计划职能包括预测；指挥职能包括命令和指导；控制职能包括预算；激励职能包括鼓励和促进；沟通职能包括报告)

管理方式指管理职能四项的形式，它反映了管理者和被管理者之间的相互关系，是影响管理活动有效性的重要因素。相同的条件下，不同的管理方式可能会带来不同的结果。管理方式并无优劣之分，关键是要适应当时的管理环境。

二、人力资源管理的含义和特征

(一) 人力资源管理的含义

人力资源的管理是指各种社会组织对员工的招募、录取、培训、使用、升迁、调动、评价、合理开发，并使人力和物力经常保持最佳比例的一系列管理活动的总称。人力资源管理的主要目的在于科学、合理地配置人才，充分发挥人的作用，推动社会和组织迅速发展。

人力资源管理渗透于社会各领域，具有较大的复杂性。人力资源管理根据侧重范围的不同可分为宏观和微观的开发与管理。同时，在开发管理的具体操作中注重对人的思想、心理和行为进行恰当的诱导、控制和协调，以此充分发挥人的主观能动性，使人尽其才、事得其人、人事相宜，实现组织目标。

在现代社会经济发展的条件下，只有对人力资源进行科学而有效的开发和管理，才可能最大限度地发展生产力，推动社会进步。我们可以从两方面把握：其一，是对人力资源外在要素——量的管理。社会化的大生产过程中，人力与物力都需要按比例合理配置。对人力资源的管理就是根据人力和物力及其变化，对人力进行合理科学的组织、培训、协调，使其经常保持最佳比例和组合，发挥出最佳效应。其二，是对人力资源内在要素——质的管理，也就是对人的心理和行为的管理，采用现代化的科学方法，对人的思想、心理和行为进行有效管理，充分发挥人的主观能动性，形成群体功能的最佳效应，以达到组织目标。

（二）人力资源管理的宏观和微观管理

人力资源管理也因为其不同的主体、对象和范围而有宏观和微观之分。

1. 宏观人力资源管理

宏观人力资源管理是指在一个国家或地区范围内，对全社会的各个阶层、各个类型组织的从业人员从招工、录取、培训、使用、升迁、调动、直至退休的全过程管理。宏观人力资源管理的主体是一个国家或地区的政府，管理对象是正在从事体力劳动和脑力劳动的现实劳动力人口（劳动力资源或狭义的人力资源）；侧重点是如何组织管理已进入劳动过程的人力资源，强调从国家、地区或行业范畴的用人管理、就业管理和组织管理，有效发挥其劳动能力和作用，创造更多更好的物质和精神财富，从而推动经济发展和社会进步。

宏观的人力资源管理包括人力资源决策管理、人力资源配置使用管理、人力资源流动管理、人力资源保护管理以及劳动关系管理等宏观人力资源管理实务各个阶段。宏观人力资源管理的基本内容有：①人力资源的地区、行业和职业配置管理；②人力资源的结构管理，包括人力资源年龄、性别与质量结构，人力资源地区、城乡结构以及人力资源的就业和使用结构等方面的管理；③人力资源的就业、择业与失业管理；④人力资源的供给与需求管理；⑤劳动力市场、人才市场的培育、调控与运行管理；⑥劳动关系的冲突与合作管理；⑦人力资源决策的管理，即对人力资源开发、利用和管理的大政方针、方式方法进行比较和选择，并对人力资源政策、工资水平、职位职级体系等决策内容加以管理。

2. 微观人力资源管理

微观人力资源管理是指企业等微观组织对于本组织的人力资源，从人力资源战略与规划、工作分析与设计、员工招聘与选拔、工作绩效考核、员工薪酬管理、劳动安全与卫生、劳动纠纷与集体体制以及员工使用、调配直到离开本组织的各个环节和各项任务的系统、综合的全过程管理。微观人力资源管理的主体是企业等微观组织，管理对象是正在本组织从事体力劳动和脑力劳动的员工——承担本组织工作的人力资源，侧重点是如何组织管理已进入本组织的人力资源；如何有效发挥人力资源的价值作用和劳动能力，调动员工的劳动积极性和创造性，为达成组织目标作出贡献，创造更多的社会财富和良好绩效，从而推动本组织的事业发展和战略目标实现。①

在实践中，人们常常把微观人力资源开发内容并入微观人力资源管理，统称为某一微观组织的人力资源管理，这时则应在上述含义中增加员工培训与开发、职业发展、

---

① 李成彦．人力资源管理［M］．北京：北京大学出版社，2011．

工作或劳动结构优化等方面的内容。就此范畴而言，微观人力资源管理的基本任务是：①求才——吸收、寻求优秀人才和组织适用的人力资源；②用才——恰当使用组织的人力资源，唯才是举、人尽其才、才尽其用，发挥人力资源对经济发展的递增作用；③育才——通过培训、教育、发展，提高人力资源质量，激发员工潜力；④激才——通过激励机制和措施，调动员工的工作积极性，发挥人力资源的能动性；⑤护才——通过卫生保健、劳动安全、平等就业等措施保护劳动者合法权益，养护人力资源的持续劳动能力；⑥留才——尊重人才、爱惜人才，保持员工队伍的稳定，留住组织所需要的各类人才。[①]

(三) 人力资源管理的特征

从科学系统角度认识，人力资源管理具有以下几个突出的特点：

(1) 综合性。人力资源管理是一门内容复杂的综合性科学，需要综合考虑政治、经济、文化、组织、心理、民族、地域等多种因素。同时，它涉及经济学、管理学、社会学、心理学、人类学、组织行为学等多门学科，这是一门综合性较强的学科。

(2) 实践性。人力资源管理学科的建立和发展，是现代化社会化大生产高度发达，全球范围内的市场竞争日益激烈的产物，它发源于西方发达国家，引入中国时间不长，却发展迅速。人力资源管理的理论化，是现代社会经济发展实际经济的概括和总结，并反过来指导实践，同时接受实践的检验，具有较强的操作实践性。

(3) 发展性。人力资源管理作为一个新兴学科。是一个开放发展的理论认识体系，它的发展脉络可分为三个部分。第一，古代人事管理思想部分（包括中国古代以及管理思想和西方古代人事管理思想）主要以量的管理为主，不系统。第二，以泰勒、法约尔、韦伯为代表的，以经济人假设为基础，以效率为中心，把人当作物去管理，管理的重点是量上的配合的科学管理思想。第三，把科学管理与行为科学结合，以"社会人"、"自我实现人"假设为基础，以人为中心，量与质并重地管理人力资源，过渡到质的管理的现代管理思想。目前，人力资源管理正在经历着前所未有的来自全球化的各种力量的冲击和挑战，这种发展趋势影响着经济组织的运作理念和方式，进而影响到人力资源管理的实际内容，对人力资源管理的职能和方式都提出了新的发展要求。

(4) 民族与社会性。现代经济是社会化程度非常高的经济，在影响劳动者工作积极性和工作效率的诸要素中，生产关系和意识形态，这两个重要因素是与社会制度密切相关的。而人的行为深受思想观念和感情的影响，而人的感情无不受到民族文化传统的制约。因此，人力资源的开发管理带有鲜明的民族特色。此外，作为宏观文化环境的一部分，社会制度是民族文化之外的另一重要因素。

(5) 服务与自主性。在现代经济条件下，人力资源管理部门的职能由行政权力型转向服务支持型。人力资源管理不仅服务于组织整体战略，更重要的是要持续向客户提供人力资源产品服务。在组织内部，人力资源的管理部门，应当提供的服务包括：建立共同愿景，使员工的期望与组织的发展目标一致；提供持续的人力资源开发与培

① 廖三余，曹会勇．人力资源管理［M］．2版．北京：清华大学出版社，2011：34－36.

训，提升员工的人力资本价值；通过合理的薪酬体系及信息、知识、经验等来满足员工多样的需求；让员工参与管理，授予员工自主工作的权利与义务，强化员工的参与意识。

(6) 投资结果的效益性。在现代组织中员工们已普遍建立经济衡量的理念，也非常注重投入产出的关系。在人力资源管理中，更是把人视为高于其他资源的最有价值的资产。人是资本，对人力资源的投入越大，回报就越高，已成为现代企业的普遍共识。因此，人力资源管理已被放在企业组织重要和经常性工作的位置，加大了对人力资源及管理开发活动的投入，以取得更高的业绩效益的回报。同时，经营管理专家和学者也充分认识到人力资源开发与管理的效益，更注重多方面的创新，以充分发挥人力资源的创新价值，如德鲁克的目标管理（MBO），彼德·圣吉的学习型组织理论，彼德斯的调动人的潜能，深化认识人性的成功公司管理原则①及人力资源会计等。

（四）人力资源管理与传统人事管理的区别

人力资源管理与传统的人事管理有很大区别，人力资源管理是在传统人事管理的基础上发展起来的新型的人事管理，与传统人事管理相比较有根本的不同。主要表现在以下几点：

1. 以人为本

把人当成组织中最具活力、能动性和创造性的要素。人是组织生存发展的第一的、决定性的资源，而人力资源管理与开发就是对这一资源要素进行合理配置，使用评估，充分发挥价值，为人才的成长提供充分发挥其才能的和谐环境和条件。

2. 看重人力资源能带来更多价值的价值，把人力当成资本

这是对人的一种经济能动的看法，更注重人力所能发挥的作用和创造的效益，并且把提高人力素质，开发人的潜能作为人力资源管理的基本职责。

3. 人力资源开发被放到了第一位

重使用而轻开发，是传统人事管理的特点。人力资源管理重在开发，对人力资源的合理有效使用是目标，而开发是目标达成的手段。要使人力资源在使用过程中产生更大的效益，就必须大力提高人力资源的品质，开发人的潜能。人力的知识技能越强，创造的效益就越大。因此，人力资源管理把开发人力资源放在首位。这也是人力资源管理与传统人事管理的重大区别。

4. 站在组织战略高度看待人力资源管理

组织的战略是组织为自己确定的长远性发展目标，及实现其目标所选择的行动路线、策略、方法。它着眼于未来协调组织各方面关系，保证组织持续均衡发展，以利于组织变革创新，适应其新的环境形势。人力资源战略能为其他组织职能战略（经营、成本、产品、研发等战略）的决策，提供有效的支持和保证。

5. 人力资源管理部门被视作生产部门

人、财、物、信息、时间诸要素中，人力资源都是重要的生产要素之一，而且是

---

① 郭成纲．西方管理思想史［M］．北京：经济管理出版社，2006．

主动的、积极的、创造性的要素。在生产过程的各个环节中，人力通过对其他生产要素的加工改造和利用，使之成为能为人类所用的财富。财富的形式和数量，是由人力在生产过程中的使用状况决定的。因此，对人力资源的管理是生产管理、效益管理，其部门也是生产、效益部门。

6. 人力资源管理的理念基于现代管理的基本观点

主要表现在：①资源的观点。承认人是一种资源、一种特殊的和重要资源，而且在现代市场经济与竞争中是决定性资源。②人本的观点。现代人力资源管理——反传统的“人—物”关系，是以人为中心来设计的，其宗旨是“以人为本”。管理首先是服务于人而不是物。③系统的观点。现代人力资源管理被当作是组织的整体性功能，而不是一种局部性工作。人在组织整个运作过程中，始终处于重要地位。所有环节，过程中都不容置疑的应重视“以人为本”的理念和方式。④权变的观点。现代人力资源管理强调因人而异，因地制宜的权变思想，不同的人不一样，同一个人在不同情景下也不一样，应采取不同的管理方式。

综上所述，现代人力资源管理与传统人事管理的根本区别就在于如何看待人，人被置于什么地位，是附属，还是主导，是生产机器的附属，还是生产的主人，这是人性理念的问题，是管理的科学的问题。因此，从传统人事管理到人力资源管理的转变，是管理哲学的变迁和发展。

传统的人事管理与现代人力资源管理的具体区别如表 1.1 所列。

表 1.1　现代人力资源管理与传统人事管理的区别

区别	传统人事管理	现代人力资源管理
核心不同	1. 以“工作”为核心 2. 员工应该服从工作的需要	1. 以“人”为本　执行层 2. 强调人的价值与决定性作用
战略地位不同	普通业务管理部门	企业经营战略的重要组成部分
着眼点不同	事务性	战略性

资料来源：廖三余，曹会勇. 人力资源管理［M］. 2 版. 北京：清华大学出版社，2011.

三、人力资源管理的内容

（一）人力资源管理的主要内容

人力资源管理与开发系统是由一系列相互联系、相互作用的管理环节和活动过程所组成。其中最基本的环节是：人力资源规划、工作分析、员工素质测评、招聘与选拔、培训与开发、职业生涯与发展、人员流动与调配、绩效考评与激励、工资与福利、工作场所的安全与健康、组织内部的劳动关系等。（见图 1.6）

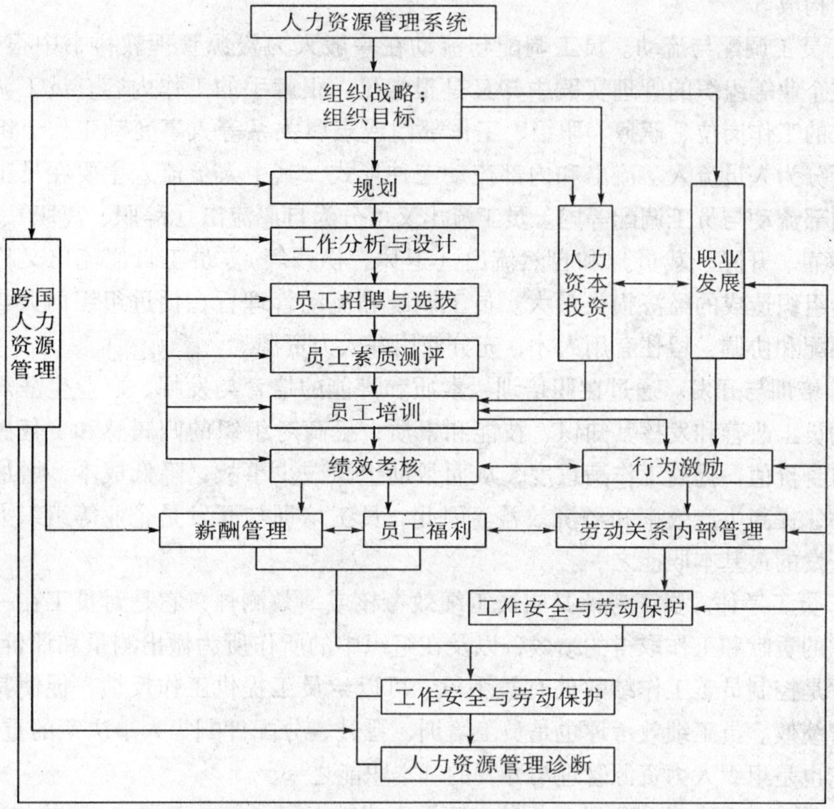

图 1.6　人力资源管理系统

资料来源：赵曼．人力资源开发与管理［M］．北京：中国劳动社会保障出版社，2003.

上述人力资源管理与开发内容体系中的最基本内容的含义如下：

（1）人力资源战略。人力资源战略是指企业等组织在人力资源发展和管理方面具有长远性、全局性和根本性影响的决策、方针与政策。它表明一个组织在人力资源管理与开发上的指导思想和发展方向，从而为组织人力资源的计划、管理与开发等各项工作提供基础和指导方针。

（2）人力资源规划。人力资源规划是把人力资源战略转化为分阶段、可实施的中长期目标、计划和政策措施。它主要包括组织人力资源现状分析、未来人员供需预测、计算人力资源净需求、制订人力资源计划方案、维持人力资源供需均衡等工作活动。

（3）工作分析。工作分析的基础是工作设计，工作设计决定组织内如何进行专业分工和任务分解，决定不同职位的权限、责任和职能范围。工作分析是对组织中各个工作职位的特征、规范、要求、流程以及能够胜任该职位工作人员的素质、知识、技能等要求进行描述，形成工作描述和任职说明。工作分析的结果是员工招聘、培训、考核、报酬分配等工作的依据。它是人力资源管理的支持性基础环节。

（4）员工招聘。员工招聘又称人力资源吸收，是根据人力资源规划和工作分析要求，为组织获取所需人力资源的过程。员工招聘是微观组织人力资源管理中很重要的一个功能性环节，是其最基本的职能之一。它主要由招聘、甄选、录用、评估等一系列活动所构成。

(5) 员工调配与流动。员工调配与流动在一般人力资源管理教科书中很少涉及，然而它在企业等组织的管理实践中却又是很常见、很棘手的工作内容。员工调配是指改变员工的工作岗位、职务、职级、工作部门或隶属关系等人事变动工作。组织的员工流动可分为人员流入、流出和内部流动三种形式，其中人员流入主要在员工招聘中介绍，内部流动与员工调配等同。员工流出又可分为自愿流出（辞职、离职）、非自愿流出（解雇、开除、裁员）和自然流出（退休、伤残等）。员工自愿流出又称为雇员流失，给组织造成的经济损失最大。员工调配和流动管理旨在促进组织内人与事、人与人的匹配和协调，留住有用人才，充分使用好人力资源。

(6) 培训与开发。通过在职培训、素质和潜能的培育与发掘、职业生涯规划与管理，帮助员工改善和发挥其知识、技能和素质，提高对组织的归属感和责任感，更好地实现自身价值，提高工作满意度，从而帮助组织减少事故，降低成本，增加人力资源贡献率，提高生产效率和经济效益。因此，员工培训与开发是企业等组织人力资源管理与开发的最基本职能之一。

(7) 员工考评。员工考评又叫员工绩效考核或绩效测评，它是对员工在一定时间内对组织的贡献和工作取得的绩效，以及在组织中的所作所为做出测量和评价的过程。绩效考评是控制员工工作绩效的有益手段，可以给员工提供工作反馈，促使其扬长避短，改善绩效。员工绩效考评也是员工培训、晋升、分配计酬等人事决策的重要依据。因此，它也是组织人力资源管理与开发的基本职能之一。

(8) 薪酬管理。薪酬管理包括基本工资、成就工资（绩效工资）、津贴、激励工资（奖金、分红、股权激励）等报酬内容的分配和管理，它是人力资源管理活动中最为敏感、最被人关注、技术性最强的内容部分。薪酬管理是组织吸引和留住人才，激励员工努力工作，发挥人力资源效能的最有力的杠杆之一，所以它是企业等组织人力资源管理与开发的基本职能之一。

(9) 工作安全与劳动保护。依法实施各种劳动保护制度，确保劳动过程中的员工安全和身心健康，避免工作场所的各种有害因素对劳动者的伤害，维护员工的劳动能力水平。

(10) 劳动关系与集体谈判。劳动关系又叫劳资关系，是劳动者与用人组织在劳动过程和经济活动中发生的关系。一个组织的劳动关系是否健康和融洽，直接关系到人力资源管理与开发活动能否有效开展，直接关系到组织的人力资源能否正常发挥作用。这一部分通常要研究工会的性质和作用，通过集体谈判解决劳动纠纷，调整劳动关系等内容。

(11) 职业发展又称职业生涯发展。员工在组织活动中除了为实现组织目标工作以外，同时也在实现自己的职业生涯目标。组织应将组织的发展目标与员工个人的职业生涯、发展道路协调匹配。

(12) 行为激励。组织成功的关键在于员工积极性的发挥。管理者的任务之一就是在人力资源管理当中激励员工团结合作并努力奉献，完成组织目标。

(13) 人力资源信息管理。信息管理系统是一个基础平台，其目的是为了合理配置人力资源，提供人力资源价值管理的决策依据。

（14）人力资源管理诊断。人力资源管理是人力资源综合性评价工具，对确保人力资源系统正常运行具有重要意义。

（15）人力资本投资。人力资本是高增值性资本，在员工的技能、知识、智力和发展上进行投资，是组织发展的根本所在。

（16）跨国人力资源管理。对国际性公司来说，在国际经济一体化竞争日趋激烈复杂的背景下，跨国人力资源管理是全球战略的重要内容之一。

人力资源管理的基本职能之间的关系，对于人力资源管理的各项职能以及人力资源管理的基本职能之间的关系，应当以一种系统的观点来看待。它们之间并不是彼此割裂、孤独存在的，而是相互联系，相互影响，共同形成了一个有机的系统。（见图1.7）

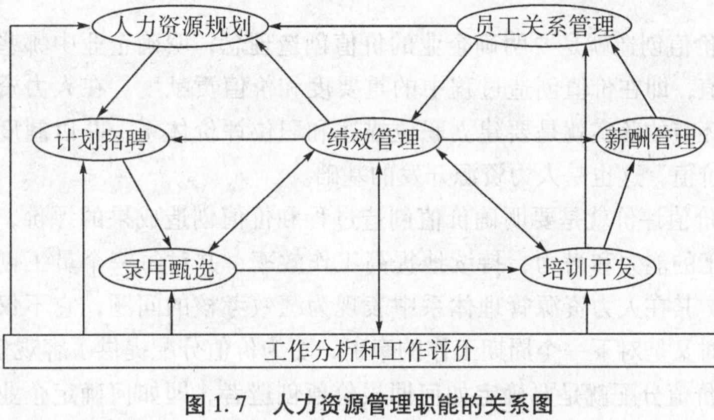

图1.7 人力资源管理职能的关系图

资料来源：董克用，等．人力资源管理概论［M］．北京：中国人民大学出版社，2003.

工作分析和工作评价是一个平台，其他各项职能的实施基本上都要以此为基础。绩效管理在整个系统中居于核心的地位，其他职能或多或少都要与它发生关系。人力资源管理的其他职能之间同样也存在着密切的关系。

（二）人力资源管理的价值意义

1．人力资源管理的价值

①为满足企业任务需要和发展要求；②吸引潜在的合格的应聘者；③留住符合需要的员工；④激励员工更好地工作；⑤保证员工安全和健康；⑥提高员工素质、知识和技能；⑦发掘员工的潜能；⑧使员工得到个人成长空间。

人力资源管理的目的的实现，对企业具有以下意义：①提高生产率，即以一定的投入获得更多的产出。②提高工作生活质量，即员工在工作中产生良好的心理和生理健康感觉，如安全感、归属感、参与感、满意感、成就感与发展感等。③提高经济效益，即获得更多的盈利。④符合法律条款，即遵守各项法律、法规。人力资源管理的最终结果（或称底线），必然与企业生存、竞争力、发展、盈利和适应力有关。

2．人力资源价值链

在企业中存在着一个价值创造、价值评价和价值分配三个环节所形成的横向链条，

在企业建立人力资源管理体系时应围绕这三个方面的价值链来构建。（见图1.8）

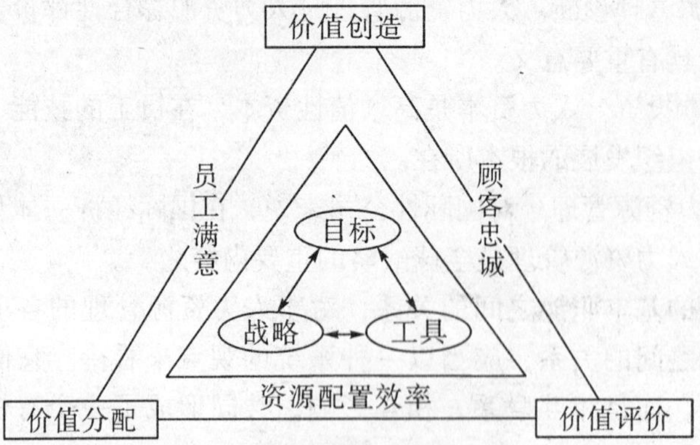

图1.8　人力资源管理价值链

（1）企业价值创造就是要明确企业的价值创造理念，明确企业中哪些主体和要素创造了企业价值，即在价值创造过程中的重要度和价值贡献度。在人力资源管理体系建设上，这一环节的落实就是要建立职位描述和职位评价体系，并以制度的方式确定不同的职责和价值，这也是人力资源开发的基础。

（2）企业价值评价就是要明确价值创造过程和价值创造成果的评价，即如何充分发挥和挖掘员工的能力和潜力，持续地提高工作效率，并对每一个员工创造的价值做出科学的评价。其在人力资源管理体系中表现为绩效考核的问题，它不仅是对员工贡献的承认，同时又是对下一个周期工作的牵引，更为价值分配提供了客观依据。

（3）企业价值分配就是要确定如何回报价值创造者，即如何确定企业的薪酬战略和薪酬政策。从人力资源管理体系的角度看，企业需要依照价值创造理念和价值评价结果，确定薪酬等级、薪酬结构、薪酬水平、薪酬升降级通道等。

价值创造、价值评价和价值分配是一个前后呼应的有机整体，每一个环节都为下一个环节提供了依据和标准，三个环节的有机结合及其良性循环，是现代人力资源管理体系的重要特征，同时也是人力资源管理体系的基本框架。所以，全力创造价值、科学评价价值、合理分配价值三个环节的整合，也是整个人力资源管理体系的重心。①

（三）人力资源管理的作用和目标

在所有资源中，人力资源是第一位的，是现代管理的核心。提高人力资源管理的水平，不仅是发展经济，提高竞争力的需要，也是一个国家、民族、区域和组织生存发展的重要保证。在21世纪，面对新时代的挑战和经济全球化的压力，要保证我国高经济的持续性，实现中国经济的进一步腾飞，关键在于不断成功地调动和有效地使用人力资源。

1．人力资源管理的现实作用

我国是世界上头号人力资源数量大国。随着全面改革和加入世界贸易组织（World

① 廖三余，曹会勇．人力资源管理概论［M］．2版．北京：清华大学出版社，2011.

Trade Organization，WTO)，我国正在迅速走向现代化和国际化。我国的经济能否长期保持持续稳定增长的势头，创造巨大的社会财富？能否抓住机遇，尽快成为经济强国？能否迅速提高科技实力，在信息时代实现国际水平的现代化？关键就在于不断强化人力资源的开发利用和管理的能力和水平。人力资源开发与管理具有不可或缺和替代的现实作用。

(1) 有利于把人的压力转化为经济社会发展的强大动力。

我国人口众多，决定了其人力资源的数量巨大。从人力开发的角度看，这是种非常丰富的资源；但是从解决人口的生活和社会就业角度看，则是一种异常巨大的压力。我国人口过剩的趋势会长期存在，老龄化问题也日趋突出。人口负担极其沉重，但是如果重视和强化人力资源的管理、调整和优化人力资源的结构及与其他资源的比例，解决好人口与人力资源问题，趋利避害，就可以将沉重的包袱转化为巨大的财富，将消极的压力转化为经济社会发展的强大动力，这是21世纪我国重大而又紧迫的课题，也是人力资源管理的重要形式作用。

(2) 有利于全面完成我国市场经济体制的构建。

从我国国有经济角度看，深化改革和适应现代企业制度，将使我国人力资源的开发利用效能大大提高。企业改革的方向，就是通过建立现代企业制度，从根本上转换经营机制，真正成为独立的法人实体和市场竞争主体，并通过强化现代管理，企业将逐步进入市场经济轨道。这种改革需要一大批现代企业家，高质量的技术创新人才和经营管理人才。解决好人力资源的培养、使用、激励及约束机制问题，是改革的核心问题。同时，深化改革，还要解决过剩人员问题。

此外，从迅速成长并有巨大发展潜力的各种非公经济的角度看，其发展是靠从社会大量聚集人才和主动、有效的人力资源的管理。因此，要完成市场经济体制结构更完善的任务，更加需要高质量的人才资源和高水平的人力资源管理。

(3) 有利于适应经济全球化，竞争加剧的要求。

当代经济正在转化为以知识经济为核心的新经济，科技大经济竞争中作用巨大，因此，全球范围内对人才需求都大大增加，世界性的人才争夺战也日趋激烈。这对我国人力资源开发管理，特别是高素质人才的培养、吸收、使用等都提出了严峻的挑战。因此，人力资源管理的现实作用之一，就是把强化人才资源的开发利用和管理，作为21世纪时代经济社会发展战略性的措施和手段。要发挥这个作用，必须采取各种积极、有利、创新、变通等的政策加以保证。

(4) 有利于塑造现代劳动者。

现代经济增长的主要源泉在于人，人力资源的管理，有利于使这一资源效能得到充分发挥，取得经济效益，促进经济增长。人是具有巨大潜能和可塑性的。人力资源管理活动，必然会多方面影响人力资源这个个体，有利于对人力资源本身能力的培养，潜能的发挥和主观能动性的释放，在为组织提供效益的同时，也塑造了劳动者自身。

(5) 有利于现代组织的发展。

人力资源的管理可以使组织结构优化，取得较好业绩；同时还有利于组织的建设，有利于人力资源的储备，能够多方面培养人才、提高人力资源素质，从而适应现代组织构建发展的要求。因此，搞好人力资源开发与管理工作有利于现代组织的塑造和发展。

(6) 有利于我国经济的高速度发展。

我们拥有世界第一的人力资源，这是我们最宝贵的财富。优化和强化人力资源开发与管理，有利于减少人力资源的闲置浪费，提高人力资源的产出，把负担转化为动力，取得多方面效益。在实现经济腾飞和迅速步入现代化社会的今天，对于中国来说，资金、技术、设备都不会成为发展的瓶颈，中国的经济前景将取决于能否成功地调动和有效地使用一切资源，特别是人力资源。因此，成功有效地调动和使用人力资源，是我国真正成为世界强国的关键因素。

2. 人力资源管理的目标

目标就是通过努力而达到的境地或标准。人力资源管理的目标包括以下内容：

(1) 人力资源管理的总体目标。

人力资源管理的总体目标是指通过人力资源管理活动所争取达到的一种未来状态。它是开展各项人力资源管理活动的依据和动力。

人力资源管理的最高目标是促进人的发展。从生理学角度，人的发展包括生理发展与心理发展。前者是后者的基础，后者发展则进一步影响和促进前者的发展。从教育学的角度看，人的发展包括全面发展与个性发展。全面发展是指人的体力和智力以及人的活动能力与道德品质的多方面的发展，个性发展是指基于个性差异基础上的个人兴趣、特长的开发与发展。全面发展和个性发展是相互促进关系。二者的有机结合是社会高度发展的产物，也是人力资源开发与管理的最高目标。

(2) 人力资源管理的根本目标。

人力资源管理的目标是为充分、科学、合理地发挥和运用人力资源对社会经济发展的积极作用而进行的资源配置、素质提高、能力利用、开发规划及效益优先等一系列目标相结合的有机整体；而发挥人的潜能并有效的运用是其根本目标。因为，已经存在的人力，并不等于现实的生产力，它常常是以潜在的形态存在。因此，人力资源管理的根本目标就是采用各种有效的措施、手段充分发挥劳动者潜力，提高劳动者质量，改善劳动者结构，合理配置和管理使用，以促进劳动者与生产资料的最佳结合。

(3) 人力资源管理的具体目标。

①经济目标。使人力与物力经常保持最佳比例和有机结合，使人和物都充分发挥出最佳效应。

②社会目标。培养高素质人才，促进经济增长，提高社会生产力，以保证国家、民族、区域、组织的兴旺发达。

③个人目标。职业生涯设计、发展、个人潜能开发、技能存量和知识存量的提高，适应社会、融入组织、创造价值、奉献社会。

④技术目标。不断完善和充分使用素质测评。工作职务分析等技术手段和方法，并以此作为做好和强化提高人力资源管理工作的前提和基础。

⑤价值目标。通过合理的开发与管理，实现人力资源的精干和高效。正如马克思所说的真正的财富在于用尽量少的价值创造出尽量多的使用价值，即在尽量少的劳动

时间内用尽量低的成本创造出尽量丰富的物质财富。

人的使用价值达到最大＝人的有效技能最大地发挥①。

因此，人力资源开发与管理的重要目标就是取得人力资源的最大使用价值，发挥其最大的主观能动性，培养全面发展的人。

第三节 人力资源管理的理论基础

一、人力资本理论②

在知识经济时代，人力资本已超越物质资本成为最重要的生产要素。发达国家资本的75%以上不再是实物资本，而是人力资本，人力资本成为人类财富增加、经济进步的源泉。人力资源开发与管理的理论是以人力资本理论为依据。人力资本理论是人力资源理论的重点内容和基础部分。

1．人力资本的含义

人力资本（Human Capital）是指劳动者赖以获得劳动报酬的专业知识与技能。它是对人力资源进行开发性投资所形成的可以带来财富增值的资本形式。

卡尔·马克思认为，资本是能够带来剩余价值的价值，资本具有价值增值和创造功能，能够对自身进行扩张和复制。保罗·A．萨缪尔森认为，资本是一种生产出来的生产要素，一种本身就是经济产生的耐用投入品。资本常常与使用金钱、赚取利益相联系，投资即是创造资本的过程。资本具有积累性、流动性、增值性等特性。

人力资本是对人或人力资源进行开发性投资所形成的，以一定人力存量存在于人体之中的，可以带来财富增值的资本形式。即人们以一定代价获得的并能在劳动力市场上具有一种价格（或价值）的素质、能力或技能。所谓“开发性投资”或“一定代价”是指人们在教育、医疗、保健、迁移、劳动技能提高等方面的资源投入或费用支出。

西奥多·舒尔茨认为，人力资本体现在人的身上，表现为人的知识、技能、资历、经验和技术熟练程度等，总之表现为人的素质和能力。人的能力和素质是通过人力投资获得的，因此，人力资本可以理解为是对人力投资而形成的资本。

从货币形态看，它表现为提高人力的各项开支，主要有保健支出、学校教育和在职教育支出、劳动力迁移支出等。舒尔茨指出，既然人力是一种资本，那么无论个人还是社会对其投资必然会有所收益。从此意义上讲，人力资本是劳动者的时间价值——收入提高的主要源泉。因此，人力资本的大小或高低也可以表现在人力所有者——劳动者的收入上。

2．理解人力资本含义的要点

（1）人力资本是非物质的活的资本，是一种特殊劳动力资本，它凝结于劳动者体

① 肖兴政，彭礼坤，邓红，等．人力资本论［M］．成都：成都电子科大出版社，2006．

② 郑小明．人力资源管理导论［M］．北京：机械工业出版社，2005：46．

内，表现为人的智能（知识、智力、技能）、体能，其中对人力资本最主要的本质反映是人的智能。

（2）人力资本是由一定的费用投资转化而来，没有一定的费用或资源（如时间、财富）投入就不可能形成人力资本。

（3）个人所拥有的人力资本价值，可以通过生产劳动转移交换，并实现价值的增值。人力资本是由人力资本存量和人力资本流量所构成。人力资本的存量是指人力资本现有的积累状况。人力资本的流量是指人力资本投资的状况，它构成人力资本积累的基础。从微观意义上看，个人的人力资本存量和流量应当与企业等组织的要求和工作需要相适应。从宏观意义来说，一个国家或地区常常从经济社会发展的角度，预测和确定社会和个人应当开发的生产能力的种类和数量，进行人力资源的投资开发，从而使人力资本的存量和流量与经济社会的需要相匹配。

二、创新及相关理论①

1. 学习型组织理论

彼得·圣吉在《第五项修炼：学习型组织的艺术和实务》一书中提出了一种全新的企业管理理论：学习型组织理论。该理论也被视为新的企业组织创新理论，因为它的研究目标是如何创造一个真正出色的企业，即一个能够设法使企业所有成员全心投入，并有能力不断学习的组织。五项修炼说是学习型组织理论的精华所在。具体为：

第一项修炼：自我超越。它是学习型组织的精神基础。经过自我超越修炼以后，员工就可以有效地转变被动地接受管理者指挥的状况，更加主动、积极和富有创造性地从事工作，整个企业也就由此充满活力和创造力，这也正是人力资源开发的真谛所在。

第二项修炼：改善心智模式。改善心智模式的目的是使企业领导及其成员树立一种新的观念和意识，正视自己和企业的现状，跟上外部环境变化，采取有利于自己和企业未来发展的行动。其意义不仅在于一种新思想的注入，更重要的是介绍和传播一些先进的心理修炼方法，对人力资源开发管理创新来说，心智模式说具有很强的操作意义。

第三项修炼：建立共同愿景。共同愿景建设与企业文化和企业精神等团队意识培养等有着内在的联系，它们都是人力资源开发管理创新所要解决的核心问题。

第四项修炼：团队学习。团队学习的一般形式是交谈，或称之为深度会谈。在深度会谈的过程中，人们学会集体思考、分析共同问题和学习新知识；树立群体的思维、情绪和行动等。所谓深谈技术，也就是企业人力资源开发与管理的一种沟通技术。

第五项修炼：系统思考。它是五项修炼的核心。其目的是培养组织及其成员系统观察和思考的能力，这些能力对于观察外部世界、审视自己的企业、决定未来的行动是非常必要的。

---

① 姚裕群. 人力资源开发与管理概论［M］. 北京：高等教育出版社，2004：196－197.

2. 流程再造理论

美国的迈克尔·哈默（Michael Hammer）和詹姆斯·钱皮（James Chenpy）于1994年出版了《公司再造》（Reengineering Corporation）。该书的出版标志着又一种新的企业管理理论的问世。企业再造理论认为，工业革命200多年以来，大部分的企业都建立在效率低下的功能组织上，这种状况极大地阻碍了企业的发展和创新。因此，彻底摒弃大工业时代的企业模式，重新塑造与当今时代信息化、全球化相适应的企业模式，是企业再造的根本思想。

企业流程再造理论是企业运行与外部环境变化的理论反映。然而，企业的流程再造的关键还是人的再造和企业队伍的再造。因此，企业再造理论为人力资源开发管理创新提出了两个新的课题：其一是如何塑造一支新型的、适应变革的企业管理者和员工队伍；其二是如何对现有企业的人力资源开发管理系统进行变革和再造。人力资源系统再造是企业流程再造的一个有机组织部分，在现实中这两项任务是紧密联系在一起的，或者说，培养和挑选一支适合再造工程需要的精干队伍是人力资源开发与管理创新的首要任务。

3. 人力资源开发与管理效益论

人力资源开发与管理的政策以及所采取的各种各样活动都是为实现企业目标服务的，因此，衡量人力资源开发与管理效益就是看人力资源开发与管理对于企业目标的贡献份额和其本身所消耗资源之间的比率。然而，人力资源开发与管理与企业效益之间不是直接的线性关系，换言之，人力资源开发与管理能够给企业带来效益，也可能不带来效益。如果人力资源开发与管理的政策和活动有助于企业人力资本存量的提高，有助于人力资本作用的发挥，那么，它对企业效益的影响就会是正效应；反之，如果人力资源开发与管理的政策和活动导致企业人才的流失，员工对企业认同感下降，工作效率低下，那么，它对企业效益的影响就是负效应。但是，人力资源开发与管理对于企业效益最终是正效应还是负效应，有时是很难确定的。正因为人力资源开发与管理与企业效益之间具有“黑箱”的关系，为了降低前者的政策与实践活动对于后者的负效应，企业管理部门期望通过人力资源管理绩效的考评，及时发现问题，纠正错误，总结和归纳出成功的经验，将人力资源引导到为实现组织目标服务上来。20世纪80年代以来，人力资源开发与管理的评估取得了巨大进步，但是离能够付诸实践还相距甚远。人力资源开发与管理效益评估的困难性在于：人力资源开发与管理效益的间接性、人力资源开发与管理效益的滞后性、人力资源开发与管理效益的全面性。

根据人力资源开发与管理效益与企业效益之间关系联系的程度，前者可划分为人力资源开发与管理直接效益和间接效益。人力资源开发与管理直接效益，是指人力资源开发与管理活动本身所取得的价值与所花费的成本比例关系；人力资源开发与管理间接效益，是指人力资源开发与管理的政策和活动所导致的企业效益。人力资源开发与管理的直接效益以人力资源开发与管理活动本身作为评价对象，考察相关活动在企业内部所导致的变化；人力资源开发与管理的间接效益是将人力资源开发与管理作为一个整体或者说是企业管理的一项重要职能，考察其给企业整体带来的变化。

三、人力资源管理的基本原理

随着人力资源开发与管理的理论和实践的不断发展，形成的一定的规律与科学有效的基本原理。主要有：

（一）系统动力及优化原理

系统动力及优化原理是指在人力资源开发与管理活动中，通过物质、精神或其他方面的激励，强化和发挥人的工作热情的系统动力理论和人力资源系统经过组织协调、运行、控制，使其整体功能获得最优绩效的理论。

根据人力资源的特征和系统理论，人力资源系统优化原理的基本要求为：①系统的整体功能不能等于部分功能的代数和，而必须大于部分功能的代数和。即 $1+1>2$。②系统的整体功能必须在大于部分功能之和的各值中最优，系统内容要素协调、均衡、和谐，调适能力达到最强。③系统内耗必须达到最小。

系统优化原理要求在人力资源管理的全过程中，使团队组织的整体功效达到最优，这是人力资源管理中最主要的原理。

（二）能级对应原理

能级是物理学概念。能级，表示事物系统内部按个体能量大小形成的结构、秩序、层次。将能级原理引入人力资源管理领域，主要指在人力资源开发与管理中，要根据人的能力安排工作、岗位和职位，把不同能力的人安排在相应的职位上，保证职位的要求与人的实际能力相对应。使位得其人，人适其位，能位匹配，人尽其才。要实现能级对应，首先应科学设置岗位、职位；其次，应正确评估人员的能力素质；再次，领导应知人善任；最后，应随时根据变化调整"能"、"级"的对应关系。

（三）互补增值原理

在社会生产过程中，人的经济活动是有组织的群体活动，而人力资源系统中的每个人的多样性、差异性，使人力资源整体需要能力、性格、气质等多方面的互补性。在人力资源开发与管理中，发挥每个团体的优势，扬长避短，使每个人的长处得到充分发挥，避免短处对工作的影响，这就是互补。互补产生的合力比单个人的能力简单相加而形成的合力要大得多，从而使人力资源系统的功能达到最优，使组织效能增值。这就是互补增值原理。其主要内容为：①知识能力互补。利用知识结构，能力特征互为补充，互相取长补短。②能级互补。即能力等级的互补，高低层次的协调互补。③气质互补。刚柔相济，性格互补，和谐平衡，提高组织整体效率。④性别互补。⑤年龄互补等。

（四）弹性冗余原理

弹性冗余原理是指在人力资源开发与管理中必须留有充分的余地，保持一定弹性，不超过一定的"度"。其基本内容包括以下几点：①工作强度要适度有弹性。要因人、因时空、因专业技术专长而异。②工作目标要有弹性。要注意力所能及，又要有适度的难度系数，使员工持续处于较佳工作状态。③人力资源质和量要有弹性。既要注重人才储备，又不能浪费人才，使企业保持可持续竞争能力。弹性冗余原理就是人力资源开发与管理过程中安排工作时间、劳动强度、岗位调整、工作定额、制定目标时必须考虑适度弹性和留有余地的“尺度”。

（五）激励强化原理

从心理学的角度看，人的行为来自于他的心理动机，而心理动机的形成，又会受到人的需求欲望的驱使。通过针对人的不同需求欲望给予满足或限制，就可以影响其心理动机，从而达到改变其行为的目的，激励、调动人的积极性。也就是激励强化员工为满足物质精神的需求欲望而努力工作的心理动机。

（六）利益相容原理

在人力资源开发与管理系统运作中，群体与群体、群体与个体、个体与个体之间，方式利益冲突时，对具体情况，可采取要求妥善缓和的方式和策略，通过适当的调整、让步、修改为双方所接受，从而获得相容。利益相容原理，可以调和、化解对抗性矛盾，为组织团体营造良好的和谐氛围，有利于内部团结，增强凝聚力。同时，利益相容原理也强调原则性和灵活性相统一。

（七）公平竞争原理

竞争，优胜劣汰，适者生存是普遍规律。公平竞争是指竞争各方从同等起点，用同等规则，公正进行考核，采用奖惩的竞争方式。通过竞争发现人才，使人力资源得到充分开发和利用。同时，应坚持公平、适度、良性的竞争原则，使竞争机制的效用真正充分得到发挥。

总之，科学灵活运用人力资源开发与管理的基本原理，能有效地全面开发组织的人力资源的潜力，达到提高生产率，强化竞争力，效益最大化的目的。

第四节　我国人力资源管理体制及发展趋势

一、我国人力资源管理的现状

目前，人力资源管理在我国得到了蓬勃的发展，人力资源的概念深入人心，企业对人力资源管理的重视达到了前所未有的地步。但是，我国人力资源管理的发展和发达国家相比还有很大差距，很多理论和技术方法还只是借鉴，没有形成自己的体系；从业人员的专业化程度不高，没有接受过系统的教育和培训，影响了人力资源管理作用的发挥；企业的人力资源管理水平也不高，人力资源管理的战略作用没有得到体现。此外，我国企业对传统人事管理制度多年的改革、扬弃、创新过程，是伴随着我国对计划经济逐步改革、扬弃以及市场经济体制和机制的逐步引入、确立而演变和进步的。因此，认识和分析我国人力资源管理的发展演变，必须放到我国经济社会改革开放的宏大历史进程中，放到我国人力资源管理的现状和背景之下予以考察和求证。

（一）我国人力资源的基本状况及特点

1. 人力资源总量丰富、增长量高，老龄化趋势明显①

由于人力资源数量体现为劳动人口的数量，劳动人口是人口总体的一部分，所以一国的人力资源数量取决于该国的人口总量及其人口再生产所形成的人口变动。当人口总量一定时，人力资源数量＝人口总量×劳动年龄人口比例，所以人口的年龄构成是影响人力资源数量的一个重要因素。

我国的人力资源具有一定的年轻化优势和开发潜力。1990年时，劳动适龄人口占总人口的60.3%，从业人员中16～35岁人员比重为59.8%，高于世界平均水平和大多数发达国家的相应指标。但是20世纪90年代后我国人力资源的老龄化趋势开始加速。2011年4月发布的第六次全国人口普查显示，至2010年11月1日，全国共有13.71亿人，0～14岁人口占比16.6%，15～59岁人口占比70.14%，60岁及以上人口占比13.26%，65岁及以上人口占比上升至8.87%。同2000年第五次全国人口普查相比，0～14岁人口的比重下降6.29个百分点，15～59岁人口的比重上升3.36个百分点，60岁及以上人口的比重上升2.93个百分点，65岁及以上人口的比重上升1.91个百分点。

对比两次人口普查数据，可以发现我国自1950年以来的三次婴儿潮后，人口老龄化趋势明显。再结合生育率等数据来看，当前我国人口增长模式已是三低态势，即低生育率、低死亡率、低增长率态势。

人口老龄化速度的加快将给我国的人力资源数量带来负面影响，也会带来一系列的经济、文化、伦理和社会问题。

2. 人力资源的质量总体素质偏低

人力资源的质量一般是指人力资源所具有的体质、智力、知识和技能水平，它通常体现为一定范围劳动力人口的体质水平、文化水平以及专业技术水平等方面。一国的人力资源质量主要受到人口的遗传、营养等先天因素和教育、培训、医疗保健、文化、工作和社会环境等后天因素的影响。

据20世纪90年代中期统计资料显示，我国平均每百万人口中的科学家和工程师数相当于发展中国家平均数的30%，发达国家的3%。我国每万人口中的在校大学生数仅是发达国家70年代水平的3.3%左右。而文盲总数却几乎接近世界文盲的1/4。这种状况近年虽有所改变，但仍未根本扭转。

我国人口的平均受教育程度目前仍然很低，人力资源的整体文化素质偏低。据国家统计局1998年年末统计数据，我国目前从业人员中初中以下文化程度者占84.6%，小学文化程度者占45.7%，大专以上文化程度者占3.5%。我国人力资源的文化素质水平与发达国家相比差距较大，表明我国人力资源供给素质状况远远跟不上经济发展的实际需求。正是由于缺乏教育的低素质人口的大量存在，致使我国人力资源总体质量处于较低水平。②

---

① 艾经纬．中国人口大转折［OL］．［2012-06-16］http://www.yicai.com/news/2012/06/1820377.html.

② 艾经纬．中国人口大转折［OL］．［2012-06-16］http://www.yicai.com/news/2012/06/1820377.html.

3. 人力资源利用率低，就业压力沉重

受人口增长的历史原因影响，我国人口和劳动力长期过量增长，2010 年总人口将达到 14 亿，劳动力供大于求的矛盾相当尖锐。

从劳动力供给的状况分析，随着产业结构的调整和体制转轨的深入，企业富余人员和农村剩余劳动力将逐步从原就业岗位上游离出来，向外转移，需要社会妥善安排。劳动力市场开放后，就业形式多样化，离退休人员再就业的人数逐年增加，同时，在职职工从事第二职业的现象也更为普遍，这就更增加了未来的劳动就业供给总量。

从劳动力需求状况分析，随着全面推行现代企业制度和全社会改革的深化，企业单位和事业单位必然要裁减富余人员，以提高效率，一些经营不善、资不抵债的亏损企业将实施破产。根据劳动部颁布的资料，我国城镇就业结构正发生新变化：在公有制单位就业的人数减少，在非公有制单位就业的人数增加。城镇公开失业人数和潜在失业率将进一步上升。在社会转型过程中，我国劳动者的自主择业意愿在不断增强，但劳动者的敬业意识有所弱化，再加上劳动者的职业素质较低，从而出现了劳动力总量过剩和动力局部有效供应不足同时并存的现象。劳动力供求的结构性矛盾已成为我国人力资源开发中迫切需要解决的一大问题。

4. 人力资本投资不足

一个国家或地区人力资源质量的提高需要长期、大量的人力资本投资才能完成。人口作为经济增长的要素之一，中国的人口红利消失以及老龄化加速势必对中国未来的经济增长和资本市场等都造成一定的影响。最直接的影响首先是社保基金缺口，中国银行研究团队近日发布的《重塑国家资产负债能力》测算，在 2010 年中国养老金的缺口达到 16.48 万亿元，在目前养老制度不变的情况下，往后的年份缺口逐年放大，假设国内生产总值（Gross Domestic Product，GDP）年增长率为 6%，到 2033 年时养老金缺口将达到 68.2 万亿元，占当年国内生产总值的 38.7%。人力资本投资通常包括用于教育、培训、保健、劳动力流动、移民等方面的支出，其中教育投资是人力资本投资的主要成分。我国教育总支出占国内生产总值的比重长期低于世界平均水平和发展中国家平均水平。这固然是由于我国人口多，人均收入水平低，制约了人力资本投资和人均费用增长，但是，它与我国长期实际执行的注重“物力资本”投资的发展战略是分不开的。此外，在 20 世纪 90 年代以前的长期计划经济体制影响下，中国城乡二元结构使城乡人口在隔绝的两种经济形态中生存，把占人口 60% ~80% 的农民排斥在城市化进程之外，数以亿计的农村人力资源处于闲置状态。城镇居民、国有和集体所有制单位的职工和专业人才主要以行政手段配置，“统包统配”，不能轻易流动，长期实行“条块分割”单位所有的人事管理体制，造成了人力资源的严重浪费。经过 20 多年的不断改革，直到 20 世纪末，这种过时的传统人事管理体制才被基本废止，但其影响的彻底根除尚有待时日。

5. 基本国策有效，就业格局多元化

从人口发展的历史趋势看，由于我国坚持实行计划生育基本国策，计划生育工作逐步进入了经常化、科学化和制度化的管理轨道，总人口的增长速度有所控制。从当前中国劳动力状况来看，劳动力仍然供大于求。在相当长的一段时间内，中国的人口红利期还不会过去。这势必有效地控制未来劳动力的增长幅度，减轻就业压力，所以实行计划生育基本国策，改变了我国未来人力资源开发的基数。社会产业结构的调整是中国社会转型的一个重要特征，它是社会生产力发展的必然结果。随着“统包统配”的经济模式转向市场取向的新型经济体制，劳动者的就业观念和就业方向发生了深刻变化。目前就业格局已从国有单位一元化转变为多元化。人力资源产业分布结构的调整和就业格局的多元化，有效地提高了我国人力资源的开发利用水平。

6. 社会保障系统尚需构建和完善

根据我国劳动力供求状况预测分析，在经济体制转轨过程中，消化大量的企事业富余人员需较长的时期，会不可避免地加大失业量，而且我国社会保险制度改革相对滞后，不利于稳妥地解决失业问题，保证社会安定。因此，我国从 20 世纪 90 年代起逐步加大社会保险制度改革的力度，逐步建立和完善养老、失业、工伤、医疗和生育保险等各项制度，较快增强社会保障能力，消除劳动力流动的后顾之忧，促进劳动力市场的发展与完善，以便充分发挥劳动力市场配置人力资源的作用。同时，正在建立健全服务保障体系，不仅要变传统的“就业保障”为“失业保障”，保障失业者的基本生活需要，更重要的是正在加强对失业人员的组织管理，通过培训、职业介绍、就业训练等工作，提高失业人员的再就业率。此外，庞大的农业剩余劳动力和农村生活保障问题也正在提到政府改革与建设的议事日程上来。

（二）我国企业人力资源管理现状及特点

我国企业从人事管理向人力资源管理过渡的大体状况是这样的。20 世纪 90 年代初期，随着人力资源管理理论的引进和大量外资企业的涌入，其优越的管理模式和人力资源竞争优势，促使我国企业反思和改革人事管理制度。到了 90 年代后期，人力资源管理理论和经验案例的教育、宣传和普及活动蓬勃发展，有关人力资源管理的研究论文、书籍、教材、培训等层出不穷，企业界和学术界关注和推动人力资源管理的热情空前高涨。我国人力资源管理研究和企业实践取得了重要突破。进入 21 世纪以后，我国企业的人力资源管理进入到结合中国国情，从企业实际出发，理论探讨与实践摸索相结合的稳步发展阶段，开始注重人力资源管理的制度和体系建设，出现了理念、技术和经验齐头并进的发展局面。但是，据有关调查数据显示，我国企业目前真正按人力资源管理思想和机制开展人事工作的还不到企业总数的 10%。根据国务院经济发展研究中心企业研究所林泽炎等学者的调查分析，目前我国企业人力资源管理的现状总体如下：

1. 对人力资源管理的重要性认识不足

我国企业无论在自身体制的转轨方面还是在思想观念的转变上都跟不上市场的变化，没有认识到人力资源在企业发展中的基础性作用，对企业人力资源的特性、作用、影响力还缺乏深入细致的研究。人力资源开发、管理处于较为落后的粗放状态。

2. 人力资源的投入严重不足

我国大多数煤炭企业在人才培养上或多或少都存在一些短期行为，没有真正对人力资源的培养形成一个较为合理的成本收益分析机制，对人力资本与企业发展战略相匹配的系统性、持续性的培训机制，只使用不培养。对人才只使用不培训，缺乏开发人才、培训人才、合理使用人才、有效管理人才的行为和机制，企业的人才开发能力只停留在现有水平上，缺乏有效的激励职工的机制，不能调动员工的积极性和主动性。

3. 人力资源配置不合理

首先，工作岗位人力资源不平衡。管理层人力资源过剩，一线员工缺乏，扁平化程度低，技术员工和高水平劳动力员工更是缺乏。其次，是辅助生产工人与直接生产工人不平衡。辅助工人远远富裕，而直接从事操作员工更是不足。最后，是技术工人与普通工人不平衡。技术骨干短缺，普通工人远远超出应有水平。我国企业从业人员的绝大部分为产业工人，科技开发人员、营销人员数量不足，比例太小，人员结构不合理；管理人员主要来源于与生产有关的科技人员，普遍缺少系统的管理知识，管理层知识结构不合理。

4. 缺乏长期有效的薪酬与激励机制

对于我国企业而言，员工的报酬一般采用基本薪金加奖金的办法，有一定的灵活性。这种计薪方式对一般的员工效果可能比较好。但随着企业的发展和人才结构的复杂化，这种单一的薪酬体系已无法满足核心员工的需求，核心职工的工作积极性和技能发挥的能力无法充分被激励出来。员工普遍对薪酬福利现状不满，难以有效激励员工努力工作。有不少号称实行现代人力资源管理的企业，在设计与管理合理的薪酬制度、构建有效的激励机制方面关系把握不准，存在很多问题。

5. 缺乏严格的绩效考核制度

我国企业内部考核制度不规范。首先，考核标准过于笼统，可衡量的定量的标准太少，多数企业仅仅将工作绩效任务作为考查标准。其次，考核受评考者个人偏好和情绪的影响过大。考核主要凭借主观印象和个人感觉，绩效考核制度缺乏客观性，对于这样的考核结果，员工也无法根据反馈做出适当的改正。

6. 相当多的企业的人力资源管理还处于传统行政人事管理阶段

其主要特点是以“事”为中心，只见“事”，不见“人”，只见某一方面，而不见人与事的整体性、系统性，强调“事”的单一方面的静态的控制和管理，其管理的形式和目的是“控制人”。把人视为一种成本，当作一种“工具”，注重的是投入、使用和控制。

7. 大多数企业普遍缺乏人力资源规划与相关政策

人力资源规划的开发与整合依赖于企业战略的确定与明确。它是基于企业发展战略、目标和内外环境变化，为满足未来企业任务和环境而提供人力资源的长期计划过程，其地位和作用十分重要。但是目前国内大多数企业人力资源管理往往注重于招聘、员工合同管理、考勤、绩效评估、薪金制度、调动、培训等与公司内部员工有关的事项，却忽略了与顾客的联系，没有关注顾客需求和市场变化，缺乏与企业经营战略、市场环境相一致的人力资源管理战略。人力资源管理的框架体系尚未建立起来，仍有许多人力资源管理的功能未能建立或完善，这就使得整个人力资源管理系统中的各个模块之间相互矛盾或不一致，难以有效发挥人力资源管理的整体效能。

8. 公司和部门战略与人力资源战略难统一

一些企业人力资源管理部门定位太低，无法统筹管理整个公司的人力资源。比如，人力资源部门无法将公司和部门战略与人力资源战略统一结合；受职权限制，人力资源部门与其他业务部门沟通困难；人事部门的实际工作停留在主管层以下，造成考核体系不完善，激励机制不健全，继任计划不完整等问题；公司高级领导层受业务困扰，对人力资源重要性认识不够等。

9. 处理矛盾的技术方法和操作工具上存在明显不足

企业十分缺乏如何将先进的人力资源管理思想转化为适合中国企业特点的、可操作的制度、措施的技术手段和途径。我国许多企业和企业的相关管理人员已经学习掌握了人力资源管理的思想和理念，并不缺先进的管理理论和思想。

但在理论联系实际，把先进管理理念转变为人力资源管理的过程中，有效解决问题、处理矛盾的技术方法和操作工具上存在明显不足，因而难以有效提高人事工作绩效。由于没有十分成熟的人力资源管理技术和完善的工作流程的实践，难以提炼、固化成为人力资源管理信息系统，电子化程度低。

10. 员工普遍对薪酬福利现状不满，难以有效激励员工努力工作

有不少号称实行现代人力资源管理的企业，在设计与管理合理的薪酬制度、构建有效的激励机制方面关系把握不准，存在很多问题。比如，没有处理好资历、职位、能力、知识、贡献等要素在薪酬分配体系中的贡献，“凭能力上岗、凭贡献取酬”没有得到很好的体现。分配的内部公平、外部公平、员工公平出现紊乱，难以调动员工的工作积极性。

总体而言，中国企业并不缺乏任何管理人的思想，五千年文明古国的丰厚积淀，在识人、用人、育人、留人等方面不乏闪光的思想观点。但是，如何将人力资源的管理思想转化为可操作、规范化、有实效的人力资源管理制度、方案、规则和方法，却是我国的弱点。企业仅有“混沌”的人力资源管理思想和理念是难以管理和开发好人力资源的。只有解决好“桥”和“船”的问题，全面学习和掌握现代人力资源管理与开发的理论体系和方法工具，扎扎实实地进行人力资源管理制度和运作系统的建设，彻底改革旧的人事管理体系，尽快从传统人事管理中“脱胎换骨”出来，升华为现代人力资源管理，中国企业的人力资源管理与开发规则才能焕发生机，保持强劲的生命力。[①]

二、我国人力资源管理面临的问题与挑战

在面临全球化竞争和信息技术冲击的今天，一方面，企业为了提高企业的竞争优势，传统的人力资源管理理论、技术和方法的有效性正面临着严峻的挑战。另一方面，中国企业由于未经历工业革命，现代企业发展的历程较为短暂，企业管理者和员工的职业化素养较为欠缺等，诸多因素决定了中国企业的人力资源管理还面临着一系列的独特问题；并且由于中国企业生存和发展的独特文化与社会背景，许多国外的人力资

① 王兰云，王海霞，等. 人力资源开发与管理［M］. 北京：经济科学出版社，2009.

源管理技术和方法在中国企业加以运用的过程中，又面临着本土适应性的问题。因此可以说，中国企业的人力资源管理所面临的问题是空前复杂和具有挑战性的。

1. 企业战略与人力资源系统所面临的问题与挑战

①如何依据企业的战略要求，来设计和开发企业的人力资源管理系统，从而使企业能够保持长期的竞争优势；②人力资源管理如何实现与企业的年度计划、业务模式、组织模式、业务流程、财务系统、研产销系统等要素所组成的整个经营管理系统的对接，从而使人力资源管理能够在操作层面上支撑企业的战略落实和日常运营与管理，这是企业需要考虑的问题。

2. 组织变革与人力资源管理所面临的问题与挑战

（1）组织变革与流程再造的加速使组织的工作内容与方式发生了变化（如远程工作、弹性工作制等工作方式的出现），人力资源管理如何来适应工作方式变化所带来的冲击。

（2）在知识经济时代，变革成为企业和社会的常态，人力资源管理如何推动企业的组织与管理变革，以及如何来适应变革中的裁员、人才流动与文化的融合等由变革所带来的社会问题。

（3）组织的扁平化是企业适应激烈的竞争环境、提高对外部环境的反应速度的一大变革趋势，组织的扁平化给人力资源管理所带来的冲击，使员工承担了更多的自我开发与自我管理的职责，在这种条件下，融合通过劳动契约与心理契约的建立来提高员工对组织的承诺与认同，从而有效地促进员工的自我开发与管理，已经成为人力资源管理的一个新的关键性命题。

3. 知识经济与人力资源管理所面临的问题与挑战

（1）知识经济时代工作内容和方式的变化，尤其是传统的职能性工作向团队工作，固定工作向创新性工作的变化，使职位分析本身和传统的职位分析技术和方法都面临着挑战，许多人力资源管理专家已经提出了抛弃职位说明书的理论，那么对中国企业而言，职位分析是否还具有价值，我们应该如何构建适应新的环境的职位分析系统。职位分析如何与企业的战略、组织与流程相对接，真正成为从企业的战略、组织、流程向人力资源管理过渡的桥梁。

（2）如何根据企业的战略要求进行职位评价，以及如何开发新的职位评价技术以适应知识经济时代组织与工作内容、方式方法上的转变。

（3）人力资源管理者如何投入到企业的战略规划制定过程之中，并且在这一过程中既要考虑到与人有关的一些管理问题，同时又要考虑到人力资源储备是否具备执行某种特殊战略的能力，即如何根据企业不同的战略类型提出对企业的人力资源要求，并在企业的人力资源规划、开发和管理中得以落实。

4. 市场竞争与人力资源管理所面临的问题与挑战

（1）如何根据企业的竞争要求构建分层分类的素质模型，即企业需要何种类型的员工技能、行为、态度、价值观、个性和内驱力来支持组织的战略规划；人力资源部门如何制订方案来确保员工具备这些技能、行为、态度、价值观、个性和内驱力。

（2）企业如何根据战略和人力资源规划的要求进行人员的招聘、甄选和录用；企业如何正确处理内部招聘与外部招聘之间的关系，尤其是如何处理空降部队与地面部队的矛盾。

(3) 如何正确处理企业的薪酬战略（比如市场领先的薪酬战略，即一种向员工支付比现有市场通行工资水平更高的工资政策）与人才招募之间的关系，使企业在人才招募与应用上获得价值与成本的均衡，从而在劳动力市场上具有自身独特的优势。

(4) 现代企业应该如何进行人才的分层分类，以及针对不同类型的人才采取不同的雇佣模式；如何正确处理自由雇佣政策与员工忠诚及员工终身就业能力之间的关系。

(5) 如何根据组织的整体要求和职位的个性化要求，设计企业的人员甄选系统，并进行人员甄选技术和方法的创新，以在一定成本的前提下确保人员甄选的效度和信度。

5. 学习型组织、团队与人力资源管理所面临的问题与挑战

(1) 如何根据企业的职业生涯通道设计分层分类的培训体系，从而有效地支撑企业内部的晋升制度和职业生涯规划，并实现对员工有效的组织激励；如何依据组织的战略和工作要求，开展有效的培训需求分析，并设计基于战略和工作的培训计划；如何根据培训需求和培训计划来选择培训的方式方法，并进行培训过程的有效监控和管理；如何建立培训效果的评估体系，从而为培训系统的改进和提升提供客观的依据和指导；学习型组织与企业的培训开发体系是什么样的关系，现代企业如何建立学习型组织。

(2) 如何根据企业的战略设计企业的绩效评价指标体系；如何实现个人绩效、团队绩效和组织绩效之间的联动，从而依靠对个人绩效和团队绩效行为的改进和监控，确保组织战略目标的实现；如何设计企业的绩效管理和推进系统，以及如何安排各层各类人员在绩效管理系统中的责任；如何实现绩效管理与薪酬管理之间的有机衔接，从而依靠利益动力机制确保绩效管理系统的落实。

(3) 如何根据企业的战略或人力资源战略设计企业的薪酬体系；如何根据对职位或者人员的分类设计分层分类的薪酬体系（即针对不同类型的人员采取不同的薪酬模式），并如何实现各类薪酬体系之间的比较和对接；如何进行工资结构的设计以及实现工资结构与职位评价、薪酬调查技术与方法上的对接；如何正确处理职位、能力、业绩、资历和市场价值等因素在薪酬设计中的矛盾和关系；对企业的核心人才和中高层管理人员而言，如何正确处理短期、中期和长期收入之间的关系；如何设计员工的福利体系，以充分满足员工的个性化需求等。

三、人力资源管理发展的趋势与展望

(一) 人力资源管理未来发展趋势的特点

21 世纪，人力资源管理经历着前所未有的来自全球一体化的力量如信息网络化的力量、知识与创新的力量、顾客的力量、投资者的力量、组织的速度与变革的力量等各种力量的挑战和冲击。21 世纪人力资源管理既有着工业文明时代的深刻烙印，又反

映着新经济时代游戏规则的基本要求，从而呈现出新的特点①。

1. 知识经济时代是一个“人才赢家通吃”的时代

所谓“人才赢家通吃”包含两个方面的含义：一是越是高素质、越稀缺、越热门的人才，越容易获得选择工作的机会，其报酬也越高；二是人才资源优势越大的企业越具有市场竞争力，也就越容易吸纳和留住一流人才。

人才主权时代使得那些能够吸纳、留住、开发、激励一流人才的企业成为市场竞争的真正赢家。同时，也可能给企业带来短时间的负面效应：一是会产生人才泡沫，企业一味通过高薪留住、吸纳人才，会造成热门人才的价值与价格背离；二是人才流动作为人才价值增值与价值实现的一种途径，会致使跳槽频繁、人才流动风险增大。

市场经济的发展驱动了中国劳动力市场的发育和成型，打破了计划经济时期政府按照产业或地区的优先建设次序进行统筹调配的人力配置模式。中国劳动力供需机制开始变化。十多亿中国人，既是生产的主体，也是消费的主体；既是发展的动力，更是发展的目的。国务院发展研究中心农村部部长韩俊在一项调研中说，全国20%的农村已无多少剩余劳动力，劳动力短缺是目前中国农村正在发生的一个重大变化。这个变化其实早在若干年前珠三角、长三角等地初露端倪的民工荒里就已悄然开演，遗憾的是，我们沉醉于人口红利时代太久太深了。人口红利说是西方近年研究人口年龄结构变化与经济关系提出的，即一国在生育高峰过后，总人口中劳动适龄人口比重上升，会形成一个劳动力资源相对比较丰富、少儿与老年抚养负担均相对较轻的时期，于是大量从事经济活动的人口不断提高带来的高生产率与高储蓄率导致较高的资本积累。我国可以获得的人口红利对国内生产总值增长的贡献率占到了26.8%。②

面对经济高速增长的现实，中国必须冷静地把握人力资源开发的持续性规律。过于功利化地“重使用，轻开发”必将导致人力资源的断档和人力资本的不足。就国际而言，我们凭借高速甚至超高速的出口增长和巨额顺差，中国外汇储备已近世界第一，然而，劳动力成本过低却时常被享受低价的国家斥为倾销；就国内而言，低劳动力成本已开始制约企业运转，当普通劳工收入低得不足以维持劳动力本身的简单再生产时，劳工的社会供给已然失衡，由于长期涨利润不涨工资、缺少最基本的社会保障和劳动条件较差等原因，人口红利开始充满现实忧伤。数据表明，到2050年，中国人口的年龄结构将接近倒金字塔形，如果我们在人口红利时代没有能践行藏富于民、藏富于工的理念，中国将成为典型的未富先老社会，而这恰恰是最值得我们警惕的。更重要的是，中国目前以“低劳动力成本”在世界分工格局中形成的比较优势已开始面对越来越多的挑战。而要通过产业结构转型和技术结构升级来构建中国经济的竞争优势，就必然要求以具备相应技术和技能结构的人力资源作为支撑，这无疑对未来有效的人力资本投资提出了要求。市场经济在中国成长的几十年，也是我们对各种生产要素的贡

---

① 佚名. 21世纪人力资源管理发展新趋势［OL］.［2012-06-06］http://info.china.alibaba.com/detail/1027384074.html.

② 佚名. 招工难显示我国或将进入劳动力短缺阶段［OL］.［2011-05-03］http://news.sina.com.cn/clsd/2011-05-03/103722397074.shtml.

献率公平纠偏的几十年，我们对资本、技术等生产要素参与收入分配逐渐与国际接轨了。但对劳动力这个最重要的生产要素，却缺乏在收入分配领域的同步调整。这就造成了一方面我国就业队伍在扩大，而另一方面劳动收入占国内生产总值的比重却在下降。[①] 许多城市经济繁华，人均收入较高，但最低工资标准却一直低，劳动力价格被扭曲、人力资本被漠视，与之对应的是初次分配中的不公使得我们弱小的中产阶层一直壮大不了。在公共财政对社会保障及教育医疗卫生等方面支出乏力的现实环境下，劳动力的整体素质和可持续发展最终又反过来弱化了人口红利的兑现。

此外，我们梦想中的刘易斯拐点，是摈弃此前不论有多少新增就业、工资都不会涨的典型二元经济发展模式，在这一拐点后劳动供给不再无限、工资上涨、人均收入实质性增长，这才是一个典型的现代经济增长王国。但是，我们在人口红利时代欠下的劳动力价值账单在刘易斯拐点后如何偿还呢？理论上说可以改变计划生育政策、将现有的1.8%的生育率提高到2.2%；或者可以提高老年人的经济参与率，延迟退休和领用退休金。但是，这些尚需我们做出更艰辛的努力。在劳动力市场供需重心转移以及企业劳动管理制度变革的同时，对人本身的价值认可和价值实现方式也发生了深刻的变化。人们通过在劳动力市场上的竞争而获得工作、提升能力、创造绩效——人的经济价值和社会价值开始在市场平台的竞争中得以实现。[②]

总之，中国经济体制的市场化转型以及劳动力市场的发育，驱动了各个主体（劳动者、企业和政府）现实需求的快速发展和直接表达，其各自的行为方式也发生着深刻的变化：劳动者在就业压力下开始越发关注自身竞争力的培养和开发；企业面对越来越激烈的人才争夺战开始建立面向市场的现代人力资源管理机制；政府则从国家战略发展的高度推出了“人才强国”的战略决策，强化了社会对“知识”、“人才”和“创造”的高度尊重和关注，推动了中国人力资源开发机制的全面建设。

2. 提供客户化的人力资源产品与服务，成为人力资源管理的新职能

21 世纪企业要以新的思维来对待员工，要以营销的视角来开发组织中的人力资源。从某种意义上来说，人力资源管理也是一种营销工作，即企业要站在员工需求的角度，通过提供令顾客满意的人力资源产品与服务来吸纳、留住、激励、开发企业所需要的人才。

21 世纪人力资源管理者要扮演工程师 + 销售员 + 客户经理的角色。

（1）共同愿景：通过提供共同愿景，将企业的目标与员工的期望结合在一起，满足员工的事业发展期望。

（2）价值分享：通过提供富有竞争力的薪酬体系及价值分享系统来满足员工的多元化的需求。包括企业内部信息、知识、经验的分享。

（3）人力资本增值服务：通过提供持续的人力资源开发、培训，提升员工的人力

① 佚名. 招工难显示我国或将进入劳动力短缺阶段［OL］.［2011－05－03］http://news.sina.com.cn/clsd/2011－05－03/10372239707 4.shtml.

② 佚名. 招工难显示我国或将进入劳动力短缺阶段［OL］.［2011－05－03］http://news.sina.com.cn/clsd/2011－05－03/103722397074.shtml.

资本价值。

（4）授权赋能：让员工参与管理，授权员工自主工作，并承担更多的责任。

（5）支持与援助：通过建立支持与求助工作系统，为员工完成个人与组织发展目标提供条件。

3. 知识型员工管理，成为人力资源管理的重心

21 世纪，国家的核心是企业，企业的核心是人才，人才的核心是知识创新者与企业家。在 21 世纪，人力资源管理面临新三角：知识型员工、知识工作设计、知识工作系统。人力资源管理要关注知识型员工的特点，其重点是如何开发与管理知识型员工，对知识型员工采用不同的管理策略。

4. 人力资源管理的新模式

（1）双重纽带的企业与员工关系的新模式

21 世纪，企业与员工之间的关系需要靠新的游戏规则来确定，这种游戏规则就是劳动契约与心理契约。

以劳动契约和心理契约作为调节员工与企业之间关系的纽带。一方面要依据市场法则确定员工与企业双方的权利、义务关系、利益关系；另一方面又要求企业与员工一道建立共同愿景，在共同愿景基础上就核心价值观达成共识，培养员工的职业道德，实现员工的自我发展与管理。①

（2）人力资源管理模型——5P 模式

人力资源管理是一项系统性的工作，它包括五项基本工作：识人、选人、用人、育人、留人。它是以识人为基础，选人为先导，用人为核心，育人为动力，留人为本质的工作。

①识人（Perception）。

所谓识人，就是要认识与了解人的心理与行为规律，洞察人的心理需求变化，它是人力资源管理工作的基础。

②选人（Pick）。

选人，是人力资源管理工作的首要环节，是对人员的招聘与选拔。要真正选好人才，首先必须了解组织的宗旨，战略与业务的发展，事先必须制订较为详细的人力资源计划；第二，要分析岗位要求，尤其是任职资格分析非常重要，只有这样才能做到人适其事，事得其人；第三，要有一个好的选人标准，处理好德与才的关系；第四，选人者本身要具有较高的素质，有相应的专业知识，才能更好地鉴别人才，发现人才，选好人才；第五，要有科学的选人机制与程序，在选人机制上，要把握公平、公正、公开的原则。

③用人（Placement）。

对各级管理者来说，如何科学合理地用人，是人力资源管理工作中最具挑战性、也最具艺术性的工作。只有用好人，才能发挥人才的积极性和创造性。用人的实质是首先安置好人。如何在最合适的时候把合适的人放在合适的岗位，如何找到“人”与

---

① 彭剑锋. 21 世纪人力资源管理十大特点［J］. 销售与市场，2001（2）.

“事”的最佳结合点，做到事事有人做，而不是人人有事做，是值得中国很多企业管理者深思的。

④育人（Professional）。

育人，即培养人才。育人的根本目的，是激发员工的工作兴趣，提高员工的工作素质，规划员工的职业生涯，以达到使其成为职业专家能手的过程。因此，管理者的角色是老师、教练、专家。如何在组织发展的同时，帮助员工得以成长，是管理者重要的职责。

⑤留人（Preservation）。

如何留住人才，尤其是留住重要技术岗位与管理岗位的人才，这是管理者颇感头疼的问题。留人要留“心”，“身在曹营心在汉”的人要不得。如果员工觉得外面有发展，不要强行限制他，人才的流动是正常的，也许走的人将来对企业还会产生“反哺作用”。当然，对员工来说，一个好的领导，一个好的工作氛围与工作条件是留人的重要因素之一。而对企业来说，通过各种激励措施的制定与约束机制的完善，对预防人才流动、保留一支优秀的员工队伍则是更为重要的。

5. 人力资源管理的战略地位得以强化

(1) 人力资源管理的战略地位上升。

①人力资源管理真正成为企业的战略性资源，人力资源管理要为企业战略目标的实现承担责任。

②人力资源管理不仅仅是人力资源职能部门的责任，而是全体员工及全体管理者的责任。

③人力资源管理由行政权力型转向服务支持型。人力资源职能部门的权力淡化，直线经理的人力资源管理责任增加，员工自主管理的责任增加。

④由于目前组织变化速度很快（现在的组织是速度型组织、学习型组织、创新型组织），人力资源管理要配合组织不断的变革与创新，就需要创新授权，通过授权，建立创新机制；在企业中引入新的团队合作，形成知识型工作团队，将一个个战略单位经过自由组合，挑选自己的成员、领导，确定其操作系统和工具，并利用信息技术来制定他们认为最好的工作方法。这种被称之为自我管理式团队（Self - Managing Team，SMT）的组织结构已经成为企业中的基本组织单位。

(2) 人力资源管理建设三个“同步推进”①。

发展中国家的快速发展往往有其后发优势，但同时也无法逾越必经的基础建设阶段。中国的人力资源管理建设也面临着类似的发展进程，一方面要补基础工作的课，另一方面也要跟上时代前进的步伐。因此，以下的三个“同步推进”是中国的人力资源管理建设仍将持续的趋势。

其一，基于职位与基于能力的人力资源管理将同步推进。这是中国人力资源管理在能力建设上需要强化的重要方面。

其二，职能性与战略性的人力资源管理将同步推进。随着中国企业基于机会主义

① 彭剑锋. 21世纪人力资源管理十大特点［J］. 销售与市场，2001（12）.

进行寻租的空间越来越小，基于竞争的理性规划对企业的发展至关重要。“战略”已经成为中国企业重点关注的建设方面，相应地，基于战略的人力资源管理也就日益受到关注。

其三，人力资源管理的基础流程建设与e化系统建设将同步推进。[①] e-HR系统是在信息时代背景下，对人力资源管理科技化的一次飞跃性推进。e化系统的建立一定是以基础流程的建设与优化为载体和前提的。

6. 国际化、信息化是人力资源管理的必经之路

组织的全球化，必然要求人力资源管理策略的全球化。

(1) 员工与经理人才的全球观念的系统整合与管理。

首先，通过人力资源的开发与培训使得我们的经理人才和员工具有全球的观念。其次，人才流动国际化、无国界。也就是说，我们要以全球的视野来选拔人才，来看待人才的流动，尤其是加入世界贸易组织以后，我们所面对的就是人才流动的国际化以及无国界。

(2) 人才市场竞争的国际化。

国际化的人才交流市场与人才交流将出现，并成为一种主要形式。人才的价值（价格）就不仅仅是在一个区域市场内体现，而更多的是要按照国际市场的要求来看待人才价值。跨文化的人力资源管理成为重要内容。人才网成为重要的人才市场形式。

(3) 国际化是管理方法与技术的引入和融合。

在管理方法与技术上引入和融合是更为重要的方面。在这个过程中，大型跨国公司在中国的投资和管理实践，无疑对中国人力资源管理实践的国际化起到了重要的推动作用。2001年世界500强进入中国的跨国公司就达200多家，2005年这个数字达到了400多家。作为当今世界上最强有力的经济实体，跨国公司的进入不仅给中国带来了投资和产品，也带来了它们先进的管理理念和管理技术。如同这些大公司的名牌产品被消费者所青睐一样，它们采用的卓有成效的管理方法，也成为中国企业纷纷传诵和效仿的标杆。另外，作为将理论研究与实践紧密结合的智能集合平台，国际性的管理咨询公司也纷纷进入中国市场，以其研究与技术积累，为中国企业提供人力资源管理建设的技术支持和咨询服务。国内本土的咨询公司在快速学习和吸收国外先进技术的基础上，也积极探索中国本土的人力资源管理方法。以上的诸多实践，既推动了国际化的人力资源管理技术在中国的应用，也在逐步积累和创造着符合中国企业自身特点的最佳人力资源管理方法。搭建并持续完善人力资源管理的基础平台和基本功能，是逐步趋向国际化的必经之路。

(4) 以信息网络为工具的虚拟工作形式，使人才流动呈不断增长趋势。

①员工由追求终身就业饭碗转向追求终身就业能力，通过流动实现增值，使人才流动具有内在动力。

②人才稀缺与日益增长的人才需求，使人才面临多种诱因和流动机会。

③人才流动的交易成本增加，企业人才流动风险增加，需要强化人才的风险管理。

① 彭剑锋. 21世纪人力资源管理十大特点 [J]. 销售与市场，2001 (12).

在这种情况下，就需要企业留住人才策略由筑坝防止人才跳槽流动转向整修渠道，即企业内部要有良好的人力资源环境，对流水进行管理，控制河水的流量与流速。

④集体跳槽与集体应聘成为人才流动的新现象。

7. 人才流动速率加快，知识创新型企业需要人力资源管理的规范化

中国的经济体制改革和劳动力市场建设，除了建立一般性的市场运行机制之外，同样需要针对改革推进的具体问题和阶段，进行相应的规范建设。[①] 这里的“规范化”既涉及对相关劳动法律法规的规制建设，也涉及在人力资源管理机制建设过程中，对现代规范化方法的引入和推行。

进入21世纪，人力资源管理的法律法规建设再次受到了政府、企业和员工自身等各方面的高度重视。劳动法律法规的框架和内容更加完善，更加贴近市场经济的现实要求；劳动立法的层次性得以提升，立法的时效性得到加强。特别是在近几年，中国加大、加快了针对现实重点问题的立法力度和立法节奏，人权、劳动者权益的保护问题受到了高度关注。从政策规章到国家法律，中国人力资源管理规制环境的建设已经全面展开。中国人力资源管理的法制化时代正逐步到来。

8. 构建智力资本优势、职业化是人力资源管理的核心任务

21世纪，企业的核心优势取决于智力资本独特性及其优势。智力资本包括三个方面：人力资本、客户资本和组织结构资本。人力资源核心任务是通过人力资源的有效开发与管理，提升客户关系价值，要将经营客户与经营人才结合在一起。要致力于深化两种关系：维持、深化、发展与客户的关系，提升客户关系价值，以赢得客户的终生价值；维持、深化、发展与员工的战略合作伙伴关系，提升人力资本价值。

（1）企业人力资源管理者要成为专家。要具有很强的沟通能力，必须对整个企业有一个很好的把握，通过沟通达成共识。中国企业的人力资源管理者要尽快实现从业余选手到职业选手的转化。职业选手主要包括三个方面：要有专业的知识和技能，要有职业的精神，必须懂得职业的游戏规则。

（2）企业人力资源的政策与决策愈来愈需要外脑。要借助于社会上的各种力量。没有外力的推动，企业很多新的人力资源政策、组织变革方案是很难提出并被高层管理人员及员工认同的。

（3）人力资源管理队伍的职业化要求提高。日益激烈的市场竞争，对中国人力资源管理职业化队伍的建设提出了越来越高的要求。随着中国企业管理现代化水平的逐步提升，企业对人力资源管理从业者保持了持续且旺盛的需求。特别是对具有丰富从业经验、熟悉国际规则的高级人力资源管理者，需求尤为迫切。

（4）人力资源整体职业化建设将全面推进[②]。不仅仅是人力资源管理队伍的职业化建设需要关注，整体人力资源的职业化水平也都有持续提升的要求。在这方面，中国可以说有着比较好的基础平台。20世纪90年代初，中国就开始推行颇具特色的职业资

① 彭剑锋. 21世纪人力资源管理十大特点［J］. 销售与市场，2001（12）.

② 加里·德斯勒，等. 人力资源管理［M］. 10版. 文跃然，杨伟国，译. 北京：中国人民大学出版社，2007：668－669.

格证书制度，10余年来参加这项制度的人数呈现出明显的递增趋势。见图1.9递增趋势图。

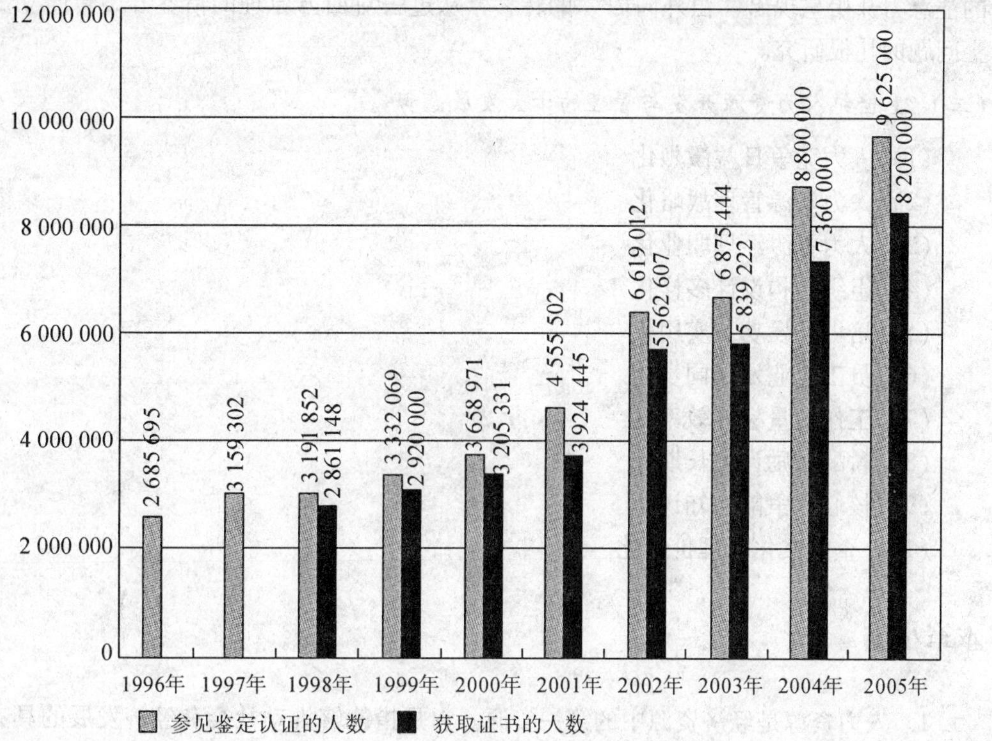

图1.9　递增趋势图

资料来源：雷蒙德 A 诺伊，等. 人力资源管理：赢得竞争优势［M］. 3版. 刘昕，译. 北京：中国人民大学出版社，2007：8-34.

随着这项制度的发展，包含职业技能培训、职业技能考试与鉴定、职业标准开发（新职业发布）、职业资格标准开发与认证、就业准入等在内的职业化管理的基础平台已在我国系统地建立起来。国家或行业性的职业资格标准、各种认证服务机构的职业资格产品给用人单位提供了很好的管理基础和人力资源管理工具。诸如为员工提供相应的认证培训、开发自有任职资格体系、突破单一的职位序列而建立多序列的职业发展通道等企业可以采用的举措，都促进了员工的职业化成长。将来中国职业认证体系的覆盖面将越来越广，对职业认证标准的动态维护与管理也将成为重要的建设方面。

9. 理论与实践互动发展，人力资源管理理论研究日趋科学化

人力资源管理实践的演进与人力资源管理学科的建设及理论研究的发展密切相关。在中国，人力资源管理教学和理论的发展为变革中的人力资源管理实践提供了很大支持。短短20余年，中国人力资源管理专业学科的数量实现了上百倍的增长，这充分体现了在中国经济管理变革实践的过程中，对专业化人力资源管理人才和知识的强烈渴求。

经过20多年理论与实践互动的发展，中国的人力资源管理研究开始呈现出以下四个主要特点：①研究的层次化逐步清晰，理论与实践结合紧密。②研究的视角更加多

元化、交叉化和细化。③研究内容和方法越来越强调规范化和科学性。无论是实证研究或理论研究，在研究模式和研究方法上都越来越强调与国际学术规范接轨。④研究的注意力开始呈现出“由外向内”的转移，从过去对西方原理的借鉴开始转向立足本土问题的扎根研究。

(二) 21 世纪人力资源开发与管理的十大发展态势

(1) 人力竞争日益激烈化
(2) 人力资源管理战略化
(3) 人力资源经理职业化
(4) 组织结构设计多样化
(5) 培训开发功能实用化
(6) 员工企业发展同步化
(7) 工作衡量标准效率化
(8) 薪酬激励计划长期化
(9) 核心竞争能力知识化
(10) 企业文化管理价值化

本章小结

1. 人力资源是经济资源中的第一资源。它是指能够推动社会和经济发展的具有智力和体力劳动能力的人的总称。它有广义和狭义之分，有宏观和微观两个理解角度。

2. 人口资源、劳动力资源、人才资源概念关注的重点不同，人口资源和劳动力资源多是一种数量概念，人才资源更多是一种质量的概念。人力资源作为一个经济范畴，具有质的规定性和量的规定性。

3. 与其他资源相比，人力资源和人力资本是既有联系又有区别的两个概念。作为一种特殊资源形式，人力资源具有以下特征：再生性、能动性、时效性、两重性、社会性。

4. 人力资源是经济活动中最活跃的因素，也是一切资源中最重要的因素，也是经济增长的动力。同时对企业生存发展具有重要意义。

5. 管理是在特定环境下，对组织所拥有的各种资源进行计划、组织、领导、控制，并将其协调一致，保证以有效的方式实现组织既定目标的过程。管理活动所追求的目标概括为“一个中心，两个基本点”。一个中心就是组织目标，两个基本点就是效率和效果。

6. 人力资源管理是社会组织为获取、开发、保持和有效利用在生产、经营、社会活动中必不可少的人力资源。人力资源管理与传统人事管理既有区别又有联系。

7. 人力资源管理包括人力资源规划、工作分析、招聘录用、绩效管理、薪酬管理、培训开发、职业生涯发展、员工管理及内外部环境、评估、监测、劳动关系等内容。

8. 人力资源管理的基本理论主要有：人性假设理论、激励理论、人力资本理论、创新理论等；基本原理主要有：系统优化、能级对应、互补增值、弹性冗余、激励强化、利益相容、公平竞争原理。

9. 我国人力资源管理的发展演变，是伴随着我国对计划经济逐步改革、扬弃，以及市场经济体制和机制的逐步引入，确立而演变进步的。问题与挑战，竞争与发展同步。

10. 21 世纪，人力资源管理经历着前所未有的来自全球的一体化的力量。主要有十大发展趋势。

本章思考题

1. 人力资源的含义是什么？
2. 人力资源有哪些特征？人力资源和人力资本之间是什么关系？
3. 什么是人力资源管理？如何理解传统人事管理与现代人力资源管理的异同？人力资源管理对我国经济社会发展有什么影响？
4. 人力资源管理目标、企业价值链和各项职能活动之间存在何种关系？
5. 21 世纪中国人力资源管理面临的问题与挑战是什么？
6. 刘易斯拐点及人口红利的含义？
7. 人口老龄化给我国的人力资源带来哪些影响？

应用性练习题

一、开放式讨论

（一）案例背景①

迈克尔·艾斯纳成为迪士尼的首席执行官（Chief Executive Officer，CEO）后，把一个被认为已不再焕发光彩的企业变成一个连续 14 年保持 20% 的年增长率和 18.5% 的资产报酬率的优秀企业。他的秘诀是激发人的灵感。以下是他的两个方法：

方法一，迪士尼有一个奇特的发挥员工创意的方法。在拍电影或电视节目之前，所有的参与人员，不管是老板还是普通员工，都被要求在同一个房间呆上 10 ~ 12 个小时，有时甚至是两天。“愈长愈好，愈折磨人愈好。”艾斯纳说。大家在一起长时间的呆着，穿着同样的衣服，吃着同样的三明治，一开始是各执己见，争论不休，最初的几个小时好像完全是在浪费。渐渐地，大家慢慢变得又饿又累，互相卸下了面具。上下级之间早已没有了界限，谁也不想再固执地让别人接受自己的意见。在最后的半小时，真的就有创意出来了，艾斯纳认为：“有时候就必须累垮，让精力消耗殆尽，原创性才会出来。”

方法二，艾斯纳认为，有时“要稍稍放慢脚步”。放慢脚步有两个好处，一是员工

① 根据新浪网（http://www.sina.com.cn）“迪士尼的用人之道”案例改编。

可以不必急着提出答案，有时可以对问题做再思考、再加工、再改进，有些创意是紧走之后放慢脚步、放慢脚步之后再紧走才发现的，这时发现的创意就更加清晰了。

（二）讨论题

1. 你认为艾斯纳的两个方法中哪一个更好些？根据你自己的经验，谈谈个人的体会。

2. 艾斯纳挽救一个企业着眼于人的创新意识。你认为挽救一个企业还有哪些方法是可用的？请就你的阅历和经历中成功与失败的例子加以分析。

3. 艾斯纳认为当领导的角色是4个：激发员工灵感、以身作则、随时待命、注意提醒。你认为领导者应该有几种角色，并分析原因。

二、角色模拟训练

谁适合从事人力资源管理工作：

在这个练习中，参与者要根据对人力资源管理工作的了解，详细描述一下人力资源经理应该具有哪些特征，并利用这些特征来识别他们的必备素质，特别是能够将之运用于人力资源管理实践。

参与者可分组进行练习，一般以每组5~7人为宜。

首先，各小组成员分别列出自己认为一位人力资源经理所应该完成的工作及其应具备的特征，并按照重要程度（最高分5分，最低分1分）顺序排列。时间控制在5分钟以内。

然后，各小组就小组成员提出的人力资源经理应具备特征进行讨论，找出小组共同认可的特征，加权平均后，确定最重要的5~8项特征。时间控制在8分钟以内。

再后，各小组派出1名代表组成人力资源经理评价委员会，同时还派出1名代表作为人力资源经理的候选人。时间控制在2分钟以内。

接着，人力资源经理评价委员会综合各组提出的人力资源经理应具备的5~8项特征，进行赋值，在加权平均后达成一致，按照重要程度将最重要的10个特征排序，并据此设计人力资源经理面试评价量表。时间控制在15分钟以内。

最后，人力资源经理评价委员会根据人力资源经理面试评价量表面试各小组选派的人力资源经理候选人，并说明谁的素质和能力最适合担任人力资源经理及其原因。时间控制在15分钟／候选人。

分析及说明：

通过本练习参与者可以了解和掌握人力资源经理应具备的素质和能力，而不是直接作答及说明问题。

第二章　人力资源战略与规划

【本章学习目标】

- 了解企业人力资源规划的作用
- 把握影响企业人力资源规划的因素
- 掌握人力资源需求和供给预测的方法
- 掌握人力资源规划的编制
- 了解人力资源规划的审核与评估

【引导案例】①

在短短5年之内，A公司由一家手工作坊发展成为国内著名的食品制造商。公司最初从来不制订什么计划，缺人了，就去人才市场招聘。公司日益正规后，开始每年年初制订计划：收入、产量、利润多少，员工定编人数多少等。人数少的可以招聘，人数超编的就要求减人，一般在年初招聘新员工。可是，一年中不断地有人升职、平调、降职、辞职，年初又有编制限制不能多招，而且人力资源部也不知道应当多招多少人或者招什么样的人，结果人力资源经理一年到头都往人才市场跑。

近来由于3名高级技术工人退休，2名跳槽，生产线立即瘫痪，公司总经理召开紧急会议，命令人力资源部经理3天之内招到合适的人员顶替空缺，恢复生产。人力资源部经理频繁奔走于各人才市场和面试现场之间，最后勉强招到2名已退休的高级技术工人，使生产线重新开始了运转。人力资源部经理刚刚喘口气，地区经理又打来电话说自己公司已经超编了，不能接收前几天分配过去的5名大学生，人力资源部经理不由怒气冲冲地说："是你自己说缺人，我才招来的，你现在又不要了！"地区经理说："是啊，我两个月前缺人，你现在才给我，现在早就不缺了。"人力资源部经理分辩道："招人也是需要时间的，我又不是孙悟空，你一说缺人，我就变出一个给你？"

随着市场的日益规范，企业的日益壮大，A公司出现了发展的瓶颈——缺少人才。A公司想要进一步发展壮大、长治久安就必须依靠源源不断的人才。但是，A公司仅限于发现缺人，却不知道为什么缺人以及如何解决这一问题。

---

① 郑兴山．人力资源管理［M］．上海：上海交通大学出版社，2008.

第一节　人力资源战略与规划的概念

技术的发展带来了工作的变化，并对人才提出了新的要求，环境的变化扩大了企业等组织对人才的需求，国际国内对人才的争夺变得日益剧烈。因此，组织必须对自己现今和未来的各种人力资源的需求进行科学的预测和规划，以保证组织在需要的时候和需要的岗位上能及时得到各种所需的人才，否则组织的目标（生存和发展等）就难以实现。

一、人力资源战略

（一）企业战略

企业战略就是确定企业的目标和方向，并采取一定的行动实现这些目标。企业战略管理是一个过程，是将企业的主要目标、政策和行为依次整合为一个有机整体的过程。企业战略管理的过程可以划分为五个基本的步骤；

（1）定义企业的宗旨及使命。其中包括说明企业共同的价值观，企业为什么要存在等内容。企业的宗旨和使命，一般包含下列内容：①确定企业所要服务的特定的相关利益群体；②确定满足这些相关利益群体的行动，如强调为员工发展提供机会，为社会提供就业机会等。

（2）考察企业经营的外部环境。这是指对影响企业实现其宗旨的技术、经济、政治以及社会力量进行系统分析。

（3）评价企业的优势和劣势。分析的重点在于企业内部资源相对于竞争对手而言具有哪些明显的优势，同时受到哪些关键因素的制约。

（4）确定企业的发展战略目标。在对影响企业的外部环境和内部资源进行分析后，下一步就是要确定企业战略。波特将企业战略划分为成本领先、差异化和集中战略。企业根据自身情况和外部环境分析结果，可以选择一种适合自身的战略。与此同时，企业也需要确定中短期发展目标，包括企业的销售额、利润、预期的资本收益率以及企业在客户服务和员工发展等关键领域的目标。

（5）制订企业战略行动方案，即企业应该在企业结构、人力资源、财务、营销等职能方面作出怎样的改进，采取什么样的政策和方案，以实现企业战略目标。在此阶段，企业开始对人力资源进行战略性考虑。当企业的最高管理层制订企业战略行动方案，并对员工招聘、选拔、发展和奖励等有关事项进行思考时，就为企业的人力资源战略与规划奠定了基础。

（二）人力资源战略

人力资源作为与市场营销、财务会计、生产制造并列的子系统，对企业总体战略的实现具有重要的意义。

1．人力资源战略的含义

人力资源战略是企业根据内部和外部环境分析，确定企业目标，从而制定出企业的人力资源管理目标，进而通过各种人力资源管理职能活动实现企业目标和人力资源目标的过程。

2. 人力资源战略的分类

根据人力资源管理方式的不同，人力资源战略可分为家长式战略、发展式战略、任务式战略和转型式战略。

（1）家长式人力资源战略。其特点是以指令式管理为主。实行这种人力资源战略的企业在员工的招聘和绩效考评上多从职能作用上进行评判，且较多依靠主管的主观判断；在人事上采用集中控制，强调秩序和一致性，严格监督，重视操作；在薪酬上，多采用自上而下的家长式分配方式；在员工的培训和发展方面，以单一的职能技术为主，缺乏系统化。

（2）发展式人力资源战略。其特点是以指导式管理为主，以指令式管理为辅。实行这种人力资源战略的企业在员工的招聘和选择上较多地运用系统化标准，对员工的考核主要看员工对企业的贡献，主客观评价标准并用；注重个人和团队，尽量从内部招聘，重视绩效管理；倾向于大规模的发展与培训计划，具有系统性；奖酬的基础主要是对企业的贡献和企业的投资效益，运用“内部激励”多于“外部激励”；优先考虑企业的总体发展，强调企业的整体文化。

（3）任务式人力资源战略。其特点是以指令式管理为主，以指导式管理为辅。实行这种人力资源战略的企业在员工的招聘和绩效考评上较多依据客观标准，立足于事实和具体数据，企业内部招聘与外部招聘同时进行，强调人力资源规划、工作再设计和工作常规检查；注重物质奖励，依据主要是工作业绩和效率；开展正规的技能培训，以专业化人才培养为主，少数人才主要通过工作轮换来培养和发展；有正规程序处理劳动关系和问题，重视企业的组织文化。

（4）转型式人力资源战略。其特点是指令式管理和高压式管理并用。实行这种人力资源战略的企业的骨干人员多从外部招聘，同时伴随着裁员、调整队伍结构、缩减开支；考核主要以职务为标准，领导的主观影响较大，对管理人员进行团队训练，鼓励建立新的“理念”和“文化”，能建立适应经营环境的新的人力资源系统和机制。

企业战略的成功与否在很大程度上取决于人力资源战略是否与其协调一致。只有二者保持一致，企业才能获得较大发展，否则就会阻碍企业前进的步伐。一些企业过度追求人才，尤其是高层次的人才，结果造成了较高的人力资源成本，还容易形成内部摩擦，发挥不出人才的作用，导致人才的高消费与浪费并存。一些企业则为了降低人力资源带来的成本，不断裁员，结果造成了人力资源匮乏，贻误了战机，导致企业战略目标的失败。

二、人力资源规划

人力资源规划是企业为了实现企业战略和目标，评价企业现有人力资源的优势和劣势，分析企业内外部的各种因素及其对企业劳动力市场的影响，预测企业近期、中期和长期的人力资源需求及劳动力市场供给，制定相应的政策和措施，使企业能够及时获得所需要的人才，同时使员工得到施展才华的空间并与企业一同成长。①

这个定义强调以下几点：

(1) 企业人力资源规划的目标是确保企业在需要的时间和需要的岗位上得到各种需要的人才（包括数量和质量）。

(2) 企业人力资源规划的要求是配合企业发展的战略，满足企业发展战略对人力资源数量和质量的要求。

(3) 企业人力资源规划的基础是分析和预测环境的变化对劳动力市场的影响。

(4) 企业人力资源规划的内容是对企业内部人力资源的需求以及外部人力资源的供给进行分析和预测，并制定相应的人力资源政策和措施，如人员的调动和补缺、员工晋升和降职、员工招聘和录用、员工开发和培训、员工离职管理等，从而确保企业发展的不同阶段对人力资源的满足。

(5) 企业人力资源规划的宗旨是实现企业和员工的双赢。企业获得所需要的人才，员工得到施展才华的空间并与企业一同成长。

人力资源规划主要包括下列四个方面：

第一，现有人力资源状况的分析。企业必须对现有的人力资源状况进行一个清晰的分析，尤其应当清楚企业目前已有的员工存量、素质以及相对于竞争对手而言自身在人力资源上的优势和劣势是什么。

第二，人力资源需求预测。企业必须根据未来发展战略对未来的人力资源需求作出一个正确的预测，找到未来理想的人力资源状况及现在存在的差距。

第三，人力资源供给预测。企业必须根据劳动力市场的现状对未来的人力资源供给作出一个正确的预测，确定未来的劳动力市场能否给企业发展提供符合质量和数量要求的人力资源。

第四，制订人力资源规划方案。当目前的人力资源状况与未来理想的人力资源状况存在差距时，企业必须制订一系列有效的人力资源规划方案。在劳动力过剩的情况下，企业可能需要制订一系列的人员裁减计划。而在劳动力短缺的情况下，则可能需要在外部进行招聘，如果外部劳动力市场不能保证有效供给，企业则需要考虑在内部通过调动补缺、培训、工作轮换、提升等方式增加劳动力供给。

三、企业战略与人力资源规划

人力资源规划的实质是一种人力资源管理的策略，它的制定为企业的人力资源管理活动提供了指导。

人力资源规划与企业战略是相互影响、相互作用的。对企业而言，所选择的战略是多样的，它可根据所面临的外部环境的机会和威胁、自身所具备的优势和劣势来进行选择。美国管理学家弗雷德·R. 戴维把企业战略概括为 13 类：前向一体化、后向一体化、横向一体化、市场渗透、市场开发、产品开发、集中化多元经营、混合式多元经营、横向多元经营、合资经营、收缩、剥离及清算式战略。企业各战略类型对应

① 莫寰，张延平，王满四. 人力资源管理——原理、技巧与应用［M］. 北京：清华大学出版社，2008.

的人力资源规划特点如表 2.1 所示。

表 2.1　　企业各战略类型对应的人力资源规划特点

战略		定义	人力资源规划特点
一体化战略	前向一体化	获得分销商或零售商的所有权或对其加强控制	企业在人力资源规划上应充分利用原有的有效网络，充分发挥原有网络结点的人力资源应有的作用
	后向一体化	获得供方公司的所有权或对其加强控制	企业人力资源规划要围绕供应商企业所需要的人力资源体系展开，且保持企业现有人力资源体系的一致性，发挥整体功能
	横向一体化	获得竞争者的所有权或对其加强控制	企业人力资源规划要围绕更大的组织所需要的组织体系、人力资源体系来进行
加强型战略	市场渗透	通过更大的营销努力，提高现有产品或服务的市场份额	企业要采取招聘和培训更多销售人员的人力资源规划
	市场开发	将现有产品或服务打入新的地区市场	企业应制定开发和培训开辟新市场人才的人力资源规划
	产品开发	通过改造现有产品或服务，或开发新产品或服务而增加销售	企业应建立一支超强的研究与开发队伍
多元经营战略	集中化多元经营	增加与原业务相关的新产品或服务	企业人力资源规划要围绕优秀的管理队伍展开
	混合式多元经营	增加与原业务不相关的新产品或服务	公司要有一套致力于开发高素质管理人才的人力资源规划
	横向多元经营	为现有用户增加与原业务不相关的新产品或服务	保持企业现有人力资源体系的特点，实行相应人力资源规划，以保证战略的配套
防御性战略	合资经营	两家或更多的发起公司为合作目的组成独立的企业	由企业文化融合度来考虑如何进行人力资源规划
	收缩	通过减少成本与资产对企业进行管理重组，以扭转销售额和盈利的下降	企业无论实行收缩、剥离还是清算战略，都要有相应的人力资源规划与之配套。企业人力资源规划应围绕如何保留具有竞争力的队伍的问题，以保证企业将来发展的需要
	剥离	将公司或组织的一部分售出	
	清算	为实现其有形资产价值而将公司资产全部分块售出	

资料来源：曹亚克，王博，白晓鸽．最新人力资源规划、招聘及测评实务［M］．北京：中国纺织出版社，2004.

四、企业人力资源规划与企业计划关系

人力资源规划如果不同企业中的其他计划协调，则人力资源规划必定失败。因为

企业的其他计划往往制约着人力资源规划，而人力资源规划的目的往往又是为其他计划服务的。所以，人力资源规划既受其他计划制约，又为其他计划服务。人力资源规划只有和其他计划相协调一致才能取得好的成效。例如，员工的工资往往取决于财务部门的预算；销售决定生产，生产决定员工的数目、种类和技能等等。要使人力资源规划真正奏效，就必须将它与不同层次的企业计划相联系，两者的关系如图 2. 1 所示。

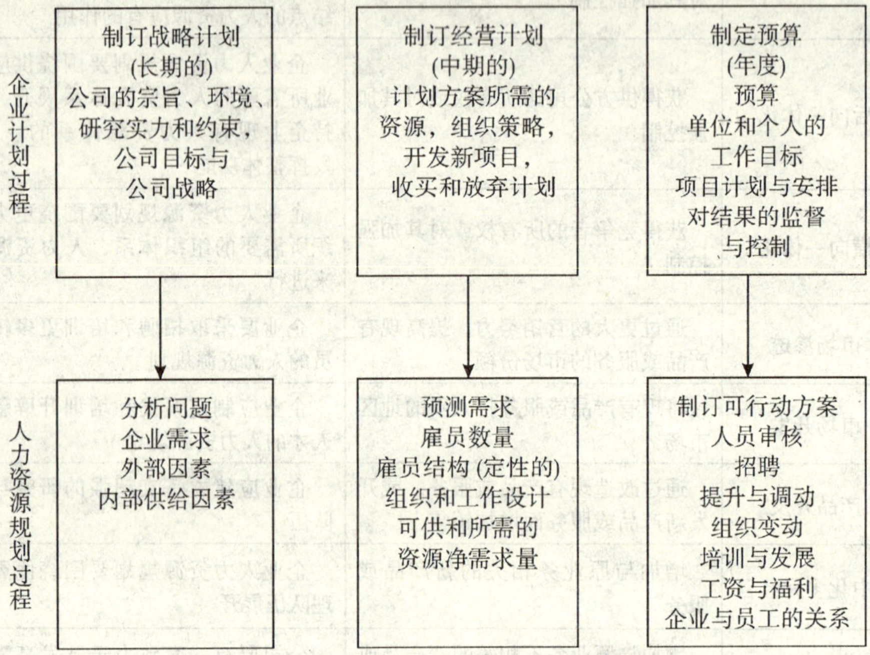

图 2. 1　三个层次企业计划与人力资源规划的关系

从图 2. 1 中可以看出，企业计划分为三个层次：战略计划、经营计划和年度计划。它从这三个层次上影响着人力资源规划。

战略计划的层次上，人力资源规划涉及如下问题：预计企业未来总需求中管理人员的需求；企业外部因素（如人口发展趋势、未来离退休年龄变动的可能性等）及估计未来企业内部雇员数量。其重点在分析问题上，不在于详细的预测。

在经营计划层次上，人力资源规划涉及对雇员供应量与未来需求量的详细预测（包括雇员数量、雇员结构、组织和工作设计可供和所需的人力资源等）。

在年度计划层次上，人力资源规划涉及根据预测制订具体的行动方案（包括具体的招聘、提升、培训、调动、工资福利等工作）。

五、人力资源规划的内容

人力资源规划是基于企业人力资源供求状况的评估和预测而制定的人力资源配置的政策和措施，从而确保企业在需要的时间、地点和岗位上能够获得合适的人员。

人力资源规划大体包括以下内容：

（1）总体规划：说明制定人力资源规划的目的、意义和作用，规划的期限、范围，并阐述规划的总目标、总原则、总指导思想及总的方针政策等。

（2）人力资源现状分析：对企业现有人才的基本结构和人员变动情况的描述和分析，包括人员数量、人员的学历结构和能力结构、人员的基本分布、人员的流动率和流失率、管理人员的管理能力等。

（3）人力资源供求预测：根据人力资源现状和企业发展战略的要求预测规划期内企业人力资源的需求情况；根据外部环境的分析尤其是劳动力市场的供求状况的分析预测劳动力供给的情况；确定企业人力资源的供求状况；预测规划期内企业所需的人才。不仅要有总量上的要求，还要有明确具体的岗位或职务名称、人员数量、希望到岗的时间等。

（4）人力资源素质规划：人力资源素质规划是依据企业战略、业务模式、业务流程和组织对员工行为要求，设计各职类职种职层人员的任职资格要求，包括素质模型、行为能力及行为标准等。人力资源素质规划是企业开展选人、用人、育人和留人活动的基础与前提条件。

人力资源素质规划有任职资格标准和素质模型两种表现形式（见图2.2）。任职资格标准要反映企业战略及组织运行方式对各职类职种职层人员任职的行为能力要求；素质模型则反映各职类职种职层需要何种行为特征的人才能满足任职所需的行为能力要求。

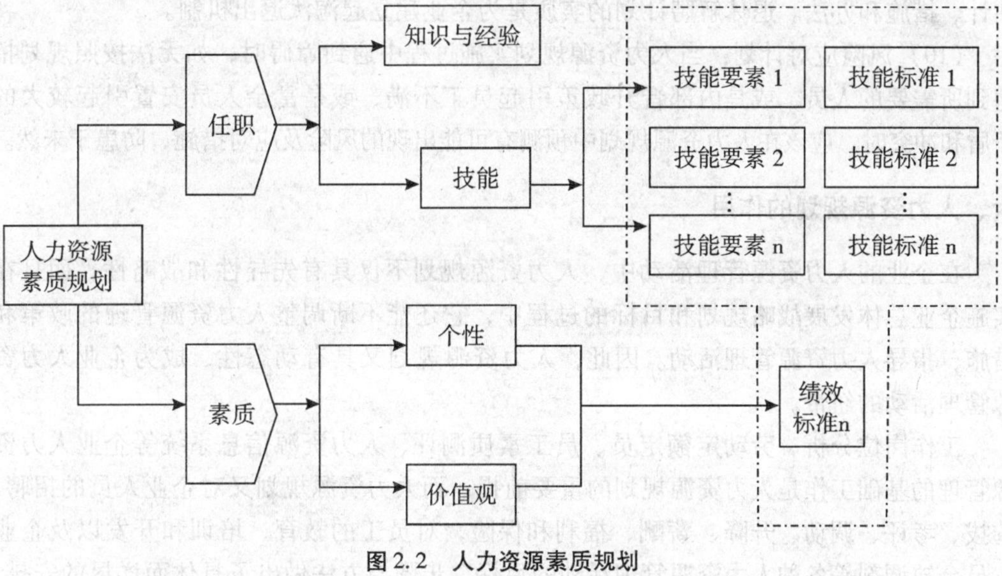

图2.2　人力资源素质规划

资料来源：魏新，刘苑辉，黄爱华．人力资源管理概论［M］．广州：华南理工大学出版社，2007.

素质规划的目的是为企业中、长期发展所需要的职位事先储备人员。例如，美国国际商业机器公司对逐级推荐的5 000名有发展潜力的员工分别制订素质提升计划，根据可能产生的职位空缺和出现的时间分阶段有目的地培养他们，当职位空缺时，人员就已经培养好了。

（5）人员配备计划：根据企业的近远期目标、劳动生产率、技术设备工艺要求等状况确立相应的组织机构、岗位职务标准，进行定员定编。通过企业人员的内部流动（如工作轮换）或工作岗位的重新设计实现企业内部人员的高效率配置。人员配备计划的目的是挖掘内部潜力、合理使用人才、培养复合型人才、解决负荷不均等，包括每个职务的人员数量、职务人员空缺数量以及工种分配、干部调配和工作调动等内容。

(6) 人员晋升和补充计划：人员晋升计划的目的是最大限度地实现人职工作的最佳匹配，实现高绩效工作系统，在中长期内使岗位职务空缺能从质量上和数量上得到合理的补充。人员晋升计划包括晋升的原则、政策、条件、要求和程序，绘制人员替补图。人员补充计划即拟定人员补充政策，目的是使企业能够合理、有目标地填补组织中、长期内可能产生的职位空缺。在劳动力市场供过于求或者企业吸收能力与辞退员工受到限制的情况下，人员补充计划十分重要。人员补充计划可以改变企业内人力资源结构不合理状况，但这种改变必须与其他计划相配合才是最经济、实用的。补充规划与晋升规划是密切相关的，因为晋升也是一种补充，只不过补充源在企业内部。

(7) 人员培训开发计划：确定规划期内拟培训的目标、内容、人员（数量和对象）、模式、方法及培训费用的投入等。培训计划中包括培训政策、培训需求、培训内容、培训形式、培训评估等内容。

(8) 薪酬福利计划：包括薪酬结构、工资总额、福利项目以及绩效与薪酬的对应关系等。

(9) 退休解聘计划：包括企业人员的自然更替、富余人员的处理和安置等情况的估计、措施和办法。退休解聘计划的实质是为企业建立起淘汰退出机制。

(10) 风险应对计划：当人力资源规划实施过程中遇到障碍时，如无法按照规划招聘到所需要的人员，或是内部晋升政策引起员工不满，或是富余人员安置引起较大的矛盾和冲突时，应该在人力资源规划中预测有可能出现的风险及应对措施，防患于未然。

六、人力资源规划的作用

在企业的人力资源管理活动中，人力资源规划不仅具有先导性和战略性，而且在实施企业总体发展战略规划和目标的过程中，它还能不断调整人力资源管理的政策和措施，指导人力资源管理活动。因此，人力资源规划又具有动态性，成为企业人力资源管理活动的纽带。

工作岗位分析、劳动定额定员、员工素质测评、人力资源信息系统等企业人力资源管理的基础工作是人力资源规划的重要前提，而人力资源规划又对企业人员的招聘、选拔、考评、调动、升降、薪酬、福利和保险，对员工的教育、培训和开发以及企业人员余缺调剂等各种人力资源管理活动的目标、步骤与方法做出了具体而详尽的安排，图 2.3 充分显示了人力资源规划在企业人力资源管理活动中的重要地位和作用。

(一) 为企业经营发展对人力资源的动态需求提供保证

组织的生存和发展与人力资源的结构密切相关。在静态的组织条件下，人力资源的规划显得不必要。因为静态的组织意味着它的生产经营领域不变、所采用的技术不变、组织的规模不变，也就意味着人力资源的数量、质量和结构均不发生变化。显然这是不可能的；在动态的组织条件下，人力资源的需求和供给的平衡不可能自动实现。因此，就要分析供求的差异，采取适当的手段调整差异。由此可见，预测供求差异并调整差异，就是人力资源规划的基本职能。

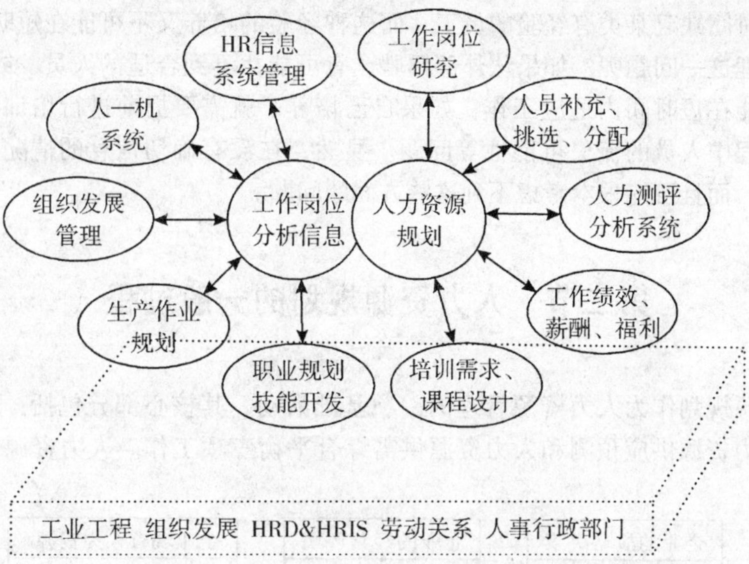

图 2.3 人力资源规划与管理活动系统的关系

资料来源：曹亚克，王博，白晓鸽. 最新人力资源规划、招聘及测评实务［M］. 北京：中国纺织出版社，2004.

（二）人力资源规划有助于企业保持人员的稳定

企业的正常运转需要自身的人员保持相对的稳定，但是企业都是在复杂的内外部环境条件下进行生产经营活动的，而这些环境因素又处于不断的变化之中，因此企业为了自身的生存和发展，必须随时依据环境的变化及时作出相应调整，如改变经营计划，变革组织结构等，这些调整往往引起人员数量和结构的变化；此外，企业内部的人力资源自身也处在不断变化之中，如辞职、退休等，这也会引起人员数量和结构的变化。由于人力资源的特殊性质，这些变化往往有一定的时滞性，故企业为了保证人才的稳定，就必须提前了解这些变化并制定相应的措施。

（三）人力资源规划能使企业有效地控制人工成本

人力资源规划对预测中、长期的人工成本有重要作用。人工成本中最大的支出是工资，而工资总额在很大程度上取决于组织中的人员分布状况。人员分布状况指的是组织中的人员在不同职务、不同级别上的数量状况。当一个组织年轻的时候，处于低职务的人多，人工成本相对便宜，随着时间的推移，人员的职务等级水平上升，工资的成本也就增加。如果再考虑物价上升的因素，人工成本就可能超过企业所能承担的能力。在没有人力资源规划的情况下，未来的人工成本是未知的，难免会发生成本上升、效益下降的趋势，因此，在预测未来企业发展的条件下，有计划地逐步调整人员的分布状况，把人工成本控制在合理的支付范围内，是十分重要的。

（四）人力资源规划可以为企业的人事决策提供依据和指导

人力资源规划的信息往往是人事决策的基础，例如采取什么样的晋升政策、制定什么样的报酬分配政策等。人事政策对管理的影响是非常大的，而且持续的时间长，调整起来也困难。为了避免人事决策的失误，准确的信息是至关重要的。例如，企业在未来某一时间缺乏某类有经验的员工，而这种经验的培养又不可能在短时间内实现，那么如何处理这一问题呢？如果从外部招聘，有可能找不到合适的人员，或者成本高，而且也不可能在短时间内适应工作。如果自己培养，就需要提前进行培训，同时还要考虑培训过程中人员的流失可能性等问题。显然，在没有确切信息的情况下，决策是难以客观的，而且可能根本考虑不到这些方面的问题。

第二节　人力资源规划的一般过程

人力资源规划作为人力资源管理的一项基础活动，其核心部分包括：人力资源需求预测、人力资源供应预测和人力资源供需综合平衡三项工作。人力资源规划程序如图 2.4 所示。

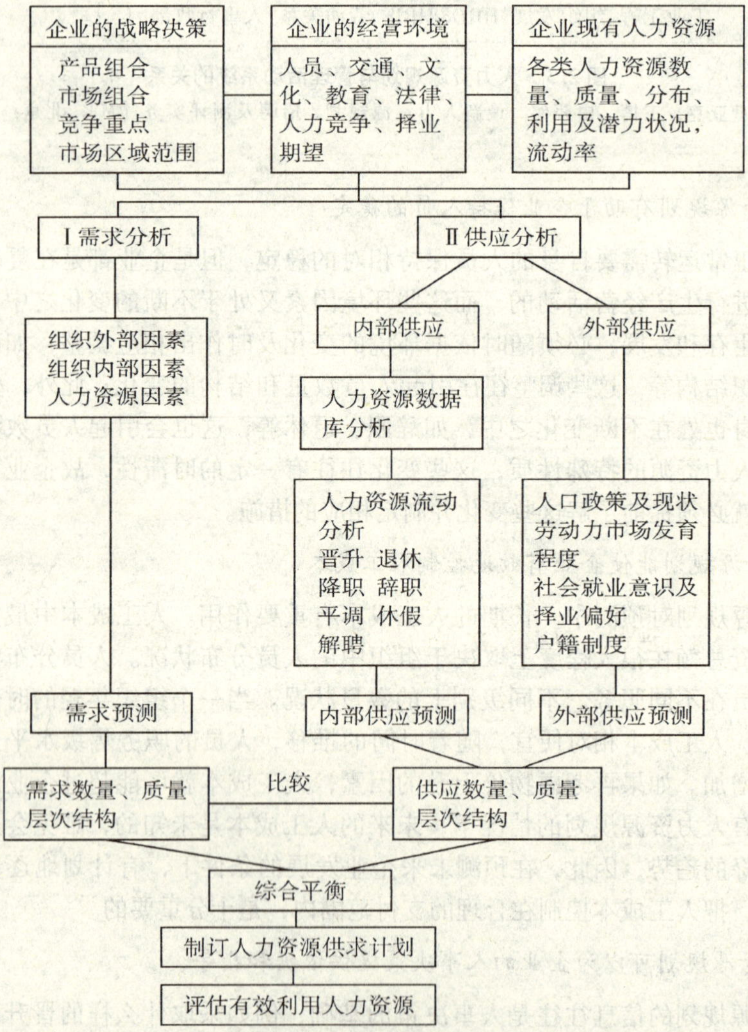

图 2.4　人力资源规划程序

资料来源：关淑润．人力资源管理［M］．北京：对外经济贸易大学出版社，2002.

从图 2.4 可以看出，人力资源规划的过程大体可以分为以下几个步骤：

一、收集和研究涉及企业战略决策和经营环境的各种信息

制定企业人力资源规划的基础是企业的总体发展战略和经营环境。影响企业战略决策的信息有：企业的技术设备特点、产品生产和销售状况、产品结构、消费者结构、企业产品的市场占有率，以及经营规模和扩张方向等。人力资源规划必须满足企业的上述要求。

制定人力资源规划，又面临着一定的经营环境，即企业的外部劳动力市场供求状况、劳动者的文化素质、有关的法律政策以及本地区平均工资水平、人们的择业偏好等等，都会对人力资源规划的制定形成制约。因此，对这些经营环境方面的信息，必须有明确的认识和科学的分析，并将它们作为制定人力资源规划的重要依据。

二、分析企业现有的人力资源状况

实现企业战略，首先要立足于开发现有的人力资源，因此必须采用科学的评价分析方法。人力资源主管要对本企业各类人力数量、质量、结构、利用及潜力状况、流动比率进行统计。这一部分工作需要结合人力资源管理信息系统和职务分析的有关信息来进行。如果企业尚未建立人力资源管理信息系统，这步工作最好与建立该信息系统同时进行。一个良好的人力资源管理信息系统，应尽量输入与员工个人和工作情况的资料，以备管理分析适用。人力资源信息应包括以下几个方面：

（1）个人自然情况，如姓名、性别、出生日期、身体自然状况和健康状况、婚姻、民族和所参加的党派等。

（2）录用资料，包括合同签订时间、候选人征募来源、管理经历、外语种类和水平、特殊技能，以及对企业有潜在价值的爱好或特长。

（3）教育资料，包括受教育的程度、专业领域和各类培训证书等。

（4）工资资料，包括工资类别、等级、工资额、上次加薪日期以及对下次加薪日期和量的预测。

（5）工作执行评价，包括上次评价时间、评价或成绩报告和历次评价的原始资料等。

（6）工作经历，包括以往的工作单位和部门、学徒或特殊培训资料、升降职原因、是否受过处分及处分的原因和类型、最后一次内部转换的资料等。

（7）服务与离职资料，包括任职时间长度、离职次数及离职原因。

（8）工作态度，包括生产效率、质量状态、缺勤和迟到早退记录、有否建议及建议数量和采纳数，有否抱怨及其经常性与否，抱怨内容等。

（9）安全与事故资料，包括因公受伤和非因公受伤、伤害程度、事故次数类型及原因等。

（10）工作或职务情况。

（11）工作环境情况。

（12）工作或职务的历史资料等。

这一阶段必须获取和参考的另一项重要的信息是职位分析的有关信息情况。职位分析明确地指出了每个职位应有的职务、责任、权力，以及履行这些职、责、权所需的资格条件，这些条件就是对员工素质上的水平要求。

三、对人力资源需求进行预测

这一步工作与人力资源盘点可以同时进行，人力资源需求预测主要是根据企业的发展战略规划和本企业的内外部条件选择预测技术，然后对人员需求的结构和数量、质量进行预测。

预测人员需求时，应考虑以下因素对人员需求的数量上和质量上以及结构上的影响：

（1）市场需求、产品或服务质量升级或决定进入新的市场。

（2）产品和服务的要求。

（3）人员稳定性，如计划内更替（辞职和辞退的结果）、人员流失。

（4）培训和教育（与公司变化的需求相关）。

（5）为提高生产率而进行的技术和组织管理革新。

（6）工作时间。

（7）预测活动的变化。

（8）各部门可用的财务预算。

在预测过程中，商业因素是影响员工需要类型、数量的重要变量，要通过分离这些因素，并且收集历史资料作为预测的基础。对不同的企业或组织，每个因素的影响不相同。

四、人力资源供给预测

人力资源供给预测包括两个内容：一是内部供给预测，即是根据现有人力资源及其未来变动情况确定未来所能提供的人员数量和质量；另一种是对外部人力资源供给进行预测，确定未来可能的各类人员的供给状况。

五、制订人力资源供求平衡的总计划和各项业务计划

通过总计划与各项具体的业务计划，并分别提出各种具体的调整供大于求或求大于供的政策措施，使未来企业对人力资源的需求得到满足。人力资源供求达到协调平衡是人力资源规划活动的落脚点和归宿。人力资源供需预测是为这一活动服务的。

六、执行人力资源战略规划和实施监控

人力资源战略规划应包括预算、目标和标准设置，它同时也应承担执行和控制的责任，并建立一整套报告程序来保证对规划的监控。可以只报告对全公司的雇佣总数量（确认那些在岗的和正在上岗前期的）和为达到招聘目标而招聘的人员数量。同时应报告与预算相比雇佣费用情况如何，损耗量和雇佣量的比率变化趋势如何。

七、评估人力资源战略规划

虽然人力需求的结果只有过了预测期限才能得到最终检验，但为了给企业人力资源规划提供正确决策的可靠依据，有必要事先对预测结果进行初步评估，由专家、用户及有关部门主管人员组成评估组来完成评估工作。

评估时还要对以下几个因素进行比较：

(1) 实际招聘人数与预测的人员需求量比较。

(2) 劳动生产率的实际水平与预测水平比较。

(3) 实际的与预测的人员流动率的比较。

(4) 实际执行的行动方案与规划的行动方案比较。

(5) 实施行动方案后的实际结果与预测结果比较。

(6) 劳动力和行动方案的成本与预算额的比较。

(7) 行动方案的受益与成本的比较。

在对人力资源规划进行评估时，一定要客观、公正和准确。而人力资源是否有效运用，可从若干指标显示出来，如人力成本降低、生产力提高、服务质量改善等。

第三节 人力资源需求预测

人力资源需求预测和供给预测是极其重要的一步。如果不对企业的人力资源需求和供给做出正确的预测，那就无从谈起人力资源规划。人力资源预测供求双方及其关系见图 2.5。

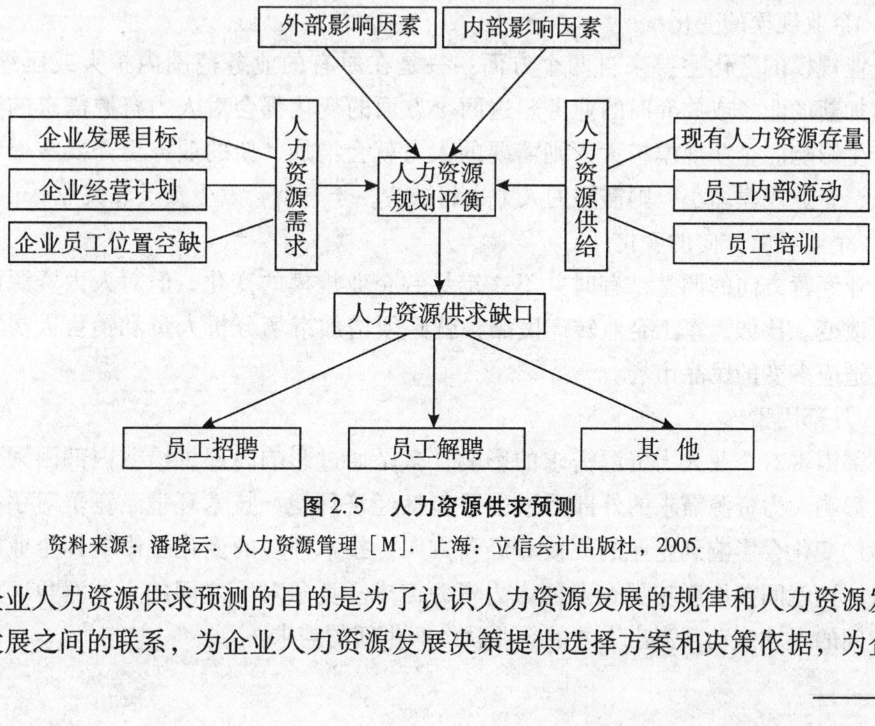

图 2.5 人力资源供求预测

资料来源：潘晓云. 人力资源管理 [M]. 上海：立信会计出版社，2005.

企业人力资源供求预测的目的是为了认识人力资源发展的规律和人力资源发展与企业发展之间的联系，为企业人力资源发展决策提供选择方案和决策依据，为企业人力资源规划、人力资源开发和管理服务。

一、人力资源需求预测的概念

企业人力资源需求预测是指对企业未来某一段时间内人力资源需求的总量、专业的结构、学历层次结构、专业技术职务结构与技能结构和人力资源的年龄结构等进行事前估计。

由于企业的人力资源需求除受到企业内部的经营状况、已有的人力资源状况等诸多内部因素的影响外，还受到企业外部的政治、经济、科技、教育和文化等多种不可控因素的影响。使企业人力资源需求预测更为复杂、难度更大。但是在现代企业管理中，要制定合理的人力资源规划，进行正确的人力资源管理决策，必须要进行人力资源需求预测。

只有在科学的人力资源需求预测基础上进行的人力资源规划，才能使企业人力资源活动成为一种具有自我意识和目的性的活动。并且可以消除企业人力资源发展与开发过程中的无导向和无控制的盲目现象与状态，可以根据人力资源的发展规律，有计划、有目的地协调企业人力资源发展，使其与企业发展战略相适应。

二、影响人力资源需求的因素

影响组织人力资源需求的因素主要来自组织内部，但外部因素对组织的人力资源需求也会产生影响。归纳起来，影响人力资源需求的因素主要有：

1. 技术、设备条件的变化

企业生产技术水平的提高、设备的更新，一方面会使企业所需要的人员数量减少，另一方面对人员知识、技术与技能的要求则随之提高。

2. 企业规模的变化

企业规模的变化主要来自两个方面：一是在原有的业务范围内扩大或压缩规模；二是增加新的业务或放弃旧的业务。这两个方面的变化都会对人力资源需求的数量和结构产生影响。企业规模扩大，则需要的人力就会增加，新的业务更需要掌握新技能的人员；企业规模缩小，则需要的人力也将减少，于是就会发生裁员、失业。

3. 企业经营方向的变化

企业经营方向的调整，有时并不一定导致企业规模的变化，但对人力资源的需求却发生改变。比如，军工企业转产民品，就必须增加市场分析人员和销售人员，否则将无法适应多变的民品市场。

4. 外部因素

外部因素对企业人力资源需求的影响，多是通过影响内部供给或内部因素而起作用的。影响人力资源需求的外部因素主要包括经济环境、技术环境、竞争对手等。经济环境的变化会影响到企业的规模和经营方向，技术环境的变化会影响到企业的技术和设备，这就间接地影响了企业的人力资源需求。竞争对手之间的人才竞争，则会造成企业间的人才流动，流出人才的企业就会产生新的需求。

三、人力资源需求预测的方法

人力资源需求预测的方法一般可分为两大类：主观判断法与定量分析预测法。

（一）主观判断法

这是一种较为简单、常用的方法。此方法是由有经验的专家或管理人员进行直觉判断预测，其精度取决于预测者的个人经验和判断力。主观判断法又包括经验推断法和团体预测法两种。

1．经验推断法

经验推断法是先推断企业产品或服务的需求，然后就产品或服务的特性、所需技术、行政支援等，将需求转化为工作量预算，再按数量比率转为人力需求。经验推断法较适用于短期预测，长期预测因为较复杂，较宜采用定量分析预测法。

2．团体预测法

团体预测法是集结多数专家和管理者的推断而做出的规划，主要方式有德尔菲法和名义团体法。

（1）德尔菲法。德尔菲法是有步骤地使用专家的意见去解决问题。首先，企业必须设定预测的问题，并将之细分为不同的组成部分。再从有关方面收集相关的资料和从不同的分析角度，然后通过中间人整合所有专家的意见。中间人将背景资料和问题，以问卷形式个别传递给参与的专家，让他们重新做预测，如此反复数次，直至专家的意见渐趋一致而得出结论。如图 2.6 所示。

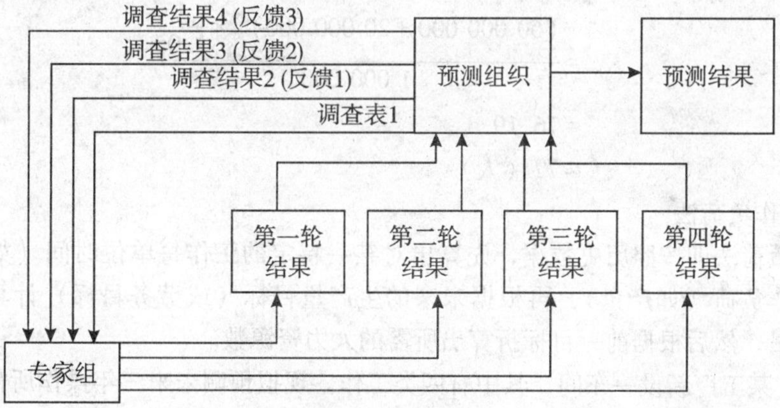

图 2.6　德尔菲法

资料来源：魏新，刘苑辉，黄爱华．人力资源管理概论［M］．广州：华南理工大学出版社，2007.

（2）名义团体法。名义团体法是让专家在一起讨论，让他们先进行脑力激荡以便将所有意见列出，再逐一分析这些意见，并排列出意见的实际性和优先次序。

团体预测法的好处是能集思广益，又因为管理者参与分析和决策的程度较高，对决策的投入感和承担也会较强。只是两种方式的团体预测法都很费时和昂贵，企业应考虑其实际需要和能力而决定是否需要采取这种方法。

（二）定量分析预测法①

定量分析预测法是利用数学和统计学的方法进行分析预测，常用的较为简便的方法有以下几种：

1. 总体预测法

这个模式同时计算了内在和外在因素的影响，其公式如下：

$$E_N = \frac{(L_{agg} + G)\dfrac{1}{X}}{Y}$$

其中：EN——代表 N 年后预测劳动力的数值；

L——代表目前企业活动的总值；

G——代表企业活动在 N 年后的成长总值；

X——代表目前企业活动对人力资源的转换总值；

agg——代表总体的数字。

这种方法假定企业的经营活动和雇用人数有正比例的关系，类似的方法有各种生产功能模式，这些模式均以生产量作为预测的主要变量。

例 1. 一间工厂现年的销售额（L）为 60 000 000 元，预计 5 年后是 80 000 000 元，即增长（G）20 000 000 元，预计每年生产效率提高 1%，即 5 年共提高 5%（$X=1.05$），转换数值按经验和工作设计推算为 60 000 000 元的销售额用 60 人，即每 1 000 000 元用 1 人（$Y=1\ 000\ 000$），依此推算，5 年后需用人数为：

$$E_S = \frac{(60\ 000\ 000 + 20\ 000\ 000) \times \dfrac{1}{1.05}}{1\ 000\ 000}$$

$$= 76.19$$

$$\approx 77\ (\text{人})$$

2. 工作负荷法

工作负荷法即按照历史数据，先算出对某一特定的工作每单位时间（如今天）的每人的工作负荷（如产量），再根据未来的生产量目标（或劳务目标）计算出所完成的总工作量，然后根据前一目标折算出所需的人力资源数。

例 2. 某工厂新设一车间，其中有四类工作。现拟预测未来三年操作所需的最低人力数。

第一步：根据现有资料得知这四类工作分别所需的标准任务时间为：0.5，2.0，1.5，1.0 小时/件。

第二步：估计未来三年每一类工作的工作量，即产量（如表 2.2 所示）。

第三步：折算为所需工作时数（如表 2.3 所示）。

第四步：根据实际的每人每年可工作时数，折算所需人力。假设每人每年工作小时数为 1 800 小时，从表 2.3 数据可知，未来三年所需的人力数分别为：138，147 和

① 葛玉辉. 人力资源管理［M］. 北京：清华大学出版社，2006.

171 人。

表 2.2　　某新设车间的工作量估计

工作＼时间	第 1 年	第 2 年	第 3 年
工作 1	12 000	12 000	10 000
工作 2	95 000	1 000 000	120 000
工作 3	29 000	34 000	38 000
工作 4	8 000	6 000	5 000

表 2.3　　某新设车间的工作时数估计

工作＼时间	第 1 年	第 2 年	第 3 年
工作 1	6 000	6 000	5 000
工作 2	190 000	200 000	240 000
工作 3	43 500	51 000	57 000
工作 4	8 000	6 000	5 000
总　计	247 500	263 000	307 000

3. 趋势预测法

这是比较简单的方法。预测者必须拥有过去一段时间的历史数据资料，然后用最小平方法求得趋势线，将这趋势线延长，就可预测未来的数值。

趋势预测法以时间或产量等单个因素作为自变量，人力数为因变量，且假设过去人力的增减趋势保持不变，一切内外影响因素保持不变。

例 3. 某公司，已知过去 12 年的人力数量（如表 2.4 所示）。

表 2.4　　某公司过去 12 年人力数量

年度	1	2	3	4	5	6	7	8	9	10	11	12
人数	510	480	490	540	570	600	640	720	770	820	740	930

利用最小平方法，求直线方程：$y = a + bx$

其中：

$$a = y - b\bar{x} \qquad b = \frac{\sum_{i=1}^{n}(x_i - \bar{x})(y_i - \bar{y})}{\sum_{i=1}^{n}(x_i - \bar{x})^2}$$

$$\bar{y} = \frac{\sum_{i=1}^{n} y_i}{n} \qquad \bar{x} = \frac{\sum_{i=1}^{n} x_i}{n}$$

得出：$a = 390.7 \quad b = 41.3 \quad y = 390.7 + 41.3x$

则可预测未来第三年的人数为：$y = 390.7 + 41.3 \times 15 = 1\,010$(人)

4. 多元回归预测法

它与上一种方法不同的是，它是一种从事物变化的因果关系来进行预测的方法，它不再把时间或产量单个因素作为自变量，而将多个影响因素作为自变量。它运用事物之间的各种因果关系，根据多个自变量的变化来推测与之有关的因变量变化。组织中人力资源需求的变化总是与某几个因素关联的，所以，我们找出和确定人力资源需求随各因素的变化趋势，就可推测出将来的数值。

这个方法有五个步骤：

第一步：确定适当的与人力资源需求量有关的组织因素。组织因素应与组织的基本特征直接相关，而且它的变化必须与所需的人力资源需求量变化成比例。

第二步：找出历史上组织因素与员工数量之间的关系。例如，医院中病人与护士数量的比例关系，学校中学生与教师的比例关系等。

第三步：计算劳动生产率。例如，表 2.5 为某医院 2000—2006 年每三名护士平均日护理病例的数量。这样，每年病人数的总数乘以同一年的劳动生产率即得护士的总数。

表 2.5　　某医院 2000—2006 年病人与护士数量比例数

年份	组织因素	劳动生产率	人员需求
	病人数/年	护士数/病人数	护士人数
2000	3 000	3/15	600
2002	2 880	3/12	720
2004	2 800	3/10	840
2006	1 920	3/6	960

（注：本例为简便起见，只将劳动生产率这个单一因素作为自变量。）

第四步：确立劳动生产率的变化趋势以及对趋势的调整。要确定过去一段时间中劳动生产率的变化趋势必须收集该时期的产量和劳动力数量的数据，依此算出平均每年生产率变化和组织因素的变化，这样就可预测下一年的变化。

第五步：预测未来某一年的人员需求量。表 2.6 列出了 2000—2012 年实际和预测的组织因素水平（病人数/年）及劳动生产率。其中，2008—2012 年的病人数可以运用趋势法和社会需求分析法预测，劳动生产率是经过对历史数据分析调整后的数值，这两个变量一旦确定，便可以计算出人员需求。

表 2.6　　对该医院 2008—2012 年护士需求量的预测

年份	组织因素	劳动生产率	人员需求	
	病人数/年	护士数/病人数	护士人数	
2000	3 000	3/15	600	实际
2002	2 880	3/12	720	实际
2004	2 800	3/10	840	实际
2006	1 920	3/6	960	实际
2008	1 400	3/4	1 050	预测
2010	1 520	3/4	1 140	预测
2012	1 660	3/4	1 245	预测

很显然，多元回归法由于不只以时间作为预测变量，能够考虑组织内外多个因素对人力资源需求的影响，因此它预测的结果要比趋势法准确，只是这种方法非常复杂。

5. 转换比率分析法

人力资源需求分析实际上是要揭示未来的经营活动所需要的各种员工的数量。人力资源预测中的转换比率法是首先估计组织需要的关键技能的员工数量，然后再根据这一数量来估计秘书、财务人员和人力资源管理人员等辅助人员的数量。企业经营活动规模的估计公式为：

经营活动 = 人力资源的数量 × 人均生产率

例如，销售收入 = 销售员的数量 × 每位销售员的销售额；产出水平 = 生产的小时数 × 单位小时产量；运行成本 = 员工的数量 × 每位员工的人工成本等。转换比率方法的目的是将企业的业务量转换为人力的需求，是一种适合于短期需求预测的方法。

以一所大学的商学院为例，假设当工商管理硕士（Master of Business Administration，MBA）学生的数量增加一个百分点，相应地就要求教师的数量增加一个百分点，同时职员的数量也相应地需增加一个百分点，否则难以保证商学院工商管理硕士学生培养的质量。这实际上是根据组织过去的人力需求数量同某个影响因素的比率来对未来的人事需求进行预测。

假设该院在 2006 年招收了 1 500 人，在 2007 年计划招生增加 150 人，目前平均每个教师承担 15 名学生的工作量，生产率保持不变，那么在 2007 年该商学院需要的教师为：

1 500/15（1 + 150/1 500） = 110（人）

假设行政教务管理人员与教师比例为 1 : 10，那么，行政教务管理人员的人数为：

110 × 1/10 = 11（人）

转换比率分析法也存在以下不足之处：一是进行估计时需要对计划期的业务增长量、目前人均业务量和生产率的增长率进行精确的估计；二是这种预测方法只考虑了员工需求的总量，没有说明其中不同类别员工需求的差异。

第四节　人力资源供给预测

一、人力资源供给预测的概念

人力资源的供给预测是指对在未来某一特定时期内能够提供给企业的人力资源的数量、质量以及结构进行估计。企业人力资源的供给预测主要用于解决由于企业内部人力资源变动与企业发展造成的企业人力资源短缺问题。因此利用企业人力资源供给预测可以检查现有员工替补企业空缺岗位的能力；明确指出哪些岗位上的员工将被晋升、退休或者被辞退；明确指出哪些岗位的辞职率、开除率和缺勤率高得异常或者存在绩效、劳动纪律等方面的问题；对招聘、选择、培训和员工发展需要做出预测，以便及时地为工作岗位的空缺提供合格的人力资源补给。

人力资源的供给包括内部供给和外部供给两个来源，内部供给是指从内部劳动力市场提供的人力资源；外部供给则是指从外部劳动力市场提供的人力资源。人力资源的供给预测具体步骤如图 2.7 所示。

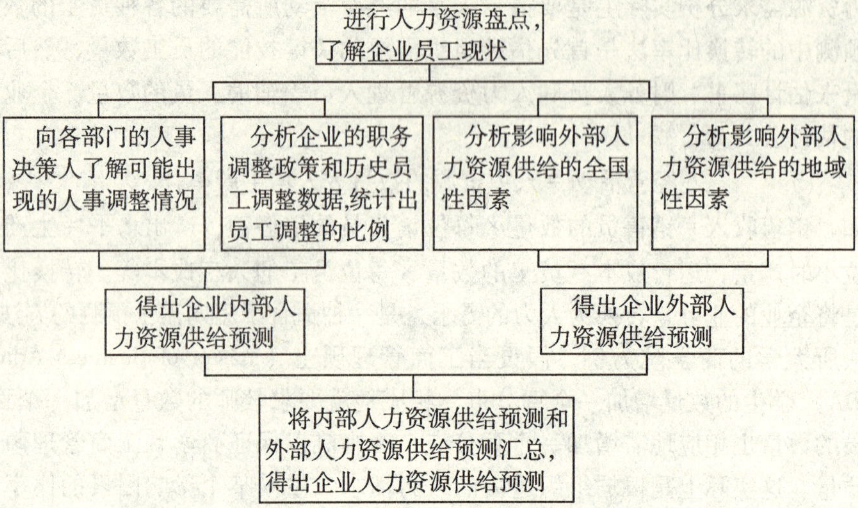

图 2.7　人力资源的供给的预测步骤

资料来源：曹亚克，王博，白晓鸽．最新人力资源规划、招聘及测评实务［M］．北京：中国纺织出版社，2004.

如果说对人力资源需求的分析更多的是以“事”为中心而展开的话，那么对人力资源供给的分析就要以“人”为中心来进行。由于人力资源的供给有两个来源，相比内部供给来说，企业对外部人力资源供给的可控性比较差，因此人力资源供给的预测侧重于内部的供给。

1．外部供给的分析

由于外部供给在大多数情况下并不能被企业所直接掌握和控制，因此外部供给的分析主要是对影响供给的因素进行判断，从而对外部供给的有效性和变化趋势作出预测。

一般来说，影响外部供给的因素主要有外部劳动力市场的状况、人们的就业意识、企业的吸引力等。当外部劳动力市场紧张时，外部供给的数量就会减少；而当外部劳动力市场宽松时，供给的数量就会增多。人们的就业意识也会影响外部的供给，如果企业不属于人们的择业时的首选行业，那么外部供给量自然就比较少，反之就比较多。还有企业的吸引力也会影响外部的供给，当企业对人们吸引力比较强，人们都会愿意到这里来工作，供给量也就会比较多；相反，如果企业不具有吸引力，人们都不愿意到这里来工作，那么供给量就会减少。在分析企业的吸引力时，不仅要看绝对的水平，还要看相对的水平，也就是与竞争对手相比的吸引力如何，这对于吸引专业性较强的人力资源来说更有意义。

2．内部供给的分析

由于人力资源的内部供给来自企业内部，因此企业在预测期内所拥有的人力资源就形成了内部供给的全部来源，所以内部供给的分析主要是对现有人力资源的存量及其在未来的变化情况做出判断。这种分析主要有以下几种：

（1）现有人力资源的分析。人力资源不同于其他资源，即使外部条件都保持不变，人力资源自身的自然变化也会影响到未来的供给，比如退休、生育等，因此在预测未来人力资源的供给时，需要对现有的人力资源状况作出分析。例如企业现有 58 岁的男性员工 30 人，那么即使没有其他因素的影响，由于这些人两年后退休，因此后年企业内部的人力资源供给就会减少 30 人。一般来说，现有人力资源的分析主要是对年龄结构作出分析，因为人力资源自身的变化大多与年龄有关，此外还有员工的性别、身体状况等也要进行分析。

（2）人员流动的分析。在进行人员流动分析时，假定人员的质量不发生变化，人员的流动主要包括两种。

一是人员由企业流出。由企业流出的人员数量就形成了内部人力资源供给减少的数量，造成人员流出的原因有很多，如辞职、辞退等。如，企业现有 1 000 人，预测明年的辞职率为 3%，那么明年的人力资源供给就要减少 30 人。

二是人员在企业内部的流动。对这种流动的分析应针对具体的部门、职位层次或职位类别来进行，虽然这种流动对于整个企业来说并没有影响到人力资源的供给，但是对内部的供给结构却造成了影响。例如当人员由 B 部门流入到 A 部门时，对 A 部门来说，由于流入了人员，供给量会增加，流入了多少人员，其内部的人力资源供给量就增加了多少；而对 B 部门来说，由于流出了人员，供给量会减少，流出了多少人员，其内部的人力资源供给量就减少了多少。在分析企业内部人员流动时，不仅要分析实际发生的流动，还要分析可能的流动，也就是说要分析现有人员在企业内部调换职位的可能性，这可以预测出潜在的内部供给。例如对于 A 职位来说，在未来的第三年有 15 名员工可以从事该职位，那么对于这一职位来说就有 15 人的内部供给。同实际流动的分析一样，分析可能的流动时也要针对具体的部门、职位层次或职位类别来进行。分析员工可能的流动性，主要的依据是绩效考核即对员工工作业绩、工作能力的评价结果。

（3）人员质量的分析。进行人员质量分析时，假定人员没有发生流动，人员质量的变化会影响到内部的供给，质量的变动主要表现为生产效率的变化。当其他条件不变时，生产效率提高，内部的人力资源供给相应增加；相反，内部的供给就减少。影响人员质量的因素有很多，如工资的增加、技能的培训等。对人员质量的分析不仅要分析显性的，而且要分析隐性的，例如加班加点，虽然员工实际的生产效率没有发生变化，但是由于工作时间延长了，相应的每个人完成的工作量就增多了，这同样增加了内部的供给，类似的还有工作分享、缩短工作时间等。

通过上述分析可以得出企业未来人力资源内部供给的变化值，将它和现有的人力资源进行比较就能计算出未来一定时期内企业内部所能提供的人力资源，从而就可以预测出人力资源的内部供给。

二、人力资源供给预测的方法①

人力资源供给预测的方法主要是针对内部供给预测而言的，预测的方法也有很多，这里只选取几种有代表性的方法进行介绍。

1. 技能清单

技能清单是一个反应员工工作能力特征的列表，这些特征包括员工的培训背景，工作经历，持有的资格证书以及工作能力的评价等内容。技能清单是对员工竞争力的一个反映，可以用来帮助预测潜在的人力资源供给。人力资源规划的目的不仅是要保证为企业的空缺岗位提供相当数量的员工，还要保证这些员工的质量，因此就有必要建立员工能力的记录。技能清单主要服务于晋升人员的确定，职位调动的决策，对特殊项目的工作分配，培训以及职业生涯规划等。技能清单可以包括所有的员工，也可以只包括部分员工。表 2.7 就是技能清单的一个例子。

表 2.7 技能清单

姓　名：		职　位：		部　门：
出生年月：		婚姻状况：		到职日期：
教育背景	类别	学校	毕业日期	专业
	大学			
	硕士			
	博士			
技能	技能种类		所获证书	
训练背景	训练主题	训练机构	训练时间	
志向	你是否愿意担任其他类型的工作		是	否
	你是否愿意到其他部门去工作		是	否
志向	你是否接受工作轮换以丰富工作经验		是	否
	如有可能，你愿意承担哪种工作			
你认为自己需要接受何种训练	改善目前的技能和绩效			
	晋升所需要的经验和能力			
你认为自己现在可以接受哪种工作指派				

① 葛玉辉. 人力资源管理 [M]. 北京：清华大学出版社，2006.

2. 人员替换

人员替换方法是对企业现有人员的状况作出评价，然后对他们晋升或者调动的可能性作出判断，以此来预测企业潜在的内部供给，这样当某一职位出现空缺时，就可以及时地进行补充。为了直观起见，往往将这种替换制作成图表，如图 2. 8 所示。

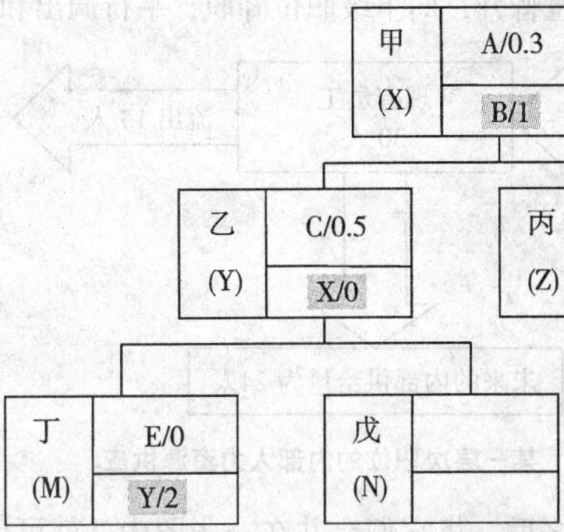

图 2. 8　某个部门的人员替换图

我们对图 2. 8 作一个简单的解释，假设这是公司某个部门的组织结构图，该部门有 X，Y，Z，M，N 五个职位，分别由甲、乙、丙、丁、戊五个人来从事，在每个职位后面的两个方框中，上面空白的方框中记录了目前从事该职位的员工能够调动的岗位以及适应新岗位的时间；下面的方框中记录了该员工可以晋升的职位以及晋升所需的时间。例如对甲来说，他还可以从事 A 职位的工作，完全适应新职位需要 0. 3 年，也就是大约三个半月的时间；此外他还可以晋升到 B 职位上去，晋升到这一职位需要 1 年的时间。需要指出，由于这种方法预测的是潜在的供给，因此对于甲来说，他 1 年以后并非就一定可以晋升到 B 职位。再比如对于丁来说，他还可以从事 E 职位的工作，而且能够立即适应新的职位；此外他还可以晋升到 Y 职位上去，但需要 2 年的时间。同样的道理，2 年后他也并非一定就可以晋升到 Y 职位上去。由图 2. 8 还可以看出，戊既不能调动，也不能晋升。

为了保证预测的准确性，需要对人员的替换信息进行及时的更新，例如戊经过培训后，具有了相应的技能，能够调动到别的职位上工作，那么在下一年度的替换图中，就要把这一信息添加进去。

3. 人力资源“水池”模型

人力资源“水池”模型是在预测企业内部人员流动的基础上来预测人力资源的内部供应，它与人员替换有些类似，不同的是人员替换是从员工出发来进行分析，而且预测的是一种潜在的供给；“水池”模型则是从职位出发进行分析，预测的是未来某一时间现实的供给。这种方法一般要针对具体的部门、职位层次或职位类别来进行，由于他要在现有人员的基础上通过计算流入量来预测未来的供给，这就好比是计算一个水池未来的蓄水量，因此称之为“水池”模型。下面通过一个职位层次分析的例子来看一下这个模型是如何运用的。

首先，我们要分析每一层次职位的人员流动情况，可以用下面的公式来进行预测：

未来的供给量＝现有的人员数量＋流入人员的数量－流出人员的数量

见图 2.9。

对每一层次的职位来说，人员流入的原因有平行调入、上级职位降职和下级职位晋升；流出的原因有向上级职位晋升，向下级职位降职，平行调出和离职。

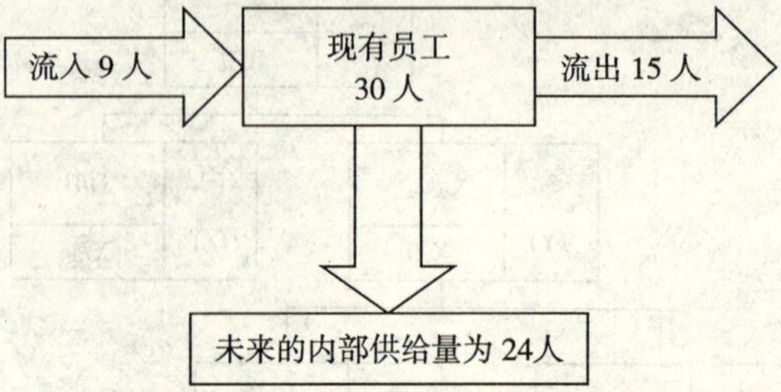

图 2.9　某一层次职位的内部人力资源供应

对所有层次的职位分析完之后，将它们合并在一张图中，就可以得出企业未来各个层次职位的内部供给量以及总的供给量，如图 2.10 所示。

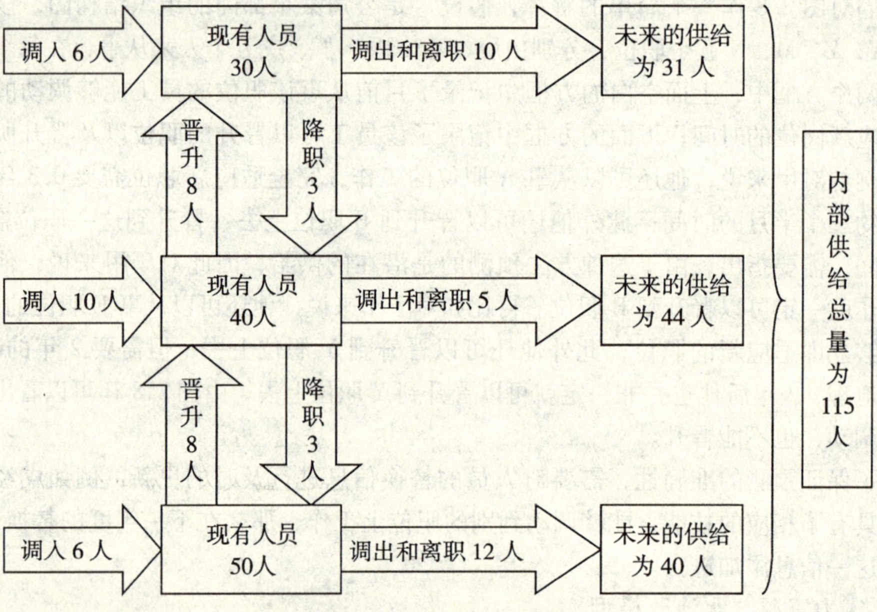

图 2.10　人力资源接续模型

4. 马尔科夫模型

马尔科夫模型是用来预测等时间间隔点上（一般为 1 年）各类人员分布状况的一种动态预测方法。它的基本思想是找出过去人力资源流动的比例，依此来预测未来人力资源供给的情况。

假设某企业有四类职位，从低到高依次是 A、B、C、D，各类人员的分布情况如表 2.8 所示，请预测一下未来人员的分布情况。

表 2. 8　　企业人员的分布情况

职位	A	B	C	D
人数	40	80	100	150

在预测时，首先我们要确定出各类职位的人员转移率，这一转移率可以表示为一个矩阵变动表，见表 2. 9 所示。

表 2. 9　　人员转移率矩阵

	A	B	C	D	离职率合计
A	0. 9				0. 1
B	0. 1	0. 7			0. 2
C		0. 1	0. 75	0. 05	0. 1
D			0. 2	0. 6	0. 2

表 2. 9 中的每一个数字都表示，在固定的时期（通常为 1 年）内，两类职位之间转移的员工数量。例如，上表表示在任何 1 年内，A 类职位的人有 90% 留在公司；B 类职位中有 80% 留在公司，其中 10% 转移到 A 类职位，70% 留在原来的职位。这样有了各类人员原始的人数和转移率，就可以预测出未来的人力资源供给情况，将初期的人数与每类的转移率相乘，然后再纵向相加，就得到每类职位第二年的供给量，见表 2. 10。

表 2. 10　　第二年企业人员的分布情况

	初期人数	A	B	C	D	离职合计
A	40	36				4
B	80	8	56			16
C	100		10	75	5	10
D	150			30	90	30
预测供给		44	66	105	95	60

由表 2. 10 可以看出，在第二年中，A 类职位的供给量为 44，B 类职位的供给量为 66，C 类职位的供给量为 105，D 类职位的供给量为 95，整个企业的供给量则为 310，将这一供给量的预测和需求一比较，就可以得出企业在明年的净需求。如果要对第三年做出预测，只需将第二年的预测数据作为初期数据就可以了。

使用马尔科夫模型进行人力资源供给预测的关键是要确定出人员转移率矩阵表，而在实际预测时，由于受到各种因素的影响，人员转移率是很难准确确定出来的，往往都是一种大致的估计，这也就会影响预测结果的准确性。

第五节　人力资源规划的评估与编制

一、人力资源供求失衡的调整对策

人力资源规划的最终目的是要实现企业人力资源供给和需求的平衡，因此在预测出人力资源的供给和需求之后，就要对这两者进行比较，并根据比较的结果来采取相应的措施。

企业人力资源供给和需求预测的比较，一般会有以下几种结果：①供给和需求在数量、质量以及结构方面都基本相等；②供给和需求在总量上平衡，但是在结构上不匹配；③供给大于需求；④供给小于需求。如果出现第一种情况，那就说明企业未来的人力资源供给和需求基本上是平衡的，这当然是一种比较理想的结果，但是现实中这种情况几乎是不可能的。对于企业来说，更多的会出现后面三种情况，这就要求企业针对具体的情况采取相应的措施，以实现供需的平衡。

（一）供给和需求总量平衡，结构不匹配

企业人力资源供给和需求完全平衡一般是很难发生的，即使在供需总量上达到了平衡，往往也会在层次和结构上出现不平衡。对于结构性的人力资源供需不平衡，企业一般要采取下列措施实现平衡：

（1）进行人员内部的重新配置，包括晋升，调动，降职等，来弥补那些空缺的职位，满足这部分的人力资源需求。

（2）对人员进行有针对性的专门培训，使他们能够从事空缺职位的工作。

（3）进行人员的置换，释放那些企业不需要的人员，补充企业需要的人员，以调整人员的结构。

（二）供给大于需求

当预测的供给大于需求时，企业可以采取以下措施从供给和需求两方面来平衡供需。

（1）企业要扩大经营规模或者开拓新的增长点，以增加对人力资源的需求，例如企业可以实施多种经营吸纳过剩的人力资源供给。

（2）永久性的裁员或者辞退员工。这种方法虽然比较直接，但是由于会给社会带来不安定因素，因此往往会受到政府的限制。

（3）鼓励员工提前退休，就是给那些接近退休年龄的员工以优惠的政策，让他们提前离开企业。

（4）冻结招聘，就是停止从外部招聘人员，通过自然减员来减少供给。

（5）缩短员工的工作时间，实行工作分享或者降低员工的工资，通过这种方式也可以减少供给。

（6）对富余员工实施培训，这相当于进行人员的储备，为将来的发展做好准备。

（三）供给小于需求

当预测的供给小于需求时，企业同样可以从供给和需求两个角度来平衡供需，可以采取下列措施：

（1）从外部雇用人员，包括返聘退休人员，这是最为直接的一种方法，可以雇用全职的也可以雇用兼职的，这要根据企业自身的情况来确定，如果需求是长期的，就要雇用全职的；如果是短期需求增加，就可以雇用兼职的或临时的。

（2）提高现有员工的工作效率。这也是增加供给的一种有效方法，提高工作效率的方法有很多，例如改进生产技术，增加工资，进行技能培训，调整工作方式等。

（3）延长工作时间，让员工加班加点。

（4）降低员工的离职率，减少员工的流失，同时进行内部调整，增加内部的流动来提高某些职位的供给。

（5）可以将企业的有些业务进行外包，这等于减少了对人力资源的需求。

上述平衡供需的方法在实施的过程中具有不同的效果。例如，靠自然减员来减少供给，过程就比较长；而裁员的方法见效就比较快。表2.11对这些方法的效果进行了比较。

表2.11　　人力资源供需平衡的方法比较

	方法	速度	员工受伤的程度
供给大于需求	裁员 减薪 降级 工作分享或工作轮换 退休 自然减员 再培训	快 快 快 快 慢 慢 慢	高 高 高 中等 低 低 低
	方法	速度	可以撤回的程度
供给小于需求	加班 临时雇用 外包 培训后换岗 减少流动数量 外部雇用新人 技术创新	快 快 快 慢 慢 慢 慢	高 高 高 高 中等 低 低

资料来源：雷蒙德 A 诺伊，等．人力资源管理［M］．北京：中国人民大学出版社，2001.

由于企业人力资源供给和需求的不平衡，不可能是单一的供给大于需求或者供给小于需求，往往会相互交织在一起，出现某些部门或某些职位的供给大于需求，而其他部门或其他职位的供给小于需求，例如关键职位的供给小于需求，但是普通职位的供给大于需求。因此企业在制定平衡供需的措施时，应当从实际出发，综合运用这些方法，使人力资源的供给和需求在数量、质量以及结构上都达到平衡匹配。

二、人力资源需求与供给的平衡分析

企业人力资源的需求和供给平衡需要在对企业人力资源的现状分析和人力资源的升迁、平调及补充预测的基础上，利用人员核查方法进行综合平衡的分析。见表 2. 12。

表 2. 12　　　　　　　企业供需情况分析表

级别 \ 类别		管理类	经济类	工程技术类	一般执行类
1	现有数	12	8	8	3
	需要数	11	9	12	4
	差异数	1	-1	-4	1
2	现有数	20	12	16	7
	需要数	20	14	16	6
	差异数	0	-2	0	1
3	现有数	32			11
	需要数	36			12
	差异数	-4			-1
4	现有数				13
	需要数				11
	差异数				2

资料来源：赵永乐，陈京民，韩松．人力资源规划［M］．上海：上海交通大学出版，2006.

例：某电子企业的四个职务系列 11 个层次的职务岗位需求与供给现状分析如图 2. 11 所示。从图 2. 11 中可知，A_1 职务岗位需求人员为 12 人，而现有人员只有 11 人，需求大于供给 1 人。A_2 职务岗位的人员供需平衡。A_3 职务岗位的供给小于需求人数 4 人。要使 A 职务系列的人力资源供需平衡，必须进行调整。可以选择的调整方法有：

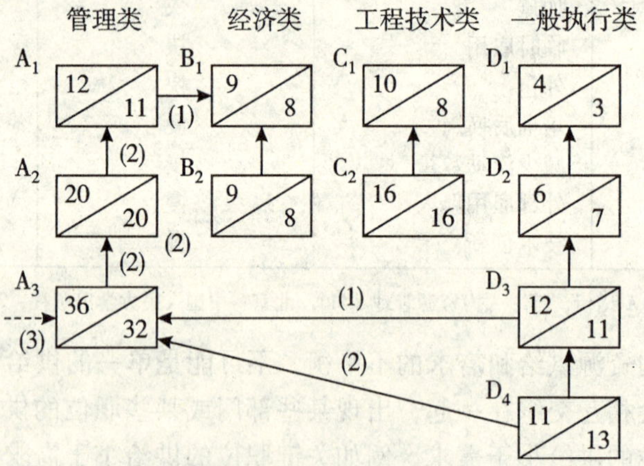

图 2. 11　企业人力资源供需综合平衡图人力资源规划

资料来源：赵永乐，陈京民，韩松．人力资源规划［M］．上海：上海交通大学出版，2006.

（1）A_1的岗位较为重要，一般从企业内部补充。A_1岗位职务一个空缺可以由A_2职务岗位上的人员进行递补，使职务岗位的空缺下移，原来平衡的A_2产生一个岗位空缺。此时，可以考虑两种平衡方案，一是由外部人员补充，那就要将该短缺的人数和人员素质与能力要求计入外部补充规划中。二是由企业内部其他相关人员进行补充，则需要将短缺的人数和人员素质与能力要求在调配规划中考虑。

（2）如果A_1职务由A_2中人员进行递补，A_2的空缺则由A_3中人员进行递补。此时，在A_3中将产生无法由本职务系列人员进行递补的5个岗位空缺。如果考虑从本企业人员中进行递补，只有从和A_3相同等级的D_3职务岗位中的人员中进行平调，或从低于A_3的D_4职务岗位中的人员中进行职务外系列人员的晋升，才能完成A职务岗位的人员供需平衡。

（3）在进行企业人力资源供需综合分析时，应该考虑到企业可以采用的晋升政策、同级平调的可能性和外部供给的可能与成本分析。最终生成供需平衡综合分析图，根据综合分析图进行各种具体的人力资源业务规划，例如人力资源的晋升规划、补充规划、配置规划和培训规划等。

（4）从图2.11可见，对A职务系列进行人力资源综合平衡分析以后，可以初步确定：由于A_1需要向B_1平调一人，因此A_2需要向A_1晋升两人，使A_2产生两个空缺，需要由A_3向A_2晋升两人，以填补空缺，使A_3产生6个空缺，这6个空缺可以从D_3平调两人，从D_4外系统晋升两人，还有的两个空缺只能从企业外部补充。因此，通过晋升规划解决了6个人的晋升，用调配规划解决了平调两人，外部补充规划解决两人。其他职务系列的规划也可以依此类推。

由此可见，组织人力资源的政策制定是一个综合性的问题，尽管有许多可能的解决方案，但是总能够根据具体的信息找出最完备、最可行的方式。

三、人力资源规划的评估分析

评估人力资源规划是人力资源规划过程中的最后一步。人力资源规划并不是一成不变的，它是一个动态的开放系统。对其过程及结果必须进行监督、评估，并重视信息反馈，不断调整规划，使其更切合实际，更好地促进企业目标的实现。

（一）人力资源损耗分析

为了充分利用组织内部的人力资源，避免人力资源的流失和损耗，管理人员必须对造成人力资源损耗的因素加以分析。大体上，我们可以从组织外部和内部两个方面考虑。外部因素包括：更高薪金和福利的诱惑、更好的发展机会等，从这里可以发现企业的薪金和福利等政策的制定并不能够孤立地来决定，人们总是倾向于相互的对比，只有在对比中才能够找到满足和平衡。内部的因素包括：工作压力、规章制度的约束、妇女怀孕问题的解决、加班次数和假期的安排等。

人力损耗指数：

$$人力损耗指数=\frac{在同一年内离职的人数}{在某一年内的平均员工人数}\times 100\%$$

该指标较大时，表明员工离职率高，企业保留人力的能力较低。当经济繁荣、劳动力短缺、失业率较低时，工作机会多，离职率也会相应提高。

(二) 人力资源利用分析

对现有人力资源的利用分析，可以从不同的角度人手，但是下列几个方面是比较重要的，需要特别注意。

1. 员工年龄结构分析

企业内员工的年龄结构，不仅对于企业未来发展的潜力和企业文化氛围的形成有重大影响，而且对企业职工的工资、升迁机会、士气和退休福利等也有直接的关系。例如，企业着眼于未来就必须储备足够的年轻人才；一般来讲，年轻人的创造力较强，对于创新性的企业贡献较多；职工的年龄越高，工资也就越高，如果高龄职工较多，则对于退休福利和假期的需求就会特别强烈，同时会影响其他员工的升迁机会、进取态度和士气等。

2. 缺勤分析

缺勤一般包括：病假、事假、怠工、迟到、早退、工作意外、离职等。过高的缺勤率，表示组织无法保证人力资源的持续供给，对于企业组织的发展极为不利。如果能够掌握缺勤情况的潜在原因，分析主要的因素并合理处置，这样就可以对缺勤率进行适当的控制。缺勤分析，主要采取访谈的方法，注意员工之间的感情需要，首先取得他们的信任，然后再逐步了解他们个体的缺勤动机，最后归纳整理收集的资料并分析。另外，很多企业还采取问卷调查的方法，注意问卷的科学性和合理性，这种方法的效果也很好。例如，世界知名的3M公司每年都依靠问卷调查的方法发现并解决企业的员工不满和缺勤问题（当然也包括其他方面的问题）。

3. 职业发展机会分析

指导员工规划个人前程，不仅提供其充分发挥潜能的机会，而且是与员工交流，加深了解和挽留人才的有效方法。这是人力资源规划的重要一环。帮助员工了解自己的能力和潜能，并且指导他们的培训方向，可以激励员工向更高的目标前进，提高其自信心和对前途的期望。企业在这种氛围下往往能够蓬勃发展。

4. 裁员政策分析

当企业内部需求减少或供过于求时，便出现人力资源过剩现象，在这种情况下，采取裁员措施，是国际上通行的做法。裁员对企业是一种浪费，因为损耗了已经被培养过的员工，无论对现有员工，还是对被解雇的员工都是很大的打击，其消极影响需要企业积极主动的控制。现代社会要求企业承担一定的社会责任，加上社会舆论和政府法规的约束，使企业在考虑大规模裁员时，必须三思而后行。即使是小量的裁员行动，对留下来的员工也会产生负面影响。所以企业执行裁员政策的时候，应该多考虑通过其他方法如退休、辞职等来平衡人力供求关系。此外还可以采取其他方式，如给予补偿金、鼓励年老职工提前退休、提供青年职工接受培训的机会、推荐其他工作等。

(三) 人力资源流动分析

人才流动，能够维持员工队伍的新陈代谢，对维持企业的效率和活力具有重要意义。人力资源规划，必须充分考虑人才流动的因素。不同的行业，不同的企业在不同的形势和发展阶段，会有不同的人力资源流动率。这个比率，反映了一定时期某种人力资源变动（离职或新进）与员工总数的比例。常见的人力资源流动比率包括：

1. 员工离职率

这个指标一般可以从分析人力损耗指数中得出。人力损耗指在同一年内，离职的人数占某年职工的平均人数的比例。员工离职率越大，则企业保留人力的能力越低。在估计未来人力供应时，必须考虑离职率。一般而言，当经济繁荣、劳动力短缺、工作机会增加时，离职率就会相应增加。

2. 人力稳定指数

这个指标用服务满一年或一年以上的人数占一年前雇用的总人数的比例来表示。这个指标没有考虑人力的流动，只计算了能任职一段时间的人数比例。

$$人力稳定指数=\frac{企业内任职已满一年或以上的人数}{一年前雇用的总人数}\times 100\%$$

该指标主要反映的是在新招聘的企业员工中留下来的员工所占的比率。

3. 服务期间分析

这个指标用于分析职工职位、服务期间与离职情况的相互关系，以作为预测离职情况的参考。其方法主要是观察并详细记录职工的离任情况，收集有关资料作横向或竖向的分析。

4. 留任率

这个指标用一定时期内在职人员占原在职人员的比例来表示。其结果可作为估计未来企业人力供给的参考。

$$留任率=\frac{一年时间后仍在职的人员数}{原在职人员}\times 100\%$$

人力资源流动率通常作为考察企业组织和员工队伍是否稳定的重要指标，适度的人力资源流动率是保证组织新陈代谢的条件。人力资源流动率的大小取决于企业的性质、人力资源政策、业务发展、企业历史以及商誉等因素。

（四）人力资源预算分析

人力资源规划预算，是做好规划工作的可靠保证。它表明在未来计划期内，企业需要花费多少资金来指导人事管理职能的活动。而且，预算金额和实际花费金额的比较可以作为目标完成情况的一个对照指标。因此，人力资源预算规划不仅有利于人力资源的开发和管理，也有利于其组织和控制工作。人力资源预算分析强调的是对整个预算结果的监督和审核。

预算分析的重点主要包括以下一些问题：

· 要雇佣、培训、调动的人数？

· 员工的娱乐、社会和体育活动需要多少资金？

· 退休职工的养老金额是多少？

· 劳资谈判会和集体谈判的费用是多少？

· 员工意外事故、生病、住院的治疗费用？

·管理人员、技术人员和其他职员的基本工资是多少？

·可能的加班费用是多少？

·需要什么场地、设备和其他资源来完成日常的人力资源管理职能？

·诸如办公、广告、差旅、电报、电话的预算费用是多少？

人力资源规划是一项系统性的工作，对于规划系统而言必须具有整体一致性。这方面必须从总体规划和各项子规划之间的关系加以考虑，预算规划也只是其中的一小部分而已。

四、人力资源规划的编写

完成了人力资源的供求预测后，就是制定具体的人力资源规划。编写人力资源规划的一般步骤如图 2. 12。

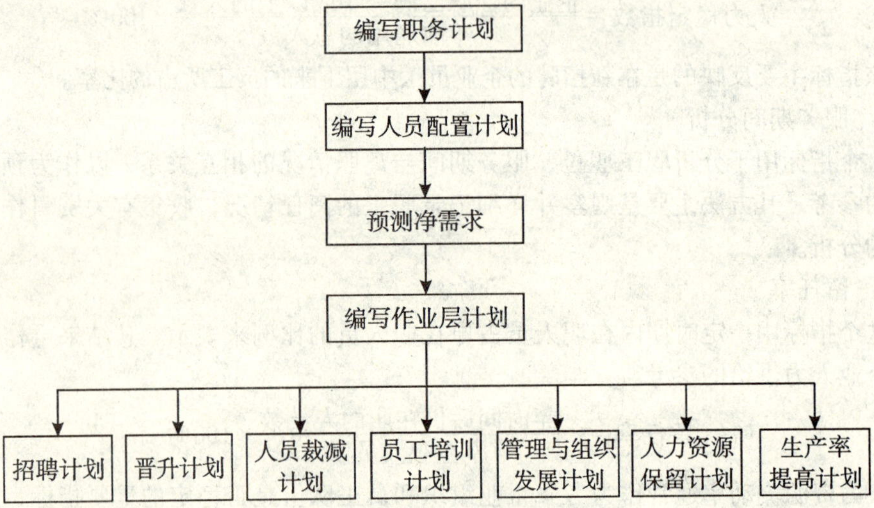

图 2. 12　人力资源规划编制流程

资料来源：赵永乐，陈京民，韩松. 人力资源规划［M］. 上海：上海交通大学出版，2006.

人力资源规划是一个连续的规划过程，它主要包括两个部分：基础性的人力资源规划（总规划）和业务性的人力资源计划。

（一）基础性的人力资源规划

基础性人力资源规划一般应包括以下几个方面：

（1）与组织的总体规划有关的人力资源规划目标、任务的说明。

（2）有关人力资源管理的各项政策策略及其有关说明。

（3）内部人力资源的供给与需求预测，外部人力资源情况与预测。

（4）人力资源净需求。人力资源净需求可在人力资源需求预测与人力资源（内部）供给预测的基础上求得，同时还应考虑到新进人员的损耗。

通常有两类人力资源净需求，第一类是按部门编制的净需求；第二类是按人力资源类别编制的净需求。前者可表明组织未来人力资源规划的大致情况，后者可为后续的业务计划使用。以下表 2. 13 、表 2. 14 是这两类净需求的例子。

表 2.13　　　　　　　　　　　　**人力资源净需求评估表**

		第一年	第二年	第三年	第四年	第五年
需求	1. 年初人力资源需求量	120	140	140	120	120
	2. 预测年内需求增加	20	—	−20	—	—
	3. 年末总需求	140	140	120	120	120
内部供给	4. 年初拥有人数	120	140	140	120	120
	5. 招聘人数	5	5	—	—	—
	6. 人员损耗	20	27	28	19	17
	其中：退休	3	6	4	1	3
	调出或升迁	15	17	18	15	14
	辞职	2	4	6	3	—
	辞退或其他	—	—	—	—	—
	7. 年底拥有人数	105	118	112	101	103
净需求	8. 不足或有余	−35	−22	−8	−19	−17
	9. 新进人员损耗总计	3	6	2	4	3
	10. 该年人力资源净需求	38	28	10	23	20

表 2.14　　　　　　　　　　　　**按类别的人力资源净需求**

主要工作类别（按职务分类）	1. 现有人员	2. 计划人员	3. 余缺	预期人员的损失							11. 本期人力资源净需求
				4. 调职	5. 升迁	6. 辞职	7. 退休	8. 辞退	9. 其他	10. 合计	
1. 高层主管											
2. 部门经理											
3. 部门管理人员											
⋮											
合　计											

资料来源：潘晓云．人力资源管理［M］．上海：上海立信会计出版社，2005.

（二）业务性的人力资源计划

1．招聘计划

招聘计划的主要包括以下内容：需要的人员的类别、数目、时间；特殊人力的供应问题与处理方法；从何处、如何招聘；拟定录用条件；成立招聘小组；为招聘而做广告与财务准备；制定招聘进度表。

2．升迁计划

升迁计划的主要内容包括：现有员工能否升迁；现有员工经培训后是否适合升迁；过去组织内的升迁渠道与模式；过去组织内的升迁渠道与模式的评价以及它对员工进取心、组织管理方针政策的影响。

3．人员裁减计划

人员裁减计划的主要内容包括：人员裁减的对象、时间、地点；经过培训是否可避免裁减；帮助裁减对象寻找新工作的具体步骤与措施；裁减的补偿；其他有关问题。

4．员工培训计划

员工培训计划的主要内容包括：所需培训新员工的人数、内容、时间、方式、地点；现有员工的再次培训计划；培训费用的估算。

5．生产率提高计划

生产效率提高计划的主要内容包括：生产率提高与人力资源的关系；建立生产率指标，提供具体的努力目标；劳动力成本对生产率提高的影响；提高劳动生产率的措施。

6．人力资源保留计划

人力资源保留计划的主要内容包括：改进薪酬方案；提供发展机会；减少内部摩擦；加强沟通减轻新进人员的适应危机；改善工作条件；实行轮岗制；提供再培训机会；改进升迁方法等。

以上计划是相互影响、相互作用的，因此各项计划必须考虑到综合平衡的问题。人力资源计划编写完毕后，应该先积极地与各部门经理进行沟通，根据沟通的结果进行修改，最后再提交公司决策层审议通过。

【本章小结】

人力资源规划是企业为了实现战略目标而进行的人力资源计划管理方式。其任务是预测企业发展中人力资源的供给与需求状况，并采取相应措施，确保企业在需要的时间和需要的岗位获得所需的人选（包括数量、质量和结构），以实现企业人力资源的最佳配置，使企业与员工的需要得到满足。

人力资源规划过程一般包括：调查分析准备阶段、需求预测阶段、供给预测阶段、供需分析比较阶段、制定实现人力资源供求平衡的政策和措施阶段、实施与评估反馈阶段等。

人力资源预测包括人力资源需求预测和人力资源供给预测。人力资源需求预测是以企业的战略目标、发展规划和工作任务为出发点，综合考虑各种因素的影响，对企业未来某一时期所需人力资源的数量、质量等进行预测的活动。资源的供给预测是为了满足企业在未来一段时间内的人力资源需求，而对将来某个时期内企业从其内部和外部可以获得的人力资源的数量和质量进行预测。包括内部人力资源供给预测和外部人力资源供给预测。

在现实中，供求完全平衡的情况很少出现。当供给大于需求，形成人员供给过剩时，企业可以实施裁员、减薪、降级、工作分享、职位轮换、提前退休、自然减员、再培训等措施。当供给小于需求，形成人员需求过剩时，企业可以实施加班、增加临时雇员、外包、加速转岗、减少流动、增加新员工、采用节约劳动的新技术等。对编制的人力资源规划进行执行、审核与评估。

每个企业编制的人力资源规划各不相同，一份完整的企业人力资源规划包括人力资源总体规划和业务层人力资源规划。

【本章思考题】

1. 企业如何解决人力资源短缺问题?
2. 人力资源规划的主要内容是什么?
3. 人力资源规划与人力资源管理的其他职能之间的关系如何?
4. 如何预测人力资源的需求和供给?
5. 假设已经确定了人力资源目标是“在未来两年里将人员流动比率降到10%以内”，请你针对该目标制定相应人力资源管理的政策和措施，并列出进行评估的主要问题。

【应用性练习题】

练习一：　　对一家零售公司的马尔科夫分析

	大区总经理	大区总经理助理	地区经理	片区经理	销售员	退出
大区总经理（n=12）	90% 11					10% 1
大区总经理助理（n=36）	11% 4	83% 30				6% 2
地区经理（n=96）		11% 11	66% 63	8% 8		15% 14
片区经理（n=288）			10% 29	72% 207	2% 6	16% 46
销售员（n=1 440）				6% 86	74% 1 066	20% 288
预测的供给	15	41	92	301	1 072	351

要求：学生先分析上述表格内容，然后写作分析报告或分析说明。

练习二：

请根据所在班级或某个社团的发展目标，运用所学的人力资源战略与规划的专业知识，完成以下工作：

1. 如果所在班级要参加全校运动会或其他集体活动，明确班级希望获得的名次。
2. 根据班级任务目标，对本班级和其他班级进行人员分析，然后小组成员对班干部进行工作分工。
3. 设计出参加活动的实施方案，确保每一个重要环节都有专人负责。
4. 为保证活动的顺利进行，应如何对活动过程进行控制?
5. 活动结束后，如何对活动情况进行总结，分析得失，为以后的活动提供借鉴?

第三章　职位分析与职位设计

【本章学习目标】

- 掌握职位分析概念、内容、方法与流程
- 掌握职务描述书的内容及编制方法
- 掌握职位分析的实施操作
- 掌握职位设计的方法

【引导案例】

一个机床操作工把大量的液体洒在他机床周围的地板上。车间主任叫操作工把洒掉的液体清扫干净，操作工拒绝执行，理由是职位描述书里并没有包括清扫的条文。车间主任顾不上去查阅职位描述书上的原文，就找来一名服务工做清扫工作。但服务工同样拒绝，他的理由是职位描述书里没有包括这一类工作。车间主任威胁说要解雇他，因为这名服务工是分配到车间来做杂务的临时工。服务工勉强同意，但是干完之后立即向公司投诉。他的理由是服务工的职位描述书里没有包括清扫工作，这应该是勤杂工的职责范围。

有关人员看了投诉后，审阅了这三类人员的职位描述书。机床操作工的职位描述里规定：应保持机床的清洁，使之处于可操作状态，但并未提及清扫地板。服务工的职位描述里规定：有责任以各种方式协助操作工，如领取原料和工具，随叫随到，即时服务，但也没有包括清扫工作。勤杂工的职位描述书中确实包含了各种形式的清扫，但是他的工作时间是从其他工人下班后开始。

上述意见分歧发生的根本原因是什么？应如何解决？

第一节　职位分析概述

职位分析又称职务分析、岗位分析、职位分析，是人力资源管理的一个重要的子系统，是组织各项人力资源管理工作的基础。职位分析主要是指通过系统地收集、确定与组织目标职位有关的信息，对目标职位进行研究分析，最终确定目标职位的名称、督导关系、工作职责与任职要求等的活动过程。其成果主要为职位说明书或职务描述书（Job Description）。企业通过职务分析可以明确每个工作职务在企业中所处的层次，以及该职务与其他职务之间的关系，使每个任职者的权力与责任分清。

一、职位分析的历史背景

从泰勒提倡科学管理运动开始，才真正有系统地对各项工作予以科学的分析，即所谓“动作与时间研究”。泰勒指出：“在现代科学管理中，最突出的一项要素，也许应该算是‘任务’的概念。”“所谓的任务，不仅以‘应该做些什么’为限，还应包括‘应该怎么做’以及‘需要多少时间’等事项。”管理的具体方法是采取时间研究，以纠正工人怠工行为。泰勒从事搬运生铁块、铲煤、拣钢珠等工作研究，使得管理科学化、标准化，工人产量大增。泰勒的工作研究是有系统的观察分析。其后，吉尔布雷斯夫妇对泰勒的工作研究继续发扬光大。

在第一次世界大战期间，美国参加欧战，便设立了军队人事分类委员会来实施职务分析，于是职务分析一词便开始使用。1920 年美国国家人事协会规定把职务分析定义为一种处理方法，其结果可以确定一种职务的构成及胜任该职务的人所必须具备的条件。随着企业管理的不断发展，职务分析也变得日益重要，正式采用职务分析的公司越来越多。据调查，在 1930 年美国各大公司采用职务分析的仅占 39%，至 1940 年增加到 75%，而到 1977 年已超过 80%。目前，美国联邦、州、地方政府和大中型企业，几乎都采用了职务分析，对每一个职务不但拟定了职务说明书，而且还编制了大量的部门工作指南、职系说明等各种类型的工作规范。由于职务分析在改进人力资源管理方面可以发挥显著的作用，因而受到世界各国的普遍重视和广泛应用。

二、职位分析的概念、内容及作用

（一）职位分析的概念

职位即岗位、职务，是指同类职位或岗位的总称。例如，某公司聘用电脑操作员 5 名，也就是有 5 个电脑操作的职位或岗位，由于他们的工作性质、类型、内容是相似的，那么这 5 个岗位可归为一种职位。

职位分析是全面了解一项职位的管理活动，也是对该项职位的工作内容和职务规范（任职资格）的描述和研究过程，也是通过一系列系统化程序，明确某个职位的工作性质、任务、责任及执行这些职位所需要具备的技能和知识的过程。

根据职位分析所获得的资料，可以编制成职位说明书（职位描述、职务说明书）和职位规范（任职资格、职务规范）。原则上，组织内每一个职位，都应有一份职位说明书和职位规范。见图 3. 1。

（二）职位分析的内容

一般而言，职位分析包括职位描述和职位要求两方面的内容。

1. 职位描述

职位描述是职位分析的第一个组成部分，包括以下内容：

（1）职位名称的描述。用简洁准确的文字对本职位进行概括，主要包括工种、职称、等级等项目。

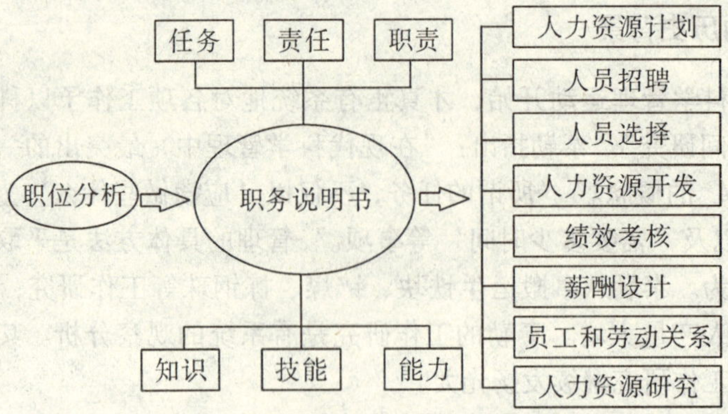

图 3.1　职位分析与职务说明书相互关系

（2）职位任务的描述。主要调查研究和分析组织中各个职位的任务性质、内容、形式、完成任务的步骤和方法，以及所使用的机器设备、器具等。

（3）职位职责的描述。主要调查研究和分析各职位任务范围、职位责任大小以及重要程度。

（4）职位关系的描述。本职位与相关的上下左右各职位之间的关系。

（5）工作条件描述。又称工作环境描述，分析各职位的劳动强度、工作时间及工作环境。

2. 职位要求

职位要求又称任职资格，是根据职位描述的结果，提出对从事该项职位的工作人员的特定要求，主要包括：

调查研究和分析各职位所需员工的知识、技能、经验、体力、心理素质等资格条件。

（1）一般要求，指从事该项工作所需的一般性要求，如年龄、学历、知识与技能、工作经验等。

（2）生理要求，指从事该项工作所需的生理性要求，如健康状况、体力、运动灵活性、感官灵敏度等。

（3）心理要求，指从事该项工作所需的心理性要求，如事业心、合作性、观察力、沟通能力等。

简单而言，国外人事心理学家从人力资源管理的角度出发，提出了 6W1H 的职位分析公式，可以从以下七个方面进行分析。

Who：谁来完成这项工作

What：这项工作主要做什么

When：工作的时间安排

Where：工作的地点安排

Why：为什么做这项工作

Whom：工作对象

How：如何完成工作

（三）职位分析的作用

1．为人事决策提供坚实的基础

全面而深入的职位分析，可以使组织充分了解各项工作的具体内容和其对工作人员的身心要求，为正确的人事决策提供科学的依据。

2．促进职位设计的科学性

职位设计是指根据组织需要并兼顾个人需要，规定各个职务的任务、职责、权利及在组织中与其他职务的关系的过程。这项工作需要利用职位分析的有关信息来完成。

3．奠定组织结构和组织设计的基础

从组织设计的角度看，职位分析信息可以帮助我们明确各项工作之间在技术和管理责任等各个方面的关系，消除盲点，减少重复，提高效率，可以使每位员工职责分明，工作范围明确，从而各司其职，避免重复劳动和无效劳动。

4．为人力资源规划打好基础

职位分析为战略性人力资源规划的制定提供以下的信息：年龄结构、知识结构、能力结构、培训需求和工作安排。

5．为招聘与甄选人才服务

职位分析得出的职务说明书和工作规范为招聘、甄选、录用提供了清晰的指导性文件，并据此对应聘者进行测评，使员工招聘和选择有了明确的要求和标准，避免大材小用、小材大用等不合理现象，做到人尽其才。

6．有利于人力资源开发

职位分析得出的职位规范提供了各项工作所需的特定的知识、技能和经验；职务说明则描述了衡量员工绩效的基本工作内容。所以，职位分析为员工培训与开发提供了一个可行的方向和道路。

7．有利于绩效考核

职位分析中对各岗位要求和职责的准确说明为设计合理的绩效标准和考核指标提供了科学的依据。考核的过程就是将员工的实际工作业绩同考核指标进行比较，从而得出对员工客观全面的评价，在此基础上进行薪酬分配。

8．保障薪酬的合理设计，有效激励员工

职位分析通过了解各项工作的内容、工作所需要的技能、学历背景、工作的危险程度等因素确定工作相对于组织目标的价值，可以作为决定合理薪酬的依据，为薪酬管理提供相关的工作信息，通过工作差别确定薪酬差别，使薪酬结构与工作相挂钩，从而制定公平合理的薪资政策。

三、职位分析的主体、时机和原则

（一）职位分析的主体

决定职位分析信息质量的一个重要因素，就是由谁来获得这些信息，即职位分析主体的选择。收集职位分析信息工作通常由实际承担工作的人员即任职者、任职者的直接上级主管以及人力资源管理专家来共同进行。

1. 人力资源管理专家

人力资源管理专家可以来自组织内部，如人力资源部门或业务流程研究部门；也可以来自组织外部的专业机构。这些专家都有一个共同特点，他们都经过专门的训练，能够系统地收集和分析工作信息。

2. 职务的任职者

任职者最了解职务内容，他们有可能提供关于工作的完整的信息，也可能提供关于工作的最真实、最可靠的信息。但是有时候任职者不一定会客观地报告他们的工作内容，出于自身利益的考虑，可能会夸大工作难度或选择性地提供信息。因此，企业必须认真挑选任职者。一般而言，选择的任职者应满足以下条件：自愿参加；具有较好的口头交流和书面表达能力；至少在待分析的职位上工作 6 个月以上；当某个职位的任职者较少时，需要调查全部任职者；当某个职位的任职者较多时，需要对符合要求的任职者进行取样，考虑性别、年龄、工作时间、工作地点等因素，保证样本的代表性。

3. 任职者的上级主管

上级主管有机会观察任职者的工作，能够客观地提供职位信息。利用任职者的上级主管来收集职位信息的前提是他们在工作中与任职者有密切的联系，能够提供下属的全面信息。但是，任职者的上级主管往往倾向于从任职者应该怎样做的角度去描述下属的工作，而不是从任职者实际上是怎么做的角度去描述下属的工作。因此，任职者的上级主管并不作为主要的职位信息收集者，而是作为对已经收集来的信息进行检查和证明。

通常的做法是：首先由人力资源管理专家（人力资源管理者、职位分析专家或咨询人员等）观察和分析正在被进行中的工作，然后编写出一份岗位说明书和一份岗位规范，员工及其直接上级主管也要参与此项工作，比如填写问卷、接受访谈等。最后，由职位任职者及其上级主管来审查和修改岗位分析人员编写出的反映他们工作活动和职责的那些结论性的描述。

（二）职位分析的时机

一般来说，当企业出现以下情况时，就表明非常需要进行职位分析：

（1）组织新成立时。对于新成立的组织要进行职位分析，以便为后续的人力资源管理工作打下基础。新成立的组织，职位分析最迫切的用途在于人员招聘方面。

（2）战略调整，业务发生变化时。业务变化使职位内容、性质等均发生变化，需要进行职位分析。职位变动一般包括职责变更、协作关系变更、任职资格要求变更等。需注意的是，某个职位变动时，与之相关联的其他职位也会发生相应的改变，在进行职位分析时，不能漏掉任何一个职位，否则可能出现相互矛盾的结果。

（3）组织由于技术创新，劳动生产率提高，导致工作流程的变革和调整，需要重新进行定岗定员。

（4）建立和完善制度的需要。如：缺乏明确、完善的书面职位说明，员工对职位的职责和要求不清楚；或虽然有书面的职位说明，但工作说明书所描述的员工从事某项工作的具体内容和完成该工作所需具备的各项知识、技能和能力与实际情况不符，很难遵照它去执行；在招聘、培训、绩效考核、薪酬管理时缺乏有关依据和标准等。

（5）组织经营管理中出现异常现象时。如经常出现推诿扯皮、职责不清或决策困难的现象。

（三）职位分析的原则

1. 系统原则

所谓系统，就是由若干既有区别又有依存关系的要素所组成的、处于一定环境条件中、并具有特定结构和功能的有机整体。每个系统可以成为一个更大规模系统中的一个组成部分。组织根据战略来进行组织结构设计，根据组织结构设计来进行职能分解，根据职能分解来做岗位设置，根据岗位设置来做职位分析。

2. 能级原则

所谓能级原则就是一个岗位在组织结构中处于什么样的等级，有什么样的功能，也就是岗位在管理中所具有的能量等级。在规范化体系里面，每一个岗位在企业里所发挥的作用不一样，也就是说能量不一样。例如，传统的计划经济体制下，所有的正处级干部工资应该一样，现在同样是处长，但是每个人在企业里发挥的作用或者所具有的能量不一样。通过对每一个岗位的功能分析，最后确定其在企业里的能量等级。

3. 标准化原则

所谓标准化原则，就是通过职位分析，要制定统一的标准。例如任职条件，要有一个统一标准，凡是部门经理级的要有本科以上文化程度，凡是担任技术总监的一定要有高级职称等。不是确定某一个岗位具体的任职条件，而是确定某一个范围内的统一标准。

4. 最优化原则

所谓最优化原则，就是通过对职位的分析，使岗位设置、岗位职责的分配最优化，达到企业所有资源整合的最优状态。例如，某一个部门设置三个人还是四个人或者五个人合适。通过对岗位的分析和研究，认为三个人太忙，五个人偏多，四个人最优。

四、职位分析的基本术语

在职位分析中，会涉及一些常用术语，但这些术语又常被人们混淆，因此掌握和了解这些术语是十分必要的。

（1）工作要素。工作要素是指工作中不能继续再分解的最小动作单位。例如，饭店的迎宾服务工作要素：开门、请客人进来。

（2）任务。任务是指工作中为了达到某种目的而进行的一系列活动。任务可以由一个或多个工作要素组成。例如工人给产品贴标签这一任务只有一个工作要素。上面提到的迎宾员，任务是迎接客人，包括两个工作要素。

（3）工作。工作就是组织为达到目标必须完成的若干任务的组合。一项工作可能需要一个人完成，如公司总经理的工作，也可能需要若干人完成。

（4）职责。职责是指任职者为实现一定的组织职能或完成工作使命而进行的一个或一系列的工作。

(5) 职位。职位也叫岗位，是指担负一项或多项责任的一个任职者所对应的位置。一般情况下，有多少个职位就有多少个任职者。例如，经理、秘书、财务总监等。应该注意的是职位是以事为中心而确定的，它强调的是人所担任的岗位，而不是担任这个岗位的人。职位是确定的，而职位的任职者是可以更换的。

(6) 职务。职务是由一组主要责任相似的职位组成的。在不同的组织中根据不同的工作性质，一种职务可以有一个或多个职位。例如，处长这一职务，在不同的部门都设有这个职位。职务具有职务地位和职务位置的双重含义。即在同一职位，职务可以不同，如同是副厂级干部，却分为第一副厂长、第二副厂长等。虽然都是副厂级，但其职务地位却不同。一个职务也可以有多个职位。如办公室需要两个秘书，即一个职务有两个职位或需要更多的人来承担这一工作。而对于科长，则由一人担当，它既表示职位又表示职务。一般情况，职务与职位是不加以区别的。但是，职务与职位在内涵上是不同的，职位意味着要承担任务和责任，它是人与事的有机结合体；而职务是指同类职位的集合体，是职位的统称。职位可以进行分类，而职务一般不进行分类。

(7) 职系。职系是指一些工作性质相同，而责任轻重和困难程度不同的工作。

(8) 职级。职级是分类结构中最重要的概念，是指将工作内容、难易程度、责任大小、所需资格皆很相似的职位划为同一职级，给予同样的报酬。

(9) 职权。职权是指依法赋予的完成特定任务所需要的权力，职责与职权紧密相关。特定的职责要赋予特定的职权，甚至特定的职责等同于特定的职权。例如，企业的安全检查员对企业的安全检查，这既是他的职责又是他的职权。

(10) 职位分析。职位分析是通过与员工交谈、工作日记记录、实地考察等方法去考察一项工作，明确其责任、工作范围及任职资格的过程。

(11) 职位说明书（职务说明书或工作描述）。这是指将职位分析的结果，用书面的形式加以说明整理成文的过程。

(12) 职位规范（职务规范或任职资格）。这是指完成某一职务所需具备的能力、技巧、知识、学历和工作经历等。

第二节　职位分析的方法

这里讲的职位分析的方法实际上是指收集职位信息的方法，它在职位分析中占有重要的地位。如果方法选择不当，就不可能收集到可靠、准确、全面的信息。收集信息的方法有多种，最常用的有以下几种：面谈法、观察法、问卷调查法、参与法、工作日记法等。

（一）面谈法

面谈法也称采访法，它是通过职位分析人员与员工面对面的谈话来收集职位信息资料的方法。特别适用于一些不可能由分析者亲自实践体会的工作，如飞行员的工作，或者是不可能通过观察来了解的工作，如医生的工作。

面谈法的种类包括个别员工面谈法、集体员工面谈法和主管面谈法三种。个别员工面谈法适用于各个员工的工作有明显差异，职位分析的时间比较充裕的情况。集体员工面谈法适用于大量员工从事相同或相似的工作的情况。主管面谈法指与一个或多个直接或间接主管面谈，尽可能全面地了解工作有关情况。

在面谈之前，职位分析人员应该准备好面谈问题提纲，列出所有需要调查的问题，并使对方了解面谈的目的。面谈时，按照预定的计划进行，按照问题的顺序依次发问，并做详细的记录。面谈应在轻松愉快的气氛中进行，使被约谈者能畅所欲言，无拘束地讨论他的工作，只有这样，才能掌握经常性和非经常性工作的详细情况。职位分析人员在提问时，应始终保持中立的立场，避免发表个人观点和看法，不争论、不指责、不批评、不建议，也不要流露个人情绪及兴趣。面谈法对职位分析人员的语言表达能力和逻辑思维能力有较高的要求。职位分析人员要能够控制住谈话的局面，既要防止谈话跑题，又要使谈话对象能够无所顾忌的侃侃而谈。职位分析人员要及时准确地做好谈话记录，并且避免使谈话对象对记录产生顾忌。面谈法适合于脑力职位者，如开发人员、设计人员、高层管理人员等。面谈之后，应将所取得的资料与被约谈者本人及其上级主管进行核对，以确定资料是否准确。

(二) 观察法

观察法是指职位分析人员通过对员工正常工作的状态进行观察，获取工作信息，并通过对信息进行比较、分析、汇总等方式，得出职位分析成果的方法。观察法适用于大量标准化的、周期短的、体力活动为主的工作，如搬运员、操作员、装配工等，不适用于脑力劳动成分较高的工作和处理紧急情况的间歇性工作，如教师、律师、急救站护士的工作等。

由于不同的观察对象的工作周期和工作突发性所有不同。所以观察法具体可分为直接观察法、阶段观察法和工作表演法。

1. 直接观察法

职位分析人员直接对员工工作的全过程进行观察。直接观察适用于工作周期很短的职位。如保洁员，他的工作基本上是以一天为一个周期，职位分析人员可以一整天跟随着保洁员进行直接观察。

2. 阶段观察法

有些员工的工作具有较长的周期性，为了能完整地观察到员工的所有工作，必须分阶段进行观察。比如行政文员，他需要在每年年终时筹备企业总结表彰大会。职位分析人员就必须在年终时再对该职位进行观察。有时由于间阶段跨度太长，职位分析工作无法拖延很长时间，这时采用“工作表演法”更为合适。

3. 工作表演法

对于工作周期很长和突发性事件较多的工作比较适合。如保安工作，除了有正常的工作程序以外，还有很多突发事件需要处理，如盘问可疑人员等，职位分析人员可以让保安人员表演盘问的过程，来进行该项工作的观察。

在使用观察法时，职位分析人员应事先准备好观察表格，以便随时进行记录。条件好的企业，可以使用摄像机等设备，将员工的工作内容记录下来，以便进行分析。另外要注意的是，有些观察的工作行为要有代表性，并且尽量不要引起被观察者的注意，更不能干扰被观察者的工作。见表 3.1。

表 3.1　　职位分析观察提纲（摘要）

被观察者姓名：＿＿＿＿＿＿　日期：＿＿＿＿＿＿

观察者姓名：＿＿＿＿＿＿　观察者时间：＿＿＿＿＿＿

工作类型：＿＿＿＿＿＿　工作部门：＿＿＿＿＿＿

观察内容：

工作分析观察提纲（部分）

1. 什么时候开始正式工作？＿＿＿＿＿＿。
2. 上午工作多少小时？＿＿＿＿＿＿。
3. 上午休息几次？＿＿＿＿＿＿。
4. 第一次休息时间从＿＿＿＿＿＿到＿＿＿＿＿＿。
5. 第二次休息时间从＿＿＿＿＿＿到＿＿＿＿＿＿。
6. 上午完成产品多少件？＿＿＿＿＿＿。
7. 平均多少时间完成一件产品？＿＿＿＿＿＿。
8. 与同事交谈几次？＿＿＿＿＿＿。
9. 每次交谈约＿＿＿＿＿＿分钟。
10. 室内温度？＿＿＿＿＿＿。
11. 抽了几支香烟？＿＿＿＿＿＿。
12. 喝了几次水？＿＿＿＿＿＿。
13. 什么时候开始午休？＿＿＿＿＿＿。
14. 出了多少次品？＿＿＿＿＿＿。
15. 搬了多少原材料？＿＿＿＿＿＿。
16. 噪音分贝是多少？＿＿＿＿＿＿。

…………

（三）问卷调查法

这是职位分析中最常用的一种方法，是采用调查问卷来获取职位信息，实现职位分析目的的一种方法。采用这一方法，职位分析人员首先要拟订一套切实可行、内容丰富的调查问卷，然后由员工进行填写。问卷法适用于脑力工作者、管理工作者或工作不确定因素很大的员工，比如软件设计人员、行政经理等。问卷法比观察法更便于统计和分析。要注意的是，调查问卷的设计直接关系着问卷调查的成败，所以问卷一定要设计得完整、科学、合理。

国外的组织行为专家和人力资源管理专家研究出了多种科学的，也很庞大的问卷调查方法。其中比较著名的有：

1. 职位分析调查问卷（Position Analysis Questionnaire，PAQ）

职位分析调查问卷是美国普渡大学（Purdue University）的研究员麦考米克等人研究出的一套数量化的工作说明法。虽然它的格式已定，但仍可用之分析许多不同类型的职位。职位分析调查问卷有194个问题，分为六个部分：资料投入、用脑过程、工作产出、人际关系、工作范围、其他工作特征。见表3.2。

表3.2　　职位分析调查问卷中工作元素的分类表

类别	内　容	例　子	工作元素数目
信息输入	员工的工作中从何处得到信息，如何得到	如何获得文字和视觉信息	35
思考过程	在工作中如何推理、决策、规划、信息如何处理	解决问题的推理难度	14
工作产出	工作需要哪些体力活动，需要哪些工具与仪器设备	使用键盘仪器、装配线	49
人际关系	工作中与哪些有关人员有关系	指导他人或与公众、顾客接触	36
工作环境	工作中自然环境与社会环境是什么	是否在高温环境或与内部其他人员冲突的环境下工作	19
其他特征	与工作相关的其他的活动、条件或特征是什么	工作时间安排、报酬方法、职务要求	

2. 阈值特质分析方法（Threshold Traits Analysis，TTA）

阈值特质分析方法又称最低特性分析法。劳普兹（Lopez）等人在1981年设计了“阈值特质分析”问卷，这是一个由33个雇员特性组成的调查问卷（例如力量、注意力、口头表达能力）。特质取向的研究角度是试图确定那些能够预测个体工作成绩出色的个性特点。阈值特质分析方法的依据是：具有某种人格特性的个体，如果职位绩效优于不具有该种特质者，并且特质的差异能够通过标准化的心理测验反映出来，那么就可以确定该特质为完成这一工作所需的个体特质之一。它由作为主题问题专家的上级或任职者完成，他们根据诸如重要性、独特性、相关性、水平和实用性等因素来给特性评分。最低特性分析法是一个包括工作者职位任务和工作者特性的更大体系的一部分。其目的是使用最低特性问卷和其他问卷测量工具，将具体的工作者特性和绩效联系起来，其中，绩效是可接受的、完成重要职位任务的绩效。

3. 职业分析问卷（Occupation Analysis Questionnaire，OAQ）

美国控制数据经营咨询企业在1985年设计了职业分析问卷，对职位进行定量的描述。职业分析问卷是一个包括各种职业的任务、责任、知识技能、能力以及其他个性特点的多项选择问卷。例如，在职业分析问卷中，软件职位被规划分为19种责任、310个任务和105个个性特点。

不同的企业可以在参考上述问卷的基础上，根据企业的实际情况，来自制职位分析问卷，这样效果可能会更好些。

一般来说，问卷调查表的内容主要包括：工作名称；所在单位名称；被调查者姓名；工作上受何人领导；监督；需领导；监督何人；处理工作的程序与方法；需用的材料与设备；需具备的知识；技能和经验等。

问卷法实施的一般程序包括被调查者的选取、发放问卷、回收问卷、分析问卷及结果处理。一般有两种发放和回收方式：一种是现场发放、集中作答，现场回收；另一种则是先发送到各个部门，再另找时间作答。第一种方式的回收和作答效果最好，但操作时由于受时间、场地等诸多条件制约，往往较难实现。

第二种方式最为常用，但操作时须注意，将问卷发放到各部门时，应首先召集各部门的各级主管进行动员和培训。培训内容包括调查目的、如何消除员工疑虑、常见问题及解答等。建议人力资源管理工作者带着主管人员先浏览整个问卷，然后由部门主管负责组织本部门员工集中填答。员工填完后，须交由主管审核签字，以确保资料的准确性。问卷回收后，人力资源管理工作者首先必须检查是否填写完整，并仔细查看是否有不清楚、重叠或冲突之处。若有，便需决定是否约此任职者或其主管进行面谈，以确认资料收集的准确性。另外，为提高调查质量，建议提供"工作分析问卷范例"，以提高员工填写的有效性。

问卷调查法的优点是可以节省人力、时间和经费。然而，要取得可靠的材料，需取得被调查者的充分合作，被调查的员工需对工作熟悉，而且能用文字表达意见。职位分析问卷表格式如表 3.3 所示。

表 3.3　　　　职位分析问卷（部分）

<table>
<tr><td>工作的时间要求</td><td colspan="6">1. 正常的工作时间每日自（　）时开始至（　）时结束。
2. 每周平均加班时间为（　）小时。
3. 所从事的工作是否忙闲不均。（是，否）
4. 若工作忙闲不均，则最忙时常发生在哪段时间：
5. 外地出差情况每月平均（　）次，每次平均需要（　）天。
6. 本地外出情况平均每周（　）次，每次平均需要（　）天。
7. 出差时所使用的交通工具按使用频率排序：
8. 其他需要补充说明的问题：</td></tr>
<tr><td rowspan="2">工作目标</td><td colspan="3">主要目标</td><td colspan="3">其他目标</td></tr>
<tr><td colspan="3">1.
2.</td><td colspan="3">1.
2.</td></tr>
<tr><td>工作概要</td><td colspan="6">用简练的语言描述一下您所从事的工作：</td></tr>
<tr><td rowspan="2">工作活动程序</td><td>名 称</td><td colspan="3">程 度</td><td colspan="2">依 据</td></tr>
<tr><td></td><td colspan="3"></td><td colspan="2"></td></tr>
<tr><td rowspan="3">工作活动内容</td><td rowspan="2">名 称</td><td rowspan="2">结 果</td><td rowspan="2">占全部工作时间的百分比</td><td colspan="3">权 限</td></tr>
<tr><td>承办</td><td>报审</td><td>全权负责</td></tr>
<tr><td></td><td></td><td></td><td></td><td></td><td></td></tr>
</table>

表3.3(续)

<table>
<tr><td rowspan="5">失误的影响</td><td>若您的工作出现失误，会发生下列哪种情况？</td><td>说 明</td></tr>
<tr><td>1. 不影响其他人工作的正常进行。
2. 只影响本部门内少数人。
3. 影响整个部门。
4. 影响其他几个部门。
5. 影响整个公司。</td><td>如出现多种情况，请按影响度由高到低依次填写在下面括号中。(　)</td></tr>
<tr><td>公司形象损害</td><td rowspan="3">1　2　3　4　5
轻　较轻　一般　重　较重</td></tr>
<tr><td>经营管理损害</td></tr>
<tr><td>其他损害</td></tr>
<tr><td rowspan="2">接触</td><td colspan="2">内部：</td></tr>
<tr><td colspan="2">外部：</td></tr>
<tr><td>监督</td><td colspan="2">1. 直接和间接监督人员数量。(　)
2. 被监督的管理人员数量。(　)
3. 直接监督人员层次：一般职工、基层领导、中层领导、高层领导。(　)</td></tr>
<tr><td rowspan="6">工作的基本特征</td><td colspan="2">1. 只对自己负责。
2. 对职工有监督指导的责任。
3. 对职工有分配工作、监督指导的责任。
4. 对职工有分配工作、监督指导和考核的责任。</td></tr>
<tr><td colspan="2">1. 在工作中时常做些小的决定，一般不影响其他人。
2. 在工作中时常做些决定，对有关人员有些影响。
3. 在工作中时常做些决定，对整个部门有影响，但一般不影响其他部门。
4. 在工作中时常做些大的决定，对自己部门和相关部门有影响，但一般不影响其他部门。
5. 在工作中要做重大决定，对整个公司有重大影响。</td></tr>
<tr><td colspan="2">1. 有关工作的程序和方法均由上级详细规定，遇到问题时可随时请示上级解决，工作结果须报上级审核。
2. 分配工作时上级仅指示要点，工作中上级并不时常指导，但遇困难时仍可直接或间接请示上级，工作结果仅受上级要点审核。
3. 分配任务时上级只说明要达成的任务或目标，工作的方法和程序均由自己决定，工作结果仅受上级原则审核。</td></tr>
<tr><td colspan="2">1. 完成本职工作的方法和步骤：
(1) 完全相同；(2) 大部相同；(3) 有一半相同；
(4) 大部不同；(5) 完全不同。</td></tr>
<tr><td>在工作中您所接触的信息经常为：</td><td>说 明</td></tr>
<tr><td>1. 原始、未经加工处理的信息。
2. 经过初步加工的信息。
3. 经过高度综合的信息。</td><td>如出现多种情况，请按“经常”的程度由高到低依次填写在下面括号中。(　)</td></tr>
</table>

表3.3(续)

工作的基本特征	在您做决定时根据以下哪种资料?	说 明
	1. 事实资料。 2. 模糊的相关资料。 3. 难以确定是否相关的资料。	如出现多种情况,请按“依据”的程度由高到低依次填写在下面括号中。( )
	在工作中,您需要做计划的程度:	说 明
	1. 在工作中无需计划。 2. 在工作中需要做一些小的计划。 3. 在工作中需要做部门计划。 4. 在工作中需要做公司整体计划。	如出现多种情况,请按“做计划”的程度由高到低依次填写在下面括号中。( )
	在您的工作中接触资料的公开性程度:	说 明
	1. 在工作中所接触的资料均属公开性资料。 2. 在工作中所接触的资料属于不可向外公开的资料。 3. 在工作中所接触的资料属于机密资料,仅对中层以上领导公开。 4. 在工作中所接触的资料属于公司高度机密,仅对少数高层领导公开。	如出现多种情况,请按“公开”的程度由高到低依次填写在下面括号中。( )

资料来源:http://bbs.hr369.com/thread-108269-1-1.html.

(四) 其他方法

1. 参与法

参与法也称职位实践法。顾名思义,就是职位分析人员直接参与到员工的工作中去,扮演员工的工作角色,细致地、深入地体验、了解、分析职务的特点和要求,掌握其中的工作信息。参与法与观察法、问卷法相比较,获得的信息更加准确可靠,可以克服一些有经验的员工并不是很了解自己完成任务的方式的缺点,也可以克服有些员工不善于表述的缺点和弥补一些观察不到的内容。但是参与法的运用很窄,因为现代组织中的许多工作高度专业化,职位分析人员往往不具备从事某项工作的知识和技能,因此就无法参加。参与法适用于一些比较简单的岗位或是专业性不是很强的职位的分析,或者与其他方法结合起来运用。

2. 关键事件法

关键事件法又称关键事件技术(Critical Incident Technique, CIT)。是指确定关键的工作任务以获得工作上的成功。关键事件是使工作成功或失败的行为特征或事件(如成功与失败、盈利与亏损、高效与低产等)。关键事件法要求分析人员、管理人员、本岗位人员,将工作过程中的“关键事件”详细地加以记录,并在大量收集信息后,对岗位的特征和要求进行分析研究。它首先从领导、员工或其他熟悉职务的人那里收集一系列职务行为的事件，然后，描述“特别好”或“特别坏”的职务绩效。这种方法考虑了职务的动态特点和静态特点。对每一事件的描述内容包括：

（1）导致事件发生的原因和背景。

（2）员工的特别有效或多余的行为。

（3）关键行为的后果。

（4）员工自己能否支配或控制上述后果。

在大量收集这些关键事件以后，可以对他们做出分类，并总结出职务的关键特征和行为要求。关键事件法既能获得有关职务的静态信息，也可以了解职务的动态特点。

采用关键事件分析法，应注意：关键事件应具有岗位代表性。关键事件的数量不能强求，识别清楚后是多少就是多少。关键事件的表述应言简意赅、清晰、准确。对关键事件的调查次数不能太少。

3. 工作日志法

工作日志法是由员工本人自行进行的一种职位分析方法。为了解员工实际工作内容、责任、权力、人际关系及工作负荷，事先由职位分析人员设计好详细的工作日志单，让员工按照要求详细记录每天所做的各项工作、任务以及所耗费的时间，从而收集工作信息。由于各项活动都有详细的记录，因此可以避免遗漏。需注意的是，工作日志应该随时填写，比如以 10 分钟、15 分钟为一个周期，而不应该在下班前一次性填写，这样是为了保证填写内容的真实性和有效性。工作日志法最大的问题可能是工作日志内容的真实性问题。工作日志格式如表 3.4、表 3.5。

表 3.4　　　　工作日志（样表）

机构名称：办公室　　职位：办公室主任

编制：3 人，主任 1 人、打字员 1 人、办事员 1 人

花费时间/（分）		工作活动内容	任务完成量	备注
开始	延续			
8：00	5	打电话到销售科	1 次	
8：05	2	接电话	1 次	
8：07	4	帮办事员登记材料	2 份	
8：11	4	帮办事员校对	5 页	
8：15	4	准备广告材料	1 页	
8：19	1	接张厂长电话	1 次	
8：20	1	接李厂长电话，要一信件	1 次	
8：21	6	和办事员商议工作	1 次	
8：27	5	找李厂长要的信	1 次	
8：32	5	安排当天的工作	1 次	
8：37	3	找王科长	1 次	
8：40	4	找肖工程师	1 次	
8：44	1	送李厂长所要的信	1 次	

表3.4（续）

花费时间/（分）		工作活动内容	任务完成量	备注
开始	延续			
8：45	2	为张厂长打文件	1次	
8：47	13	同张厂长商量，布置简报	1次	
9：00	2	开始复印李厂长的材料	0次	
9：02	10	把张厂长的材料归档	3次	
9：12	4	继续复印材料	0次	
9：16	5	同李厂长商议工作	1次	
9：21	2	给办事员布置复印任务	1次	
9：23	9	继续复印	2次	
9：32	8	分发信件	5次	
9：40	15	继续复印	2次	
9：55	10	整理档案材料	4次	
10：05	11	印完复印材料	200份	
10：16	2	将复印材料交办事员装订	1次	
10：18	9	打电话与协作厂联系	1次	
10：27	2	接张厂长电话	1次	
10：29	3	迎接参观者，并将其送到张厂长处	2人	
10：32	2	打电话到车间	1次	
10：34		略		

说明：这是一个小厂办公室主任的工作写实片断。

表3.5　　写实性工作日记汇总表（上表续表）

事件类别	花费时间（分）	发生次数
打字、复印、装订等	41	5
电话	22	8
寻找档案等	28	5
接受指令等	18	2
发出指令和计划	13	4
处理来信、文件	8	1
帮办事员工作	8	2
找人	7	2
写材料	4	1
迎接参观者	3	1
总计	152	31

4. 材料分析法

如果职位分析人员手头有大量的职位分析资料，比如类似的企业已经做过相应的职位分析，比较适合采用本办法。这种办法最适合于新创办的企业。

5. 专家讨论法

专家讨论法是指请一些相关领域的专家或者经验丰富的员工进行讨论，来进行职位分析的一种方法。这种方法适合于发展变化较快，或职位职责还未定型的企业。由于企业没有现成的观察样本，所以只能借助专家的经验来规划未来希望看到的职位状态。

上述这些职位分析方法既可单独使用，也可结合使用。由于每个方法都有自身的优点和缺点，所以每个企业应该根据本企业的具体情况进行选择。最终的目的是一致的：得到尽可能详尽、真实的职位信息。

第三节　职位分析的基本程序

职位分析是对岗位工作做一个全面的评价过程，这个过程可以分为准备阶段、调查阶段、分析阶段和总结及完成阶段四个阶段。

一、准备阶段

准备阶段的任务是了解有关情况，建立与各种信息渠道的联系，设计全盘的调查方案，确定调查的范围、对象与方法。

（1）确定职位分析的目的与用途，对组织各类职位的现状进行初步了解，掌握各种基础数据和资料。一旦制定了职位分析的目标与用途，便可以决定用哪种方法来收集资料及怎样收集资料。

（2）委任适当的人选。组成由职位分析专家、岗位在职人员、上级主管参加的工作小组，以精简、高效为原则。负责职位分析的人选必须对组织的组织结构和业务性质有全面的认识，具有分析问题的技巧和能力，有运用文字的能力，并能取得组织领导的信任和全体员工的合作。

（3）确定调查和分析对象的样本，选择具有代表性的职位加以分析。每个组织的职位种类很多，不能逐一地作详细分析，只能选择一些具有代表性或不同类型的职位加以分析。

（4）根据职位分析的任务、程序，将工作分解成若干工作单元和环节，逐项完成。

（5）做好其他必要的准备工作。在进行职位分析之前，应由管理者向有关人员介绍并解释，使有关人员对分析人员消除不必要的误解和恐惧心理，帮助两者建立起相互信任的关系。

二、调查阶段

调查阶段是职位分析的第二阶段。这一阶段主要工作是根据设计的调查方案，对整个工作过程、工作环境、工作内容和工作人员等主要方面做一个全面的调查。具体工作如下：

（1）编制各种调查问卷和提纲。

（2）在调查中，灵活运用面谈法、问卷法、观察法、参与法、关键事件法等不同的调查方法。

（3）根据职位分析的目的，有针对性地收集有关工作的特征及所需要的各种数据。主要应收集以下几个方面的资料：

①职位名称（或工作名称）；

②所属部门及主管姓名；

③工作地点（工作单位）；

④工作概要及任务；

⑤工作职责及权限；

⑥机器、工具、设备；

⑦工作环境、危险因素及安全措施；

⑧工作上受何人领导、监督，需领导、监督何人；

⑨担任这项工作所必须具备的学历、工作经验、技能及专业训练等。

（4）重点收集工作人员必要的特征信息。

（5）要求被调查人员对各种工作特征和人员特征的问题发生频率和重要性作出等级评定。

三、分析阶段

分析阶段是职位分析的第三个阶段。这一阶段的主要任务是对有关工作特征和工作人员特征的调查结果进行分类、分析、整理和综合，这个阶段也是整个分析活动的核心阶段。具体工作如下：

（1）整理分析资料。将有关工作性质与功能调查所得资料，进行加工整理分析，分门别类，编入工作说明书与工作规范的项目内。

（2）核对所得资料。在正式编写职务说明书之前，应先找出某职位的工作内容，然后将初稿交给有关员工及其主管核对，以确定没有遗漏或错误。

（3）创造性地分析、揭示各职位的主要成分和关键因素。

（4）归纳、总结出职位分析的必需材料和要素等工作。

四、总结及完成阶段

总结及完成阶段是职位分析的最后阶段。这一阶段的主要任务是：在深入分析和总结的基础上，编制职位描述书和职位规范。

（1）将信息处理结果写成职务说明书，并对其内容进行检验。

（2）召集整个调查中所涉及的基层管理者及任职人员，讨论由职位分析人员制定的职务说明书和职务规范是否完整、准确。

（3）召开工作说明书和工作规范的检验会时，将职位描述书和职位规范初稿复印，分发给到会的每位人员。

（4）将草拟的职位描述书和职位规范与实际工作对比，讨论、斟酌其具体内容，由职位分析人员记下大家的意见，以决定是否需要进行再次调查。

（5）修正职位描述书和职位规范，对特别重要的岗位，还应按前面的要求进行再修订。

（6）将职位描述书和职位规范应用于实际工作中，并注意收集应用的反馈信息，不断完善这两份文件。

（7）对职位分析工作进行总结评估，并以文件形式将职位描述书确定下来并归档保存，为今后的职位分析提供经验与信息基础。

职务说明书与职位规范明确划分了组织员工的权利和职责，是员工参与组织活动的主要依据，它不但可以帮助任职人员了解其工作，明确其职责范围，还可以为管理者的决策提供参考，所以在组织管理中的作用非常重要。

职位描述书要定期进行评审，看看是否符合实际的工作变化，同时要让员工参与到职位分析的每个过程。一起探讨每个阶段的结果，共同分析原因，遇到需要调整时，也要员工加入调整工作。只有亲身体验才能加强员工对职位分析的充分认识和认同，从而在实践中被有效实施。

第四节　职位描述书的编写

前面我们讲述了职位分析的方法，通过这些方法，我们可以收集到组织内各职位的有关工作信息，将这些信息资料整理后，就可以进行职位描述（职务说明书）和任职资格（职位规范）的编制工作。

一、职位描述书的内容

职位描述书由职位描述与职位规范两部分组成。职位描述是说明某一职位的工作性质、工作职责、上下级及协作关系、工作要求、工作环境等内容；职位规范是任职者任用条件的具体说明，二者结合起来构成了针对某一职位的完整、全面、详细的说明。

（一）工作识别项目

这部分位于职务说明书的首部，有识别和确定某项职务的作用。包括职务名称（工作名称）、工作编号和日期、工作性质、工作等级、工资等级、所属部门、直接主管的岗位名称等。列出日期的目的，主要因工作内容具有时效性，并且便于以后工作内容描述的重新评定及改进之用。见表 3.6。

表 3.6　　　　工作识别

公司名称	××公司	工作名称	电冰箱销售员
所属部门	室内销售	工作代码	×××
工资等级	5	工作种类	销售
报告对象	地区销售经理	工作地点	成都市
分析人	×××	批准人	×××

（二）工作内容概要

提供一些简短的描述，使员工初步了解工作的内容、任务、职责权限、工作的执行标准、工作关系等。它描述了职位的基本职能。

（三）工作任务

这是职位描述的核心部分，列明该工作的具体任务内容。本岗位应该做什么，不该做什么，该如何做，应逐项进行规定，内容尽量具体，容易操作。对每项工作应达到的标准和规格做出规定，这是绩效考核的依据之一。

（四）关键业绩指标

这个内容指明各项工作内容所应产生的结果或所应达到的标准，以量化为最好。最常见的关键业绩指标有三种：一是效益类指标，如资产盈利效率、盈利水平等；二是营运类指标，如部门管理费用控制、市场份额等；三是组织类指标，如满意度水平、服务效率等。

（五）工作关系

工作关系包括：所接受与给予监督，岗位的上级与下属，岗位的转换关系与升迁程序，以及在组织内外的地位和联系等。见图 3.2。

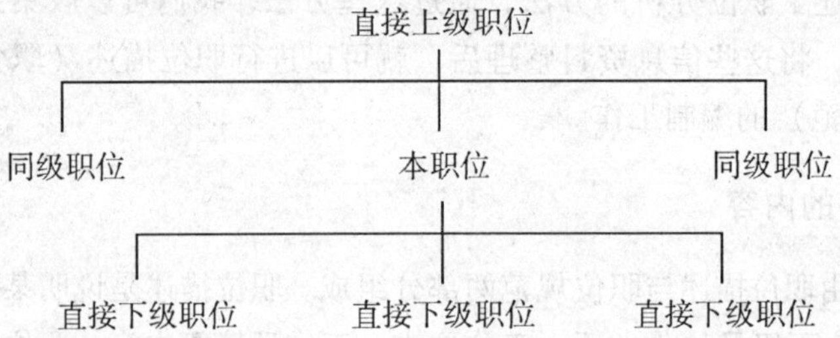

图 3.2　工作关系图

（六）工作环境

工作环境主要包括五个方面：

（1）工作场所，在室内、室外，还是其他的特殊场所。

（2）工作环境的危险性，说明危险性存在的可能性，对人员伤害的具体部位、发生的频率及危险性原因等。

（3）工作时间特征，如正常工作时间、加班时间等。

（4）工作的均衡性，即工作是否存在忙闲不均的现象及经常性程度。

（5）工作环境中的不良因素，即是否在高温、高湿、寒冷、粉尘、有异味、噪声等工作环境中工作，工作环境是否使人愉快。

（七）所使用的工具、设备

本项需指出本工作所必须使用或操作的工具及设备。

（八）任职资格条件

常见的任职资格条件有：

（1）学历及专业要求。

（2）所需资格证书。

（3）经验：一般经验、专业经验、管理经验。

（4）知识：基础知识、业务知识、政策知识、相关知识。

（5）技能要求：完成本岗位工作所需要的专业技术水平。

（6）一般能力要求，如计划、协调、实施、组织、控制、领导、冲突管理、公共关系、信息管理等能力及需求强度。

（7）个性要求，如情绪稳定性、责任心、外向、内向、支配性、主动性等性向特点。

（九）所有使用词汇的定义

这是指一些专门或不常见的术语的定义。

（十）备注

如有需要，对上述说明作补充解释。如对于一些专业名词或内行人才懂的名称也尽可能加注释。

（十一）签署与认可

由领导与员工分别签名，认同职务说明书的内容。

表 3.7　　某公司出纳的工作说明书

岗位名称	出纳	岗位编号	
所属部门	财务部	岗位定员	2 人
直接上级	财务部主任	填制日期	2006 年 3 月
直接下级	无		
工作概要			
管好、用好现金及银行存款，保管好财务印鉴及有价证券，确保货币资金、有价证券、财务印鉴的安全			
工作职责与标准			
1. 严格遵守财经政策和财经纪律，按照现金管理制度和银行结算制度办理现金收支和银行结算业务，并接受银行的监督 2. 管理库存现金和有价证券，并保证其安全完整。库存现金不得超过银行核定的限额，一切收入应在当日送存银行，不得坐支现金，不得以白条抵库，不得任意挪用 3. 负责部分银行往来印鉴的妥善保管和正确使用。严格控制签发空白支票，如确因工作需要签发不填写金额的转账支票时，必须由经办部门负责人签章，财务主管批准，方可签发；并设立登记簿进行登记，还必须在支票上写明受款单位、款项用途和签发日期，以免发生意外；并督促领用人将已用或逾期未用的空白转账支票交回注销 4. 办理款项收付时，必须根据稽核人员审核签章的收付款凭证，经复核后办理款项收付。对于重大开支项目，须经财务主管审批后方可办理。收付款后，应在收付款凭证上签字，并加盖收付讫戳记 5. 根据已经办理完毕的收付款凭证，逐笔顺序登记现金日记账和银行存款日记账，并结出余额			

表3.7(续)

<table>
<tr><td colspan="2">6. 严格以凭证为依据，记清当日全部账务，现金日记账上余额要同实际库存现金核对相符，坚持日清月结。银行存款的账面余额要及时与银行对账单核对，月末编制“银行存款余额调节表”，使余额调节相符；对未及时到达账项，应及时查询，确保资金安全；银行收支要及时准确，不错不乱
7. 如实反映货币资金的收支结算情况，为流动资金核算岗位和领导及时提供信息和用于资金调配
8. 非经直接主管批准，不替任何部门或个人在金库内保管现金和其他物价</td></tr>
<tr><td colspan="2">岗位权利</td></tr>
<tr><td colspan="2">1. 对违反现金管理和银行结算制度的收付业务有权拒绝办理</td></tr>
<tr><td colspan="2">2. 对不符合要求的会计凭证或书写不清、印章不全的原始单据有权拒绝受理</td></tr>
<tr><td colspan="2">3. 对违反财经纪律的行为有权阻止或举报</td></tr>
<tr><td colspan="2">工作协作关系</td></tr>
<tr><td>内部协作、协调关系</td><td>与公司各部门有频繁的接触</td></tr>
<tr><td>外部协作、协调关系</td><td>银行、税务机关、会计师事务所、律师事务所等</td></tr>
<tr><td colspan="2">工作条件与设备工具</td></tr>
<tr><td>工作环境</td><td>无特殊工作条件与环境</td></tr>
<tr><td>工具与设备使用</td><td>使用电脑、保险柜、算盘、计算器</td></tr>
<tr><td colspan="2">考核要点</td></tr>
<tr><td colspan="2">1. 对现金日记账、银行存款明细账登记的及时性及账实相符的准确性进行考核
2. 根据其工作任务完成情况以及工作质量进行考核
3. 对违章、违纪情况进行考核</td></tr>
<tr><td colspan="2">任职资格</td></tr>
<tr><td>学历</td><td>大专及以上</td></tr>
<tr><td>经验</td><td>一年以上相关工作，持有会计证、电算会计证</td></tr>
<tr><td>知识</td><td>财会基础知识、现金管理条例</td></tr>
<tr><td>技能</td><td>熟练使用电脑、财务软件</td></tr>
<tr><td>培训经历</td><td>无</td></tr>
<tr><td>年龄</td><td>无特殊要求</td></tr>
<tr><td>身体状况</td><td>良好</td></tr>
<tr><td>素质要求</td><td>工作细心、诚实可靠、为人正直、坚持原则、记忆力较强</td></tr>
</table>

二、职位描述书的编写

(一) 编写要求

职务说明书在组织管理中的地位极为重要，不仅可以帮助任职人员了解其工作，明确其职责范围，而且还可以为管理者的某些决策提供参考。因此，编写职务说明书时，必须注意以下几点要求：

(1) 清晰。整个岗位说明书中，对工作的描述清晰透彻，任职人员读过以后，可以明白其工作内容，无需再询问他人或查看其他说明材料。避免使用原则性的评价，专业难懂词汇须解释清楚。

（2）具体。在措词上，应尽量选用一些具体的动词，如“安装”、“加工”、“传递”、“分析”、“设计”等。指出工作的种类，复杂程度，需任职者具备的具体技能、技巧，应承担的具体责任范围等。一般来说，由于基层工人的工作更为具体，其岗位说明书中的描述也更具体、详细。

（3）文字力求完整、简练、精确，形式必须统一。内容可根据岗位分析目的进行调整，可简可繁。

（4）各项工作活动，以技术或逻辑顺序排列，或依重要性、所耗费时间多少顺序排列。

（5）人力资源管理部门需要经常注意组织内各种职位的变动，对有关职务说明书作出适当修改。

（6）为建立企业岗位分析系统，须由企业高层领导、典型职务代表、人力资源管理部门代表、外聘的岗位分析专家与顾问共同组成工作小组或委员会，协同工作，完成此任务。

（二）编写过程中应注意的问题

1. 职位分析要与公司战略相结合

职位分析并不是描述出每一职位任职者实际承担职责、工作权限和工作流程的现状，不是要解决“目前大家正在做什么”的问题，而是要解决“大家需要做什么，谁来做最合适”的问题。企业首先应制定明确的战略目标，进而根据规范优化的流程合理设计组织架构，然后再层层分解，将目标落实到各职能部门，部门的职能再分解到各岗位，这才有了岗位的职责。所以，岗位的职责和任职资格的分析，都需要结合企业的战略目标。工作说明书的编写应具备全局观，不能孤立地看待职位，而应站在部门和公司的高度，看待职位在组织和流程中的位置和职位存在的价值。

2. 职位分析要以工作为基础

职位分析要以工作为基础，以此推动职位设计的科学化，强化任职者职业意识和职业规范。同时，职位分析要充分照顾到任职者个人能力和工作风格，在强调工作内在客观要求基础上，适当体现职位对人的适应，实现职位与人的动态协调与有机融合。目前部分企业由于工作环境的变动性带来了工作关系的复杂性，工作说明书需要分析得透彻且又必须有很好的弹性，不能太死板，要随着工作中的变化而调整。

3. 职位分析要实施动态调整

工作描述是对有关岗位工作的一般性说明，很少考虑到岗位工作任务的动态特征。在实际工作当中，随着公司规模的不断扩大、业务量增加以及战略调整，企业可能就需要重新设计组织结构或者是对职位进行重新设计。因此，工作说明书在制定之后，还要在一定的时间内，给予一定程度的修正和补充，以便与公司的实际发展状况保持同步。企业组织系统内出现职位增加、撤销，岗位的某项工作职责和内容有变动，甚至每一次工作信息的变动，都应该及时记录在案，并迅速反映到岗位工作说明书的调整之中。

4. 对特殊岗位编写弹性职位说明书

随着全球企业间竞争加剧，部分行业的工作任务分配将越来越灵活，层级将会减少。组织结构的扁平化趋势，使得团队成为企业组织结构的基本单位。团队中的成员没有清晰的职责划分，而是共同协作，共同为组织绩效负责，企业绩效考核也将以团队或工作单元的成果作为考核的标准，由此衍生了弹性职位说明书。弹性职位说明书一般只规定职位工作任务的性质、任职者所需的能力、技术、知识、经验等，而不再详细确定任职者的责任范围，因此能够较好地满足团队“无边界工作”、“无边界组织”特征的需求。

第五节 职位设计

在企业中，多数岗位都是为提高效率而设，工作的内容往往专业面窄、易学、重复性强。这常常导致员工感到工作无聊乏味。然而，管理者需要注意的一点是：没有一种工作本身是乏味的。工作能否吸引人，取决于它是否能充分发挥员工的能力。

工作岗位的设计科学与否，将直接影响一个企业人力资源管理的效率和科学性。在一个组织中，设置什么岗位、多少岗位，岗位工作的内容是什么、每个岗位上安排多少人、每个岗位上安排什么素质的人，将直接依赖工作分析的结果。

从20世纪初至今，职位设计经历了由工作专业化到工作轮换和工作扩大化，再到工作丰富化和工作扩大化，再到工作丰富化和工作特征再设计的发展阶段，近年来又出现了社会技术系统方法以及权变的职位设计思想。

随着社会的发展和员工自我意识的觉醒，人们越来越关心生活给自己带来的感受。在西方国家出现了一个与工作密切相关的概念——工作生活质量。工作生活质量是指一个工作组织的成员根据他们在该组织中的体验，对重要的个人需要所能得到的满足的程度。这个概念于20世纪60年代被美国汽车工会最先提出，很快便被西方工业国家广泛接受，并在管理中予以重视。这也促使企业界更加关注职位设计的思想和举措。从根本上来看，追求工作、生活质量的提高是现代组织管理的一大进步，它体现了企业在追求经济效益的同时，对社会效益以及组织中的人的关注。

一、职位设计的概念、特点

（一）职位设计概念

职位设计就是为了有效地达到组织目标，提高工作绩效，对工作内容、工作职责、工作关系等有关方面进行变革和设计。

职位设计所要解决的主要问题是组织向其成员分配工作任务和职责的方式。职位设计是通过满足员工与工作有关的需求来提高工作绩效的一种管理方法。因此，职位设计是否得当对激发员工的工作动机、增强员工的工作满意度以及提高生产率都有重大影响。

（二）职位设计的特点

职位设计具有以下四个主要特点：

（1）职位设计是以“事”为中心设置的，不因人而转移。就是说先有职位，后有相应的工作人员。当找不到合适的工作人员时，会出现“职位空缺”的现象。

（2）职位设计的数量是有限的。它体现一个企业组织的编制，其数量取决于该企业组织规模的大小、任务大小、复杂程度以及经费状况等因素。

（3）职位设计可以按不同的标准分类，并可划分为若干等级。

（4）设计好的职位不能随人走，同一职位可以在不同时间由不同的人担任。人员的去留不影响职位的存在，但如果职位取消了，人员必须变换工作。

二、影响职位设计的因素

（一）组织因素

组织因素主要包括专业化、工作流程及工作习惯。专业化是指按照所需工作时间最短、所需努力最少的原则分解工作，结果是形成很小的工作循环；工作流程主要是在相互协作的工作团体中，需要考虑每个岗位负荷的均衡性问题，以保证不出现所谓的“瓶颈”，不出现任何等待停留问题，确保工作的连续性；工作习惯是在长期工作实践中形成的传统工作方式，反映工作集体的愿望，这是职位设计过程中不可忽视的制约因素。

（二）环境因素

环境因素主要包括人力资源因素和社会期望。职位设计必须考虑人力的供应问题以及人的欲望的满足。

人力资源因素指在职位设计时需要考虑能否找到足够数量的合格人员。如亨利·福特设计汽车装配线时，由于缺乏对人力资源的充分考虑，在花钱购买技术时没有注意到国内缺乏某些关键职务的合格人才，所以事后又不得不从外国高薪聘请相应专家担任相应职务。

社会期望指人们希望通过工作满足些什么。工业化初期，由于在城市中找到一个工作很不容易，许多人可以接受长时间、体力消耗大的工作，但随着文化教育水平的提高，人们对工作、生活质量有了更高的期望，单纯从工作效率、工作流程考虑的组织效率往往欲速则不达。所以在职位设计时，必须同时考虑“人性”方面的诸多要求和特点。

（三）行为因素

行为科学研究提醒人们，职位设计不能只考虑效率因素，还应当考虑满足员工的个人需要，集中表现在自主权、多样性、任务一体化、任务意义、反馈等方面。

自主权。员工对从事的工作应负有责任，可以自由地对环境作出自己的反应。组织应给予员工决策权力，提供附加责任以增强员工自尊和受重视的感觉。

多样性。工作时需使用不同的技巧和能力，缺乏多样性会导致员工疲劳厌烦，可能产生更多的失误。企业通过职位设计考虑工作的多样性特征，能减少疲劳引起的失误，从而减少效率降低的诱因。自主权和多样性的运用是职工满意的主要原因。

任务一体化。某项职务的突出问题就是缺乏任务的一体化。如果任务组成能够使员工感到自己做出了可以看得到的贡献，工作满意感将会大大增加。

任务意义。做任何一种工作，如果本身缺乏意义就不可能使执行者对工作产生满意感。任务意义就是使员工知道该项工作对于组织中或外部的其他人是重要的，知道其他人正依赖自己的工作，因而加强对自身重要性的认知。

反馈。如果职务不能给予员工们其工作做得如何的反馈，那么就几乎没有引导和激励作用。

以上三大因素之间往往是互相矛盾的，行为因素要求职位设计增加员工的自主权、任务的多样性和完整性，从而提升员工的满意度，但这往往导致组织效率降低、劳务成本上升；组织因素要求集中权力以保证指挥的统一性，加强分工和专业化以提高效率，但又可能引起员工不满从而导致怠工、缺勤和离职。因此，合理的职位设计常常意味着要对多种因素进行权衡。

三、职位设计的方法

职位设计有两种情况，一种是对组织中新设置的职位按照一定的要求和原则进行设计；另一种是对目前组织中已经存在的缺乏激励因素和满意度较低的职位进行重新设计。无论哪种情况，想要对工作进行设计都需要考虑工作的关键特性维度，或者让工作丰富化，或者给予任职者更大的自主性，或者让员工得到更多的成长和发展等等。

一般来说，职位设计有五种主要方法：工作轮换、工作扩大化、工作丰富化、优秀业绩工作体系以及辅助职位设计方法，其中以前三种多见。

（一）工作轮换

工作轮换就是将员工轮换到另一个同样水平、技术要求相接近的工作岗位上去工作。长期从事同一个岗位的工作，特别是那些从事常规性工作的员工，时间长了会觉得工作很枯燥，缺乏变化和挑战性。员工也不希望自己只掌握一种工作技能，希望能够掌握更多的不同的工作技能以提高对环境的适应能力。因此，工作轮换也常常是与培养员工多样化的工作技能结合在一起的，也称为交叉培训法。

（二）工作扩大化

工作扩大化就是对工作进行横向扩展，增加员工的工作内容，使工作本身变得更加多样化。例如，一个服装厂的工人不仅仅像原来那样只是为服装钉上商标，而是要负责检查服装的尺码是否准确，接缝处的针脚是否匀称，然后再为服装钉上纽扣和商标。

工作扩大化增加了员工工作的多样性和挑战性，使得员工感到工作更有意义，员工的工作积极性在一定程度上提高了，他们对工作的满意度也得到提高。但是，在一些企业中，工作扩大化则使得工作效率下降了。以前，工作是高度专业化分工的，在生产线上，工人只需要做其中的一道工序，他们的技能非常熟练，而且节省了一个人从事不同工序时工序之间转换的时间；而如今，一个工人可能要做整个生产过程中的两个、三个甚至更多工序的工作，他们不得不在多个工序之间来回转换，这样就会浪费一些时间。但这种时间上的浪费会随着工人的熟练程度提高得到改善，而且工人们工作热情和兴趣的提高增加了他们对工作的投入，使他们的工作效率提高，这样反而会比原来的工作效率更高。

（三）工作丰富化

工作扩大化只是增加了工作的多样性，而对工作的挑战性和意义性方面改变不大。而工作的丰富化则重点在于提高工作的挑战性和意义性以及工作任务的同一性和工作中的独立自主性。工作丰富化使工作向纵深方向扩展，可以增强员工对工作的计划、执行、控制和评估的程度。

工作丰富化的很多方案和措施都基于工作特征理论，用来改善工作的核心特征，见图 3.3。工作丰富化是对工作内容和责任层次基本的改变，旨在向员工提供更具挑战性的工作。工作丰富化是对工作责任的垂直深化，它使得员工在完成工作的过程中，有机会获得一种成就感、认同感、责任感和自身发展。尽管工作丰富化方案并不总是产生积极的效果，但在许多组织中，它们确实能使工作业绩得以提高，并且增加了工人的满意程度。

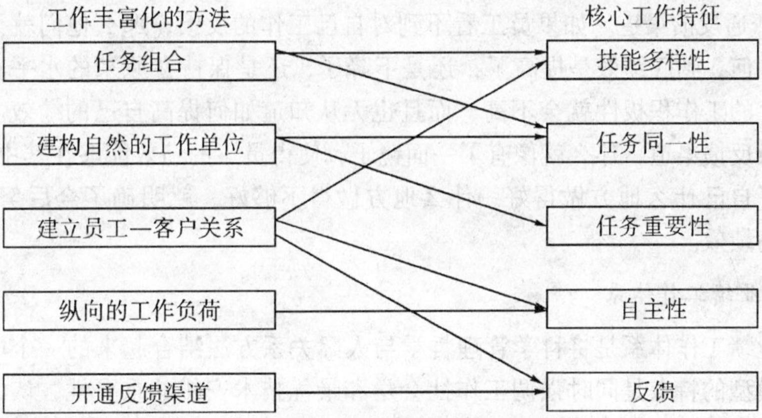

图 3.3　工作丰富化与工作特征的关系

管理学者赫茨伯格认为，在实行充实工作内容时，应遵从下列五项原则：

（1）增加工作要求：应该以增加责任和提高难度的方式改变。

（2）赋予员工更多的责任：在经理保留最终决策权的条件下，应该让员工拥有对工作更多的支配权。

（3）赋予员工工作自主权：在一定的限度范围内，应该允许员工自主安排他们的工作进度。

（4）反馈：将有关工作业绩的状况反馈给员工，并同员工进行有效的沟通。

（5）培训：应该创造有利环境来为员工提供学习机会，以满足他们个人发展的需要。

工作丰富化的方法有如下几种：

（1）任务组合。任务组合是指对现有的零散工作任务进行清理，将这些零散的工作任务组合在一起，形成新的、内容丰富的工作单元，这种做法主要会增加技能的多样性和任务的同一性。

（2）建构自然的工作单位。这种方法就是让员工独立自主地负责一个有意义的工作整体，而不是仅仅负责工作整体中的一个环节。要求员工自己对工作进行全面计划、执行和监控，使他们感到工作非常有意义，而且也会提高他们对工作的责任感，他们会认为自己的工作是很重要的，而不是像以前那样是无关紧要的。

（3）建立员工—客户关系。客户是指员工的工作产出（包括产品和服务）所指向的对象，也就是接受者。这些客户可能是外部客户也可能是内部客户。当一个员工与客户建立直接的关系时，他们会从客户那里得到重要的反馈，同时也使他们感受到一种自主性。另外，与客户建立直接的关联也需要员工具备为客户服务的技能和人际交往技能，这就意味着技能的多样化。

（4）纵向的工作负荷。所谓纵向的工作负荷就是使员工的工作职责向纵向发展，员工不仅仅要做执行性的工作，还要有控制权，而这些责任和控制以前是由更高级的管理人员承担的。这样做的目的是使员工感受到自己所承担的责任，他们会认为工作任务更重要，而且也会使员工的工作自主性增强。

（5）开通反馈渠道。如果员工看不到对自己工作的反馈，那么他们就无法了解自己的绩效如何，到底绩效是提高了，还是下降了，还是保持在原来的水平。在这种情况下，员工的工作积极性就会不高，而且也无从知道如何提高自己的绩效。如果提供给员工一条反馈渠道，那么就像有了一面镜子，使得员工的绩效能够在其中反映出来。员工了解了自己什么地方做得好，什么地方做得不够好，就明确了今后努力的方向，有助于提高绩效。

（四）优秀业绩工作体系

优秀业绩工作体系是将科学管理哲学与人际关系方法结合起来的一个职位设计方法。这一模型的特点是同时强调工作社会学和最优技术安排的重要性，认为工作社会学和最优技术安排相互联系、相互影响，必须有效地配合起来。在优秀业绩工作体系中，操作者不再从事某种特定任务的工作，而是每位员工都具有多方面的技能。这些员工组成工作小组。工作任务被分配给工作小组，然后由小组去决定谁在什么时候完成什么任务。工作小组有权在既定的技术约束和预算约束下自己决定工作任务的分配方式，他们只需要对最终产品负责。工作小组的管理者的责任不是去设计具有内在激励作用的工作，而是建立工作小组，确保小组的成员拥有完成工作所需要的资格；同时小组的目标与整个组织的目标相一致。这意味着工作小组的管理者是一个教练和激励者。当然，管理者必须使小组在组织中拥有足够的权利，并对小组实施领导。这种职位设计方法特别适合于扁平化和网络化组织结构。传统的职位设计方法与优秀业绩工作体系之间的区别见表3.8。

表 3.8　　传统职位设计方法与优秀业绩工作体系的职位设计方法的比较

		传统方法	优秀业绩工作体系
职位	值班经理	监控运行、组织资源	确立长远目标、确保资源
	操作者	独立工作、强调单一技能的操作任务	是小组的一部分，完成大量工作，包括操作、技术支持、工艺改进和管理
	技术专家	独立工作、执行技术工作、支持运行	充当小组的顾问、教师和教练
工作设计要素	人	把紧凑的一组工作分配给个人	与他人协调，利用小组完成相互联系的活动
	政策	通过命令与控制的层级制度管理生产过程	授权小组制定关于加速周转和改进工艺的决策
	信息	只给员工需要知道的信息	及时向小组全体成员发布所有信息供决策参考

优秀业绩工作体系非常重视员工自我管理和工作小组的运用。工作小组是由两个或多个员工组成的一个工作群体，小组中的各个员工以独立的身份相互配合以实现特定的共同目标，工作小组可以是暂时的，也可以是长期的；可以是半自治的，也可以是自我管理的；工作小组可以由具有相同技能的员工组成，也可以由具有不同技能的员工组成；工作小组可以包括管理者，也可以没有管理者。但在工作小组中，通常需要有一个领导来处理工作中的问题。

（五）辅助职位设计方法

辅助性的职位设计方法指的是缩短工作周和实行弹性工作制。虽然它们没有改变完成工作的方法，因此从根本上讲还不是职位设计的内容，但是它们改变了员工个人工作时间的严格规定，并在实际上也产生了提高生产率的作用，所以可以把它们作为辅助的职位设计方法。

缩短工作周。缩短工作周是指员工可以在 5 天内工作 40 个小时，情况是每周工作 10 小时 4 工作日。一般是错开工作时间，使得在所有的传统的工作日都有员工工作。缩短工作周的优点是每周员工开始工作的次数减少，缺勤率和迟到率下降，有助于经济上的节约。员工在路上的时间减少，工作的交易成本下降，工作的满足感提高。缩短工作周的缺点是工作日延长使工人感到疲劳并可能导致危险，员工在工作日的晚间活动受影响。

弹性工作制。弹性工作制的典型做法是：企业要求员工在一个核心时间期间（如上午 10 点到下午 3 点）必须工作，但是上下班时间由员工自己决定，只要工作时间总量符合要求即可。弹性工作制的优点是员工可以自己掌握工作时间，为实现个人要求与组织要求的一致创造了条件，降低了缺勤率和离职率，提高了工作绩效。弹性工作制的缺点是每天的工作时间延长增加了企业的公用事业费，同时要求企业有更加复杂的管理监督系统来确保员工工作时间总量符合规定。弹性工作制虽对企业的生产率没有明显的影响，但却能使员工得到利益。目前美国实行弹性工作制的企业越来越多，特别是工作比较独立的专业人员。

每个组织使用的工作设计方法都可能不同，在一个组织中，也可以对不同层次的员工和不同的工作类别，实行不同的工作设计方法。而且，一个组织可以使用一种工作设计方法，也可以同时使用几种工作设计方法。

四、工作特性模型

为了弄清楚工作本身是怎样产生激励效应和增进员工工作满意感的，哈佛大学的学者哈克曼和奥德姆等人通过大量的问卷调查，在前人研究的基础上于1976年提出了一个系统的工作特征模型，为职位设计提供了完整的系统思路。根据这个模型，任何工作都可以用五个核心的工作特征来描述。

（1）技能多样性：表示工作对不同类型活动的需求程度以及由此决定的对员工所应具备的技能要求的多样化程度。也就是，一个工作是需要多种不同的技能才能完成，还是单一的技能就可以完成。如小型汽车修理厂的所有者和经营者。他的工作内容主要包括：进行电子维修、装配发动机、做一些体力劳动、与顾客接触、收款并记账、采购零配件等。

（2）任务同一性：表明一个职位是否需要完成一系列完整的工作，即一个职位是需要完成一套完整的工作，还是只需要完成完整工作中的一个具体环节。如个体裁缝店的裁缝。他需要完成设计图样、裁剪、缝纫、熨烫、添加饰品等制作一件衣服的全部工作。

（3）任务重要性：主要指一项工作对别人的工作和生活的意义和影响如何。如医院里危重病房的护理人员。

（4）工作自主性：主要指任职者在安排工作的内容和程序上有多大的自由度和独立性。如推销员可以自己决定会见客户的日程安排，以及会见客户的方式，独立自主地完成销售活动。

（5）工作反馈：主要指任职者在完成工作任务的过程中，可以获得有关自己工作绩效的直接而明确的信息有多大程度。如电子产品工厂中进行电子元器件安装，然后进行检测了解其性能的工人。

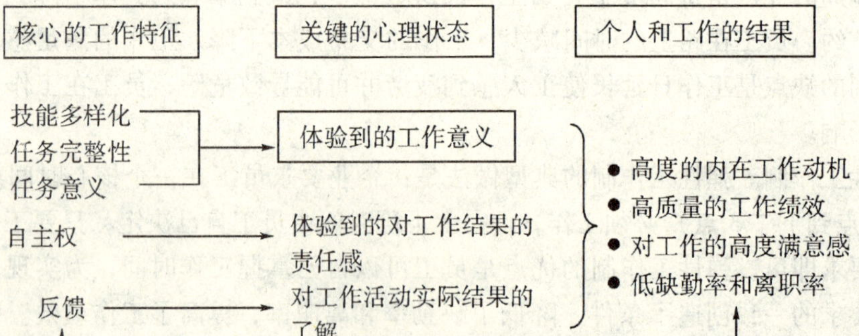

图3.4 工作特性模式

从图 3.4 可以看出，如果一个岗位的工作内容需要多种技能才能完成，而且所要完成的是一个完整的工作过程，同时这个工作任务非常重要，那么任职者就会感觉这个工作很有意义。那些具有自主性的职位，也就是自由度和独立性较高的职位，会使任职者体验到个人的责任感。如果一个工作能够及时给员工以反馈，员工就能知道自己的工作结果怎么样。当一个任职者出现这样三种心理状态时，即体验到工作的意义、体验到责任感、了解关于工作结果的信息，他的工作积极性就会提高，工作绩效和工作满意度也会提高，而缺勤率会降低，流动率也会降低，具体到每一个任职者，他是否能表现出这样的工作结果，或者说表现的强度如何，还要取决于他的成长需要的强度。任职者成长的需要越强烈，他的自尊心越强，自我实现的欲望越强烈，当核心工作维度的五种特性提高以后，他就越会表现出这些关键心理状态，更能表现出个人与工作的结果。

【本章小结】

科学管理必须建立在详尽的分析基础之上。职位分析是社会组织实现科学管理的一个基本环节，是对职位本身最基本的分析过程。职位分析是确定完成各项工作所需技能、责任和知识的系统过程，它是人力资源管理的基本工具，来自职位分析的信息对人力资源管理的每一个方面都有影响。通过职位分析，我们可以确定某一个职位的性质是什么，哪些类型的人适合从事这项职位。职位分析的方法有很多，这些方法各有利弊，也有不同的适用性，运用时往往采用多种方法结合的方式。所有信息都必须通过职位分析的结果——职位说明书和职位规范来描述。

职位设计就是为了有效地达到组织目标，提高工作绩效，对工作内容、工作职责、工作关系等有关方面进行变革和设计。职位设计问题主要是组织向其成员分配工作任务和职责的方式问题。工作设计是否得当对于激发员工的工作积极性，增强员工的工作满意感以及提高工作绩效都有重大的影响。

【本章思考题】

1. 职位分析在企业管理中有哪些用途？
2. 职位分析的方法有哪些？各有什么利弊？
3. 简述职位分析的程序。
4. 职位说明书的主要内容有哪些？在实际运用中可能存在什么问题？
5. 进行职位分析应遵循哪些基本原则？
6. 企业一般在什么情况下需要进行职位分析工作？
7. 你认为在现阶段导致职位设计变化（工作扩大化和工作丰富化）的主要因素是什么？我国存在这样的现象吗？

【应用性练习题】

请对班委会职位进行分析。

要求：由各班委扮演各部门“经理”，班长扮演总经理，由其他同学组成一个“人力资源部门”（3~4人）。由“人力资源部门”牵头对班委员会成员进行职位分析，并形成职位说明书。

第四章　招聘与甄选

【本章学习目标】

- 了解招聘、甄选的概念、程序及其在组织中的作用
- 掌握招聘的渠道与方法
- 掌握甄选的技术与方法和人员素质测评常用工具
- 掌握招聘风险的类型和招聘风险管理

【引导案例】

索尼公司的招聘

索尼公司是享有盛名的跨国公司，索尼认为“一流是与生俱来的”，因此索尼特别强调把好人才进出的第一关——运用科学的人员甄选录用手段，获取最有发展潜质的人才。从诞生至今，索尼的发展一直伴随着对优秀人才的不懈追求。

索尼的创始人盛田昭夫是一个自信且略显武断的人，他常凭自己的印象或第六感进行决策。在创业之初，由于管理体系的不完善，索尼的很多人才的招募就是靠盛田昭夫的“灵感”来实现的，大贺典雄就是一个典型的例子。大贺典雄是日本某大学音乐系的学生，当盛田昭夫见到他后，对他印象非常好，觉得他像自己一样性格直率又有见地，因此力邀其加盟索尼。因为当时的索尼远不及今日的号召力，加上大贺典雄向往艺术家那种自由自在、无拘无束的生活，因此屡次谢绝了盛田昭夫。盛田昭夫没有放弃，通过多方努力终于如愿以偿。大贺典雄加盟后，立即通过自己积累起来的人际关系，从其他公司邀请了40多个优秀的人才，这些人以后大都成为索尼公司发展的中坚力量。除了大贺典雄外，盛田昭夫自己也四处招贤，包括自己的同学，都根据需要“挖入”公司。

公司步入正轨以后，索尼改变了自己的人员获取方式，主要关注从大学生和企业内部招募人员，盛田昭夫认为在公司长成以后，原有的人员招募方式会影响团结和营造平等的氛围，应注意回避。

为什么索尼公司在不同发展阶段采用不同的人员招募方式？索尼的人才观是否能为大多数企业效仿？通过本章的学习，你会找到索尼在人才获取方面成功的原因。

第一节　招聘概述

企业经营战略发展的各个阶段都必须要有合格的人才作为支撑，在当今企业面对员工流动的共同问题时，招聘工作成为了人力资源管理的经常性工作，是企业人力资源管理的重要环节。

一、招聘的含义

招聘是在企业总体发展战略规划的指导下，制订相应的职位空缺计划，并决定如何寻找合适的人员来填补职位空缺的过程。

招聘包括两个环节：一个是招募环节，即通过各种手段宣传组织形象，以达到吸引应聘者的目的；另一个是甄选环节，即采用各种技术或手段测评，选择符合要求的应聘者。前者是后者的前提和基础，后者是前者的目的和结果。

二、招聘的目的及意义

（一）招聘的目的

明确招聘的目的是招聘工作前提。一般情况下，企业招聘工作是源于以下几种情况的人员需求：

1. 缺员的补充；
2. 突发的人员需求；
3. 为了确保企业所需的专门人才；
4. 为了确保新规划事业的人员；
5. 企业扩大规模而引发的管理人员扩充；
6. 企业内部机构调整时产生的人员需求；
7. 为了使企业更具有活力，引入外来经营者的需求。

（二）招聘的意义

1. 招聘工作关系到企业的生存和发展。在激烈的竞争社会里，没有高素质的员工队伍和科学的人事安排，企业将面临被淘汰。

2. 招聘工作是确保员工队伍良好素质的基础。一个企业只有招聘到合格的人员，把合适的人安排到合适的岗位上，并在工作中注重员工队伍的培训和发展，才能确保员工队伍素质不断提高。

3. 招聘工作难度大，一旦失误，企业损失严重。招聘是一项复杂的工作，如果盲目进行，造成经济损失的可能性很大。

三、招聘的原则

（一）合法原则

企业在招聘过程中应符合国家有关法律和政策，如不得发布虚假信息、不能有歧视行为、禁止未成年人就业等。

（二）公开原则

企业将招聘信息、招聘方法在组织内部或面向社会公告。一方面可将录用工作置于公开监督之下；另一方面可吸引大批应征者，从而有利于招到合适人员。

1. 平等竞争原则

企业应对所有的应征者一视同仁，不得人为地制造各种不平等的限制或条件和各种不平等的优惠政策。要通过考核、竞争选拔人才，采用平等竞争的方法，以严格的标准、科学的考核方法对候选人进行测评，根据测评结果确定人选，创造一个公平竞争的环境。

2. 因事择人原则

企业应根据人力资源计划进行招聘，根据工作和职位的需要选择人员。

3. 能岗匹配

在招聘中，应尽可能使人的能力与岗位要求相匹配。从个人能力的角度出发，能力完全胜任岗位的要求，即“人得其职”；从岗位要求的角度出发，其要求的能力个人完全具备，即“职得其人”。

4. 效率原则

根据不同的招聘要求，灵活选用适当的招聘形式，用尽可能低的招聘成本录用高质量的员工。

四、影响招聘的因素

在现实中，招聘活动的实施是受到多种因素影响的，为了保证招聘工作的效果，必须对这些因素有所了解。归纳起来，影响招聘活动的因素主要有外部因素和内部因素两大类。

（一）外部影响因素

1. 国家的法律法规

由于法律法规的本质是规定人们不能做什么事情，因此在一般意义上，国家的法律法规对企业的招聘活动有限制作用，它往往规定了企业招聘活动的外部边界。

2. 外部劳动力市场

由于招聘特别是外部招聘，主要是在外部劳动力市场进行的，因此市场的供求状况会影响招聘的效果。当劳动力市场的供给小于需求时，企业吸引人员就会比较困难。在分析外部劳动力市场的影响时，一般要针对具体的职位层次或职位类别来进行。

3. 竞争对手

在招聘活动中，竞争对手也是非常重要的一个影响因素。应聘者往往是在进行比较之后才作出决策，如果企业的招聘政策与竞争对手存在大的差距，那么就会影响企业的吸引力，从而降低招聘效果。因此，在招聘过程中，与竞争对手的比较优势是非常重要的。

(二) 内部影响因素

1. 企业自身的形象。一般来说，企业的形象越好，就越有利于招聘活动。良好的企业形象会给应聘者产生积极的影响，有助于提高招聘效果。

2. 企业招聘的预算。充足的招聘资金可以使企业选择更多的招聘方法，扩大招聘的范围。

3. 企业的政策。企业招聘的渠道和招聘来源的选择往往取决于该企业的相关政策。

第二节　招聘流程

一、招聘的一般流程

从确定招聘到最终人员的确定，整个招聘工作的结束，招聘的流程可以用图 4.1 来描述。

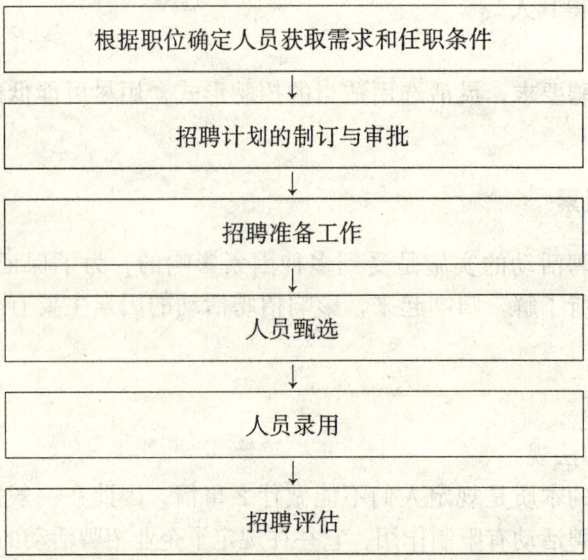

图 4.1　招聘的流程

(一) 根据职位确定人员获取需求和任职条件

当组织中出现了新的职位或职位空缺后，就有了获取人力资源的需求，在大型组织中，一般通过正式的战略性的人力资源规划完成职位配置需求分析这一规划性工作，在中小型组织中则通过一些非正式的渠道完成这一过程。然而无论何种途径，组织内部的职能、业务部门在有新的员工需求时，都应向人力资源管理部门提出正式的人员需求申请表①（见表4.1）。

人员需求表由人员需求部门相关人员在人力资源部门专业人员的指导下完成，主要有以下功能和作用：

1. 传达人员需求信息；

2. 由人力资源主管部门评价是否需要招募新员工，这是组织内控体系的重要环节；

3. 评价职位内容，决定是简单的人员替换还是由于职位要求变化导致人事不匹配；

4. 为招募活动提供信息支持。

值得注意的是，对所需人员的要求都要基于工作和职位分析来确定其任职资格和条件，作为后续选拔工作的依据。

表4.1 人员需求表

×××公司人员需求表		
部门：	填表人：	填表时间：
新增加的职位：□是 □否		
何时需要：		
需求原因：		
职位名称：	薪资等级：	
主要工作职责：		
需求性质：□永久需求 □临时需求 □合同约定（时间长度： ）		
任职资格要求：		
特殊技能/培训要求：		
素质要求：		
年龄要求：		

经过审核确有人员需求后，由用人部门提出具体的招聘计划。

① 彭剑锋. 人力资源管理概论［M］. 上海：复旦大学出版社，2006：265.

（二）招聘计划的制订与审批

招聘计划是招聘的主要依据。制定招聘计划的目的在于使招聘更趋合理化、科学化。招聘计划是用人部门根据部门的发展需要，根据人力资源规划的人力净需求、职务说明的具体要求，对招聘的岗位、人员数量、时间限制等因素作出详细的计划。

1. 员工招聘的策略性决定

招聘策略是招聘计划的具体体现，是为实现招聘计划而采取的具体策略。

（1）招聘范围策略

选择招聘的地点，一般要考虑潜在应聘者寻找工作的行为、企业的位置、劳动力市场状况等因素。客观上，为了降低招聘成本，不同的人员需求选取不同的招聘范围，即在本地劳动力市场招聘办事员和工人，在跨地区人才市场上招聘专业技术人员，而在全国范围甚至国际上招聘高级管理人才。

在招聘初始阶段还要考虑什么岗位需要招聘，招聘多少人，每个岗位的具体要求是什么等问题。

（2）招聘方式策略

从哪些途径获取员工，应根据供求双方不同情况而定。为了做好招聘工作，需要和学校、职业介绍机关、有关团体、培训机构等保持密切联系。而采用外部招聘，还是企业内部招聘，取决于企业的聘用政策，如果采用外部招聘，应当考虑是否会引起现有人员的不安或不满，是否会引起两种人员的矛盾和冲突，外聘人员能否很快融入企业并适应本企业文化，同时还要考虑广告的投放方式、委托哪些部门进行招聘测试、测试的方法与内容，等等。

（3）招聘时间策略

有效的招聘策略不仅要明确招聘范围和方法，还要确定恰当的招聘时间，招聘时间一般要比有关职位空缺可能出现的时间早一些，也就是说需要根据招聘计划及时确定招聘时间。

在招聘的时间策略上，主要考虑各个环节的时间耗用、何时结束招聘、新员工何时到位，等等。

例如，某企业欲招聘 20 名推销员。根据预测，招聘中各个阶段时间占用分别为：征集个人简历需要 10 天，邮寄面谈邀请需要 4 天，面谈准备安排需要 3 天，企业聘用决策需 4 天，接到聘用通知的候选人在 7 天内作出接受与否的决定，受聘者 15 天后到企业参加工作，前后需耗费 43 天的时间。那么招聘广告至少需要在招聘工作结束前一个半月登出。

（4）招聘预算策略

考虑如何以最经济有效的成本完成招聘。为了降低招聘成本，必须作好招聘各个环节的财务预算，特别是甄选作业的财务预算。

2. 招聘计划的具体内容包括：

（1）招聘的岗位、人员需求量、每个岗位的具体要求；

（2）招聘信息发布的时间、方式、渠道与范围；

（3）招聘对象的来源与范围；
（4）招聘方法；
（5）招聘工作小组的成员和测试的实施部门；
（6）招聘预算；
（7）招聘结束时间与新员工到位时间。

招聘计划由用人部门制定，然后由人力资源部门进行复核，特别是要对人员需求量、费用等项目进行严格复查，签署意见后交上级主管领导审批。

（三）招聘准备工作

1. 成立招聘工作小组

确定招聘小组的工作成员，主要包括人力资源部和用人部门的成员，负责选拔工作和一些辅助性事务。招募者是组织与候选人接触的第一个环节，因此招募者的职业素养和行为方式，将会影响候选人对整个组织的基本评价与判断，将会影响求职者对组织文化的兴趣和认同感。因此在招聘活动之初，对招募人员进行选择以及进行有针对性的培训是必要的。

大量的实践表明，招募者应具备以下基本素质和品质（见表4.2）。

表4.2　　招募者应具备的素质品质

表达能力	观察能力
协调沟通能力	自我认知能力
专业技能	知识面
诚实公正	热情

2. 招聘材料的准备

准备整个招聘活动中所涉及的有关资料，如招聘相关表格、测试题卷、测试工具、场景布置等。

3. 准备并发布招聘信息

招聘信息发布的时间、方式、渠道与范围是根据招聘计划来确定的。由于招聘的岗位、数量、任职者要求的不同，招聘对象的来源与范围的不同，以及新员工到位时间和招聘预算的限制，招聘信息发布的时间、方式、渠道与范围也是不同的。

（四）人员甄选

人员甄选是指组织通过一定的手段，对应聘者进行区分、评估，并最终选择哪些人将被允许加入组织，哪些将被淘汰的一个过程。人员甄选是招聘工作中最关键的步骤。

人员甄选包括两方面的内容：一是甄选的客观标准和依据；二是人员甄选技术的选择和使用。

人力资源管理工作中的职位分析和员工素质模型的建立，除了对职位本身的描述之外，对任职者的资格要求也进行了界定，这一信息正是人员甄选的客观标准和依据。

人员甄选技术经过多年理论研究取得了长足的发展，形成了较多的人员测评工具，虽然由于“人”本身的复杂性，使得我们无法通过这些技术获取对人准确的理解和把握，但是通过这些技术可以最大限度地减少我们做出错误判断的可能性，因此我们应合理选择人员甄选工具，尽量减少甄选中的误差。

人员的甄选过程一般分成初选和精选两个阶段。初选主要由人力资源部进行，它包括求职者背景和资格的审查与初步面试。精选包括各种测试（心理测试，技能测试第二次面试等）、选拔决策、体检和试用。精选阶段一般由人力资源部和用人部门的负责人共同协商决策。人员的甄选过程和方法详见本章第四节。

（五）人员录用

应聘者经过前几轮选拔之后，最后就是录用。这一阶段往往包括试用合同的签订、员工的初始安排、试用、初步的岗前培训、试用期评价以及作出正式聘用决策，并与新员工签订正式合同，详细内容见本章第四节。

（六）招聘评估

一个完整的招聘过程的最后，应该有一个评估阶段，招聘评估是招聘过程中重要的环节之一。招聘评估包括三方面的内容：一是招聘结果的评估；二是录用人员评估；第三是撰写招聘小结。

1．招聘结果的评估

（1）招聘成本评估

招聘成本分为招聘总成本与招聘单位成本。

招聘总成本 = 直接成本 + 间接成本

招聘的直接成本包括：招聘费用、选拔费用、录用员工的家庭安置费用和工作安置费用、其他费用（如招聘人员差旅费、应聘人员招待费等）；招聘的间接成本包括：内部提升费用、工作流动费用。

招聘单位成本 = 招聘总成本 ÷ 录用人数

显然，招聘总成本与单位成本越低越好。

（2）成本效用评估

成本效用评估是对招聘成本所产生效果进行的分析。

总成本效用 = 录用人数 ÷ 招聘总成本

招聘成本效用 = 应聘人数 ÷ 招聘期间的费用

选拔成本效用 = 被选中人数 ÷ 选拔期间的费用

人员录用效用 = 正式录用的人数 ÷ 录用期间的费用

（3）招聘收益—成本比

招聘收益—成本比既是一项经济评价指标，同时也是对招聘工作的有效性进行考核的一项指标。招聘收益—成本比越高，说明招聘工作越有效。

招聘收益—成本比 = 所有新员工为组织创造的总价值 ÷ 招聘总成本

2．录用人员评估

录用比 = 录用人数 ÷ 应聘人数 × 100%

招聘完成比 = 录用人数 ÷ 计划招聘人数 × 100%

应聘比 = 应聘人数 ÷ 计划招聘人数 × 100%

如果录用比越小，说明录用者的素质可能越高；当招聘完成比大于100%时，说明在数量上全面完成招聘任务；应聘比比例越大，则说明招聘信息发布的效果越好。

录用人员质量评估实际上是在人员选拔过程中对录用人员能力、潜力、素质等各方面进行的测评与考核的延续，其方法与测评考核方法相似，详细内容见本章第四节。

3. 撰写招聘小结

(1) 撰写招聘小结的原则

①真实地反映招聘的全过程；

②由招聘主要负责人撰写；

③明确指出成功之处和失败（不足）之处。

(2) 招聘小结的主要内容

①招聘计划；

②招聘进程；

③招聘结果；

④招聘经费；

⑤招聘评定。

(3) 招聘小结范例（见表4.3）

表4.3　××公司春季招聘小结

一、招聘计划

根据本年度8月3日第二次董事会决议，向社会公开招聘负责国际贸易的副总经理1名、生产部经理1名、销售部经理1名。

由人力资源部经理在分管副总经理的直接领导下具体负责。

招聘测试工作全权委托润华管理咨询人力资源服务部实施。

二、招聘进程

9月1日，在《人才市场报》和《电子信息报》刊登招聘广告。

9月15日~9月30日，初步筛选，去掉一些明显不符合要求的应聘者。

10月1日~10月31日，招聘测试。

11月1日~11月10日，最终决策。

11月15日，新员工上岗。

三、招聘结果

1. 副总经理应聘者25人，参加招聘测试15人，确定候选人3名，录用0人。
2. 生产部经理应聘者30人，参加招聘测试20人，确定候选人3名，录用1人。
3. 销售部经理应聘者45人，参加招聘测试30人，确定候选人3名，录用1人。

四、招聘经费

本次招聘预算共100 000元。在招聘活动中，实际支出如下：

1. 招聘广告费50 000元。
2. 招聘测试费30 000元。
3. 体格检查费5 000元。

表4.3(续)

4. 应聘者纪念品费1 000元。 5. 招待费5 000元。 6. 杂费2 500元。 合计实际支出93 500元。 **五、招聘评价** 1. 主要成绩：这次由于委托专业机构进行科学测试，录用的两位经理素质令人十分满意，同时测试结果指出了副总经理应聘者中无合适人选，最终没有录用。 另外由于竞争公平，许多落选者都声称得到了一次锻炼，对树立良好的企业形象起到了促进作用。 2. 主要不足之处：由于招聘广告的设计还有些问题，所以没有吸引足够多的高层次应聘者来竞争副总经理岗位，致使副总经理最终没有合适人选。 人力资源部经理　　签名 ×××年××月××日

二、招聘工作责任的划分

在现代人力资源管理中，录用决定权一般在业务部门，而人力资源部则起组织和服务职能，见表4.4。①

表4.4　　招聘工作责任的划分

人力资源部工作内容和职责	用人部门工作内容和职责
1. 负责招聘广告的审批手续办理	1. 负责招聘计划的制订和报批
2. 负责招聘广告的联系刊登	2. 负责招聘岗位要求的撰写
3. 负责应聘资料的登记	3. 负责新岗位工作说明的撰写
4. 负责测试组织和公司情况介绍	4. 负责协助外地招聘广告的刊登
5. 负责体格检查和背景调查	5. 负责测试题目的设计
6. 负责正式录用通知	6. 负责应聘人员初筛
7. 负责报到手续的办理	7. 负责面试和候选人的确定
8. 负责加盟公司的培训	

三、招聘中特殊问题的处理

在招聘过程当中，往往会遇到一些特殊问题，对这类问题的处理应当谨慎，因为它们往往对企业形象的树立和整个招聘活动的效果起到至关重要的作用。

(一) 对应聘者的通知

1. 录用通知

员工录用通知应及时送出，一般比较随意的情况下可以直接电话通知；较为正式的可以寄发录用通知书，应欢迎新员工加入企业，并说明报到的起止时间、报到的地

① 陈维政，余凯成，程文文. 人力资源管理［M］. 北京：高等教育出版社，2004：149.

点及报到的程序等内容，在附录中详细讲述如何抵达报到地点和其他应该说明的信息（见表4.5）。录用通知书还要让被录用的人员了解他们的到来对企业发展的重要意义。

表4.5　　　　　　　　　　　　　　录用通知书

录用通知书
＿＿＿＿＿＿先生（女士） 您好！首先感谢您对本企业的信任和大力支持！您应聘本公司＿＿＿＿＿＿一职，经过考核审查，本企业决定正式录用您为本企业员工，请于＿＿＿＿年＿＿＿月＿＿＿日上午＿＿＿时，携带下列物品文件及详填函附表格，向本公司人事部报到。 一、携带物品文件 1. 居民身份证　　2. 个人履历表（见附件）　　3. 体检表　　4. 学历证书　　5. 二寸半身照片＿＿＿张。 二、按本公司规定新进员工必须先行试用＿＿＿＿个月，试用期间暂支月薪＿＿＿＿元人民币。 三、报到后，本公司会在很愉快的气氛中，为您做职前介绍，包括让您知道本公司一切人事制度、福利、服务守则及其他注意事项，使您在本公司工作期间满足、愉快，如果您有疑虑或困难，请与本部门联络。 ×××股份有限公司 人事部启 附：人事部电话：××× 个人履历表

2. 辞谢通知

对于未被录用的应聘者，许多企业都忽视了辞谢的程序。周到的辞谢除了可树立良好的企业形象，还可能对今后的招聘产生有利的影响。因此，应该用同样礼貌的方式通知未被录用的人员，人力资源部可以通过电话用委婉的语言通知对方，也可以用信函的方式告之对方，但忌用明信片的形式。（见表4.6）

表4.6　　　　　　　　　　　　　　辞谢通知单

通　知
本公司公告征求人才一案承蒙大力支持不胜感荷，您的学识、资历均给我们留下了良好的印象；惜名额有限，本次未能借重，但我们已将您的资料列入储备人才档案，期待有机会再行借重共参大业；最后为您应征本公司的热诚再次致谢，并期不时给予本公司批评指教！ 此致 ×××公司人事部 年　月　日

（二）拒聘的处理

尽管经过努力，企业还是会经常遇到接到录用通知的人员不来就职的情况。如果拒聘的人员是企业所需要的优秀人才，则企业的人力资源管理部门甚至最高层主管应主动与之取得联系，采取积极争取的态度。如果企业被较多应聘者拒聘，就应该反思在招聘过程中可能存在的问题和障碍，从拒聘的调查中获得一些对未来招聘有用的信息。

(三) 未录用者资料的处理

对于未被录用的应征者资料应当妥善处理。既要保证他人资料不外泄，又要最大限度地发挥本次招聘的效果。因此，可将未聘用者的资料分类输入企业的储备人才信息库，以备将来的不时之需。

第三节 招聘渠道

与人力资源供给的来源相对应，人员的招聘渠道有两种形式：内部招聘和外部招聘。内部招聘和外部招聘对组织人力资源的获取具有同等重要的地位，两种方式是相辅相成的。某一个职位空缺究竟是由组织内部人员还是外部人员来填补，要视人力资源供给状况、组织的人力资源政策和工作的要求而定。

一、内部招聘的主要途径与方法

内部招聘是指从组织内部发掘、获取组织所需要的各种人才，填补组织的职位空缺。

(一) 内部招聘的途径

1. 内部晋升

内部晋升是一种用现有员工来填补高于其原级别职位空缺的政策。内部晋升政策给员工提供更多的发展机会，从而使其对组织产生献身精神。大多数员工在其职业生涯中主要考虑的是组织能够在多大程度上帮助自己实现个人的职业目标。因此，内部晋升制度在组织增加员工忠诚度及留住人才的措施中，是处于中心地位的。许多对员工有高度认同感的组织都有综合性的内部晋升规划，而那些同富有献身精神的员工紧密联系在一起的组织更有完善的内部晋升政策。

2. 岗位轮换

岗位轮换是指暂时的工作岗位变动。它是通过实习或培训的方式，使员工从一个岗位调到另一个岗位以扩展其经验的工作方法。它使员工在逐步学会多种工作技能的同时，增强对工作间相互依赖关系的认识，并培养更广阔的工作视角。这种知识扩展对完成高水平的管理工作是大有裨益的。岗位轮换可以在一定程度上消除专业分工过细带来的弊端，有利于员工克服狭隘的部门观点，有利于部门之间的横向协调，树立系统的全局观念。

3. 返聘

返聘是组织将解雇、提前退休、已退休或下岗待业的员工再召回组织来工作。这些人大多对组织工作十分熟悉，不需要组织进行过多的培训就可以直接上岗，且往往十分珍惜再次就业的机会。

（二）内部招聘的方法

1. 员工推荐

员工推荐是由本组织员工根据组织的需要推荐其熟悉的合适人员，供用人部门和人力资源部门进行选择和考核。由于推荐人对用人单位与被推荐者比较了解，因而这种方法较为有效，成功的概率较大。

在组织内部最常见的员工推荐法是主管推荐，其优点在于主管一般比较了解潜在候选人的能力，由主管提名的人选具有一定的可靠性。而且，主管们也会觉得他们具有一定的决定权，满意度比较高。其缺点在于这种推荐容易受个人因素的影响，主管们可能提拔的是自己的亲信而不是一个胜任的人选，从而影响招聘水平。有时候，主管们并不希望自己手下很得力的下属被调到其他部门，因为这会影响本部门的工作实力。

2. 职位公告

职位公告即将职位空缺公之于众，并列出工作的特性，如资格要求、职位要求、薪资等级等。职位公告是组织内部招聘人员的普通方法，可以通过在组织的布告栏发布工作职位空缺的信息，或在组织的内部报刊、局域网上发布。

职位公告的内容包括职位的责任、义务、必需的任职资格、工资水平及其他相关信息，如公告日期和截止申请日期、申请程序、联系电话、联系地点和时间、该职位是否同时也在组织外部进行招聘、在面谈过程中应聘者是否需要展示他们的技能等。符合任职资格的员工，可以提交正式的申请或在职位投标单上签名，参加该职位的竞争。在职位公告与职位投标中，必须坚持公平、公正、公开的原则，保证所有的正式员工都有资格利用职位公告向人力资源管理部门提出申请并参加竞聘，要保证空缺职位的名单能够被传达到组织中的每一位员工。

职位公告的目的在于让组织中的全体员工都了解到哪些职位空缺，需要补充人员，使员工感觉到组织在招聘人员方面的透明度与公平性，有利于提高员工士气。一般来说，职位公告法经常用于非管理层人员的招聘，特别适合于普通职员的招聘。职位公告法的优点在于让组织更为广泛的人员了解到此类信息，为组织员工职业生涯的发展提供了更多的机会，可以使员工脱离原来不满意的工作环境，也促使主管们更加有效地管理员工，以防本部门员工的流失。它的缺点在于这种方法花费的时间较长，可能导致岗位较长时期的空缺，影响组织的正常运营。而员工也可能由于盲目地变换工作而丧失原有的工作机会。

3. 人员信息记录卡

人员信息记录卡，也称人事登记表，较详细的职工档案也可作参照。随着现代信息技术的普及，许多组织的员工信息资料都已经计算机化。越来越多的组织倾向于利用人员信息记录卡来进行内部招聘。人员信息记录卡对于维系组织的持续运转是十分重要的，它包括了诸如员工的资格、技能、智力、经历、健康情况、教育背景和培训方面的信息，而且这些资料是经常更新的，能够全面、及时、动态地反映所有员工的最新情况。这些信息不仅能够帮助决策者获得职位申请者的相关信息，而且还可以帮助组织及时发现那些具备相应资格，但由于种种原因没有进行申请的员工。

人员信息记录卡的优点是可以在整个组织内部发掘合适的候选人，同时它也是人力资源信息系统的一部分，在组织的内部晋升中发挥着重要的作用。它的缺点在于通常只包含一些“硬”指标信息，如教育程度、资格证书、所掌握的语言、所接受的培训等。而一些关于诸如人际关系技能、判断力、品德、创新能力等“软”指标信息往往被排除在外。而这些“软”指标对于许多工作恰恰是至关重要的。

二、外部招聘的主要来源与方法

外部招聘是按照一定的标准和程序，从组织外部寻找员工可能的来源和吸引他们到组织应征的过程。虽然内部招聘的好处很多，但过分依赖也是一种失误，外部招聘可以弥补内部招聘的缺点。外部招聘可以充分利用外部候选人为组织增添新的思想；同时，它还是一种交流形式，组织可以借此在潜在的员工、客户和其他社会公众中树立形象。

（一）自荐

自荐是指所有没有通过预约就直接来到组织的人力资源部或招聘现场的求职者，这也是组织重要的工作候选人来源。不管这些求职者是否符合组织的要求，都必须礼貌对待，妥善处理，因为这不仅是尊重求职者自尊的问题，更是关系到组织在社会上的声誉问题。

（二）广告招聘

广告招聘是最常见、最普遍的一种招聘方式，是指在报纸、杂志、广播、电视及网站等媒体上刊登组织职位空缺的消息，吸引对这些空缺职位感兴趣的潜在人选应聘。

借助广告进行招聘，组织必须要考虑以下两个关键问题：广告媒体的选择及广告内容设计。

1. 广告媒体的选择

一般来说，组织可选择的广告媒体很多，例如传统媒体广播、电视、报纸、杂志等，现代媒体如网站等，其总体特点是信息传播范围广、速度快，应聘人员数量多、层次丰富，组织的选择余地大。

组织在选择广告媒体时，首先要考虑媒体本身承载信息传播的能力，即各种媒体的优缺点和适用范围（见表4.7）①。

① 加里·德斯勒．人力资源管理［M］．刘昕，译．6版．北京：中国人民大学出版社，1997：127.

表 4.7　部分广告媒体优缺点及适用范围比较

类型	优点	缺点	适用范围
报纸	标题短小精练。广告大小可灵活选择。发行集中于某一特定的地域。各种栏目分类编排，便于积极的求职者查找。	容易被未来可能的求职者所忽视。集中的招聘广告容易导致招聘竞争的出现。发行对象无特定性，广告印刷质量一般较差，广告的时效也较短。	当你想招募限于某一地区时。当可能的求职者大量集中于某一地区时。当有大量的求职者在翻看报纸，并希望被雇佣时。
杂志	专业的杂志会到达特定的职业群体手中。广告大小富有灵活性。广告的印刷质量较高。有较高的编辑声誉。时限较长，求职者可能会将杂志保存起来再次翻看。	发行的地域太广，故在希望将招聘限定在某一特定区域时通常不能使用。广告的预约期较长。	当所招聘的工作承担者较为专业时。当时间和地区限制不是最重要的时候。当与正在进行的其他招聘计划有关联时。
广播电视	不容易被观众忽略。能够比报纸和杂志更好地让那些不是很积极的求职者了解到招聘信息。可以将求职者来源限定在某一特定区域。极富灵活性。比印刷广告更有效地渲染雇佣气氛。较少因广告集中而引起招聘竞争。	只能传递简短的、不是很复杂的信息。缺乏持久性；求职者不能回头再了解。商业设计和制作不仅耗时而且成本很高；缺乏特定的兴趣选择；为无用的广告接受者付费。	当处于竞争的情况下，没有足够的求职者看你的印刷广告时。当职位空缺有许多种，而在某一特定地区又有足够求职者的时候。当需要迅速扩大影响的时候。当在两周或更短的时间内足以对某一地区展开“闪电式轰炸”的时候。当用于引起求职者对印刷广告注意的时候。
现场招聘（招聘现场的宣传资料）	在求职者可能采取某种立即行动的时候，引起他们对企业雇佣的兴趣。极富灵活性。	作用有限。要使此种措施见效，首先必须保证求职者能到招聘现场来。	在一些特殊场合，如为劳动者提供就业服务的就业交流会、公开招聘会、定期举行的就业服务会上布置的海报、标语、旗帜、视听设备等。或者当求职者访问组织的某一工作地时，向他们散发招聘宣传材料。

在确定了媒体形式后，应进一步选择刊登招聘广告的具体媒体单位。主要考虑以下几个方面：

（1）媒体的定位

各种具体的传播载体都有其特定的消费群体定位，因此组织应根据招聘人员的媒体消费特征选择其最可能接触的媒体。

（2）媒体的相关内容集中度

求职者在搜寻职位时，往往集中关注传播职位招聘信息量较大的媒体，便于选择比较。因此，组织在选择媒体时，应选择招聘信息相对集中的媒体，尤其是在业界具有一定影响力的媒体。

（3）多媒体并用

组织在进行大规模的人员招聘时或是人员招聘难度较大时，可以采用多种招聘方式，力求尽可能地覆盖目标人群接触范围。另外由于互联网的兴起，大量的在校学生和新一代知识人才都青睐网络带来的庞大信息，组织可以借用网络形式实现招聘信息的传递，主要包括专业招聘网站、高校网站及公司主页等。

2．广告内容的设计

（1）招聘广告的设计原则

好的广告形式有利于吸引更多的求职者的关注，而且设计精良的广告具有一定的"形象效应"，有利于树立组织公共形象，因此在选择合适的媒体之后，应根据组织实际需要确定广告的具体形式。一般说来招聘广告应满足"AIDA"的原则：

①A——Attention，能引起求职者的注意；

②I——Interest，能激起人们的兴趣；

③D——Desire，能激发人们求职的愿望；

④A——Action，方便求职者的求职行为。

（2）招聘广告的主要内容

①本企业的基本情况。包括企业规模、性质、所在地、资金、津贴、福利设施等。

②招聘情况。如职位名称、工作内容、工作时间、工作条件与工作环境等。

③企业招聘的条件。包括招聘的专业限制、招聘人数、年龄和学历限制、工作经验限制等。

④应聘方法。包括报名的方式、时间、地点、招聘期限、联系方法、报名需带的证件、材料等。

招聘广告示例如表 4.8 所示。

表 4.8　　招聘广告

东亚银行诚聘

东亚银行于 1918 年在香港注册成立，是香港历史最悠久、规模最大的独立华资银行。多年来一直本着立足香港，走向中国，服务全球的宗旨，为企业及个人提供全方位的银行服务。东亚银行于全球共设有超过 200 个网点，现东亚银行上海分行因业务发展需要诚聘以下职位：

职位名称：人力资源部招聘主管

工作地点：上海　　工作性质：全职　　招聘人数：1 人

任职要求：

1．五年以上商业银行员工招聘工作经验；

2．较强的沟通及领导能力；

3．积极、细致、耐心并具有团队合作精神；

4．本科或以上学历，英语流利。

职责描述：

1．监督和管理人力资源部日常招聘工作，根据业务部门人员配置、流失情况，协同业务部门主管进行面试、挑选符合部门要求的应聘者，及时填补银行内部职位空缺；

2．组织制定、修改、完善公司人力资源管理政策和程序，并确保其符合国家有关方针、政策和法规；监督指导人力资源各个政策程序的实施方法和实施效果，确保其与公司整体人力资源的战略规划相一致；

表4.7(续)

3. 根据分行发展需要，建议适合的员工编制及组织架构计划； 4. 完成上级主管指派的其他任务。 凡符合以上条件者均可应聘，请于×××年××月××日前将本人简历、联系方式、学历证书复印件、一寸近照2张，函寄本公司人力资源部收。一经录用，待遇从优，简历资料恕不退还。 邮寄地址：×××××× 邮编：××××××

（三）借助中介

随着人才流动的日益普遍，人才交流中心、职业介绍所、劳动就业服务中心等就业中介机构应运而生。这些机构扮演着双重角色：既为单位择人，也为求职者择业。借助这些机构，单位与求职者均可获得大量的信息，同时也可传播各自的信息。这些机构通过定期或不定期地举行交流会，使得供需双方面对面地进行商谈，缩短了招聘与应聘的时间。实践证明，这是一条行之有效的招聘与就业途径。

1. 人才交流中心

在全国的各大城市中，一般都有人才交流服务机构。这些机构常年为单位服务。他们一般都建有人才资料库，用人单位可以很方便地在资料库中查询条件基本相符的人员资料。通过人才交流中心选择人员，有针对性强、费用低廉等优点。

2. 招聘洽谈会

人才交流中心或其他人才机构每年都要举办多场招聘洽谈会。在洽谈会中，单位和应聘者可以直接进行接洽和交流，节省了单位和应聘者的时间。随着人才交流市场的日益完善，洽谈会呈现出向专业化方向发展的趋势。通过参加招聘洽谈会，单位招聘人员不仅可以了解当地人力资源的素质和走向，还可以了解同行业其他单位的人力资源政策和人才需求情况。由于这种方法应聘者集中，单位的选择余地较大。

3. 猎头公司

对于高级人才和尖端人才，用传统的渠道往往很难获取，因此，为适应单位对高级人才的需求与高级人才的求职需求而发展起来的猎头公司服务的一大特点就是推荐的人才素质高。猎头公司一般都会建立自己的人才库，对人才库的管理和更新也是他们日常的工作之一，而搜寻手段和渠道则是猎头服务专业性最直接的体现。当然，与高素质候选人才相伴的，是昂贵的服务费，猎头公司的收费通常能达到所推荐人才年薪的25%~35%。但是，如果把单位自己招聘人才的时间成本、人才素质差异等隐性成本计算进去，猎头服务或许不失为一种经济、高效的方式。此外，猎头公司往往对单位及其人力资源需求有较详细的了解，对求职者的信息掌握较为全面，猎头公司在供需匹配上较为慎重，其成功率较高。

（四）校园招聘

校园招聘是组织获得潜在管理人员及专业技术人员的一条重要途径。许多有晋升潜力的工作候选人最初就是组织到大学中直接招聘来的。

大学校园是高素质人员相对比较集中的地方，企业能够在校园招聘中找到相当数量的具有高素质的合格申请者；校园招聘也是宣传企业形象的一种非常便利的手段，为企业和求职者搭建了一个对话的平台；年轻的大学毕业生朝气蓬勃，富有工作热情，可塑性强。但是，校园招聘也有明显不足，优秀的毕业生往往都有多种应聘准备；学生刚踏入社会，缺乏实际的工作经验，工作上手慢，容易对职位产生不切实际的期望；由学校到社会的身份转换需要一个较长的磨合期，需要大量的培训；他们一旦积累了一定经验又容易跳槽，工作稳定性较差。

（五）网络招聘

网络招聘是随着互联网发展起来的一种新兴的招聘方式。网络招聘已成为大公司普遍使用的一种手段。越来越多的求职者喜欢到网上去搜寻工作机会。

网络招聘的优点是：方便快捷、成本低、存储与检索简历更加容易、不受时间限制。网络招聘打破了原有招聘形式的地域，在网上距离感似乎已经不复存在，跨国公司有能力在世界各地安置其员工，面试可以在网上完成，同时能力测试和背景审查也完全可以在互联网上进行，互联网已经不仅仅是一个发布招聘广告的媒体，而是具有多种功能的招聘服务系统。

（六）推荐

通过组织的员工、客户、合作伙伴等熟人推荐人选，也是组织招聘人员的重要来源。这种方式的长处是对候选人的了解比较准确；候选人一旦被录用，顾及介绍人的关系，工作也会更加努力；招聘成本低。问题在于可能在单位内形成小团体，选用人员的面较窄。

为了鼓励员工积极推荐，单位可以设立一些奖金，用来奖励那些为组织推荐优秀人才的员工。

三、内部招聘与外部招聘的对比

内部招聘与外部招聘各有利弊，不同组织填补职位空缺的方式和习惯不尽相同，内部招聘与外部招聘是相辅相成的（见表 4.10）[①]。

表 4.9　内部招聘与外部招聘的利弊对比

	利	弊
内部招聘	● 被聘者可以迅速开展工作 ● 可提高被聘者的士气 ● 有利于保证选拔的正确性 ● 可降低招聘风险和成本 ● 有利于激励其他员工士气、调动工作积极性 ● 充分利用内部资源 ● 成功的概率高 ● 有利于维系成员对组织的忠诚	● 易出现思维和行为定式，缺乏创新性，从而使组织丧失活力 ● 易造成“近亲繁殖” ● 招致落选者的不满 ● 不利于被聘者开展工作 ● 易引起内部争斗 ● 选择范围有限，组织中最合适的未必是职位最合适的

① 钱振波．人力资源管理［M］．北京：清华大学出版社，2004：138.

表4.9(续)

	利	弊
外部招聘	● 为组织注入新鲜血液 ● 有助于突破组织原有的思维定势、利于组织创新 ● 人际关系单纯 ● 有利于平息和缓和内部竞争者之间的紧张关系 ● 方便快捷，培训费用少	● 被聘者需较长的“调整适应期” ● 对内部员工造成打击 ● 被聘者可能会对组织文化不适应 ● 被聘者的实际合作能力与选聘时的评估能力可能存在较大差距

研究表明：内部招聘与外部招聘的结合会产生最佳的结果。具体的结合力度取决于组织战略、职位类别以及组织在劳动力市场上的相对位置等因素。需要强调的是对于组织中的中高层管理人员，内部招聘与外部招聘都是行之有效的途径。在具体的选择方面并不存在标准的答案，一般说来，对于需要保持相对稳定的组织中层管理人员更多的需要从组织内部进行提升，而高层管理人员在需要引入新的风格、新的竞争时，可以从外部引入合适的人员。

第四节　人员测评、甄选与录用

人员的测评与甄选，是指通过运用一定的工具和手段对已经招募到的求职者进行鉴别和考察，区分他们的人格特点与知识技能水平、预测他们的未来工作绩效，从而最终选出企业所需要的、适当的职位空缺填补者。

一、甄选方法科学性的标准

判断一个甄选过程是否科学有效，可以参考信度、效度、普遍适用性等指标。信度、效度、普遍适用性等指标是甄选方法的基本要求，只有信度、效度、普遍适用性等指标达到一定水平的测试，其结果才适于作为录用决策的依据，否则将误导招聘人员，影响其作出正确的决策。

（一）信度

信度主要是指测试结果的稳定性和一致性，也就是对同一应聘者用内容相似的测试再去测验他，所得到的分数也应相似。信度通常可分为：再测信度、复本信度、分半信度和评分者信度。

再测信度，或称稳定性系数，是指用同一种测试方法对一组应聘者在两个不同时间进行测试的结果的一致性。一致性可用两次结果之间的相关系数来测定。其系数高低既与测试方法本身有关，也跟测试因素有关。例如受熟练程度影响较大的测试，其再测信度就比较低，因为被测试者在第一次测试中可能记住某些测试题目的答案，从而提高了第二次测试的成绩。对于具有较高稳定性的测试内容，例如人格、基本能力倾向等测试方法的再测信度是十分重要的。

复本信度，或称等值性系数，是指对同一应聘者使用两种对等的、内容相当的测试结果之间的一致性。例如，如果对同一应聘者使用两张内容相当的个性测试量表时，两次测试结果应当大致相同。

分半信度，或称内在一致性系数，是指把同一（组）应聘者进行的同一测试分为若干部分加以考察，各部分所得的结果之间的一致性。这可用各部分结果之间的相关系数来判别。

评分者信度是指用不同评分者对同样对象进行评定时的一致性。例如，如果许多人在面试中使用一种工具给一个求职者打分，他们都给候选人相同或相近的分数，则这种工具具有较高的评分者信度。

（二）效度

效度是指测试的结果和工作相关的程度，是指实际测到应聘者的有关特征与想要测的特征的符合程度。一个测试必须能测出它想要测定的功能才算有效。效度主要有两种：效标关联效度和内容效度。

效标关联效度是说明测试工具用来预测将来行为的有效性。在人员选拔过程中，效标关联效度是考虑选拔方法是否有效的一个常用的指标。我们可以把应聘者在选拔中得到的分数与他们被录用后的绩效分数相比较，两者的相关性越大，说明所选的测试方法、选拔方法越有效，以后可根据此法来评估、预测应聘者的潜力。若相关性很小或不相关，说明此法在预测人员潜力上效果不大。

内容效度即测试方法能真正测出想测的内容的程度。考虑内容效度时，主要考虑所用的方法是否与想测试的特性有关，如招聘打字员，测试其打字速度和准确性、手眼协调性和手指灵活度的操作测试的内容效度是较高的。内容效度多应用于知识测试与实际操作测试，而不适用于对能力和潜力的测试。

（三）普遍适用性

普遍适用性是指在特定背景下建立的人员甄选方法的效度同样适用于其他情况的程度。对于某个具体的组织来说，要去检验一个甄选方案的效度是非常困难的，在这种情况下，效度的普遍适用性就成为效标的一种替代手段。例如，某家小保险公司拟用“乐观性测试”方法甄选保险推销员，但无法验证效标关联效度。于是，这家保险公司来到曾经验证过此项甄选方案有效性（用“乐观性测试”方法甄选保险推销员是有效的）的另一家大保险公司，将两者的甄选结果进行比较，作为验证。用一种技术或方法，针对同样的岗位要求，根据效度的普遍适用性原理，这家保险公司可以合法地以此对保险推销员候选人进行甄选。

二、人员甄选的步骤

从对应征者的初步筛选到最终人员的正式录用，要经过多重甄选环节，大致可分为以下步骤（见图4.2）。

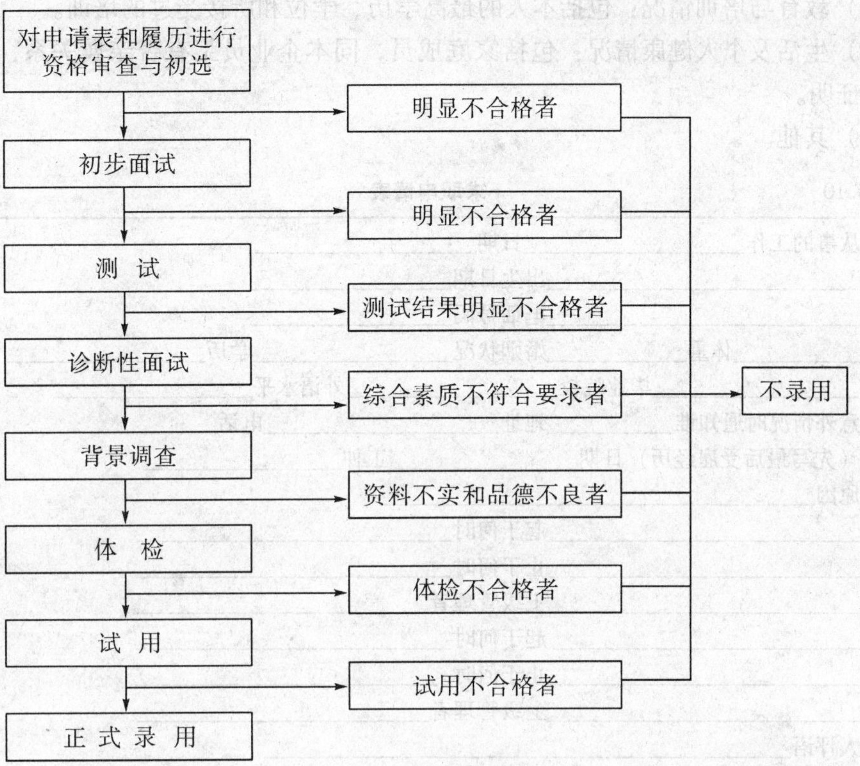

图 4.2　人员甄选过程

三、人员测评与甄选的方法与技术

组织要甄选到合适的人员填补职位空缺，不仅要求在招聘和甄选过程中按照一定的程序和原则进行，而且要求借助科学的选拔方法。现代组织员工甄选的方法很多，常用的方法主要有利用求职申请表、面试、笔试、测试、背景调查、体检和试用等。

（一）利用求职申请表

应聘者在获取招聘信息后，可向招聘单位提出应聘申请。应聘申请有两种方式：一是应聘者通过信函向招聘单位提出申请；二是直接填写招聘单位的求职申请表。

企业可以让应聘者填写设计好的求职申请表，便于在初步甄选过程中提高办事效率，由于各个应聘者简历制作的格式不同，当应聘者众多时，可能会延长资料甄选的时间，用统一制作的求职申请表，可以将在某些条件上明显不合格的应聘者迅速剔除。

1. 求职申请表的内容应反映的信息（见表 4.10）①

（1）个人情况：姓名、年龄、性别、婚姻情况、地址及电话等。

（2）工作经历：目前的任职单位及地址、现任职务、工资、以往工作简历及离职原因。

① 陈维政，余凯成，程文文. 人力资源管理［M］. 北京：高等教育出版社，2004：154.

（3）教育与培训情况：包括本人的最高学历、学位和所接受过的培训。

（4）生活及个人健康情况：包括家庭成员，同本企业员工有否亲属关系，健康情况医生证明。

（5）其他。

表 4.10 **求职申请表**

要求从事的工作＿＿＿＿＿＿日期＿＿＿＿＿＿
姓名＿＿＿＿＿＿出生日期＿＿＿＿＿＿
地址＿＿＿＿＿＿电话号码＿＿＿＿＿＿
身高＿＿＿＿体重＿＿＿＿婚姻状况＿＿＿＿学历＿＿＿＿
专业＿＿＿＿毕业院校＿＿＿＿外语水平＿＿＿＿
发生意外情况时通知谁＿＿＿＿地址＿＿＿＿电话＿＿＿＿
经历（先写最后受雇经历）日期＿＿＿＿工种＿＿＿＿
离职原因＿＿＿＿＿＿
企业＿＿＿＿＿＿起于何时＿＿＿＿＿＿
地址＿＿＿＿＿＿止于何时＿＿＿＿＿＿
工资＿＿＿＿＿＿上级管理者＿＿＿＿＿＿
企业＿＿＿＿＿＿起于何时＿＿＿＿＿＿
地址＿＿＿＿＿＿止于何时＿＿＿＿＿＿
工资＿＿＿＿＿＿上级管理者＿＿＿＿＿＿
主考人评语＿＿＿＿＿＿
你的工作成绩＿＿＿＿＿＿
你接受过的培训＿＿＿＿＿＿
家庭
填写家庭成员的年龄及与你的关系
你同本企业的员工有无亲属关系＿＿＿＿何人＿＿＿＿
生活情况
你在现在住处居住的时间＿＿＿＿是否在本地区＿＿＿＿
你如何来上班＿＿＿＿需要多少时间＿＿＿＿
兴趣
你的爱好＿＿＿＿
其他＿＿＿＿
你现在有无职业＿＿＿＿就职企业＿＿＿＿
你为何申请来本公司工作
你过去是否在本公司工作过＿＿＿＿何种岗位＿＿＿＿
你是否愿意上夜班＿＿＿＿你要求多少工资＿＿＿＿
你的制服尺寸＿＿＿＿使用左手还是右手＿＿＿＿
你会不会打字＿＿＿＿是否为本国公民＿＿＿＿
我保证上述所填内容均属事实，虚假陈述应被解雇。
签字＿＿＿＿

2．审查求职申请表

在审查求职申请表时，要估计背景材料的可信程度，要注意应聘者以往经历中所任职务、技能、知识与应聘岗位之间的联系。分析其离职的原因、求职的动机，对于频繁离职、高职低就等情况作为疑点一一列出，以便在面试时加以了解。对应聘高级职务者还须补充其他个人材料。初审结果，对明显不符合条件者可予以淘汰。

（二）笔试

笔试也叫知识测评，它是最古老、最基本的人员甄选方法。它主要用于测试求职者的基本知识、专业知识、管理知识和综合分析能力、文字表达能力等方面的差异。笔试是使用频率非常高的一种人才选拔方法，它省时、成本低、效率高，对求职者知识、技术、能力的考查信度和效度较高。但是笔试不能全面考查求职者的工作态度、品德修养和其他一些隐性能力，所以笔试往往被作为其他甄选方式的补充或初步筛选的方法。许多组织都把它作为进入面试阶段的第一道关口。

（三）面试

面试是通过供需双方正式交谈，以使组织能够客观了解应聘者的业务知识水平、外貌风度、工作经验、求职动机等信息，应聘者能够了解到组织的更全面的信息。与传统人事管理只注重知识掌握不同的是，现代人力资源管理更注重员工的实际能力与工作潜力。进一步的面试还可帮助组织了解应聘者的语言表达能力、反应能力、个人修养、逻辑思维能力等；而应聘者可以了解到自己在组织中的发展前途，将个人期望与现实情况进行比较，以及组织提供的职位是否与个人兴趣相符等。面试是员工招聘过程中非常重要的一步。

1．面试程序

（1）面试前的准备阶段

确定面试的目的；认真阅读应聘对象的求职申请表，制定面试提纲，问话提纲主要围绕要证实的疑点和问题，针对不同的对象应有不同的了解侧重点；确定面试的时间、地点，并制定面试评价表。

（2）面试的开始阶段

面试开始，面试者要努力创造一种和谐的面谈气氛，使面试双方建立一种信任、亲密的关系，解除应聘者的紧张和顾虑。常用的方法是寒暄、问候、微笑、放松的姿势。可先让对方简要介绍一下自己的情况，此时面试者注意力要高度集中，注意倾听和观察。

（3）正式面试阶段

根据面试中所提的问题，面试大体上可分为结构式面试、非结构式面试和混合式面试三种。

●结构式面试。此类面试要先制定好所提的全部问题，然后一一提问。这样有准备的系统的提问有利于提高面试的效率，了解的情况较为全面。但谈话方式程式化，不太灵活。

●非结构式面试。面试者在面试中可随时发问，无固定的提问程式。针对每位应聘者所提的问题不同，这种面试可以了解到特定的情况。但缺乏全面性，效率较低。

●混合式面试。将结构式面试与非结构式面试结合起来，称为混合式面试。这种方法可以取二者之长，避二者之短，所以是常用的一种面试方法。

面试中最常用的是发问和聆听。发问的技巧有多种，面试中较多采用的是开放式的提问，让应聘者多讲，然后面试者注意聆听，由于面试的目的是了解应聘者，所以面试者不要暴露自己的观点、情绪，不要让对方知道你的倾向。聆听时，可作一些澄清式或封闭式的提问，但不要随便打断对方的讲话，不要随声附和，整个提问可以先易后难，针对疑点逐一问出，以达到预期的目的。

由于正式面试阶段带有评估的性质，所以结束时要给予对方提问的机会。另外，为提高评估的准确性，针对某一事项，可同时提出几个问题，从不同的侧面了解应聘者对这一问题的立场态度。有时问答本身并不重要，重要的是面试者表现出的修养和态度。

（4）面试的结束阶段

不论应聘者是否会被录用，面试均应在友好的气氛中结束。同时，面试者应立即整理面试记录，并填写面试评价表，核对有关材料，做出总体评价意见。在总结评价时，对以下情况要特别注意，例如，不能提供良好的离职理由、以前职务（或工资）高于应聘职务（或工资）、本人曾被劳改过、家庭问题突出、经常变换工作等。

2. 面试的类型

（1）从面试所达到的效果来分

●初步面试。这是用来增进用人单位与应聘者的相互了解的过程。在这个过程中应聘者对其书面材料进行补充（如对技能、经历等进行说明），组织对其求职动机进行了解，并向应聘者介绍组织情况、解释职位招聘的原因及要求。

●诊断面试。这是对经初步面试筛选合格的应聘者进行实际能力与潜力的测试。它的目的在于招聘单位与应聘者双方补充深层次的信息，如应聘者的表达能力、交际能力、应变能力、思维能力、个人工作兴趣与期望等，组织的发展前景、个人的发展机遇、培训机遇等。

（2）从参与面试的人员来分

●个别面试。这是指一个面试人员与一个应聘者面对面地交谈。这种方式的面试有利于双方建立亲密的关系，使双方能深入地相互了解，但这种面试的结果易受面试人员的主观因素干扰。

●小组面试。这是由二三个人组成面试小组对各个应聘者分别进行面试。面试小组由用人部门与人力资源部门的人员共同组成，从多种角度对应聘者进行考察，提高面试结果的准确性，克服个人偏见。

●集体面试。它是由面试小组对若干应聘者同时进行面试。在集体面试过程中，通常是由面试主考官提出一个或几个问题，引导应聘者进行讨论，从中发现、比较应聘者表达能力、思维能力、组织领导能力、解决问题的能力、交际能力等。集体面试的效率比较高，但对面试主考官的要求较高，主考官在面试前应对每个应聘者都有大致的了解，而且在面试时应善于观察，善于控制局面。

（3）从面试的组织形式来分

●压力面试。言论面试往往是在面试的开始时就给应试者以意想不到的一击，通常是敌意的或具有攻击性的，主考官以此观察应试者的反应。一些应聘者在压力面试前显得从容不迫，而另一些则不知所措。用这种方法可以了解应聘者承受压力、情绪调整的能力，可以测试应聘者的应变能力和解决紧急问题的能力。压力面试一般用于招聘销售人员、公关人员、高级管理人员。

●BD 面试。如行为描述面试（Behavior Description Interview），它是近年来的研究成果。这种面试是基于行为的连贯性原理发展起来的。面试主考官通过行为描述面试要了解两方面的信息：一是应聘者过去的工作经历，判断他选择在本组织发展的原因，预测他未来在本组织中发展所采取的行为模式；二是了解他对特定行为所采取的行为模式，并将其行为模式与空缺职位所期望的行为模式进行比较分析。

●能力面试。与注重应聘者以往取得的成就不同的是，这种方法关注的是他们如何去实现所追求的目标。在能力面试中，主考官要试图找到过去成就中所反映出来的优势。要确认这些优势，主考官要寻找 STAT，即情景（Scene）、任务（Task）、行动（Action）和结果（Result）。其大致过程如下：先确定空缺职位的责任与能力，明确它们的重要性；然后，询问应聘者过去是否承担过与空缺职位类似的职位，或是否处于类似的“情景”，一旦主考官发现应聘者有类似的工作经历，则再确定他们过去负责的“任务”，进一步了解一旦出现问题他们所采取的“行动”，以及“行动”的“结果”究竟如何。

3．面试中的提问技巧

（1）简单提问

在面试刚开始时，通常采用简单提问来缓解面试的紧张气氛，消除应聘者的心理压力，使应聘者能轻松进入角色，充分发挥自己的水平和潜力。这种提问常以问候性的语言开始，如“一路上辛苦吗?”“你乘什么车来的?”“你家住在什么地方?”等。

（2）递进提问

递进提问的目的在于引导应聘者详细描述自己的工作经历、技能、成果、工作动机、个人兴趣等。应采用诱导式提问，如“你为什么要离职?”“你为什么要到本公司来工作?”“你如何处理这件事情?”“你如何管理你的下属?”等；基于行为连贯性原理，有时所提的问题并不集中在某一点上，而是一个连贯的工作行为，就可以采用追问递进式的提问，例如：“过去半年中你所建立的最困难的客户关系是什么？当时你面临的主要问题是什么？你是怎样分析的？采取什么措施？效果怎样?”，从而能较全面考察一个人。在提问中避免使用肯定/否定式提问，如“你认为某事情这样处理对吗?”“你有管理方面的经验吗?”因为前一种提问方式能给应聘者更多的发挥余地，能更加深入地了解应聘者的能力和潜力。

（3）比较式提问

比较式提问是主考官要求应聘者对两个或更多的事物进行比较分析，以达到了解应聘者的个人品格、工作动机、工作能力与潜力的目的。如“如果现在同时有一个晋升机会与培训机会，你将如何选择?”“你在以往的工作经历中，你认为你最成功的地方是什么?”等。

（4）举例提问

这是面试的一项核心技巧。当应聘者回答有关问题时，主考官让其举例说明，引导应聘者回答解决某一问题或完成某项任务所采取的方法和措施，以此鉴别应聘者所谈问题的真假，了解应聘者解决实际问题的能力。如“请你举例说明你对员工的管理的成功之处”等。

（5）客观评价提问

这是主考官有意让应聘者介绍自己的情况，从而客观地对自己的优缺点进行评价，或以曾在主考官身上发生的某些事情为例，以此引导应聘者毫无戒备地回答有关敏感问题，借此对应聘者进行更加深刻的了解。如“世上没有十全十美的人，比如说，我在处理突发事件时就易冲动，今后有待于进一步改善。你觉得你在哪些方面需要改进?”

4．面试需要遵守的法则

（1）利用正规的工作分析决定工作的要求。

（2）注意应征者拥有与工作相关的知识、技术、能力和有关特性。

（3）利用工作分析所收集到的资料制定面谈的问题。

（4）在轻松的环境下进行面谈。

（5）根据每个应征者的知识、技术和能力，评估应征者的工作绩效。

5．影响面试有效性的因素

（1）面试结构。结构性面试比非结构式面试有效。

（2）聘用压力。不用面对聘用压力的面试结果较具正确性。

（3）工作资料。面试者若能充分掌握应征者的个人资料，评定会比较可靠。

（4）对比效果。当面试者用前一位应征者的素质来评定目前应征者时，会产生对比效果。

（5）预早决定。面试者在面试进行期间已做出决定，应征者往后的面试表现，只是用来肯定面试者的决定是否正确。

（6）理想人选。面试者只按自己心目中的理想人选标准评分，不以公司既定的要求为标准，会降低面试的可信度。

（7）负面资料。面试者过度挑剔应征者的负面资料，在负面评分上，给予偏高的比重。

（8）性别差异。面试者对于某项工作与性别之间的关系有偏差的看法，因而影响不同性别应征者的面试结果。

（9）资料数量。有关空缺职位的资料越多，面试的可信度便越高。

6．提高面试有效性的守则

（1）先设定面谈的目的和范畴。根据面试的目的决定提问的范围和问题，接见应征者前应重温工作的要求，以及申请表格上的资料、测试分数和其他有关资料。

（2）建立和维持友善气氛。以轻松的态度接待应征者，表示有诚意、有兴趣知道应征者的资料，细心聆听，以建立和维持友善气氛。

（3）主动和细心聆听。用心思考和发掘一些不明显的含意或暗示，好的聆听者对对方脸部表情和动作会较为敏感。

（4）留意身体语言。应征者的脸部表情、姿势、体位和动作会反映出其态度和感受，面试者应留意应征者如何表达其身体语言。

（5）坦诚回应。尽量以坦诚态度提供资料和详细回答应征者的问题。

（6）提有效问题。问题应尽可能客观，不应暗示具有任何理想答案，以便取得真实的回应。

（7）把客观和推断分开。在进行面试时，记下客观性的资料，并对客观资料进行推断，再与其他面试者的意见作比较。

（8）避免偏见和定型的失误。面试者不能心存偏见，认为那些与自己兴趣、经历和背景相近的应征者，较为优胜，或把人定型，认为属于某一性别、种族或背景的人，都有相似的外貌、思想、感情和做法。

（9）避免容貌效应。面试者应避免歧视外貌不吸引人的应征者。

（10）避免晕轮效应。避免因应征者的某些长处（或短处）而对他做出整体的有利（或不利）的评分。

（11）控制面谈过程。让应征者有足够的机会说话，不要轻易打断应征者的讲话，但同时要控制面试的进度，确保达到面试的目的。

（12）问题标准化。为避免歧视个别应征者，面试者应对同一职位的应征者提相同的问题。若想获得更多的资料，或在面对一位出众的应征者时，可以额外提探查式的问题。

（13）仔细记录。记下事实、印象和其他有关资料，包括提供给应征者的资料（见表4.11）[①]。

表4.11　　××公司面试评价表

姓名：　　　性别：　　　年龄：　　　编号： 应征职位：　　　所属部门：					
评价要素	评价等级				
	1（差）	2（较差）	3（一般）	4（较好）	5（好）
1. 个人修养					
2. 求职动机					
3. 语言表达能力					
4. 应变能力					
5. 社交能力					
6. 自我认识能力					
7. 性格内外向					
8. 健康状况					
9. 掩饰性					
10. 相关专业知识					
11. 总体评价					

① 付亚和，许玉林. 劳动人事管理事务卷［M］. 北京：人民大学出版社，1993：341.

表4.11(续)

评　价		□ 建议录用		□ 有条件录用	□ 建议不录用
用人部门意见	签字：________	人力资源部门意见	签字：________	总经理意见	签字：________

7. 面试提问举例

●你为何要申请这项工作？（了解应聘者的求职动机）

●你认为这项工作的主要职责是什么？或如果你负责这项工作你将怎么办？（了解应聘者对应聘岗位的了解程度及其态度）

●你认为最理想的领导是怎样的？请举例说明。（了解应聘者的管理风格及行为倾向）

●对你来应聘你家庭的态度怎样？（了解其家庭是否支持）

●你的同事当众批评、辱骂你时，你怎么办？（了解其在现场处理棘手问题的经验及处理冲突的能力）

●你的上级要求你完成某项工作，你的想法与上级不同，而你又确信你的想法更好，此时你怎么办？（了解其在困境中是否能冷静处理问题）

●请你谈谈对我国加入 WTO 的看法。（了解其思维逻辑能力和表达能力）

（四）测评法

测评是指测评者采用科学的方法，收集被测评者在主要活动领域中的表征信息，针对某一素质测评目标体系做出量值或价值判断的过程，或者从表征信息中引发和推断某些素质特性的过程。简而言之，人员测评是对个人稳定的素质特征进行的测量与评价。

根据测评目的的不同，可以把人员测评分为选拔性测评、开发性测评、诊断性测评和考核性测评等。这里我们主要讨论选拔性测评，选拔性测评是以选拔优秀人员为目的的测评，通过这类测评，要把不同素质、不同水平的人区别开来。

1. 测评的程序

（1）准备阶段

①必要资料的收集

在实施测评之前，必须掌握测试过程中所需的相关资料和数据。使用不同的测评方法、测评不同的对象就应该有相应的不同的资料。

②测评人员的选择和培训

测评人员的质量和数量对整个测评工作起着举足轻重的作用。一般来说，测评人员应具备以下条件：坚持原则、公正；有主见，善于独立思考；有一定的实际工作经验，尤其是在测评方面；具有一定文化水平；有事业心，不怕得罪人；作风正派，办事公道等。测评人员的数量则应根据组织的具体情况和测评的具体需要而定，在保证质量的同时，应考虑到测评的成本。

在测评小组中，人员的知识和素质参差不齐，而且各种测评方法都具有相当的技巧和艺术性。所以，必须对小组成员加以培训，使之熟悉相关的知识、掌握各种方法，尽量避免个人感情因素对测评工作的干扰。

③测评方案的设计

●确定测评的目的。在实施测评前，首先应明确测评目标，即测评后所得信息的用途，因为用途会直接影响信息焦点、收集信息所使用的方法及信息呈现的方式。

●确定被测评对象。被测评对象的确定通常依据组织人力资源供需预测而得的职位空缺及组织发展要求。

●确定测评指标体系。根据组织已建立的标准指标体系与选定的被测对象，考虑当时的具体要求，对指标体系进行一定的修正和调整，使之符合职位的要求和测评的目的。这项工作关系到测评工作的成功与否，应引起测评人员的高度重视。

●选择恰当的测评方法和测评工具。

（2）实施阶段

①测评指导

测评指导是在测评具体操作之前，由测评主持人向全体测评人员报告测评目的和填表说明，明确数据保密等事宜，目的是使测评人员能正确地填写人员素质测评表，消除顾虑，客观准确地测评。

②具体操作

测评时，测评人员可采用单独操作或对比操作的方式进行。单独操作是测评人员在对某一测评对象完成全部测评指标以后，再对另一对象进行测评，直到测评完全部被测对象为止。对比操作，首先是把所有被测对象进行分组，然后把某一组的指标，根据相应的测评标准体系的内容，采用对比的方式，对组内每个被测对象进行对比测评，直到所有指标完成后，才对下一组的被测对象采用相同的操作方法进行测评。

③回收测评数据

测评完的数据要由主持人统一回收。如果是集中测评，主持人应把收集到的全部数据当众进行封装，减少被测人员的顾虑。如果不是采用集中测评的方式，在发出测评表格时，要发给每个测评人员一个信袋。测评完的数据，由被测者自己封装。回收测评数据一定要按照回收测评数据的程序和规定进行。否则将影响测评人员的积极性。

（3）评价阶段

得到测评数据后要对其进行分析和评价，得出测评结果，以供有关部门使用。

测评结果的描述有两种形式：数字描述和文字描述。数字描述就是利用测评结果的分值对被测人员的素质情况进行描述的方法。这种描述方式是利用数字的可比性特点，对多个被测人员进行对比。文字描述是在数字描述的基础上，对照各种标准体系的内容，用文字描述的形式去评价被测对象的素质，撰写人员素质测评报告。

人员素质测评报告中应包括以下内容：

●测评结果及其解释；

●针对测评目标的应用性分析或预测；

●初步的用人方案；

●整个测评工作的经验总结；

●对人力资源管理的补充性意见。

2. 测评的内容与方法

（1）人才测评中心介绍

美国从 20 世纪 40 年代起开发出一套叫做人才测评中心的技术，到 70 年代渐趋成熟，并开始职业化，成为企业咨询业中的一种专门的技术和程序。人才测评中心是一种测评人才的活动、方法、形式、技术和程序。这种活动由一系列按照待测评维度的特点和要求而精心设计的测试、操演和练习组成，目的在于诱发被测评者在选定的待测评方面表现出有关行为而提供评价。这些活动除包括心理测试以及与常规的笔试与面试相同的测评方法外，典型活动是工作情景模拟测试。

人才测评中心这种方法是多功能的，它既可以用于招聘，在一批申请者中选择合格的人；也可用于早期鉴别有潜能的人才；还可用于合理的职务委派，同时还能发现员工与所任岗位要求的差距，从而对症下药进行培训。

（2）测评的内容与方法

①个性心理测评

个性心理测评主要是对被测评人的个性特征和素质的确定。人的个性包括态度、兴趣、行为倾向等，是人较为稳定的心理特征。个性是一个人能否施展才华，有效完成工作的基础。人员选拔中的一项工作就是将应聘者个性与空缺职位员工应具备的个性标准相比较，选拔出二者相符的员工。

在企业中用得较多的个性测评主要有两类：一类是自陈式测评；另一类是投射测评。

A. 自陈式测评

自陈式测评的假设前提的“只有本人最了解自己”，因此其资料来源主要是依靠被测者提供的关于自己个性的回答，这种方法最大的缺点在于被测者的诚信，即被测者是否会美化自己的人格特征，尤其是在问卷的答案倾向性过于明显时。

自陈式测评的典型工具有卡特尔的 16 种个性特征问卷（16PF）、明尼苏达的多相人格测验（MMPI）、艾森克的人格问卷（EPQ）、加州的人格问卷（CPI）以及“大五”人格测验等。

● 16PF 简介

16PF 测验是美国伊利诺斯州立大学人格及能力研究所卡特尔教授编制的，共 187 道题目，分别测量 16 种人格表征（见表 4. 12），每种人格因素由 10 ~ 13 个测验题组成的分量表来测量，每题有三个备选答案（见表 4. 13），16PF 可用来描述人格轮廓，进行职业成就预测和一定的人格健康预测，适用于 16 岁以上的青年人和成年人。由于 16PF 测验题量适中，题目的隐蔽性较好，施测、记分和解释较为方便，可用于团体施测，应用性能较好，信度和效度指标可靠，因此成为人格 — 职业预测和人力资源管理与开发的纽带和重要工具。

表 4.12　　16PF 包含的人格特征

特质	低程度特征	高程度特征
乐群性	缄默、孤独	乐观外向
聪慧性	迟钝、学识浅薄	聪慧、富有才识
稳定性	情绪激动	情绪稳定
恃强性	谦虚、顺从	好强、固执
兴奋性	严肃、审慎	轻松、兴奋
有恒性	权宜、敷衍	有恒、负责
敢为性	畏缩、退却	冒险、敢为
敏感性	理智、着重实际	敏感、感情用事
怀疑性	依赖、随和	怀疑、刚愎
幻想性	现实、合乎成规	幻想、狂放不羁
世故性	坦白、直率、天真	精明能干、世故
忧虑性	安详、沉着、有自信	忧虑、抑郁、烦恼多
实验性	保守、服膺传统	自由、批评激进
独立性	依赖、随群附众	自主、当机立断
自律性	矛盾冲突、不明大体	知己知彼、自律谨严
紧张性	心平气和	紧张困扰

表 4.13　　16PF 测试样题

（1）我喜欢看团体球赛		
A. 是的	B. 偶然的	C. 不是的
（2）我所喜欢的人大都是		
A. 拘谨缄默	B. 善于交际	C. 介于 A 与 B 之间
（3）金钱不能带来欢乐		
A. 是的	B. 不是的	C. 介于 A 与 B 之间

B. 投射测评

投射测评的假设前提是人们对于外界刺激的反应都是有原因的，而不是偶然的，且这些反应主要取决于个体的个性特征。人的一些基本性的个性特征与倾向性，是深藏于自己意识的底层，处于潜意识状态下的。当把某个意义含混，可作多种解释的刺激物（图片、词语、物品等），突然出示给被测者看，让他很快说出对该物的认识、解释或联想，被测者就会把自己内心深处的心理倾向"投射"到对物体的认识、解释或联想上去，由于被测者猝不及防，又无暇深思，因而其测评结果较为可信。

投射测评常用的工具有：

●罗夏赫的墨迹测评

该测评是用一套墨迹图对被测者进行投射测评，墨迹的轮廓无确定意义。测评人员每出示一张图片，就要问被测者"这看上去像什么?""你在这张图片中看出了什么事物?""你想到了什么?"测评人员记录被测者的每条反应语句、每张图片从出现到开始第一个反应的时间、各反应的时间间隔、对每张图片反应共需时间；其他行为与动作。反应时间之所以重要，是因为它可以判断情绪受某种刺激而发生的抵触或阻滞。反应测试完毕后，可再对被测者询问墨迹中哪些部分使他产生反应，并让被测者澄清或增补其原始反应。

●主题统觉测评（简称“TAT”）

“统觉”是一个心理学术语，指当前事物引起的心理活动与已有的知识经验相联系、相融合，从而更明显地理解事物意义的现象。主题统觉测评就是向被测者提供一个意义含混的投射物，以引导被测者的心理活动，通过这些心理活动的分析，来发现和确定被测者的个性。

主题统觉测评通常用到一些内容不确定的图片（见图4.3），要求被测者就图片上呈现的内容编制故事情节，在编故事时，被测者会不自觉地将隐藏在内心的冲突和欲望穿插于故事情节当中，个人的情感、态度、需要和价值观都会借此宣泄出来。

主题统觉测评在很大程度上回避了人们在一般文字测验上表现出来的“伪饰”，信息更加真实。但主题统觉测评无论是在施测，还是记分、解释上都相当复杂，对主试者的要求很高，所以不宜大面积使用。但在高层人员的选拔、晋升中都将发挥越来越大的作用。

图4.3　主题统觉测评样图

●句子完成式量表

句子完成式量表是要求被测者将一句未完成的句子自由补充成一个完整的句子，或者在未完成的句子后列数个短句，由被测者从其中选择一个能表达其情感的短句作答，如“我喜欢______”，“我认为婚姻生活______”。据此评测被测者在管理、创业等方面动机的强弱。

●笔迹学测评

笔迹学测评法是以书写字迹分析为基础来判断应试者个性，预测其未来业绩的一种方法。笔迹学测评一般要求被测者提供至少一整页一气呵成的字迹，字迹的内容并不重要。接下来要遵循一套严格的规定测定字迹的大小、斜度、页面安排、字体宽度及书写力度。这些测量的结果即可转译为对书写者个性的说明。

②心理素质和潜质测评

在人员的招聘和选拔中，除了对其个性特征测评外，企业常常需要对其心理素质和潜质进行测评，以确定被测者是否符合应聘职务的要求。心理素质和潜质测评包括价值测评、职业兴趣测评、智商和情商测评、自信度测评、态度测评等。

A. 价值测评

评价工作价值观对人员选拔也有十分重要的意义。一些求职者由于某些特殊的原因应聘与其工作价值观完全不符的职位，因此他们对该职业或职位可能并不满意，这不仅降低其工作积极性，而且还会影响工作绩效。招聘者通过价值测评，深入了解应聘者的价值取向，可以作为选拔录用的一种补充性依据。

B. 职业兴趣测评

职业兴趣测评揭示了人们想做什么和他们喜欢做什么。如果能根据应聘者的职业兴趣进行人职合理匹配，则可最大限度地发挥人的潜力。

C. 智力测评

招聘过程中的智力测评不同于一般的智商水平测试。智力测评是对应聘者的数字能力和语言能力进行测评。它主要通过词汇、相似、相反、算术计算等类型的问题来进行。一般地，在智力测评中成绩较好的人，在工作中具有较强的能力关注新信息，善于找出主要问题，业绩也不错。常用到的智力测评工具有韦氏成人智力量表(WAIS)、瑞文标准推理测验（SPM）等。

D. 情商（EQ）测评

情商包括自我意识、控制情绪、自我激励、认知他人的情绪和人际交往技巧五个方面的内容。高情商者具备综合与平衡的才能，可能成为杰出的管理者。情商是组织领导人所必须具备的基本能力。

③能力测评

能力测评用于对应聘人员的职业能力、工作技能和专业知识的测评。

A. 职业能力倾向性测评

职业能力倾向性测评是用于测定从事某项特定工作所具备的某种潜在能力的测评，可以预测应聘者在某职业领域中成功和适应的可能性，或判断哪项工作适合他。职业能力倾向性测评的内容一般有普通能力倾向测评（如思维能力、记忆能力、推理分析能力等)，特殊职业能力测评和心理运动机能测评（如反应时间、四肢协调、爆发力、灵活度等)。

B. 工作技能测评

工作技能测评是对特定职位所要求的特定技能进行的测评，其内容因岗位的不同而不同。工作技能测评有多种形式，可进行现场工作情景模拟测评，也可验证应聘者已获得的各种能力证书。

企业在对应聘人员进行技能测评时常采用工作情景模拟测评方法。工作情景模拟测评是根据被试者可能担任的职务，编制一套与该职位实际情况相似的测评项目，将被试者安排在模拟、逼真的工作环境中，要求被试者处理可能出现的各种问题，用多种方法来测评其心理素质、实际工作能力、潜在能力的一系列方法。

工作情景模拟测评至少有两个优点：一是可以多角度观察、分析、判断、评价应聘者；二是由于被测者被置于其未来可能任职的模拟工作情景中，而测评的重点又在于实际工作能力，因此通过这种测评而选拔出来的人员往往可直接上岗，或只需有针对性地培训即可上岗，可为组织节省大量的培训费用。

工作情景模拟测评的方法主要有：

●公文处理模拟

公文处理又叫“公文筐”测验。该情景模拟组织发生过的实际业务、管理环境，提供给受测人员的信息包括涉及财务、人事备忘录、市场信息、政府法令公文、客户关系等数十份材料。测验要求受测人员以管理者的身份，在规定的条件下，对各类公文进行处理，形成公文处理报告。通过应试者在规定条件下处理过程的行为表现和书面报告，评估其计划、组织、预测、决策和沟通的能力。

这种方法是较科学的，对每个被测者也都是公平的。但在设计文件时，除真实具体外，还应注意与待评测的各维度相联系，并考虑评分的可操作性。

●无领导小组讨论

所谓“无领导”，是指不指定谁充任主持讨论的组长，也不布置议题与议程，更不提要求；将被测人员按 4 ~6 人一组分成小组，只发给一个简短案例（见表 4. 14），其中隐含着一个或数个待决策和处理的问题，以引导小组展开讨论，评测者不出面、不干预、令其自发进行。根据每人在讨论中的表现及所起作用，测评者沿既定测评维度予以评分。这些维度通常是，主动性、说服力、沟通能力、组织能力、人际协调能力、自信、创新力与耐受力等。应注意的是，这些素质和能力是通过被评者在讨论中所扮演的角色的行为来表现的。

表 4. 14　　无领导小组讨论样题

指导语： 现在我们要根据企业的要求开一个讨论会。在座的各位现在就组成一个专案工作小组。现在公司要对下列问题进行讨论、分析，并作出决定。 请大家充分讨论，并拿出小组的意见来。讨论共有 35 分钟，请大家充分利用时间。讨论一旦开始，将不再回答你们的任何提问，也不干预你们的讨论。 论题： 你认为什么样的领导是好领导？以工作为导向还是以人为导向？

●企业决策模拟竞赛

企业决策模拟竞赛是将被评者每 4 ~7 人分成一个小组，组成一个“微型企业”，每人在“企业”中担任一定的职务。各组按提供的统一的“原料”，在规定的工作周期内，生产出某种“产品”，再“推销”给竞赛组织者。然后测评者根据每人在此过程中的表现进行评分。这种方法可考察被评者的主动性、组织计划能力、沟通能力、协调团结能力与创造力等。

近年来，企业决策模拟越来越向计算机化发展，越来越具拟真性了。

●访谈

访谈测评主要分为三种类型：电话访谈、接待来访者和拜访有关人士。电话访谈是让被评者通过电话访谈一个特定的对象，来了解被评者的心理素质、文化修养、口头表达能力和处理问题的能力；接待来访者是让被评者接待各种各样的来访者，观察他接待时的态度、控制谈话的能力、如何处理公事与私事的关系等方面的能力；拜访有关人士是让被评者拜访如上级、下级、同事、重要客户、司法人员、新闻界人士等，观察他待人接物、语言表达、应付困难的能力，并对有关知识进行考核。

●角色扮演

角色扮演要求多个应试者共同参加一个管理性质的活动，每个人扮演一定的角色，模拟实际工作中的一系列活动。例如，要求多个应试者合作完成一种新产品的销售工作。这一活动要求经历前期策划、宣传、销售等环节。小组成员间实行分工合作，有时可在同一时间安排几个小组对类似的产品展开销售竞争活动。在角色扮演测评中要强调了解应试者的心理素质，而不要根据他临时的工作意见做出评价。

这种管理游戏能够有效地考察应试者的实际工作能力、团队合作能力、创造性、组织协调能力等，且效度较高。

●即席发言

即席发言是主考官给被评者出一个题目，让被评者稍做准备后按题目要求进行发言，以便了解被评者快速思维反应能力、理解能力、思维的创造性和发散性、语言表达能力、言谈举止、风度气质等方面的心理素质。

●案例分析

从被评者所给一个或数个管理案例的分析中，可以判断他们的分析、决策、书面或口头表达等方面的能力。

（五）背景调查

背景调查是指组织通过第三者对应聘者的情况进行了解和验证。这里的“第三者”主要是应聘者原来的雇主、同事及其他了解应聘者的人员。背景调查是一种能直接证明求职者情况的有效方法。

背景调查的方法包括打电话、访谈、要求提供推荐信等。背景调查是为了验证应聘者的个人资料是否属实。

组织在进行背景调查时应注意以下问题：①只调查与工作有关的情况；②慎重选择“第三者”；③要估计调查材料的可靠程度。

组织应先对求职者进行初步筛选，只针对那些有望被录用的求职者进行调查。背景调查的程序可以按以下方式进行：

1. 组织应首先根据单位的规模、实力决定背景调查的强度

不同的职位对背景调查的要求是不同的，背景调查的强度也取决于招聘岗位本身的职责水平。对于管理人员、重要的职能及关键岗位的聘用要进行准确、详细的调查，对于外籍和“海归”求职者应该预先调查，因为他们的工作和学习记录更难得到，花费也较高。

2．通过职务分析确定调查内容

对不同工作岗位要根据其性质确定调查重点，比如招聘财务人员就要重点核查信用情况和品质。背景调查的一般内容有：教育背景、身份证明、各种证书的真实性、犯罪记录、信用情况、先前的工作表现、离职的原因等。

3．确定了调查内容后，选择合适的背景调查方法进行调查

背景调查可采用以下方法进行核实：

（1）设法取得证明人的合作，到求职者原工作或实习单位核实。

（2）由有关人员写推荐信，从求职材料所提供的与求职者熟悉的人那里获取信息。但研究表明，这种方法所得出的结果对求职者未来的工作业绩的预测效果是很差的，原因是大多数推荐或证明材料都是积极的，因而很难利用它们对求职者进行区分。

（3）通过全国高等教育文凭查询网，对求职者的学历进行检验。我国已经对近年来颁发的高等教育毕业文凭进行了电子注册，加大了造假者的风险和成本，对抑制学历造假起到了一定的作用。用人单位可以通过网络方便地检验出学历的真伪。对没有上网的文凭，可以通过与高等学校有关部门联系来证实。

（六）体检

体检一般是求职者通过其他测试后，在其就职前进行的。目的一是要确定求职者的身体状况是否适合职位及环境的要求；二是为后续的健康检查提供基础，也为未来保险或员工赔偿服务；三是及时发现求职者本人可能不知道的传染疾病。体检要特别注意合法性，不能对求职者有疾病歧视。

（七）试用

通过前期各甄选环节的应聘者仍然可能存在聘用风险，因此对这一部分候选人可以决定先期录用，但要约定试用期限，签订试用合同。员工进入组织后，组织要为其安排合适的职位。人员安排即人员试用的开始。试用是对员工的能力与潜力、个人品质与心理素质的进一步考核。

只有通过了试用期的员工才能被正式录用。

总之，甄选方法有很多，至于如何选择，要依据组织的具体情况而定，包括组织的目标，招聘的规模、时间、预算的许可度等。但有一个问题是所有甄选方法都需注意的，那就是测试的效度和信度，没有效度和信度的测试不能在甄选中采用。

四、人员录用

（一）人员录用的决策要素

1．信息准确可靠

这里的信息包括应聘人员的原始信息和招聘过程中的现实信息。例如：

（1）应聘人员的年龄、性别、毕业学校、专业、学习成绩。

（2）应聘人员的工作经历、原工作岗位的业绩、收集的背景资料，原单位领导和同事的评价等。

(3) 应聘过程中各种测试的成绩和评语。

2. 资料分析方法正确

(1) 注意对能力的分析。

(2) 注意对职业道德和品格的分析。

(3) 注意对特长和潜力的分析。

(4) 注意对个人社会资源的分析。

(5) 注意对学历背景和成长背景的分析。

(6) 注意对面试中现场表现的分析。

3. 招聘程序科学

企业只有根据科学的招聘程序才能甄选出合适的人才。

4. 能力与岗位匹配

根据岗位需求录用匹配者，匹配分析贯穿于测试的全过程。

(二) 人员录用过程

1. 试用合同的签订

员工进入组织前，要与组织签订试用合同。员工试用合同是对员工与组织双方的约束与保障。试用合同应包括以下主要内容：试用的职位、试用的期限、员工在试用期的报酬与福利、员工在试用期的工作绩效目标与应承担的义务和责任、员工在试用期应接受的培训、员工在试用期应享受的权利、员工转正的条件、使用期组织解聘员工的条件与承担的义务和责任、员工辞职的条件与义务、员工试用期被延长的条件等。

2. 员工的安排与试用

员工进入组织后，组织要为其安排合适的职位。一般来说，员工的职位均是按照招聘要求和应聘者意愿来安排的。人员安排即人员试用的开始。试用是对员工的能力与潜力、个人品质与心理素质的进一步考核。

3. 正式录用

员工的正式录用即通常所称的“转正”，是指试用期满 、且试用合格的员工正式成为该组织的成员的过程。员工能否被正式录用关键在于试用部门对其考核结果如何，组织对试用员工应坚持公平、能岗匹配的原则进行录用。

正式录用过程中用人部门与人力资源部门应完成以下主要工作：员工试用期的考核鉴定；根据考核情况进行正式录用决策；与员工签订正式的雇用合同；给员工提供相应的待遇；制订员工发展计划；为员工提供必要的帮助与咨询等。

(三) 员工录用过程中应注意的问题

1. 人员录用一方面是按照工作职位的特性和工作的时间需要进行的，同时还要根据每个新员工的个人能力和个性特点来配置工作职位，以提高人力资源的利用率。

2. 对所有录用人员一视同仁，公平竞争，择优录用，而不是人为地设置各种不平等的限制和因素。

3. 对于过分超过任职资格的人员要谨慎录用。因为录用一个知识、经验、技能和素质水平远高于工作要求的候选人，可能加大目前的人工成本，同时也会增加隐含的工作流动性和不稳定性，造成未来人工成本的浪费。

4. 在基本满足职位要求的前提下，候选人以往的工作经验和实际工作绩效是录用决策时考虑的重要条件。

5. 在工作能力和工作经验基本相同时，每个候选人希望获得该工作职位的动机强度是录用决策时考虑的又一个因素。因为员工未来的工作绩效一般取决于个体的能力和工作态度，在工作能力基本相同的情况下，员工的工作积极性将影响员工的工作绩效，因而一般录用工作动机比较强的新员工。

第五节　人力资源招聘风险管理

作为人力资源管理系统的入口，人员招聘的作用非常重要。吸引到适合的人才，意味着企业获得了持续发展的动力和源泉。错误的招聘雇佣行为会使企业付出额外的成本，因此招聘存在风险。

人员招聘的目的是从求职者中筛选出适合企业的人并进行合理配置。企业面临的求职者有符合要求的，也有不符合要求的，这个时候需要企业作出理性的选择。企业可能作出的招聘雇佣决策有四种：正确接收、正确拒绝、错误接收和错误拒绝。

很显然正确接收和正确拒绝是好的选择，对企业是有利的，而错误接收和错误拒绝是不好的选择，是导致招聘风险产生的错误行为。一旦企业作出错误的雇佣决策，除了给企业造成经济损失（见图4.4）以外，还可能引起如向外部传递不公正信号影响合格求职者再次应聘等名誉和品牌损失。

一、招聘风险的概念

所谓风险是在一定条件下进行决策时，经济主体受到损失的可能性。招聘风险是指企业招聘过程中带来损失的可能性。企业在招聘的各个具体环节都不可避免地会给企业带来不同程度的损失。

二、招聘风险的类型及成因

（一）招聘计划风险

招聘计划风险是指在招聘的初期由于招聘计划制订的失误导致雇佣错误而产生的风险。主要表现在：

1. 人员需求风险

现代企业处于复杂多变的市场环境中，市场需求的快速变化导致企业难以制订准确的人力资源需求计划。以至于经常出现短期人员急缺或人员闲置的现象，企业缺乏一个长期的人员需求计划。

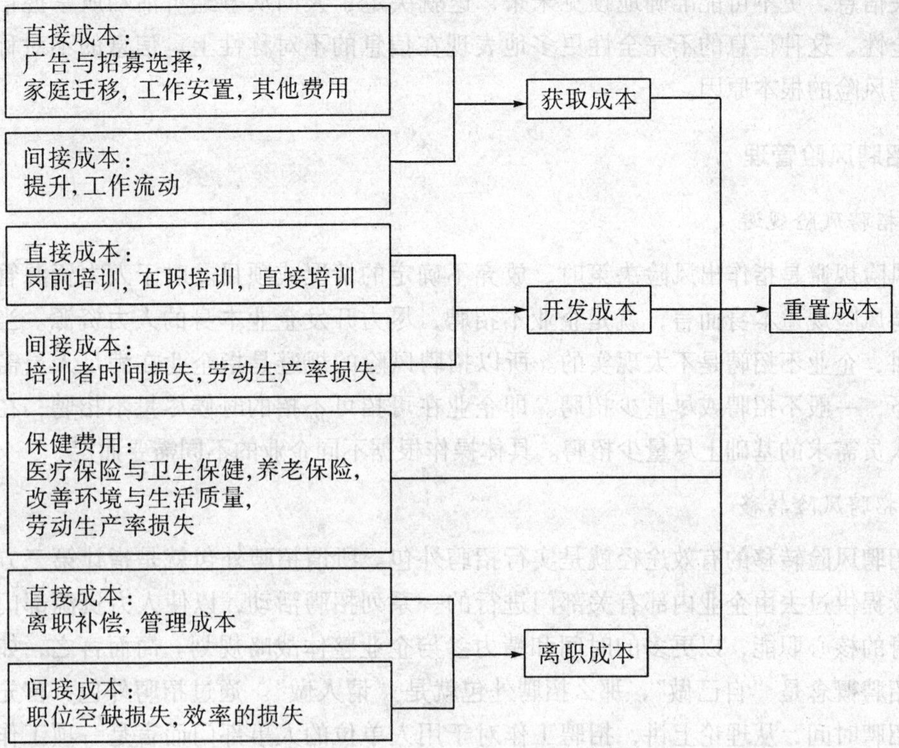

图 4.4 人员招聘的重置成本

2. 招聘渠道选取风险

通常而言，企业选择招聘渠道，当然希望是既能招到满意的人才，又能降低招聘成本。然而如果企业的招聘渠道选择不当，极有可能带来与此相反的结果，由此造成招聘渠道选择上的风险。

（二）人员甄选风险

人员甄选风险是指在人员的甄选过程中由于甄选方法不当或判断失误导致雇佣错误的风险。

虽然在人员甄选过程中可运用的甄选方法很多，但在现实招聘中，真正进行科学测评来甄选的企业非常少，传统的面试却大行其道。但常用的面试对于提高招聘的准确率贡献很小，面试中反映出来的缺陷也相当多。

（三）人员配置风险

人员配置风险是指对录用的人员由于人岗匹配不当而产生的风险。人员配置风险产生的原因是对所录用人员的评价或者对岗位要求的评价不当，在对其进行岗位配置时造成大材小用或小材大用的现象。不管是大材小用还是小材大用，对企业而言都会造成工作过程中的损失。

不管是招聘的哪个环节产生的风险，其根本原因都是信息不对称。人们在进行经济决策和采取经济行动时，由于有限理性、获取信息成本太高等原因，不可能掌握所有相关信息，更不可能准确地预见未来，这就决定了人们从事经济活动所掌握信息的不完全性。这种信息的不完全性更多地表现在信息的不对称性上。信息的不对称是导致招聘风险的根本原因。

三、招聘风险管理

（一）招聘风险规避

风险规避是指作出风险决策时，放弃不确定的情况或项目。对于人力资源管理中的招聘风险规避本身而言，就是企业不招聘，尽力开发企业本身的人力资源。当然一般来讲，企业不招聘是不太现实的。所以招聘风险的规避是指企业在满足人员需求的情况下，一般不招聘或尽量少招聘。即企业在可招可不招的时候尽量不招聘；在满足企业人员需求的基础上尽量少招聘。具体操作根据不同企业的不同需要而定。

（二）招聘风险转移

招聘风险转移的有效途径就是实行招聘外包。所谓招聘外包就是指让第三方服务商连续提供过去由企业内部有关部门进行的一系列招聘活动，以使人力资源部门专注于自身的核心职能，以更多的时间和精力参与企业整体战略规划。简而言之，如果传统的招聘概念是“自己做”，那么招聘外包就是“请人做”。通过招聘外包，首先可以缩短招聘时间，从理论上讲，招聘工作对于用人单位的人事部门而言是一项工作，对于承包商而言则是一个合同。管理理论表明，合同关系下从业人员的压力和动力都更大，表现为质量高、时间短。其次，外包可以降低招聘成本。招聘工作诸多环节都需要花费一定量的物质成本，而通过第三方服务商的专业化运作，可以以比用人单位更低的成本来更高质量地招聘到合适的人。

（三）招聘风险降低

1．招聘计划风险的降低

（1）人员需求风险的降低

首先面对日益激烈的市场竞争环境，人力资源部门要在充分了解甚至于参与制定公司战略的基础上，制定公司的人力资源职能战略，对于公司人力资源需求状况有一个较长时期的宏观把握。其次，人力资源管理部门要深入公司各个部门，特别是公司项目部门，了解人员需求状况，从人力资源成本控制的角度，把握公司各个部门人员上岗的最佳时机。

（2）招聘渠道选择的风险降低

人力资源部门在招聘前应对招聘渠道进行充分的调查和评估，主要从招聘渠道的价格、渠道质量（包括招聘渠道的信誉度、影响力、推广措施和服务质量等）进行调查和评估。另外还要充分认识到招聘渠道与拟招聘人员类型之间的匹配问题。根据不同层次的招聘市场招聘不同类型的人员。

2．人才甄选风险的降低

首先，人力资源部门必须主动获取拟招聘人才的全面信息。求职者向组织传递信息，是组织被动获取信息的过程，组织也可以而且应该主动去了解求职者的信息，称之为信息获取。比如请专业调查机构调查求职者背景、核实履历和工作经历、向前任雇主了解求职者的工作表现等。其次，选择用合适的方法和依靠高素质的招聘人员对信息进行准确判断。再次，通过合适的招聘流程和人才测评工具对拟招聘人才进行全面的评估。最后，通过合同约束降低甄选风险。对于将录用的人员通过签订试用合同、在合同中约定解约条件（如证明求职者提供虚假信息可解除合同），可以在一定程度上降低甄选风险。

3．人员配置风险的降低

人员配置风险产生的原因主要在于企业对用人岗位的要求和录用人员素质之间配置的错位。要降低配置风险，最主要的工作还是依靠企业科学合理的岗位分析和对录用人员的正确评价，尽量做到人岗匹配。

可以说，从招聘工作的开始到结束都存在一定程度上的风险，而避免或降低风险的最根本的途径还是使用更规范、更科学的招聘方式和方法，这需要企业合理的人力资源规划和各个部门的协调配合。

【本章小结】

招聘是组织人力资源管理工作中的一项重要的基础性工作，是组织人力资源形成的关键，它对于人力资源的合理形成、管理与开发具有至关重要的作用。人员招聘是按照企业经营战略和人力资源规划的要求，把优秀、合适的人才招聘进企业，把合适的人放到合适的岗位上。做好人员招聘工作十分复杂，涉及招聘政策的制定、招聘方式的选择、人员测评的设计和实施等。

【本章思考题】

1．招聘的原则是什么？招聘的程序是什么？
2．招聘的渠道有哪些？各有什么利弊？
3．人员测评的方法有哪些？
4．招聘中存在的风险有哪些？应如何规避？

【应用性练习题】

练习一：模拟面试

建立一个有4～5人的学生小组。一个学生做受试者，其他组员制作组织面试表格，对受试者进行面试。

1．给受试者的说明：请不要提前阅读、练习。

2．给主试者的说明：请利用面试表格来指导面试，这张表格是根据某工作的说明书制作。完成有关组织面试的表格，并对受试者说明他是这个职位的候选人，你是生产经理，可能有1~2个工程师会参与面试。

3. 面试候选人，每个主试者分别在他所在小组的面试表格上做记录。每个主试者可以轮流提问。

4. 面试后，在小组里讨论以下问题：

基于每个主试者的笔记，你们对候选人的感觉有什么相似之处？你们对候选人对此工作的潜质达成共识了吗？候选人对主试者提出问题了吗？

练习二：

请为某企业设计一份职位申请书，或为自己设计一份求职简历。

第五章　人力资源开发与培训

【本章学习目标】

● 了解人力资源开发与培训的内涵

● 理解现代培训的特点和发展趋势

● 理解和掌握培训需求调查和分析的原理、方法

● 理解和掌握在职培训和脱产培训的常用方法

● 理解培训有效性评估作用，柯氏模型的原理，掌握培训有效性评估方案设计方法

【引导案例】

沃尔玛的另类培训

与世界上其他任何一个企业都不相同的是，在沃尔玛没有“员工”这个称谓，即使是沃尔玛的创始人沃尔顿在称呼他的属下的时候，也是称呼“同事”，所以他们只对“同事”进行培训，不对“员工”进行培训。沃尔玛对职员的尊重，由此可见一斑。“同事一直被视为公司最大的财富。零售业的竞争，归根到底是人才的竞争。”这是沃尔玛中国有限公司高级人力资源总监谭少熙对记者说的一番话，“尊重，这是我们整个培训的基础。”

与世界上任何一个企业的培训都不相同的是，在沃尔玛，没有所谓的“经验”，没有“先例”，没有“教条”，他们所有的培训看起来都有些“另类”。沃尔玛有一整套健全的培训体系，这套完整的培训体系奠定了沃尔玛作为世界上零售业龙头老大的基础。这个培训体系大致可分为以下几方面：

(一) 新人入职培训：90 天定乾坤

沃尔玛的“新人”，90 天定乾坤。随着公司在国际上的大举扩张——全世界的雇员总数大约为 110 万人，确保有才能的同事取得成就、得到承认，并为他们提供脱颖而出的机会，就成了留住人才的关键。为此，公司将注意力集中在帮助新同事在头 90 天里适应公司环境。如分配老同事给他们当师父：分别在 30 天、60 天和 90 天时，对他们的进步加以评估等。这些努力降低了 25% 的人员流动，也为公司的进一步发展赋予了新的动力。

(二) 6 个月培训后即可被提拔

在一般零售公司，没有 10 年以上工作经验的人根本不会被考虑提升为经理，而在沃尔玛，经过 6 个月的训练后，如果表现良好，且有管理好同事、管理好商品销售的

潜力，公司就会给他们一试身手的机会，先做经理助理，或去协助开设新店，如果干得不错，就有机会单独管理一个分店。因此，今天沃尔玛公司的绝大多数经理人员产生于公司的管理培训计划，是从公司内部提拔起来的。

（三）海外培训：利用股东大会培训

在美国沃尔玛总部设有沃尔玛零售学院，不定期地从世界各地的沃尔玛公司选拔工作表现优秀、有发展潜力的管理人员前往接受培训，培训内容涉及零售学、商场运作及管理、高级领导技术培养等。培训时间从数周至数月不等。另外一年一度的股东大会，更是为全世界的沃尔玛人提供了相互沟通、交流、学习的机会。

目前，沃尔玛正在制定和扩展一系列海外培训机会，让更多的同事有机会参与培训，尽快成长，以适应中国沃尔玛飞快发展的需要。

（四）专业技能培训标准化：“露出八颗牙”微笑

如果有企业说“面对顾客要微笑”，它能说出微笑的标准和程度吗？沃尔玛就能做到这一点。沃尔玛中国有限公司副总裁李成杰说，他们微笑服务的标准：“露出八颗牙”，是想让员工笑得开朗一些。有些员工的微笑过于含蓄，露出八颗牙可以确保他笑得很开朗，类似的标准还有很多。“三米原则”：当顾客走近时，向他微笑，主动提供服务，主要是为了让顾客有宾至如归的感觉。“日落原则”：在太阳下山前也就是下班之前把当天的问题解决，不要拖到第二天，等等。

所有的不同和所有的另类，造就了这个企业的最大不同——世界第一，因为第一永远只有一个。

第一节　人力资源开发与培训概述

一、人力资源开发与培训的概念

培训在不同的组织和资料中有不同的表述，如训练、发展、开发、继续教育等。其实培训是指培养和训练，开发是指通过一定的途径使劳动者潜在的能力得到有效的呈现。在一定意义上讲，培训与开发是同等概念。现在将这一概念又细分成了两个不同的阶段，即培训阶段和开发阶段。培训侧重于企业通过外在需求加给员工的某些知识、技能，使员工适应企业发展的需要；开发则侧重于挖掘员工本身所固有的知识和技能，使这些知识和技能能够在企业发展中得到良性显现，并能融入到企业发展之中。无论培训还是开发都是企业有意识、有目的的活动。

所谓员工培训与开发，是指企业针对员工有计划、有组织实施的系统学习和挖掘潜力的行为过程，通过员工知识、技能、态度乃至行为的定向改进以及潜力的发挥，确保员工能够按照预期的标准或水平完成工作任务。培训与开发的异同如表5.1所示。

表5.1 培训与开发的异同比较

	培训	开发
不同	短期的绩效改进	使员工在未来承担更大的责任
	强制要求	自愿参与
	持续时间短，具有集中性和阶段性	持续时间长
相同	都是一种学习过程；有组织规划；目的是通过把培训内容与所期望的工作目标联系起来，促成企业与个人的共同发展	

二、人力资源开发的重要性

（一）人力资本将是21世纪经济发展的“第一资本”

人力资源通过开发转化为人力资本，人力资本是一个地区经济发展的决定性因素。这是因为经济增长离不开三个要素：资本、劳动力、技术进步。所以，在现代社会，人的素质（知识、技能、健康等）的提高，对社会经济增长起关键性作用。

（二）人力资源开发能促进劳动生产率和科学技术水平的提高

与其他经济资源不同，人力资源是具有目的性、主观能动性和社会意识的人所拥有的创造性劳动能力。一切物的因素都要通过人的因素才能加以利用。加强人力资源开发一方面可以改善直接生产者的素质，从而提高劳动生产率；另一方面，可创造更多的技术发明，从而实现多方位的生产增长和经济效益。

（三）人力资源开发是产业结构变化的重要因素

产业结构的不同直接反映出国家经济社会的发展水平和人力资源开发的发达程度。发达国家的第三产业——信息服务业在其产业结构中占重要地位，而发展中国家第一、二产业占主要地位，第三产业比例甚小。这种差别与人力资源开发的发达程度是分不开的，只有培养更多更好的科技人才和管理人才，才能推动第三产业信息服务业的发展，才能推动科技进步，从而促进产业结构的变化。

（四）人力资源开发的成功与否直接影响到社会的可持续发展

可持续发展的意义广泛，内容丰富，总的来说可以概括为生态持续、经济持续和社会持续三者的统一。三者能否统一，则取决于社会活动的主体——人。在自然资源约束、环境保护、人与自然和谐的要求下，在物质资源日益枯竭、严重短缺的条件下，人力资源显得尤为重要。我国的人口基数很大，如果人力资源的素质高，将会有巨大的创造力，同时给社会带来巨大的财富。在中国这样一个其他资源人均占有率较低的国家，必须搞好现代人力资源开发和管理，合理地配置人力资源，用开发了的人力资源去创造足够的物质基础和财富来满足巨大的需求。中国要想成为世界强国，就必须有高素质的人力资源，有一大批高级管理者，有向世界水平冲击的顶尖级科学家和科技人员。

三、我国人力资源开发与培训存在的问题

(一) 经济结构调整与扩大就业的矛盾

我国经济持续稳定发展的关键在于实现两个根本性转变，即经济体制的根本性转变和经济增长方式的根本性转变。随着经济体制改革的深化，国有企业的冗员被剥离出来，使得隐性失业显性化趋势逐步增强。同时，伴随着经济增长方式的转变，就业增长速度与经济增长速度的比例，即就业弹性系数不断下降。2005 年，按国内生产总值年均增长率 7%、城镇化水平 36% 计算，劳动力剩余量达 2 167 万，城镇失业率达 7.8 %，这与扩大就业形成直接矛盾。

(二) 人力资本的投入不足，教育投入力度不够

人力资本是对人力资源进行开发性投资而形成的，这种支出主要包括教育支出、保健支出、劳动力流动迁移的费用支出、为提高劳动生产率而支付的利息和技术推广费用，其中教育和科技支出是人力资本投资的主要成分。人力资本的关键性投资在于教育。改革开放以来，我国的教育事业得到了飞速发展，但与发达国家相比，还存在很大的差距，教育和再教育落后于发达国家，与现代化经济的客观要求也相差很远，劳动者的整体受教育程度较低，成为制约我国经济发展的一大障碍。根据国际惯例，教育投资的重点应是基础教育，应优先保证对初等教育的投入。但是我国对初等教育的投入一直不足，长期维持在 30% 以下的水平，而高等教育投资比重过大，超过了经济发展阶段的要求。由于人力资本投资不足，限制了教育规模的发展和高素质人才的涌现。因此，要大力发展教育事业，全面提高劳动者的素质。但我国的教育投入长期是单一主体，主要由政府承担，教育投入形式单一，制约了人力资源的开发。

(三) 人力资源分布不均且结构不合理，劳动力整体素质不高

在人力资源分布方面，东南沿海与西北部地区、大中城市与中小城市的对比非常明显，专业技术人员区域分布和部门行业分布不合理。在人力资源结构方面，高级管理人才和高新技术人才普遍短缺，现有专业技术人员的利用率不高。职工队伍层次过低，技术工人中的中高级技工严重缺乏。“中国教育与人力资源问题报告”的资料显示，我国 15 岁以上国民人均受教育年限仅为 7.85 年，25 岁以上人口人均受教育年限为 7.42 年，与美国 100 年前的水平相仿，比韩国落后近 4 年，高中文化程度人口比重也偏低。劳动力整体素质比较差，与国民经济和社会发展需要不相符，不利于我国对现有人力资源的开发和利用。

(四) 人才市场发育滞后，机制不健全

人力资源的合理流动和有效配置是人力资源开发的重要环节，而这需要合理有效的市场机制。目前我国的人才市场基础比较薄弱，发育滞后，人才供求机制、社会保障机制、人才价格机制以及符合市场规律的人才流动机制尚未真正形成，造成人才流动滞后，人力资源处于粗放配置状态，政府行为、计划机制和行政手段起的作用依旧很大。这使得人才积压和人才短缺的矛盾尚难以有效化解，不同程度地制约着人力资源

的合理流动和人力资源按市场机制进行有效配置，制约了人力资源开发的积极性和主动性，严重影响了人力资源的整体性开发。

四、现代人力资源开发与培训的特点及发展趋势

（一）现代人力资源开发与培训的特点

要说现代人力资源管理与泰勒那个时代的传统原理有什么不同，最主要的核心内容就是“开发”二字。基于“开发”（或“发展”）这一原理上的现代人力资源管理，当然是传统的五个原理的发展、深化与延伸，因此传统原理中的第二条——培训，被赋予了更新的内涵。我们这本书，就是以“开发”为基本原理来叙述的，而现代培训与开发的含义既然已经建立在现代人力资源管理的原理之上（这里的三个现代人力资源的原理，除了“开发原理”之外，还包括系统原理与人本原理），因此其基本理论依据、方法、手段乃至工具，与泰勒那个时代的“培训”将会有极其明显的差异。

1. 现代培训更注重于激发员工的学习动机

公司固然要求员工提高技能（包括专业技术技能、管理技能、文化融合与规章制度的熟知等），但员工本身面临的新课题往往是公司管理人员在办公室无法及时知道的，只有员工自己有学习的欲望与积极的动机，才能使公司整体绩效更快提高。本书第二章从理论上对激发员工学习动机的“建构主义”作了详尽介绍。

2. 现代培训更注重把培训目标与公司长远目标紧密地联系在一起

培训已不再仅仅是为了填补昨天某些岗位的空缺，或是为了今天增加生产产量，或是为了明天改进产品的质量。技能培训虽然能达到上述短期目标，知识学习或许能达到上述的中期目标，但完整的培训体系绝不是各种技能课、知识课的堆积，它是从组织目标出发，基于岗位分析、人力现状分析的实际数据之上，根据人力资源规划（HRP）的部署，辅之以绩效管理、绩效考评及薪酬奖励的手段而设计的一个旨在综合提升公司竞争力的体系。根据现代人力资源管理体系，培训与开发、新员工导向、员工职业发展这三大内容是人力资源管理的12个内容中属于“发展”职能的重要环节，与其他9个内容密不可分的。因此，需要公司的最上层领导关注培训与企业战略目标的密切关系。

3. 现代培训更关注人的生理与心理特点

现代培训不仅要使培训与开发这一需要让学习者花费体力、脑力、时间的任务更为有效，而且要把培训与开发演绎成能让学习者感到身心愉悦、喜闻乐见的一种活动，乃至一种享受，一种公司对员工贡献的回报与激励措施。团队氛围的营造、集体主义的培育、个人优点的发挥、互帮互助互学互动、企业文化的传播，这些“软性”的培训与开发能使员工的思想境界提升，凝聚力增强，战斗力提高。因此，培训的项目设计不仅仅要关注教师、教案、教材、教具、教室，还要充分利用一切先进的设备、条件与环境，使现代培训更加“人性化”。

4. 现代培训已大大突破了岗位技能的范围，更注重提高人的胜任能力

美国《财富》杂志评出了1999年增长最快的十家公司，约70%是属于高科技企

业，余下30%也是传统产业与高科技结合的企业。1997年，美国的食品、化工等行业营业额增长率在5%以下，而高科技行业却截然不同，如信息产业的恩科公司增长率为57%，英特尔公司增长率为20%，戴尔公司则高达59%。传统行业向服务业、IT行业、知识或资本密集型行业转型的例子不胜枚举。而高科技行业之所以能有如此令人惊羡的业绩，却是技术进步、科技创新转化为商品化生产的结果。但作为一个行业的发展、企业的成长，高科技企业主要是依靠它们的主体——作为精英的管理队伍与科技队伍，这些人力资源与传统企业的"劳动力资源"或"行政人员"有几个根本不同的特点：一是不同于传统企业以岗位规范为基本要求来考核员工，而是以协作精神与对公司的贡献来要求员工；二是不同于传统企业以上级命令式的培训来要求员工，而是以企业目标与环境氛围来影响员工，使员工具有强烈的自我成长、自我表现完善的愿望与提高综合素质的自我表现意识；三是不同于传统企业的"专业分工"、"一锤定终身"的职业定位模式，而是面对市场快速变化的3C环境——顾客（Customer）、竞争（Competition）、组合（Combination），在设计员工职业生涯、发展前景的同时，更关注人力资源的机动性，既要及时更新培训与开发的内容以使高科技企业的管理人员、科技人员适应高科技企业跳跃式发展的特点，又要加大人力资源培训的成本以适应高科技、高知识层面的人力资源流动性特点。

现代培训突破了岗位技能培训的框框，实质上是开拓了创造智力资本（Intellectual Capital，IC）的途径。智力资本实质上是人力资本（Human Capital）最主要的组成部分，它是通过投资而实现的，包括基本技能、专业技能、创造技能、领导与管理技能等，它与一般的岗位规范规定的技能相比，突出表现为学习者必须通过持续学习的环境（Environment of the Continuous Learning）才能逐渐获得。这种培训，与其说是"学习"，还不如说是一种"影响力训练"（Leverage Training），特别是与经营战略目标密切相关的培训，更是一种高级影响力训练，这是学习型组织的一个重要标志。如恩科公司，每个新成员在30天内就要接受新聘岗位（New Hire Workstation）的培训，90天内参加企业文化培训，以后几乎季季、月月都有培训项目，而且欢迎员工一起参与制订培训计划，"Training is up to me"（培训由我决定）的理念深入人心。由于培训已从特定的岗位技能、知识扩展到自我认识、自我创新、团队共享、团队互助的新阶段，因而其课程充满了新意，其内容充分展现了员工的综合能力。全球雇员达20余万人的国际商业机器公司在培训方面堪称新型企业的楷模，公司除了对员工进行工作方式、流程、服务、产品特性、技术规范、销售技能培训之外，在员工的要求下，还组织了"Professional Lesson"（专业化课程）培训，这实际上是一种提高员工综合素质的课程，内容主要是团队沟通、表达技巧、处理人际关系的能力、适应性训练等基于员工互助、启发、交流、思考方式的培训。国际商业机器公司的人力资源部总监认为这是信息技术行业内强调知识共享与公司绩效为导向的全局性培训，国际商业机器公司的这种培训可以称得上为信息技术行业创建了一所"黄埔军校"。

（二）现代人力资源开发与培训的发展趋势

企业培训作为企业经营策略的重要组成部分，受技术发展和管理理念的影响，其变化和发展十分迅速。接下来，我们从几个方面对未来培训发展趋势进行介绍。

1. 培训组织的多样化趋势

（1）企业大学的进一步发展。《美国新闻与世界报道》周刊预测，在今后的 50 年里，企业将会在更大程度上介入教育和职业训练。第二次世界大战以前，美国可以授予学位的企业学院只有 3 所，到 20 世纪末，发展到 24 所，其中可以授予博士学位的有 4 所。这些企业学院的学位标准和传统学院或大学的学位标准一样，也通过了教育机构的鉴定。如美国兰德公司的博士学位水平很高，可以和伯克利分校、哈佛大学、卡内基梅隆大学中的相同学科的博士水平相媲美。在日本，各大工厂、企业都投资办学，它们建有自己的技术学院、培训中心。这些培训机构除培训技术人员和企业管理人员外，还设有培训中层领导干部的研修中心。国内一些有远见的企业，如联想集团，也把培训纳入集团的战略规划，建立和发展联想管理学院和各级培训部门，在培训方面加大资金投入，使培训管理科学化和制度化等。

企业办大学，可大面积地培训企业员工，提高企业员工素质，使员工具有良好的团队工作能力和娴熟的技术技能，从而使企业能更及时地适应现代高技术发展的需要。另外也可以通过企业大学资源，支持和帮助其上下游及其他业务合作伙伴。比如在企业大学中享有盛名的摩托罗拉大学，不只针对摩托罗拉企业本身开课，也对外培训，如培训跟自己有关的供应商，或者是经营渠道上的伙伴。不过这一模式只适用于实力雄厚的大型企业，中小企业只能采取联合办学方式或委托公共教育机构培训员工。

（2）产学合作。国外一些公司在加强企业职工培训时，很注意与高校的联合与协作。美国教育理事会的调查证实，早在 1984 年就有半数的高校在企业里开设课程。著名的贝尔实验室就与麻省理工学院、斯坦福大学等 37 所高等院校合作，为其培训研究生。在法国，企业职工在高校学习的形式分为：3 个月至一两年的“长期进修班”，针对企业的需要，进行从一个技术领域转到另一个技术领域的长期培训；在企业内部进行一周至数周的“短期培训班”，主要针对某一专业领域出现的新技术、新知识而组织培训；时间为一两年的“晋级培训班”，向受训人员提供担任更高一级职务所需的知识。

产学合作，不仅发挥了高校科技、人才、住处的优势，也利用了企业基础设施、资金的优势，相互促进，将产、学“两张皮”变成一体，真正做到以产助学，以学兴产。

（3）培训功能部分外包。一方面，有些公司通过建立企业大学来加强对员工的培训；而另一方面随着外部人力资源管理专业公司的力量加强，一些公司也在考虑将培训外包给专业公司进行。在培训部门编制有限，而员工所需学习的知识在不断更新，对培训服务的需求又日新月异的情况下，公司需要加强与外部培训机构的合作。公司可以把基本技能的培训外包给外部的教育或培训机构，也可以共同开发公司所需的专门培训课程。作为培训部门，不求大而全，而应该把资源放在围绕公司核心竞争能力的开发上，在有些公司的培训部门，只有一两个人员负责培训战略和目标的制定，具体的课程实施则交给培训公司去做。目前，一些世界著名的管理培训公司已经进驻中国，如美国管理协会亚太培训中心等。国内小型的培训公司也应运而生，如优仕、中联咨询等。

2. 从培训到持续学习

从20世纪80年代开始，在企业界和管理理论界，出现了推广和研究学习型组织的热潮，并逐渐风靡全球。美国的杜邦、英特尔、苹果电脑、联邦快递等世界一流企业，纷纷建立学习型组织。初步统计，美国排名前25位的企业，已有20家按照学习型组织的模式改造自己。在我国，建立学习型组织也是当前管理界和企业界共同认识和关注的热点，可见，组织学习已成为组织和管理理论及实践的一个中心议题，所以今后的培训将从一般意义上的员工培训发展为整个组织层面上的学习。这中间，另外一个热点就是知识管理。

3. 培训开发的科技化趋势

随着科技的发展，科学技术对培训开发的影响也将越来越大。其中信息处理技术在培训开发中的应用，使得培训开发手段不断更新，使培训开发的发展获得了前所未有的机遇，更具前景。这主要表现在：

(1) 再现型传播媒体的应用使培训实现“经验替代功能”。如幻灯、投影、电影、电视等设备的使用，将他人的直接经验和知识，进行从真实到再现、抽象到形象、枯燥到趣味、复杂到简化的转化。

(2) 电子多媒体扩展了培训的“系统学习功能”。通过使用将数字、符号、声、像等多种信息储存和再现的多媒体技术，人们可以将系统学习的资料储存到录像带、磁盘和光盘上。通过“媒体教师”，人们可以高效实现集理论学习、技能训练、问题解决为一体的完整的、系统的学习过程。

(3) 现代媒体巨大的储存和选择功能，极大地扩充了知识储存的空间。

(4) 全球互联网和信息高速公路使培训具有了超时空的功能。人们的学习将冲破场地、时间和教师的限制，可以随时随地学习，需要时可以请来最好的教师，学到最好的课程。

4. 培训内容国际化和本土化的结合

越来越多的公司意识到“如果我们自己不走向全球化，全球化将会走向我们”。全球化成为一种趋势，这也对企业的经营战略、人力资源管理以及培训发展产生了深远的影响。过去，跨国公司对中国员工进行培训时，往往采用的是母国的培训体系和内容，有时会让员工感觉和中国实际相差太远，后来一些公司进行改进，在中国的培训采用中国案例和实践，而进一步的趋势将是既吸取了国际化的优秀实践又结合了当地的具体情况的培训。另外，国际化要求经理人员具有对各地文化的了解和领悟，能胜任在全球范围的工作。带着这样的观念，一些企业不惜重金开展驻外培训。这些国际化培训适应了企业对外拓展的需要，是企业跨国经营成功的基础。国际化员工素质的提高，促进了企业的海外业务。

5. 培训的职业化

随着培训开发日益得到政府和企业的普遍重视以及培训开发活动的广泛开展，培训开发的职能日趋职业化。这主要表现为：培训开发已逐步形成了自己的一套理论体系；已形成一批专门从事培训开发工作的管理人员和培训开发专家，并以其专业的培训开发水平获得了社会的认同；职业性的培训开发组织已经建立；发展了培训开发的职业标准，并逐步形成了培训开发的职业文化。

五、人力资源开发与培训的程序

为了做好人力资源开发与培训工作，应把人力资源开发与培训看成一项系统工程，即采用系统的方法，使企业人力资源开发与培训活动符合企业的目标，让其中的每一个环节都能实现员工个人、工作及企业本身三个方面的优化，图 5.1 人力资源开发模型便显示了这样一个系统，它代表了由五个环节构成的循环过程。这五个环节分别是：需要确定、目标设置、方案拟订、方案实施、实施效果评估。

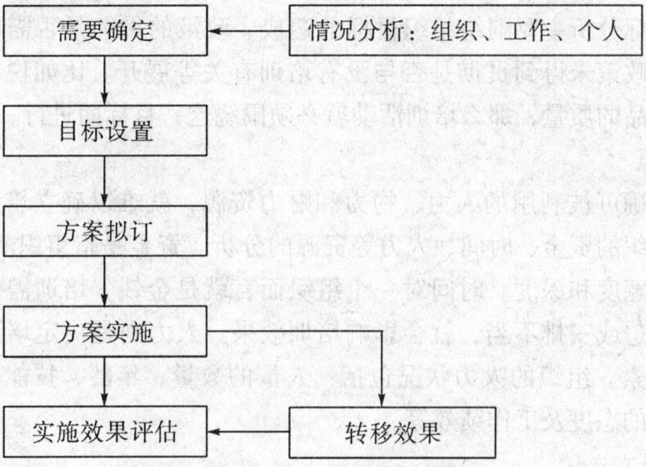

图 5.1　人力资源开发与培训的程序

第二节　培训需求分析

培训需求分析在培训流程中是所有工作开展的基础，指在规划与设计每项培训活动之前，由培训部门、主管人员、工作人员等采用各种方法与技术，对组织及其成员的目标、知识、技能等方面进行系统的鉴别与分析，以确定是否需要培训及培训内容的一种活动或过程。从培训的目的看，企业培训是以满足企业现阶段的需求或未来潜在需求为最终目的，培训需求调查就是为了明确这些需求，即找对目标。从培训资源的有限性看，培训的成本包括参加人员的雇用成本、场地、器材、课程训练效果的风险性成本等，这些资源的有限性决定了培训并不能顾及所有方面，因此，培训就必须做到有的放矢，也就是“好钢用到刀刃上”。

一、培训需求分析的层次

培训需求分析是一个复杂的系统，涉及人员、工作、组织及其组织所处的环境。

（一）组织层面的培训需求分析

培训需求的组织分析依据组织目标、结构、内部文化、政策、绩效及未来发展等因素，分析和找出组织中存在的问题与问题产生的根源，以确定培训是否是解决这类问题的有效方法，确定在整个组织中哪个部门、哪些业务需要实施培训，哪些人需要加强培训。因此，培训需求的组织分析涉及影响培训计划的有关组织的各个方面，包括对组织目标的检验、组织资源的评估、组织特征的分析以及环境影响作用的分析等方面。具体而言，组织分析主要包括以下几方面内容：

1．组织目标

明确的组织目标既对组织发展起决定性作用，也对培训计划的制订与执行起决定性作用。组织目标分析主要围绕组织目标的达成、政策的贯彻是否需要培训或者组织目标的未达成、政策未得到贯彻是否与没有培训有关等展开。比如说，如果一个组织的目标是提高产品的质量，那么培训活动就必须围绕这一目标而进行。

2．组织资源

如果没有明确可被利用的人力、物力和财力资源，就难以确立培训目标。组织资源分析包括对组织的资金、时间、人力等资源的分析。资金是指组织所能提供的经费，它将影响培训的宽度和深度。时间对一个组织而言就是金钱，培训需要相应时间的保证。如果时间紧迫或安排不当，就会影响培训效果。人力则是决定培训是否可行和有效的另一关键因素。组织的人力状况包括：人员的数量、年龄、技能和知识水平，人员对工作与单位的态度及工作绩效等。

3．组织特征

组织特征对培训的成功与否起着重要的作用。因为，当培训计划和组织的价值不一致时，培训的效果则很难保证。员工的工作精神、工作态度、对公司的向心力、凝聚力以及对企业文化的理解、接受程度等若与组织目标的达成有重要关系时，将产生特定培训需求。组织特征分析主要是对组织的系统结构、文化、信息传播情况的了解。

系统结构特征是指组织的输入、运作、输出、次级系统互动以及与外界环境间的交流特征。系统结构特征分析即通过审视组织运行系统能否产生预期效果、组织结构是否需要改变以及有否相应的培训需求等。它使培训组织者能系统地面对组织，避免组织分析中出现以偏概全的现象。

文化特征是指组织的软硬件设施、规章制度、组织经营运作的方式、组织成员行为和价值观等。文化特征分析能使培训组织者深入了解组织，而非仅仅停留在表面。

信息传播特征是指组织部门和成员收集、分析和传递信息的分工与运作形式或方式，信息传播特征分析能使培训组织者了解组织信息传递及沟通的风格和特性。

4．组织所处的环境

当今市场竞争使许多公司不仅仅要进入新的市场，还可能要从事全新的行业或业务。与此相对应，培训也就不可或缺。当一个公司计划进入新的市场，就需培训员工如何在新的环境中进行销售，如何生产新产品，如何提供新服务等。

每当国家和政府的一项涉及劳动的法律颁布时，组织进行相关的遵守法律的培训总是可取的做法，比如说，请一位专家给每一个可能受此法律影响的员工讲课，以避免可能产生的问题。

（二）工作层面的培训需求分析

培训需求的工作分析是通过查阅工作说明书或具体分析完成某一工作需要哪些技能，了解员工有效完成该项工作必须具备的条件，找出差距，确定培训需求，弥补不足。培训需求的工作分析的目的在于了解与绩效问题有关的工作的详细内容、标准，和完成工作所应具备的知识和技能。

培训需求的工作分析主要从以下几方面展开：

1. 工作的复杂程度

这主要是指工作对思维的要求，是抽象性还是形象性或者兼而有之，是需要更多的创造性思维还是要按照有关的标准严格执行等。

2. 工作的饱和程度

这主要是指工作量的大小和工作的难易程度，以及工作所消耗的时间长短等。例如，行政部的工作大多是琐碎而繁杂的，但是工作时间则相对固定，而技术开发部的工作具体而复杂，工作时间弹性大。如果对这两个部门的员工进行培训，其培训内容自然就不同。

3. 工作内容和形式的变化

随着公司经营战略和业务的不断发展，有些部门的工作内容和形式的变化较大，而有些部门的工作变化则较小。例如，市场部的工作会随着公司业务的发展迅速变化，而财务部门的工作则变化较小。因此，在进行培训需求分析时应注意这一点，对于未来所发生的工作变化应有一定的前瞻或预测。从而使公司在其不断竞争发展过程中，能够坦然应对，而不至于在衔接或过渡中出现问题。

这就需要从公司整体发展的角度分析工作层面的培训需求。公司的发展壮大，对各个部门的要求不是一成不变的。公司发展对岗位工作的要求，既是培训需求时须充分考虑的一个重要因素，也是培训追求的一个目标，因为培训是一个循序渐进的过程，随着公司的发展而发展。

另外，培训需求的分析还可根据工作分析的不同目的进行。依据不同的分析目的，工作分析通常可分为一般工作分析和特殊工作分析两种。一般工作分析的主要目的是使任何人能很快了解一项工作的性质、范围与内容，并作为进一步分析的基础。而特殊工作分析是以工作清单中的每一工作单元为基础，针对各单元详细分析并记录其工作细节、标准和所需的知识技能。

（三）人员层面的培训需求分析

人员分析是从培训对象的角度分析培训的需求，通过人员分析确定哪些人需要培训及需要何种培训。人员分析一般是对照工作绩效标准，分析员工目前的绩效水平，找出员工现状与标准的差距，以确定培训对象及其培训内容和培训后应达到的效果。

培训对象一般有三种：担任某一职务的组织成员、以后将担任某一特定职务的组织成员、以后将担任某一特定职务的非组织成员（如公司的见习人员等）。企业的培训通常在前两种对象中展开。培训需求分析主要是对员工的工作背景、学识、资历、年龄、工作能力及个性等进行分析。

1. 员工的知识结构

对员工知识结构的分析，不仅是为了准确地制订培训方案，更为了充分地利用各种有效的资源，从而使得培训取得最大的经济效益。在对公司员工的知识结构进行分析时，一般从文化教育水平（如正规的学历教育）、职业教育培训（如社会办教育及业余教育等）和专项短期培训（如各类认证培训等）三个方面进行。

2. 员工的专业（专长）

在公司里工作的有些员工并不是在从事自己专业（专长）的工作。进行专业（专长）结构分析主要应解答以下问题：有多少员工在从事和自己专业对口或不对口的工作，有多少员工在从事自己喜欢或不喜欢的工作，有多少员工认为自己有必要换岗位并认为这样会有更大的能力发挥余地。

3. 员工年龄结构

培训是一种投资，因此，员工的年龄越小，相对来说，企业预期的投资回收期也就越长。同时，年龄的大小和个人的接受能力有着非常直接的关系，因此，在培训需求分析时应考虑合理的年龄搭配，并以此决定岗位的培训内容。

4. 员工个性

员工个性分析主要明确这样的问题：某一岗位的工作特点要求任职者相应的个性。在不少工作中，员工个性不作为一个必须考虑的因素。但是在有些工作中，为了提高工作效率则必须考虑员工的个性。例如，一个财务专业人员需要认真、细心和坚持原则。

5. 员工能力分析

员工能力分析即分析员工实际拥有的能力与完成工作所需要的能力之间的差距。例如，小王是一位出色的销售人员，但是自从他晋升为销售经理后，销售部门的业绩却有所下降，员工的抱怨也有所增加。经过能力分析我们发现，小王在团队合作及协调、领导等方面能力欠佳。

组织、工作、人员三个层面的培训需求分析是一个有机的系统，缺少任何二个层面都不能进行有效的分析。在现实中，组织、工作、人员三方面的需求往往并不完全一致，而是呈交叉现象。对一个组织而言，确立培训需求应取组织整体、工作业务单位及个人三方的共同需求区域，并以此作为组织的培训目标。

二、培训需求分析方法

根据“二八原理”，培训组织工作80%的时间需要用在培训需求分析与培训计划阶段。成功的培训需求分析需要采用合理有效的方法，常用的需求分析方法一般有五种，包括访谈法、问卷调查法 、经验预计法、缺口分析以及关键事件法。

（一）访谈法

访谈法是通过与被访谈人进行面对面的交谈来获取培训需求的信息。培训需求的分析可以通过与企业管理层面谈，了解组织对人员的期望；也可以与有关工作负责人面谈，从工作角度了解需求。在访谈开始前，最好首先确定到底需要何种信息，然后准备访谈提纲。访谈中提出的问题可以是开放式的，也可以是封闭式的。当然，封闭式的访谈结果比较容易分析，但是，开放式访谈常常能发现更能说明问题的事实。访谈可以是结构式的，即以标准模式向所有被访者提出同样的问题。访谈也可以是非结构式的，即针对不同对象提出不同的开放式问题。一般情况下，两种方式相结合，以结构式访谈为主，非结构式访谈为辅。

访谈法需要专门的技巧，在进行访谈之前，一般要对访谈人员进行培训。访谈时应注意以下几点：

（1）确定访谈的目标，也就是明确“什么信息是最有价值的，是必须得到的”。

（2）准备全面的访谈提纲，这对于启发、引导被访谈人讨论关键的信息，防止转移访谈中心是非常关键的。

（3）营造融洽的、相互信任的访谈气氛。在访谈中，进行访谈的人员必须首先获得被访谈人的信任，以避免敌意或抵制性情绪的产生。这对于收集到的信息的正确与准确性是非常重要的。

（二）问卷调查法

问卷调查法是以标准化的问卷形式列出一组问题，要求调查对象就问题进行打分或是非选择。当需要进行培训需求分析的人员较多，并且时间较为紧迫时，则可以精心准备一份问卷，以信函、传真或直接发放的方式让被访者填写，也可以在进行面谈和电话访谈时由访谈人员填写。在进行问卷调查时，问卷的编写尤为重要。一份好的问卷通常需要遵循以下步骤：①列出希望了解事项的清单。②一份问卷可以由封闭式问题和开放式问题组成，两者应视情况各占一定的比例。③对问卷进行编辑，并最终成文。④请别人检查问卷，并加以评价。⑤在小范围内对问卷进行模拟测试，并对结果进行评估。⑥对问卷进行必要的修改。⑦实施调查。

运用问卷调查法有其优势也有其不足。其优势主要表现为：

（1）灵活的形式和广泛的应用面。可以以普查或投票的形式面向不同层次的对象征求意见。如可以同时征求管理层和员工对同一个培训的需求意见。专业培训调查可以限定在某一部门，而通用培训可以在全公司范围内进行。

（2）多样的提问方式。如多项选择、填空、简短回答、优先排序等样式。

（3）自主性。填写者可以随时随地完成，而培训部门不必投入大量人力进行控制、解释和管理。

（4）成本较低。相对于面谈和调研等形式可投入较少的时间、人力和资金。

（5）有利于总结和报告。因为调查问卷的内容简短明确，容易对收集到的数据进行统计和汇总。

问卷调查法的不足主要表现为：

（1）缺少个性发挥的空间。因为调查问卷的形式强调的是“面”，而不能照顾到每一个回答者的特性。

（2）要求科学的问卷内容设计和明确的说明，在准备阶段要耗费一定的精力。

（3）深度不够。因问卷的简明性而不适用于探索深层次、较详尽的问题。

（4）低返回率的可能性。特别是回答者需要通过邮寄等较麻烦的形式返回问卷，或者当回答者对题目不感兴趣或者设计说明不清晰都可能造成较低的返回率。不过，随着互联网和组织内部网的不断发展，这一不足将会逐渐得以改善。

通常，访谈法与问卷调查法结合使用，通过访谈来补充或核实调查问卷的内容，讨论填写不清楚的地方，探索较深层次的、较详尽的原因。

（三）经验预测法

有些培训需求具有一定的通用性或规律性，可以凭借丰富的管理经验进行预计。对于预计到的培训需求，可在需求发生之前采取对策，这样既避免了当需求临时出现时给培训工作带来的措手不及的压力，又防止了可能发生的某些由于缺乏培训带来的损失。预计培训需求一般可通过以下途径：

（1）根据同行企业或相似企业中已出现的安全问题或其他问题，作为本企业培训需求分析的参考对象，防患于未然，为防止同类问题的发生，可据此确定本企业的培训目标。

（2）每次招收新员工，都要进行上岗导向培训。其目的是让新员工熟悉企业的新环境，包括企业的使命、文化和目标、发展过程以及对员工的工作要求与期望等。因此，可安排一个常设的培训教程来为新员工提供上岗导向培训。

（3）新设备或新程序的引进。让培训成为采用任何新技术、新工艺的一部分，以使员工能够有效地使用新技术、新工艺。根据管理经验，生产前期所花费的培训成本低于由于缺乏技能而造成的生产力或生产效率的下降带来的损失。

（4）提升和晋级。当员工获得提升和晋级的机会时，也就被赋予了新的职责。新的职责需要新的知识和技能。因此，对已被确定要提升和晋级的员工，根据新岗位和新工作的要求进行培训也就成为必然。

（5）组织重组和变革。在企业重组或兼并的过程中，观念的碰撞和磨合，管理机制和方法的改变，员工岗位的变化等，都使员工有一个适应的过程。为了尽快使员工适应变化的环境和过程，需要对员工进行必要的培训。

（四）缺口分析法

培训是解决存在的问题的首选办法，因此，需要抛弃那些培训解决不了的问题，把注意力放到那些可以通过培训解决的问题上，同时抵制一次解决全部问题的诱惑。注重现状和需求，然后考虑如何通过培训来弥补缺口。

培训是用来弥补缺口的，通过发现缺口可以确定培训需求。在此，我们引出需求分析中的另外一个重要概念——缺口分析。

我们的培训目标是希望填补现有的技能和希望达到的技能之间的缺口。这个缺口可能是显而易见的，如对打字员进行打字培训可以加快其数据输入速度。这个缺口也可能很大，比如一家大公司的老总存在从国内市场进入国际市场所面临的知识缺口。通过缺口分析，我们可以知道需要进行多少培训或者培训是否可以弥补缺口。

(五) 关键事件法

关键事件法是在员工工作的过程中，通过观察，记录下组织内部或外部发生的对员工或客户影响较大的事件，以此来收集信息，确定培训需求的方法。采用这种方法往往需要耗费大量的时间来观察员工以免漏下那些关键的事件，但是由于关键事件的偶然性，如果不能完全了解情况，容易导致调查人员以偏概全，分析结果出现偏差。

以上五种方法各有特点，采用哪种方法进行培训需求分析主要还是根据企业对于培训本身的要求。一般情况下最好采用混合使用的方式，挑选两种或者多种方法，以某种分析方式的优点弥补另一种方法的缺点，提高培训需求分析的准确性。

三、培训需求分析的成果：培训计划

经过培训需求分析，明确了培训需求以后，企业即可确定培训目标和计划。培训目标的确定为培训提供了方向和框架，培训计划的制订则可使培训目标变为现实。企业根据培训需求，结合本企业的战略目标来制订培训计划。培训计划主要包括设定培训目标和内容，确定培训人员、培训方法和形式以及培训预算等。

(一) 计划类别

很多成功企业对培训教育的重视，在系统的培训计划制订中得到了体现，有计划地执行培训使这些企业增强了人员竞争力。这些企业针对不同层次的要求，制订一系列培训计划，有根据本企业战略目标设计的长期培训计划，有每年制订的年度计划以及具体到每一次培训课程的课程计划。

长期培训计划是从企业战略发展目标出发，制订相应的长远培训计划。长期培训计划的设计基于掌握企业组织架构、功能与人员状况，了解企业未来几年发展方向与趋势，了解企业发展过程中员工的需求，同时结合企业现阶段工作重点与需求，明确哪些资源可供利用。

年度培训计划概要地表现了企业本年度的培训主题，包括培训对象、培训内容、培训方法和方式以及培训费用的预算编制，但不涉及单一课程的具体细节。年度培训计划与企业长期培训计划总体目标保持一致，同时作为企业全年业务运营计划中人力资源计划的重要部分，它应服务于企业的经营目标。

课程计划是在年度培训计划的基础上，就某一培训课程进行的目标、内容、组织形式、培训方式、考核方式、培训时限、受训对象、讲师等细节的规划。课程目标应明确完成培训后，培训对象所应达到的知识、技能水平。设定现实可行的培训目标既为培训指明了方向，又可作为评估培训效果的指标。

(二) 培训活动计划过程中的注意事项

一些成功企业培训计划活动的经验表明，培训活动除了应具有系统性外，它的成功也依赖于一些其他因素。归纳起来有以下几点：

(1) 注意投入与效益产出的分析。企业运营过程中所能运用的资源是有限的，培训部门获得培训所需资源的过程，如同销售人员推销产品，必须充分展现培训的投入与效益产出的对比。在培训活动正式开始前，培训计划需要提交给公司管理层，经审批后才可执行。因此，能否充分展现培训的效益对培训部门能否得到管理层对培训投入的承诺，起着至关重要的作用。

（2）寻求获得高层管理者对培训的支持。赢得高层管理者对培训的支持至关重要。高层管理者控制着公司的资源，洞悉企业的长远发展目标与组织需求，如果培训活动与战略发展目标紧密联系，管理层就会全力支持计划的执行并提供所需的资源。

（3）直线管理层对培训计划制订的参与。在制订培训计划过程中，也应该让直线管理层参与设计培训计划，这一点很重要。直线管理层对业务需求与人员的了解，能帮助培训部门更准确地定位培训的重点，同时基于直线管理层对培训计划与培训目标的理解，能有效保证今后培训活动的开展获得积极的支持。

除了上述三点以外，建立培训部门在组织中的地位与信用度，使培训活动被认同也具有一定的意义。当企业内的各职能部门通过培训提高了绩效后，必然会增强对培训部门的信任，并会给培训工作更多的支持。

第三节　培训方法与培训技术

企业培训的效果在很大程度上取决于培训方法的选择，当前，企业培训的方法有很多种，不同的培训方法具有不同的特点，其自身也是各有优劣。要选择到合适有效的培训方法，需要考虑到培训的目的、培训的内容、培训对象的自身特点及企业具备的培训资源等因素。

一、培训方法

培训方法是指将知识、技能和观念传授给培训对象的手段。培训方法选择是否恰当，运用是否合理，将极大地影响培训效果。因此，培训主管既要重视培训课程的设计也要重视培训方法的选择和运用。

企业培训员工常用的方式可以分为两大类：在职培训和脱产培训。每一类别的培训又有其相应的具体的常用培训方法。在本章中，我们将着重讨论常用的培训方法。

（一）常用的在职培训方法

在职培训（On The Job Training，OJT）是指为了使员工具备有效完成工作任务所必需的知识、技能和态度，在不离开工作岗位的情况下，对员工进行培训，也称为“在岗培训”、“不脱产培训”等。许多企业通过在职培训来培训员工。在职培训通常表现为安排新员工跟着有经验的员工或主管人员学做工作，由这些有经验的员工或主管人员来实施培训。常用的在职培训方法主要有师带徒、工作轮换、教练、行动学习和初级董事会等。

1. 师带徒

师带徒（Apprenticeship）是一种最为传统的在职培训方式。最早的师带徒培训没有一定的方法和程序，新员工只是从观察和体验中获得技能，因而成效相当迟缓。后来的师带徒培训是作为一种在职培训的方法，其形式主要是由一名经验丰富的员工作为师父，带一名或几名新员工。通常在需要手工艺的领域中使用这种培训，如管道工、理发师、木匠、机械师和印刷工等。

在师带徒传授技能的第一个环节中，经验丰富的师父常常会通过询问或要求演示来了解新员工是否懂得某一操作技能，如果答案是否定的，那么他就会先口头传授告诉培训对象应该做什么，应该怎样做。接着，培训者会亲自示范，一边操作一边讲解动作或操作要领。在培训者认为已经将某一操作技能的要领完全告诉并示范给培训对象后，会要求培训对象练习或跟着做。最后，培训者检查培训对象的学习成果，并决定是否需要重新开始第一传授环节。

师带徒培训的主要优点在于师父具有的技能在其退休、辞退、调动和提升而离开工作岗位或出现岗位空缺时，企业能有训练有素的员工顶上，从而不影响工作效果或效率。另外，师带徒培训通常能在培训者与培训对象之间形成良好的关系，有助于工作的开展。师带徒的主要不足在于该培训仅对培训对象进行某一特定技能的培训，随着新技术和新管理方法在企业中的应用，不少员工可能会失去其原有的工作，其他企业则可能认为员工技能太狭窄，而不愿聘用他们。再者，师带徒是师父与徒弟两个人之间的关系，“带会徒弟饿死师父”这种传统的消极观念会在一些培训者的头脑中作祟，在一定程度上影响技能的传授。

一般而言，师带徒培训有效性取决于三个方面：师父、徒弟和组织。师父应具有较强的沟通能力、监督和指导能力，以及宽广的胸怀；徒弟应虚心好学，积极主动和师父建立并保持友好的工作关系；企业组织应为新员工选择合格的师父，并对师父的培训工作给予充分的肯定和必要的奖励。

随着师带徒培训在实际工作中的应用，其外延和内涵也在不断丰富和发展。导师制（Mentoring）的推行即是师带徒的演绎，它从手工艺领域扩展到所有有关知识、技能的领域，导师对学徒的指导不仅包括知识、技能的指导，也包括品行、态度等方面的指导。

2. 工作轮换

工作轮换法：这是一种在职培训的方法，指让受训者在预定的时期内变换工作岗位，使其获得不同岗位的工作经验，一般主要用于新进员工。现在很多企业采用工作轮换则是为培养新进入企业的年轻管理人员或有管理潜力的未来的管理人员。

要求：在为员工安排工作轮换时，要考虑培训对象的个人能力以及他的需要、兴趣、态度和职业偏爱，从而选择与其合适的工作；工作轮换时间长短取决于培训对象的学习能力和学习效果，而不是机械地规定某一时间。

优点：工作轮换能丰富培训对象的工作经历；工作轮换能识别培训对象的长处和短处，企业能通过工作轮换了解培训对象的专长和兴趣爱好，从而更好的开发员工所长；工作轮换能增进培训对象对各部门管理工作的了解，扩展员工的知识面，对受训对象以后完成跨部门、合作性的任务打下基础。

缺点：如果员工在每个轮换的工作岗位上停留时间太短，所学的知识不精；由于此方法鼓励“通才化”，适合于一般直线管理人员的培训，不适用于职能管理人员。

工作轮换（Job Rotation）亦称轮岗，指根据工作要求安排新员工在不同的工作部门工作一段时间，通常时间为一两年，以丰富新员工的工作经验。在历史上，出现于日本的工作轮换，主要是以培养企业主的继承人为目的，而不是较大范围内推行的一种培训方法。现在，许多企业采用工作轮换是为培养新进入企业的年轻的管理人员或有管理潜力的未来的管理人员。

工作轮换和工作调动有些相似，两者都涉及工作的变动，但又有不同。首先，两者的目的不同，工作轮换是作为培训的一种方法，工作调动是作为人员配置的一种方法；其次，工作调动从时间上来讲往往较长，而工作轮换则通常是短期的，有时间界限；最后，工作调动往往是单独的、临时的，而工作轮换往往是两个以上的、有计划进行的。

工作轮换的作用主要体现在三个方面：

第一，工作轮换能丰富培训对象的工作经历，培训对象在短时间内从事不同的工作，如人力资源管理人员到销售部门工作一段时间，了解销售人员的工作内容和职责。

第二，工作轮换能识别培训对象的长处和短处，通过工作轮换，企业能了解培训对象在不同工作中的表现、专长及兴趣爱好，从而更好地开发员工的所长。

第三，工作轮换能增进培训对象对各部门管理工作的了解，改进各部门之间的合作，在工作轮换培训中，员工能了解并掌握各种不同的工作和决策情境，这种知识面扩展对完成跨部门的、合作性的任务是很有必要的。

然而，这种方法也有一些潜在的问题。因为员工在每一工作岗位上停留时间太短，所学不精，以至于他们觉得自己更像是某个部门的参观者而不是该部门中的一员。由于他们的工作水平往往不高，所以可能影响整个工作小组的效率。同时，员工认识到他目前的环境是临时性的，不久就会换到别的岗位上，这样他们很可能在该工作上敷衍了事。此外在其他员工观摩某个轮换到他们部门的人或与该人一同工作时，可能会对其产生不满，而将来该人可能会成为他们的老板，因而可能影响将来的工作关系。

尽管有这样或那样的不足之处，但一般而言，工作轮换有助于年轻管理人员或预备管理人员扩展其管理知识和技能、了解整个公司情况。许多公司在招募新管理人员后，把他们安排到公司内不同的部门和岗位上进行轮换。例如摩托罗拉公司普遍实行工作轮换制度，使新员工能够得到多方面的锻炼，提高跨专业解决问题的能力，也便于新员工发现最适合自己的工作岗位。

企业为提高工作轮换的有效性应着重注意以下几点：

首先，在为新员工安排工作轮换时，应考虑培训对象的个人能力以及他的需要、兴趣、态度和职业偏爱，从而选择与其合适的工作。

其次，工作轮换时间长短取决于培训对象的学习能力及学习效果，而不是机械地规定某一时间。

最后，工作轮换所在的部门经理应受过有关专门的培训，具有较强的沟通、指导和督促能力。

美国橡胶和轮胎公司（Rubber&Tire Company）在新员工工作轮换培训方面做得很

成功。该公司工作轮换培训的主要特点是：工作轮换与培训对象的经历、教育、职业爱好相匹配；培训时间跨度为6～15个月，每个培训对象工作轮换的具体时间取决于该对象学习的速度和效果；工作轮换开始前有3个星期是新员工导向培训，其中有一个项目是与高层管理者讨论他们的职业兴趣，然后选择一些专业部门，分配6项任务，一项任务通常为一个月；培训对象选择分配的某个专业作为自己的职业开端。

3．作指导教练法或实习法

这种方法是由一位有经验的技术能手或直接主管人员在工作岗位上对受训者进行培训，如果是单个的一对一的现场个别培训则称为我们企业常用的师带徒培训。负责指导的教练的任务是教给受训者如何做，提出如何做好的建议，并对受训者进行鼓励。这种方法并不一定要有详细、完整的教学计划，但应注意培训的要点：第一，关键工作环节的要求；第二，做好工作的原则和技巧；第三，须避免、防止的问题和错误。这种方法应用广泛，可用于基层生产工人。

要求：培训前要准备好所有的用具，布置整齐；让每个受训者都能看清示范物；教练一边示范操作一边讲解动作或操作要领。示范完毕，让每个受训者反复模仿实习；对每个受训者的试做给予立即的反馈。

优点：通常能在培训者与培训对象之间形成良好的关系，有助于工作的开展；一旦师父调动、提升、退休、辞职时，企业能有训练有素的员工顶上。

缺点：不容易挑选到合格的教练或师父，有些师父担心“带会徒弟饿死师父”而不愿意倾尽全力。所以应挑选具有较强沟通能力、监督和指导能力以及胸怀宽广的教练。

4．教练技术

在人们的固有意识中，教练技术历来就是为体育界人士所设计，只有运动项目才设有专职的教练，比如足球、网球、跳水、射击等。而随着人们对体育运动越来越青睐和投入，教练技术也越来越受到人们的关注。一些具有远见卓识的企业管理者已经将运动场上的教练方式应用到企业培训上来，并形成一种崭新的教练培训方式。特别是近几年来，经过国外学者的悉心研究与实践，“教练”已成为欧美企业家提高生产力最新的有效培训技术。

“教练”（Coaching）原本是体育上的一个名词。将它用于企业管理还有一段故事。

20世纪70年代，美国网球教练高威声称：他可以让一个完全不会打网球的人在20分钟内学会打网球。此事引起了美国ABC公司的兴趣，他们决定派记者现场采访。高威找来一个很胖且从未打过网球的女人。他让这个女人不必去管用什么姿势击球，只需把焦点放在网球上。当网球从地面弹起时，先叫一声“打”，然后挥拍击球就行了。果然，在短短20分钟内，胖女人学会了自如击打网球。高威解释说：我并没有教她打网球的技巧，我只是帮助她克服了自己不会打球的固有意识，她的心态经历了“不会”到“会”的转变，就是这么简单。这个过程在电视上播放之后，引起了AT&T高层管理者的兴趣。他们把高威请到公司来给经理们讲课。高威最初以为会到网球场上去，不料却被带到了会议室。在授课过程中，经理们不停地在笔记本上做记录。下课后，高威发现经理们的笔记本上找不到和网球有关的字眼，而满篇都是企业管理的内容。

原来，AT&T 的管理者们已经将运动场上的教练方式转移到了企业管理上来。于是一种崭新的培训技术——教练，诞生了。高威也就被认为是将教练技术从体育领域应用到企业管理领域的创始人。高威在哈佛念书期间就是一名网球队的领队，他的著作《网球的内在诀窍》被公认为是最早研究商业中引进教练技术的经典之作。

教练方法是一种由管理人员与专业教练进行的一对一的培训方式。专业教练是一群有承诺、对人热诚、有丰富人生经验和事业成功的人士。他们不仅个人拥有杰出的成就，更透过教练去支持他人创造成绩。

企业教练不只是一种知识训练或者技巧训练者，他们更着重于"激发人的潜能"，注重一种态度训练。企业教练并不是解决问题的人，而是为培训对象提供一面镜子，使培训对象洞悉自己。利用教练技术反映出培训对象的心态，使培训对象理清自己的状态和情绪，并就其表现的有效性给予直接的回应，令培训对象及时调整心态认清目标，以最佳状态去创造成果。

在这种培训方式中，培训对象的教练需要做到三点：一是指导培训对象作出计划、策略，以及引导培训对象思考为什么要做，如何做，做的后果如何；二是指出培训对象所不能或没有设想到的状况等；三是持续的引导与客观意见的反馈。

为此，教练必须掌握的主要技能有四个方面：

(1) 聆听的能力。研究表明，人的内心活动 80% 以上是通过语言、情绪和身体等语言或非语言的形式表达出来，这就要求教练有见微知著的洞察力，倾听培训对象的心声。

(2) 发问的能力。教练通过一系列中性的提问了解培训对象的心态，但仅仅以提问的方式又远不足以完全打开培训对象的"心扉"，还必须具有巧妙启发提问的能力。

(3) 区分的能力。教练必须具备相当的区分、识别能力，才能帮助培训对象"还原"到一个真实的"我"。

(4) 回应的能力。通过聆听、发问和区分技巧了解到培训对象真实的态度和动机之后，接下来要做的就是把培训对象"纯真"的状态回应给他。回应必须是客观而且富有建设性的。

在企业中，适于采用教练培训方式的员工主要有以下几类：①希望工作更有效率，向往成功的人；②希望生活改变，但尚没有方向、目标和手段的人；③长期在工作压力下生活的人。

1993 年，随着胶卷技术的成熟，柯达公司的竞争对手越来越多，全球的业务受到很大的冲击，公司被迫精简人力，导致员工面对工作环境的迅速变化而感到焦虑不安，利润也减少了。为此，柯达公司策略性地引入教练技术，运用"企业教练"评估领导的效率，为高层管理者提供教练服务和领导教练技术培训。通过教练，公司的目标明确了，企业的生产力得到了大大的提升，各阶层人员之间的沟通得到了加强，员工愿意分享自己对企业和管理的意见。

传统的培训中，培训师以指令式为主，喜欢给意见，注重解决短期内出现的问题。而教练则以人为本，着重于激发潜能，让对方发挥积极性，找到最适合自己的方法，有效而快捷地达到目标。作为教练，将帮助人们打破固定思维模式，重新审视周边环境，并协助他们制订清晰的行动计划。如果人们还不清楚目标是什么，专业教练将与他们一起寻找，并设立非常明确的步骤去达成结果。培训对象将从教练那里得到鼓励，设立目标，追寻他们的理想。教练通过巧妙而适当地发出挑战，激起培训对象的求胜欲望。在追求理想遇到困难的时候，可以从教练那儿得到帮助。在培训对象茫然不知所措的时候，教练可以为他们分析情态与形势，为其指出正确的方向。教练提供新的学习方法，以便帮助他们更快掌握知识，同时允许他们决定选择什么方法来学习。在这种培训方式中教练需要通过精巧细致的培训策略和富有魅力的人际交流技巧，在他们和培训对象之间建立良好的伙伴关系，相互信任以便工作的开展。

1999年欧洲教练会议提供的调查资料显示，在所有运用教练的公司中，有77%的主管认为：采取有系统的教练能够降低员工流失率及改善整体的表现。《公众人事管理》公布了一项报告，对企业只用培训及采用培训加教练的效果进行比较，培训加教练能增加88%的生产力。可见，教练作为一种在职培训方法具有其独特的作用和影响。

5. 行动学习

行动学习（Action Learning）指给团队或工作群体一个实际工作中面临的问题，让他们合作解决并制订一个行动计划，然后由他们负责实施这一计划的培训方法。行动学习的群体一般由6~30人构成，成员的构成可以是同部门的。也可以是跨部门的，还可以包括客户和分销商等，具体人员构成根据任务要求而定。

行动学习与成人学习原理密切相关。我们知道成人总是在已有知识的基础上学习新知识，当培训内容与其实际工作情景越接近时，培训的效果就越好。这种学习法通常是在学员学习新方法、新技能时，给予他们一个工作中的实际问题去解决。由于这个问题的真实性，使得学员比一般情景模拟状态下更容易投入学习，而学员在问题解决过程中运用新方法的能力也可成为培训效果评估的重要组成部分。

学习研究结果也表明，仅仅停留在对培训内容的掌握阶段是不够的，只有让学员运用所学知识进行实践，培训的效果才能真正得到体现。

行动学习法应用在美敦力上海公司管理人员培训中时，学员被编入几个工作小组，每个小组对某一公司希望解决的问题负责。该工作小组由来自不同职能部门的人员组成，并延伸到培训课程结束后的工作中。小组成员基于在培训过程中对问题的分析讨论，制订出相应的行动方案，分工负责，各司其职，定期举行碰头会，检查行动计划的执行情况。各个工作小组定期向公司管理层递交工作进展报告，管理层也对工作小组给予很大的关注，提供必要的支持。这种行动式学习方法，不仅能在实践中加深学员对培训内容的理解，同时通过将培训延伸到日常工作中，使对培训的投资产生出最大的效益，而学员则增强了实际工作能力，公司也借此加强了各部门协同工作的能力，不失为一举多得的好方法。

6. 初级董事会

初级董事会（Junior Board）是将培训对象组成一个初级董事会，让他们对公司的经营策略、政策及措施进行讨论并提出建议，为培训对象提供分析公司现状和发展问题的一种培训方法。接受初级董事会培训的对象，一般都是公司现任的中级管理人员，也是公司未来高层管理人员的候选人。

初级董事会一般由10人左右组成，公司让他们讨论和分析公司正式董事会要讨论的问题，让他们分享和积累公司正式董事会讨论制定决策问题的经验。初级董事会可就公司的组织结构、员工的激励政策、员工报酬、公司经营发展战略、部门之间的冲突等问题展开讨论，提出建议或方案，提交公司正式董事会。公司正式董事会就有关决策与他们沟通和反馈。

除了以初级董事会这种在职培训方法培训管理人员之外，还有助理制和代理制的在职培训方法。助理制是将某职位未来的管理人员的候选人任命为助手，辅助现职管理人员的工作。在辅助性的工作中经历和学习某管理职位所要求的知识、技能和素质。代理制则是以代理的形式培训管理人员。代理制的培训通常适合于中、高层次管理职位的候选人。

（二）常用的脱产培训方法

1．课堂讲授法

属于传统模式的培训方式，指培训师通过语言表达，系统地向受训者传授知识，期望这些受训者能记住其中的重要观念与特定知识。

要求：培训师应具有丰富的知识和经验；讲授要有系统性，条理清晰，重点、难点突出；讲授时语言清晰，生动准确；必要时运用板书；应尽量配备必要的多媒体设备，以加强培训的效果；讲授完应保留适当的时间让培训师与学员进行沟通，用问答方式获取学员对讲授内容的反馈。

优点：运用方便，可以同时对许多人进行培训，经济高效；有利于学员系统地接受新知识；容易掌握和控制学习的进度；有利于理解难度大的内容。

缺点：学习效果易受培训师讲授的水平影响；由于主要是单向性的信息传递，缺乏教师和学员间必要的交流和反馈，学过的知识不易被巩固，故常被运用于一些理念性知识的培训。

2．讨论法

按照费用与操作的复杂程序又可分成一般研讨会与小组讨论两种方式。研讨会多以专题演讲为主，中途或会后允许学员与演讲者进行交流沟通，一般费用较高。而小组讨论法则费用较低。研讨法培训的目的是为了提高能力，培养意识，交流信息，产生新知，比较适宜于管理人员的训练或用于解决某些有一定难度的管理问题。

要求：每次讨论要建立明确的目标，并让每一位参与者了解这些目标；要使受训人员对讨论的问题发生内在的兴趣，并启发他们积极思考。

优点：强调学员的积极参与，鼓励学员积极思考，主动提出问题，表达个人的感受，有助于激发学习兴趣；讨论过程中，教师与学员间，学员与学员间的信息可以多向传递，知识和经验可以相互交流、启发，取长补短，有利于学员发现自己的不足，开阔思路，加深对知识的理解，促进能力的提高。据研究，这种方法对提高受训者的责任感或改变工作态度特别有效。

缺点：运用时对培训指导教师的要求较高；讨论课题选择得好坏将直接影响培训的效果；受训人员自身的水平也会影响培训的效果；不利于受训人员系统地掌握知识

和技能。

3．影视法

影视法就是利用现代视听技术（如投影仪、录像、电视、电影、电脑等工具）对员工进行培训。

要求：播放前要清楚地说明培训的目的；依讲课的主题选择合适的视听教材；以播映内容来发表个人的感想或以“如何应用在工作上”来讨论，最好能边看边讨论，以增加理解；讨论后培训师必须做重点总结或将如何应用在工作上的具体方法告诉受训人员。

优点：由于视听培训是运用视觉和听觉的感知方式，直观鲜明，所以比讲授或讨论给人更深的印象；教材形象生动且给学员以真实感，所以也比较容易引起受训人员的关心和兴趣；视听教材可反复使用，从而能更好地适应受训人员的个别差异和不同水平的要求。

缺点：视听设备和教材的成本较高，内容易过时；选择合适的视听教材不太容易；学员处于消极的地位，反馈和实践较差，一般可作为培训的辅助手段。

4．案例研究法

案例研究法是指为参加培训的学员提供员工或组织如何处理棘手问题的书面描述，让学员分析和评价案例，提出解决问题的建议和方案的培训方法。案例研究法为美国哈佛管理学院所推出，目前广泛应用于企业管理人员（特别是中层管理人员）的培训。目的是使他们具有良好的决策能力，帮助他们学习如何在紧急状况下处理各类事件。

要求：案例研究法通常是向培训对象提供一则描述完整的经营问题或组织问题的案例。案例应具有真实性，不能随意捏造；案例要和培训内容相一致，培训对象则组成小组来完成对案例的分析，作出判断，提出解决问题的方法。随后，在集体讨论中发表自己小组的看法，同时听取别人的意见。讨论结束后，公布讨论结果，并由教员再对培训对象进行引导分析，直至达成共识。

优点：学员参与性强，变学员被动接受为主动参与；将学员解决问题能力的提高融入到知识传授中，有利于使学员参与企业实际问题的解决；教学方式生动具体，直观易学；容易使学员养成积极参与和向他人学习的习惯。

缺点：案例的准备需时较长，且对培训师和学员的要求都比较高；案例的来源往往不能满足培训的需要。

5．角色扮演法

角色扮演法是指在一个模拟的工作环境中，指定参加者扮演某种角色，借助角色的演练来理解角色的内容，模拟性地处理工作事务，从而提高处理各种问题的能力。这种方法适用于训练态度仪容和言谈举止等人际关系技能。比如询问、电话应对、销售技术、业务会谈等基本技能的学习和提高。该法适用于新员工、岗位轮换和职位晋升的员工，主要目的是为了尽快适应新岗位和新环境。

要求：教师要为角色扮演准备好材料以及一些必要的场景工具，确保每一事项均能代表培训计划中所教导的行为。为了激励演练者的士气，在演出开始之前及结束之后，全体学员应鼓掌表示感谢。演出结束，教员针对各演示者存在的问题进行分析和评论。角色扮演法应和授课法、讨论法结合使用，才能产生更好的效果。

优点：学员参与性强，学员与教员之间的互动交流充分，可以提高学员培训的积极性；特定的模拟环境和主题有利于增强培训的效果；通过扮演和观察其他学员的扮演行为，可以学习各种交流技能；通过模拟后的指导，可以及时认识自身存在的问题并进行改正。

缺点：角色扮演法效果的好坏主要取决于培训教师的水平；扮演中的问题分析限于个人，不具有普遍性；容易影响学员的态度、而不易影响其行为。

6. 游戏活动法

游戏活动法是指一种通过体验学习如何解决问题的方法。培训游戏就是利用游戏的竞争性和趣味性来在说明事实和原理，其原理是借着模拟研究去解决实际问题的一种方法。其特色就是将要体验的严肃极端单纯化，越单纯的话就越容易理解，也越易引起培训对象的兴趣，而且不会远离现实问题太远。

优点：培训对象的参与性比较强；游戏的趣味性吸引培训对象的积极参与；寓教于乐，培训对象在感受游戏乐趣的时候得到启发；可以激发学员的创新能力和潜力；培训内容与游戏活动相联系，培训对象对培训的印象深刻。

缺点：开发游戏的时间较长，难度很大；占用培训对象的时间较多，如培训内容多，时间短的培训不宜采用；游戏活动过程难以控制，是游戏容易流于形式；做游戏不是目的，培训师分析讲解能力不够则会使游戏丧失意义；对培训师现场教学能力要求极高。

二、培训技术

科技的迅猛发展，特别是IT产业互联网的飞速发展，导致了人力资源培训也发生了巨大的变化，许多借助日新月异的现代科技的新兴的培训方式正在成为现代企业培训的主要方式。

（一）计算机辅助培训

这类培训是基于现代的个人电脑的兴起而发展起来的。它主要通过设计一些课程程序和软件帮助学员进行自主学习。常见的电脑辅助培训中，学员可以学习到课程的内容，并且可以对自己掌握的知识进行评估，以确定自己的下一步学习。所以，计算机辅助培训往往是学员自我的适应培训，它特别适合于一些基本知识和概念的培训。

（二）网络培训

网络培训是指处于非同一时空状况下的教师与学习者，以互联网为主要载体进行的教学与学习过程。网络培训过程是学员在教师的指导之下，自主构建知识体系，从而顺利掌握知识及运用知识的过程。网络职业培训的主体是学员，教师与管理人员是辅助者。以学员为中心的原则，贯穿于课程设置、网络学习技术支持体系、对学员的服务等方面。同时也充分发挥辅助者的作用，以实现学员为中心的网络教育宗旨。

（三）多媒体远程培训

远程培训利用计算机互联网开展远程职业培训，是国际教育和职业培训改革的潮流和发展方向。学员不受地域的限制，可以足不出户利用业余时间参加远程培训学习；学习效率可以接近或达到直接参加面授班的效果。中国人多地广的国情需要充分利用计算机信息网络等教育手段，开展远程职业培训。《中共中央、国务院关于深化教育改革，全面推进素质教育的决定》中指出：积极发展广播、电视教育和学校电化教学，推广运用现代化教学手段。要抓好教育卫星电视和播放网点的建设，基本建成全国电化教育网络，覆盖大多数乡镇和边远地区。

第四节　培训效果评估

企业完成一个培训项目之后，培训效果的评估于是便成为培训主管的一个必不可少的项目。培训效果评估是指运用科学的理论、方法和程序，从培训项目中收集数据，并将其与整个组织的需求和目标联系起来，以确定培训项目的优势、价值和质量的过程，达到什么效果，取得了哪些成绩。培训效果评估既是对上一阶段培训取得的成效与利弊进行测量，为培训成果的有效利用提供标准和依据，也是如何改善和完善以后的培训工作的重要步骤。

一、培训有效性的概念和主要内容

培训有效性（Training Effectiveness）指的是公司和员工个人从培训中获得的收益。对员工个人来说，收益意味着学到新的知识或技能，对于公司来说包括销售的增加、顾客满意度的增加等。

培训有效性往往通过培训结果来体现。培训结果指的是用于评估培训的准则。它可以是学员学到什么内容的判断标准，也可以是学员对课程的喜好程度。根据戈尔茨坦（Goldstein，1986）的定义，培训有效性评估是指系统地收集必要的描述性和判断性信息，以帮助做出选择、使用和修改培训项目的决策。从上述定义中我们可以得出，培训有效性评估就是指收集用于决定培训是否有效的结果信息的过程。

二、培训有效性评估的目的

美国人力资源管理专家唐纳德·柯克帕狄克（Donald Kirkpatrick）在他著名的《评估培训项目——四个水平的评估》一书中，曾引用了一段话来说明评估的重要性。“企业中的经理总是在思考自己部门的信用度。每个经理都想被公司接受、信任和尊重。而当你被公司接受、信任和尊重时，会有很多‘好事’随之而来：你要求的预算被通过了，你的地位牢固或被提拔，你的工作质量提高了，高层管理愿意听取你的建议，你获得了更多的控制权。”那么人们怎样才能被接受、被信任和被尊重呢？一个重要的途径就是通过评估来证明你的价值，当然上述只是从个人层面上来说明评估的重要性，对培训进行评估的意义还不仅如此。培训有效性评估的目的主要体现在：

（一）体现培训对组织的贡献

有效性评估能反映培训对于组织的贡献，并体现人力资源部门或培训部门在组织中的重要作用。人力资源管理部门在组织中向来被认为是“成本中心”，通过有效性评估，特别是如果能够做一些定量的分析，可以看到培训的成本有效性，这些将证明人力资源管理在组织中的重要性，并且说明对员工的投资是值得的。

（二）决定继续进行或停止某个培训项目

有些培训项目像目标管理、工作简单化等曾经在一段时间里是培训的主流，很多公司都在进行，但随着时代的发展，这些内容或者已被大家所接受，或者说企业管理体系已经发生变化，新的培训项目或潮流开始出现，如团队管理、授权等培训变成新的热点。通过有效性评估，企业可以觉察哪些培训项目已经不再适用，应该停止，哪些培训项目还值得再继续。当然，这些还和培训需求评估有关，事实上，培训有效性评估的信息可以为接下来的培训需求评估提供信息和参考。

（三）获得如何改进某个培训项目的信息

这是培训有效性评估最普遍的意义。通过评估，企业可以对培训的设置、培训内容、讲授方式等方面有进一步的了解，并可以对现有的培训课程进行修改，以使其能够更好地满足学员的要求。

培训有效性是指公司或员工个人从培训中获得的收益。培训的有效性往往通过培训结果来体现。

三、培训有效性评估模型

目前国内外运用得最为广泛的培训评估方法仍然是美国学者柯克帕特里克·塞尔在1959年提出的培训效果评估模型，柯克帕特里克从评估的深度和难度将培训效果分为四个递进的层次——反应层、学习层、行为层、效果层，如表5.2。

表5.2　　柯克帕特里克培训效果模型

评估层次	结果标准	评估重点
1	反应	学员满意度
2	学习	学习的知识、技能、态度
3	行为	工作中行为的改进状态
4	效果	工作中产生的结果

反应层评估是指受训人员对培训项目的印象如何，包括对培训科目、教师、设施、方法、内容、自己收获的大小等方面的看法。反应层评估的主要方法是问卷调查。问卷调查是在培训项目结束时，收集受训人员对于培训项目的效果和有用性的反应，受训人员的反应对于重新设计或继续培训项目至关重要。反应问卷调查易于实施，通常只需要几分钟的时间。如果设计适当的话，反应问卷调查也很容易分析、制表和总结。问卷调查的缺点是其数据是主观的，并且是建立在受训人员在测试时的意见和情感之上的。个人意见的偏差有可能夸大评定分数，而且，在培训课程结束前的最后一节课，

受训人员对课程的判断很容易受到经验丰富的培训协调员或培训机构的领导者富有鼓动性的总结发言的影响，加之有些受训人员为了照顾情面，所有这一切均可能在评估时减弱受训人员原先对该课程不好的印象，从而影响评估结果的有效性。所以这个层次的评估可以作为改进培训内容、培训方式、教学进度等方面的建议或综合评估的参考，但不能作为评估的结果。

学习层评估是目前最常见、也是最常用到的一种评价方式。它是测量受训人员对原理、技能、态度等培训内容的理解和掌握程度。学习层评估可以采用笔试、实地操作和工作模拟等方法来考查。培训组织者可以通过书面考试、操作测试等方法来了解受训人员在培训前后，知识以及技能的掌握方面有多大程度的提高。笔试是了解知识掌握程度的最直接的方法，而对一些技术工作，例如工厂里面的车工、钳工等，则可以通过操作考核来掌握他们技术的提高。另外，强调对学习效果的评价，也有利于增强受训人员的学习动机。

行为层的评估指受训人员培训后在实际岗位工作中行为的变化，以判断所学知识、技能对实际工作的影响。可以说，这是考查培训效果的最重要的指标。这往往发生在培训结束后的一段时间，由上级、同事、下属或客户观察受训人员的行为在培训前后是否有差别，他们是否在工作中运用了培训中学到的知识。这个层次的评估可以包括受训人员的主观感觉、下属和同事对其培训前后行为变化的对比，以及受训人员本人的自评。这通常需要借助于一系列的评估表。这种评价方法要求人力资源部门建立与职能部门的良好关系，以便不断获得员工的行为信息。培训的目的，就是要改变员工工作中的不正确操作或提高他们的工作效率，因此，如果培训的结果是员工的行为并没有发生太大的变化，这也说明过去的培训是无效的。

效果层的评估上升到组织的高度，即判断培训是否对企业经营成果具有具体而直接的贡献。这可以通过一些指标来衡量，如事故率、生产率、员工流动率、质量、员工士气以及企业对客户的服务等。通过对这样一些组织指标的分析，企业能够了解培训带来的收益。例如人力资源开发人员可以分析比较事故率，以及事故率的下降有多大程度归因于培训，从而确定培训对组织整体的贡献。

准确的评估培训的效果是一项很困难的工作。美国人力资源管理专家洛丝特对评估培训结果提供了一些简单而适用的建议，可以给我们一些有益的启示：

（1）请学习者在培训课程结束时填写评估表。

（2）培训开始让学习者谈谈他们希望学到什么。培训结束时，让他们回顾自己提出的学习目标，并讨论究竟学到了什么。

（3）不断提出问题，让学习者阐述他们是如何理解概念的，并如何在工作中运用这些概念。

（4）每讲完一个新技能或新概念就进行小测验，确保每个学习者都掌握了这部分内容。

（5）回顾学习结果，让学习者证明自己取得的学习成果。

（6）培训结束后，让学习者花 5 ~ 10 分钟时间写一写他们如何运用学习成果以及什么时候用。

(7) 观察员工的工作情况以及对新技能或新知识的使用情况。

(8) 比较培训前后员工的表现。

(9) 让学习者写下培训中哪些内容对他们的工作最有用，哪些内容最没用。

(10) 交给学习者一项工作任务，要求他们使用学到的新知识和新技能。完成任务后，与每位学习者交谈他们的工作，指出他们的不足，并加强学习。

作为完整的职业培训，培训后的评估和反馈是培训过程中必不可少的一环，是对本次培训进行改进、完善和提高的必要手段。但由于培训评估是培训的一个难点，限于公司的精力、实力和财力，企业里大多数的培训只做到了反应层和学习层的评估，这对于现在企业的培训要求是远远不够的。

四、培训有效性方案设计

培训效果评估的实验设计即比较受训者在学习前后的情况，通过采用客观的评估标准、方法，在合理的时间内，量度培训效果。

(一) 培训有效性方案设计内容

1. 评估的标准

评估的标准是将培训和发展方案的目标具体化，例如设定员工生产的产品品质、态度评分和意外事故次数等。

2. 评估的方法

评估的方法可以是多元化的，例如采用笔试测度知识的获得；态度量表检验态度的改变；工作样本测试检定技术的高低；以及绩效考核检定行为的改变等。此外，也可以用总体生产品质、生产成本、离职率和意外事故次数等记录，评估水平是否达到企业总体目标。

3. 评估的时间

评估的时间会因培训和发展目标的不同而不同，例如，在知识和技术的获得上，可以在培训前和培训后立刻测试检定。但行为和态度的改变，或企业的总体目标的达成，则要在一段较长的时间后，才能评估出来。

4. 培训的真正效果的评估

受训者的改变有时未必与培训的效果有关，要了解培训的真正效果，在设计培训方案时，便需要懂得控制不同评估的差异。

(二) 培训有效性评估方案设计

为达到预期的培训目的，企业需采取合适的培训评估。具体方法有以下几种：

1. 培训前后评估

受训者在受训前后的表现有显著不同，就证明培训有效。

2. 时间序列评估

时间序列的假设是：受训者不管是否接受培训，本身也可能在改变。因此，企业会对受训者在受训前和受训后做多次评估，以记录不同参考点的数据，以便比较。只要发现受训前的变化和受训后的变化出现差异，便能证明培训是有效的。

3. 培训前后控制

有时候改变是全面的，即受训者在改变，没有接受培训者也在改变，故改变不一定是来自培训。

此方案的设计将随机抽样选出来的员工分成两组，需证明两组原来并无特定差异。一组称为控制组，另一组称为实验组，只有实验组接受培训。在培训结束后，再对两组进行评估，然后比较评估结果。当只有实验组改变而控制组没有改变时，便能证明受训者的改变是来自培训。

4. 时间序列控制

这是将时间因素和控制因素结合起来的做法。以随机抽样方法将员工分为实验组和控制组，只有实验组接受训练。两组员工在实验组受训前后都接受多次评估，当实验组在受训前后出现明显差异，而控制组则没有差异时，便能证明培训是有效的。

5. 培训后控制

由于评估方法或内容本身有限制，导致接受评估的人员在接受第一次评估后，会加强他们应对类似的评估（如模拟考试）的能力。为避免产生这种不良效果，企业会在培训后才进行评估，但接受评估的对象仍会分为实验组和控制组。当接受培训的实验组的表现比没有接受培训的控制组的表现好时，就证明培训有效。

6. 所罗门四组

这是综合训练前后的混合设计，目的是提高有效培训评估的精确程度。此法以随机抽样方法将员工分成四组，其中两组是实验组，在受训前后均接受评估；另外两组是控制组，在实验组接受培训后，与实验组同时接受评估。倘若实验组比控制组的表现好，就证明培训有效。倘若实验两组表现相当，而控制两组表现也不分上下，证明评估设计没有瑕疵，没有影响评估的结果。（如表 5.3）

表 5.3 所罗门四组设计

	前测	培训	后测
第一组	有，培训前的绩效	绩效改进培训	有，培训后的绩效
第二组	有，培训前的绩效	无	有，培训后的绩效
第三组	没有	绩效改进培训	有，培训后的绩效
第四组	没有	无	有，培训后的绩效

上述所介绍的只是评估培训有效性的方法，培训和发展方案是否有效，取决于培训和发展方案的规划、目标和方法的选择及学习原则的应用。

【本章小结】

本章对人力资源开发与培训的含义进行了界定，阐述了现代人力资源开发与培训的特点及发展趋势，构建了人力资源开发与培训的程序，讨论了培训需求分析系统、培训需求分析方法及培训计划问题；阐述了培训有效性评估含义、模型及方案设计。

【本章思考题】

1. 我国企业很重视员工培训，但不愿意投入资源来培训员工，请问问题的根源是什么？

2. 本章开头的两个案例对你的启发是什么？

3. 培训需求分析有哪些方法？

4. 柯氏模型评估模型主要内容是什么？培训有效性评估方案有哪几种？

【应用性练习题】

练习一：结合企业实际，为某企业设计培训体系

要求：(1) 设定培训目标；(2) 制订整个培训计划，如确定培训方式、时间及考核办法等；(3) 对培训项目进行评价。

练习二：应用柯氏评估模型，结合企业实际，为某企业设计一套培训评估方案。

第六章　职业生涯管理

【本章学习目标】

- 理解职业生涯基本概念与影响因素
- 理解职业生涯设计理念、原则与步骤
- 了解职业生涯管理的地位和作用
- 掌握职业生涯规划的方法、技巧

【引导案例】

堵塞了员工发展通道的APP公司

APP公司是一家生产电感芯片的美国公司，自1972年成立以来，该公司发展迅速，销售及赢利业绩骄人，股票价格翻了几番。但是，该公司人力资源管理体系却远远落后于公司业务的发展，而且未受到应有的重视。最近，曾任一家知名大型H企业助理人事总监的史威尼先生受聘于该公司担任人力资源总监一职，他决心对该公司的人力资源管理体制加以改进。

经过4个月对公司现状的考察，史威尼发现了一个十分突出的问题：研发部技术人员的离职率居高不下。研发部是从事研究的核心部门，最近3年，该部门的平均离职率竟高达30%。为了找出造成这一局面的原因，史威尼首先进行了薪酬调查，并发现该公司支付给技术人员的工资比市场平均水平高出5%~8%。但由于该公司从不进行离职面谈，史威尼无法了解已离职者的想法。通过与大量员工包括技术人员的非正式交谈，史威尼了解到，很多人都感到在公司里没有发展前途。尤其令人担忧的是，研发部的一些被公司认为很有前途的年轻技术人员都被竞争对手挖走。

海伦是一位给史威尼留下深刻印象的研发部员工。29岁的海伦加入该公司已达7年之久，前3年任普通技术人员，而后4年出任部门主管。她的绩效考核一直十分出色。在研发部，该职位仅在研发部总监之下。在海伦看来，公司根本不关心优秀员工。她认为，现任研发部总监布朗先生不愿意本部门的优秀员工在公司内部得到晋升，而宁可把他们留在本部门，这样可以完成本部门的研发任务又不必费力培训新人。海伦说，她的上司和前任人事总监都曾告诉她，她在公司前途无量，然而，时至今日她仍然是一位普通的部门主管。

此外，海伦对公司的人力资源管理制度也颇有微词。她认为，绩效考核没有考虑员工的能力和达到目标，对于帮助下属发展的主管也没有任何奖励，人力资源规划没有确定未来的职位空缺，公司内部没有职位公开体系，没有为员工设计职业阶梯，对女性加入管理层有歧视。因此，她建议公司应针对这些问题采取相应措施。

从史威尼了解的情况来看，海伦说的都是事实。而且，他从其他渠道也听说一家对手公司正在与海伦接洽，打算让她担任一个高级职位。

很显然，史威尼所面临的挑战比他预计的要大。他很清楚，一系列与员工职业生涯发展相关的问题也亟待解决。

第一节　职业生涯管理概述

职业生涯管理（Career Management）是近些年在发达国家兴起的，颇受人们关注的人力资源管理领域的一项新内容，它体现了一种全新的人力资源管理理念和模式，在企业人力资源管理中占据着越来越重要的地位。员工职业生涯管理是企业发展计划和员工个人生涯发展计划相结合的产物。通过对员工职业生涯管理，企业能达到自身人力资源需求与员工职业生涯需求之间的平衡，创造一个高效率的工作环境和引人、育人、留人的企业氛围。

职业生涯管理分为个人职业生涯管理和组织职业生涯管理。个人职业生涯管理是以实现个人发展的成就最大化为目的，通过对个人兴趣、能力和个人发展目标的有效管理实现个人发展愿望。组织职业生涯管理以提高组织人力资源质量，发挥人力资源管理效率为目的，通过个人发展愿望与组织发展需求的结合实现企业发展。

一、职业生涯管理相关概念

（一）职业及分类

1. 职业的概念

职业是人们在社会生活中利用专门的知识和技能从事的、以获取劳动报酬为目的的、相对稳定的工作，因此，职业具有稳定性、经济性和社会性等特点。

2. 职业的分类

职业分类是指特定的国家采用一定的标准和方法，依据一定的分类原则，对从业人员所从事的各种专门化的社会职业进行全面、系统的划分与归类。工作分析是职业分类的基本方法，职业分类的工作分析法是根据工作的基本属性对每一种职业活动进行分析，按照工作特征的相同和相异程度进行划分与归类。科学的职业分类是职业社会化管理的平台，也是职业自身发展的需要。一个国家职业体系结构的形成，为人们了解社会职业领域的总体状况奠定了基础，也增强了人们的职业意识，促使人们提高自身的职业素质。同时，社会经济的发展促使社会对职业的需求不断发生变化，能够满足社会需要的新的职业也在不断产生。因此，职业的分类也处在不断的调整变化之中。

最早进行职业分类工作的是英美等西方国家。英国在1841年将职业分列了431种。

美国在1820年的人口普查工作中就已列出职业统计项目。1850年，美国进行了专门的职业普查，划分了15大行业，323种职业；1860年又增至584种；1965年确定为21 741种；到了1980年，《美国百科全书》认定美国有25 000种职业。法国在20世纪80年代中期被确定的职业是8 600种。加拿大1982年出版的《职业分类词典》，将职业分为23个主类，81个子类，499个细类。日本的职业分为12大类，52中类，279个小类。[①]

由于各国职业分类的标准是不一致的，为了使国际间的职业分类具有可比性，1958年，国际劳工组织制定了《国际标准职业分类》。1966年在日内瓦第11届国际劳工专家统计会议上通过了《国际标准职业分类》的修订版。目前根据国际职业分类的通行做法，职业分类一般划分为大类、中类、小类和细类四个层次。大类依工作性质的同一性进行分类；中类是在大类的范围内，根据工作任务与分工的同一性进行分类；小类在中类之内按照工作的环境、功能以及相互关系分类；最后，细类在小类的基础上，依照工作的工艺技术、操作流程等相似性和同一性再做划分与归类。例如，国际劳工局就将职业分为8大类：专家、技术人员及有关工作者；政府官员和企业经理；事务性工作者和有关工作者；销售工作者；服务工作者；农业、牧业和林业工作者，渔民和猎人；生产和有关工作者，运输设备操作者和劳动者；不能按职业分类的劳动者。8大类之下又划分为83个小类，284个细类及1 506个职业项目，所列职业1 881个。

我国参照联合国国际劳工局的《职业标准分类》，制定了有关职业分类的标准与政策。《中华人民共和国职业分类大典》将我国职业归为8个大类，66个中类，413个小类，1 838个细类（职业）。8个大类分别是：

第一大类：国家机关、党群组织、企业、事业单位负责人，其中包括5个中类，16个小类，25个细类。

第二大类：专业技术人员，其中包括14个中类，115个小类，379个细类。

第三大类：办事人员和有关人员，其中包括4个中类，12个小类，45个细类。

第四大类：商业、服务业人员，其中包括8个中类，43个小类，147个细类。

第五大类：农、林、牧、渔、水利业生产人员，其中包括6个中类，30个小类，121个细类。

第六大类：生产、运输设备操作人员及有关人员，其中包括27个中类，195个小类，1 119个细类。

第七大类：军人，其中包括1个中类，1个小类，1个细类。

第八大类：不便分类的其他从业人员，其中包括1个中类，1个小类，1个细类。

（二）职业生涯

职业生涯有广义和狭义之分，狭义的职业生涯是指从事职业的经历，即一个人一生中从事职业的全部历程，可以是间断的，也可以是连续的。广义的职业生涯是从职

① 吴国存．企业职业管理与雇员发展［M］．北京：经济管理出版社，1999．

业能力的获得、职业兴趣的培养、职业选择、就职，直至完全退出职业劳动这样的一个完整的职业发展过程。我们一般所说的职业生涯都是指狭义的职业生涯。

（三）职业生涯管理

职业生涯管理是指组织和员工对企业及员工个人的职业生涯进行设计、规划、执行、评估、反馈和修正的一个综合性的过程。通过员工和企业的共同努力和合作，使每个员工的生涯目标与企业发展目标一致。从个人角度来看，职业生涯管理就是一个人对自己所要从事的职业、要去工作的组织、在职业发展上要达到的高度等作出规划和设计，并为实现自己的职业目标而积累知识、开发技能的过程。它一般通过选择职业、选择工作组织、选择工作岗位，在工作中提高技能、晋升职位、发挥才干来实现。从组织角度来看，职业生涯管理是组织为了达成组织目标而采取的一系列旨在开发人的潜力的措施。集中表现为帮助员工制定职业生涯规划、建立各种适合员工发展的职业通道、针对员工职业发展的需求进行适时的培训、给予员工必要的职业指导等。

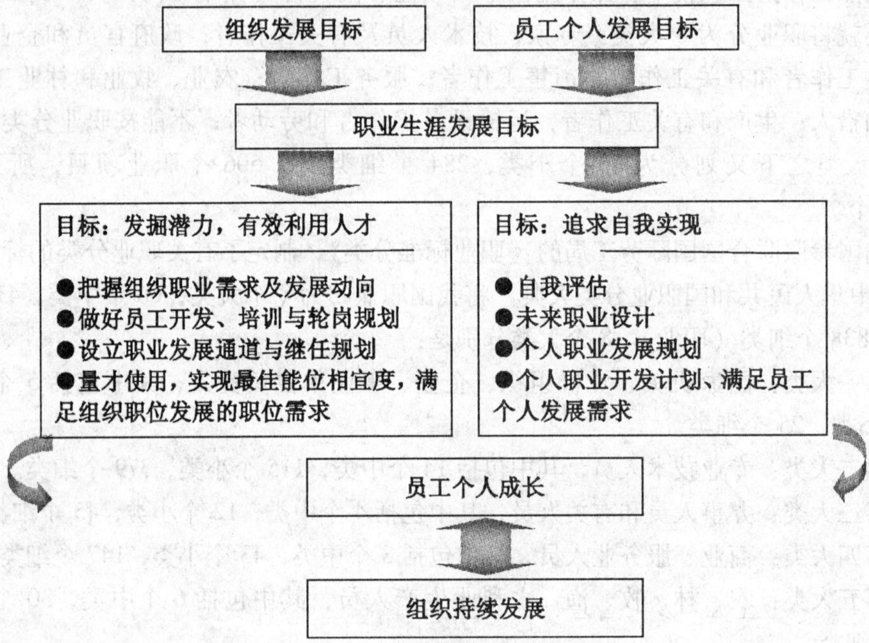

图 6.1　组织需要与个人需要匹配模型

资料来源：张再生．职业生涯管理［M］．北京：经济管理出版社，2002.

美国著名管理学家埃德加·施恩从职业发展观出发，设计出“人力资源计划和发展：一种实践的发展模型”（如图 6.2 所示），在该模型中他将组织计划与个人职业过程的匹配清楚地表现出来了。组织与个人积极互动，最终实现双方利益的“双赢”——组织目标的实现和个人职业的成功。

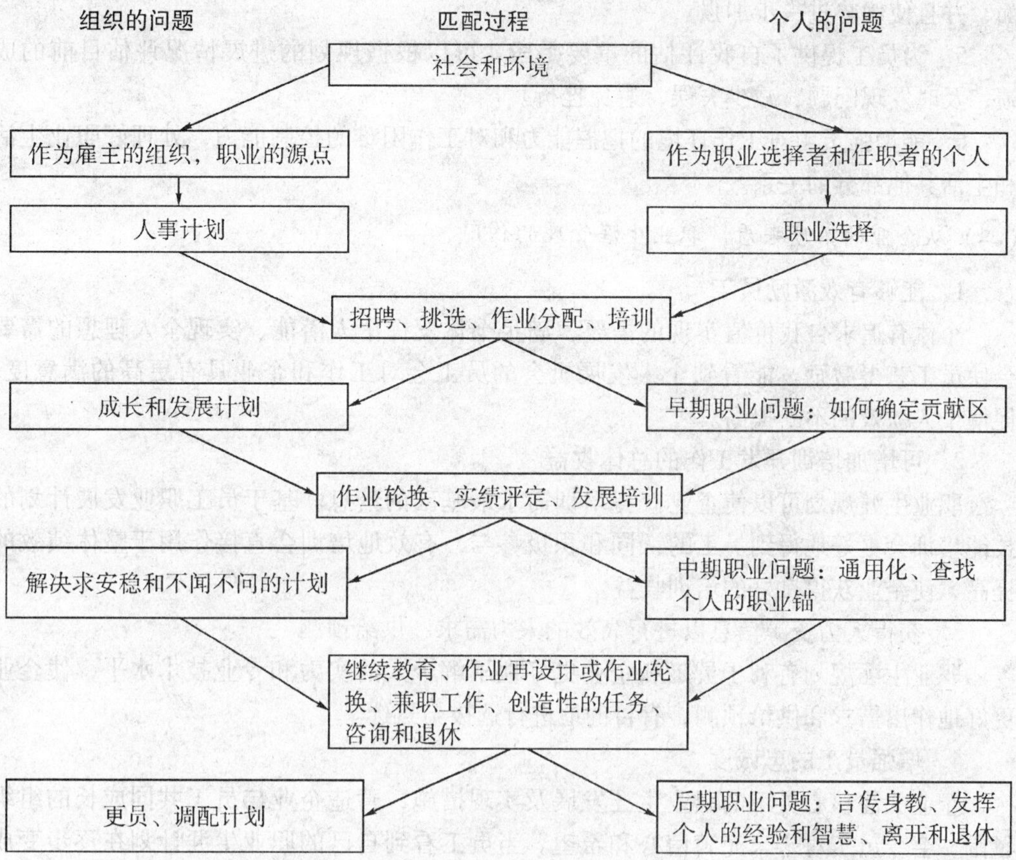

图 6.2　职业生涯发展模型

资料来源：〔美〕施恩．职业的有效管理［M］．仇海清，译．上海：生活·读者·新知三联书店，1992.

二、职业生涯管理的作用

个人发展是企业发展和社会发展的基础，只有充分发挥人的主观能动性，在公司建立以人为本的职业生涯开发与管理的目标体系，帮助每个员工实现自我价值，通过做好员工的职业生涯开发与管理，把企业的职业规划最大限度的变成人力资本，企业才能最终实现未来的愿景。员工的职业生涯规划与管理正是公司人才战略的核心内容，把制定员工职业生涯规划作为公司的职业规划的重要组成部分理应是企业的重要工作任务。

（一）从员工角度来看，职业生涯管理的作用

1．帮助个人确定符合自己兴趣和特长的发展路线，争取设定自己的职业发展目标，并制订行动计划，使自己的才能得到充分发挥，实现自我价值的不断提升和超越。

2．提供个人努力的依据和具体行动计划，能够鞭策个人不断向目标靠近。

3．有助于个人抓住工作的重点，避免陷入与人生目标无关的盲目的事务中去，增加个人成功的可能性。

4．能引导个人发挥潜能，使之集中精力，专注于自己有优势并且有预期回报的方

面，并且使优势进一步加强。

5. 为员工提供了自我评估的重要手段，可以根据规划的进展情况评估目前的成绩，及时发现问题，减少失误，避免挫折。

6. 能增强员工对工作环境的把握能力和对工作困难的控制能力，处理好职业生活和生活其他部分的关系。

（二）从企业的角度来看，职业生涯管理的作用

1. 能够有效激励员工

个体有追求自我价值实现的需要，满足个体发挥个人潜能、实现个人理想的需要会使员工获得激励。能看到个人发展机会的员工会对工作和企业具有更高的满意度，促使个人绩效的不断提高。

2. 可增加培训开发工作的总体收益

职业生涯规划可以使企业获得培训需求最基础的信息。基于员工职业发展计划的技能培训会更好地得到员工的认同和积极参与，有效地培训会直接作用于整体绩效的提高，使企业获得良好的培训收益。

3. 获得人力资源信息以进行高效的人力需求、供给预测

职业生涯规划有利于员工和企业更好地了解个人的实力和专业技术水平，使企业更好地作出需求和供给预测，有目的地进行选拔与甄选。

4. 增强员工的忠诚度

企业关注核心员工的职业生涯发展及实现措施，营造企业与员工共同成长的组织氛围，会令员工对未来充满信心和希望。当员工看到自己的职业生涯计划在逐步变成现实时，会更倾向于留在企业内部。

第二节　职业生涯管理有关理论

一、职业生涯管理理论的发展背景

职业生涯管理理论源于20世纪初美国职业指导运动的兴起。从学科历史发展角度看，职业生涯管理理论的演进，经历了从静态到动态研究的历程。

1908年，“职业辅导之父”——美国波士顿大学教授帕森斯创办了波士顿职业指导局，从事职业指导工作，成为人们公认的职业指导工作的开端。1909年，帕森斯撰写了《选择职业》，该书第一次运用了“职业辅导”这一专门学术用语，建构了帮助青少年了解自己、了解职业以及人职相配的职业指导模式。帕森斯的这三个步骤包含了“知己、知彼与决策”的三重含义，其理论成为以后职业指导理论的基石。

1939年，美国学者威廉姆逊出版了《怎样咨询学生》一书，进一步拓展了帕森斯的特质因素理论。他将职业指导分为分析、整理、诊断、预测、咨询（处理）、追踪六个步骤，形成了一套独特的指导方法，被称为“明尼苏达辅导学派”。该理论在20世纪三四十年代占据了职业指导的主导地位。1942年罗杰斯所著的《心理咨询和心理疗

法》一书出版，提出应以当事人为中心的，尊重人自我选择的能力及自由发展的权利。

1951 年，金斯伯格等人出版了《职业选择》一书，通过对不同家庭背景的大学生职业选择过程及其间所遇到的问题进行研究，提出了“职业发展是一个与人身心发展相一致的过程”，向动态的职业生涯管理理论迈出了一步。1953 年，舒伯提出了生涯发展理论，重在对个人的职业倾向和职业选择过程本身进行研究。他以差异心理学和现象学作为解释职业选择的理论基础，提出了个体生涯发展中成长、探索、建立、维持以及衰退五个阶段以及不同阶段的发展任务。这一思想把职业指导上升到更高的层面，不仅以个人的发展为着眼点，同时也兼顾社会的需要和利益，从个体发展和整体生活的高度来考察个人与职业、个人与社会的关系。舒伯生涯发展理论的提出被认为是职业生涯管理理论形成的标志。

20 世纪 60 年代至今，职业生涯管理理论继续得到了发展，包括罗伊的人格理论、霍兰德的职业性向理论、吉列特等的生涯决定论以及施恩的职业锚理论。罗伊（Anne Roe）是一位临床心理学家，她依据自己所从事的临床心理学经验及对各类杰出人物有关适应、创造、智力等特质的研究结果，综合了精神分析论、莫瑞的人格理论与马斯洛的需要层次论，形成了其人格发展理论。霍兰德把人和环境区分为实际型、研究型、艺术型、社会型、企业型以及传统型六大类型，以此为依据，把人的特质和这种特质所适合的工作联系起来。吉列特等的生涯决定理论则以“个体职业生涯发展过程是不断面临生涯决定的过程”为逻辑起点，提出了职业生涯管理中的预测系统、价值系统以及决策系统。施恩提出职业锚的概念，是指人们选择和发展自己的职业时所围绕的中心，即当一个人不得不做出选择的时候，他无论如何都不会放弃的职业中的那种至关重要的东西或价值观。职业锚强调个人能力、动机和价值观三方面的相互作用与整合。职业锚问卷已成为国外职业测评运用最广泛、最有效的工具之一。

二、职业选择理论

（一）帕森斯的特质因素论

1909 年，美国波士顿大学的帕森斯在其所著的《职业选择》一书中提出特质因素论，这是用于职业选择与职业指导的最经典的理论之一。该理论明确提出了职业选择的三大要素，即：

第一，自我了解：性向、成就、兴趣、价值观和人格特质等。

第二，获得有关职业的知识：信息的类型（职业的描述、工作条件、薪水等）、职业分类系统、职业所要求的特质和因素。

第三，整合有关自我与职业世界的知识。帕森斯的理论强调：在做出职业选择之前首先是要评估个人的能力，因为个人选择职业的关键就在于个人的特质与特定行业的要求是否相配；其次是要进行职业调查，即强调对工作进行分析，包括研究工作情形、参观工作场所、与工作人员进行交谈；最后要以人职匹配作为职业指导的最终目标。帕森斯认为只有这样，人才能适应工作，并且使个人和社会同时得益。

帕森斯认为职业与人的匹配，分为以下两种类型：

第一，条件匹配：所需专门技术和专业知识的职业与掌握该种特殊技能和专业知识的择业者相匹配。

第二，特长匹配：某些职业需要具有一定的特长，如具有敏感、易动感情、不守常规、有独创性、个性强、理想主义等人格特性的人，宜于从事美的、自我情感表达的艺术创作类型的职业。

帕森斯的特质因素论，作为职业选择的经典性理论，至今仍然有效，并对职业生涯规划和职业心理学的发展具有重要的指导意义。

（二）择业动机理论

美国心理学家佛隆（Victor H. Vroom）通过对个体择业行为的研究，在期望理论的基础上提出择业动机理论。该理论认为个人进行职业选择时，其择业动机取决于职业效价和职业概率。用公式表示为：

择业动机 = 职业效价 × 职业概率。

上式中，择业动机表明择业者对目标职业的追求程度，或者对某项职业选择意向的大小。

职业效价是指择业者对某项职业价值的评价，取决于：

（1）择业者的职业价值观。

（2）择业者对某项具体职业要求如兴趣、劳动条件、工资、职业声望等的评估。即：

职业效价 = 职业价值观 × 职业要素评估。

职业概率是指择业者获得某项职业可能性的大小，通常主要决定于四个条件：

（1）某项职业的需求量。在其他条件一定的情况下，职业概率同职业需求量呈正相关。

（2）择业者的竞争能力，即择业者自身工作能力和求职就业能力，竞争力越强，获得职业的可能性越大。

（3）竞争系数是指谋求同一种职业的劳动者人数的多少。在其他条件一定的情况下，竞争系数越大，职业概率越小。

（4）其他随机因素。

择业动机公式表明，对择业者来讲，某项职业的效价越高，获取该项职业的可能性越大，择业者选择该项职业的意向或者倾向越大；反之，某项职业对择业者而言其效价越低，获得此项职业的可能性越小，择业者选择这项职业的倾向也就越小。

（三）职业性向理论

美国约翰·霍普金斯大学心理学教授约翰·霍兰德（John Holland）于1959年提出了具有广泛社会影响的职业性向理论。他认为人的人格类型、兴趣与职业密切相关，凡是具有职业兴趣的职业，都可以提高人们的积极性。他把人格分为现实型、研究型、艺术型、社会型、企业型和常规型六种类型。

1. 社会型（S）

共同特征：喜欢与人交往、不断结交新的朋友、善言谈、愿意教导别人。关心社

会问题、渴望发挥自己的社会作用。寻求广泛的人际关系，比较看重社会义务和社会道德

典型职业：喜欢要求与人打交道的工作，能够不断结交新的朋友，从事提供信息、启迪、帮助、培训、开发或治疗等事务，并具备相应能力。如：教育工作者（教师、教育行政人员），社会工作者（咨询人员、公关人员）。

2. 企业型（E）

共同特征：追求权力、权威和物质财富，具有领导才能。喜欢竞争、敢冒风险、有野心、抱负。为人务实，习惯以利益得失、权利、地位、金钱等来衡量做事的价值，做事有较强的目的性。

典型职业：喜欢要求具备经营、管理、劝服、监督和领导才能，以实现机构、政治、社会及经济目标的工作，并具备相应的能力。如项目经理、销售人员，营销管理人员、政府官员、企业领导、法官、律师。

3. 常规型（C）

共同特点：尊重权威和规章制度，喜欢按计划办事，细心、有条理，习惯接受他人的指挥和领导，自己不谋求领导职务。喜欢关注实际和细节情况，通常较为谨慎和保守，缺乏创造性，不喜欢冒险和竞争，富有自我牺牲精神。

典型职业：喜欢要求注意细节、精确度、有系统有条理，具有记录、归档、据特定要求或程序组织数据和文字信息的职业，并具备相应能力。如：秘书、办公室人员、记事员、会计、行政助理、图书馆管理员、出纳员、打字员、投资分析员。

4. 实际型（R）

共同特点：愿意使用工具从事操作性工作，动手能力强，做事手脚灵活，动作协调。偏好于具体任务，不善言辞，做事保守，较为谦虚。缺乏社交能力，通常喜欢独立做事。

典型职业：喜欢使用工具、机器，需要基本操作技能的工作。对要求具备机械方面才能、体力或从事与物件、机器、工具、运动器材、植物、动物相关的职业有兴趣，并具备相应能力。如：技术性职业（计算机硬件人员、摄影师、制图员、机械装配工），技能性职业（木匠、厨师、技工、修理工、农民、一般劳动）。

5. 调研型（I）

共同特点：思想家而非实干家，抽象思维能力强，求知欲强，肯动脑，善思考，不愿动手。喜欢独立的和富有创造性的工作。知识渊博，有学识才能，不善于领导他人。考虑问题理性，做事喜欢精确，喜欢逻辑分析和推理，不断探讨未知的领域。

典型职业：喜欢智力的、抽象的、分析的、独立的定向任务，要求具备智力或分析才能，并将其用于观察、估测、衡量、形成理论、最终解决问题的工作，并具备相应的能力。如科学研究人员、教师、工程师、电脑编程人员、医生、系统分析员。

6. 艺术型（A）

共同特点：有创造力，乐于创造新颖、与众不同的成果，渴望表现自己的个性，实现自身的价值。做事理想化，追求完美，不重实际。具有一定的艺术才能和个性。善于表达、怀旧、心态较为复杂。

典型职业：喜欢的工作要求具备艺术修养、创造力、表达能力和直觉，并将其用于语言、行为、声音、颜色和形式的审美、思索和感受，具备相应的能力。不善于事务性工作。如艺术方面（演员、导演、艺术设计师、雕刻家、建筑师、摄影家、广告制作人），音乐方面（歌唱家、作曲家、乐队指挥），文学方面（小说家、诗人、剧作家）。

大多数人都并非只有一种性向（比如，一个人的性向中很可能是同时包含着社会性向、实际性向和调研性向这三种）。霍兰德认为，这些性向越相似，相容性越强，则一个人在选择职业时所面临的内在冲突和犹豫就会越少。为了帮助描述这种情况，霍兰德以六边形标示出六大类型的关系。见图6.3。

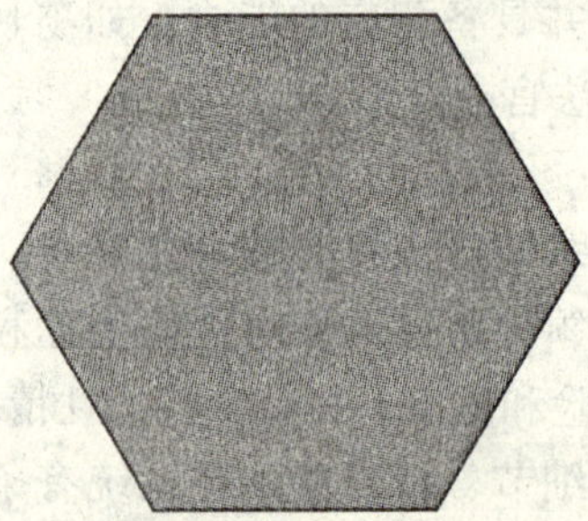

图6.3　霍兰德职业性向选择图

人们通常倾向选择与自我兴趣类型匹配的职业环境，如具有现实型兴趣的人希望在现实型的职业环境中工作，可以最好地发挥个人的潜能。但职业选择中，个体并非一定要选择与自己兴趣完全对应的职业环境。一则因为个体本身常是多种兴趣类型的综合体，单一类型显著突出的情况不多，因此评价个体的兴趣类型时也时常以其在六大类型中得分居前三位的类型组合而成，组合时根据分数的高低依次排列字母，构成其兴趣组型，如 RCA 、AIS 等；二则因为影响职业选择的因素是多方面的，不完全依据兴趣类型，还要参照社会的职业需求及获得职业的现实可能性。因此，职业选择时会不断妥协，寻求与相邻职业环境、甚至相隔职业环境，在这种环境中，个体需要逐渐适应工作环境。但如果个体寻找的是相对的职业环境，意味着所进入的是与自我兴趣完全不同的职业环境，则我们工作起来可能难以适应，或者难以做到工作时觉得很快乐，相反，甚至可能会工作得很痛苦。

（四）职业锚理论

职业锚理论由美国麻省理工大学斯隆商学院教授埃德加·H. 施恩（Edgar H. Schein）领导的专门研究小组，经过12年的职业生涯研究后提出的理论。

所谓职业锚，是指人们选择和发展自己的职业时所围绕的中心，即当一个人不得不做出选择的时候，他无论如何都不会放弃的职业中的那种至关重要的东西或价值观。个人进入早期工作情境后，由实际工作经验所决定，与在经验中自省的动机、价值观、才干相符合，达到自我满足和补偿的一种稳定的职业定位。职业锚强调个人能力、动机和价值观三方面的相互作用与整合。职业锚是个人同工作环境互动作用的产物，在实际工作中是不断调整的。

1978 年，施恩教授提出的职业锚理论包括五种类型：自主型职业锚、创业型职业锚、管理能力型职业锚、技术职能型职业锚、安全型职业锚。在 20 世纪 90 年代，又发现了三种类型的职业锚如下：安全稳定型，生活型，服务型职业锚。于是施恩将职业锚增加到八种类型，并推出了职业锚测试量表。

1. 技术/职能型（Technical Functional Competence）

技术/职能型的人，追求在技术/职能领域的成长和技能的不断提高，以及应用这种技术/职能的机会。他们对自己的认可来自他们的专业水平，他们喜欢面对来自专业领域的挑战。他们一般不喜欢从事一般的管理工作，因为这将意味着他们放弃在技术/职能领域的成就。

2. 管理型（General Managerial Competence）

管理型的人追求并致力于工作晋升，倾心于全面管理，独自负责一个部分，可以跨部门整合其他人的努力成果，他们想去承担整个部分的责任，并将公司的成功与否看成自己的工作。具体的技术/功能工作仅仅被看做是通向更高、更全面管理层的必经之路。

3. 自主/独立型（Autonomy Independence）

自主/独立型的人希望随心所欲安排自己的工作方式、工作习惯和生活方式。追求能施展个人能力的工作环境，最大限度地摆脱组织的限制和制约。他们不愿意放弃提升或工作扩展机会，也不愿意放弃自由与独立。

4. 安全/稳定型（Security Stability）

安全/稳定型的人追求工作中的安全与稳定感。他们可以预测将来的成功从而感到放松。他们关心财务安全，例如：退休金和退休计划。稳定感包括诚言、忠诚以及完成老板交代的工作。尽管有时他们可以达到一个高的职位，但他们并不关心具体的职位和具体的工作内容。

5. 创造型（Entrepreneurial Creativity）

创业型的人希望使用自己的能力去创建属于自己的公司或创建完全属于自己的产品（或服务），而且愿意去冒风险，并克服面临的障碍。他们想向世界证明公司是他们靠自己的努力创建的。他们可能正在别人的公司工作，但同时他们在学习并评估将来的机会。一旦他们感觉时机到了，他们便会自己走出去创建自己的事业。

6. 服务型（ServiceDedication to a Cause）

服务型的人指那些一直追求他们认可的核心价值，例如：帮助他人，改善人们的安全，通过新的产品消除疾病。他们一直追寻这种机会，即使这意味着变换公司，他们也不会接受不允许他们实现这种价值的工作变换或工作提升。

7. 挑战型（Pure Challenge）

挑战型的人喜欢解决看上去无法解决的问题，战胜强硬的对手，克服无法克服的困难障碍等。对他们而言，参加工作或职业的原因是工作允许他们去战胜各种不可能。新奇、变化和困难是他们的终极目标。如果事情非常容易，它马上变得非常令人厌烦。

8. 生活型（Lifestyle）

生活型的人是喜欢允许他们平衡并结合个人的需要、家庭的需要和职业的需要的工作环境。他们希望将生活的各个主要方面整合为一个整体。正因为如此，他们需要一个能够提供足够的弹性让他们实现这一目标的职业环境，甚至可以牺牲他们职业的一些方面，如：提升带来的职业转换，他们将成功定义得比职业成功更广泛。他们认为自己在如何去生活、在哪里居住、如何处理家庭事务，及在组织中的发展道路是与众不同的。

个人在进行职业规划和定位时，可以运用职业锚思考自己的具有的能力，确定自己的发展方向，审视自己的价值观是否与当前的工作相匹配。只有个人的定位和要从事的职业相匹配，才能在工作中发挥自己的长处，实现自己的价值。尝试各种具有挑战性的工作，在不同的专业和领域中进行工作轮换，对自己的资质、能力、偏好进行客观的评价，是使个人的职业锚具体化的有效途径。

对于企业而言，通过雇员在不同的工作岗位之间的轮换，了解雇员的职业兴趣爱好、技能和价值观，将他们放到最合适的职业轨道上去，可以实现企业和个人发展的双赢。

三、职业发展阶段理论

（一）金斯伯格三阶段理论

美国著名职业指导专家金斯伯格，对职业生涯的发展进行过长期研究，提出职业发展三阶段理论，把个人的职业发展分为三个阶段：幻想期、尝试期和现实期。

（1）幻想期：处于11岁之前的儿童时期。儿童们对大千世界，特别是对于他们所看到或接触到的各类职业工作者，充满了新奇、好玩的感觉。此时期职业需求的特点是：单纯凭自己的兴趣爱好，不考虑自身的条件、能力水平和社会需要与机遇，完全处于幻想之中。

（2）尝试期：11~17岁，这是由少年儿童向青年过渡的时期。此时起，人的心理和生理在迅速成长发育和变化，有独立的意识，价值观念开始形成，知识和能力显著增长和增强，初步懂得社会生产和生活的经验。在职业需求上呈现出的特点是：有职业兴趣，但不仅限于此，更多的和客观的审视自身各方面的条件和能力；开始注意职业角色的社会地位、社会意义，以及社会对该职业的需要。

（3）现实期：17岁以后的青年年龄段。即将步入社会劳动，能够客观的把自己的职业愿望或要求，同自己的主观条件、能力，以及社会现实的职业需要紧密联系和协调起来，寻找合适于自己的职业角色。此时期所希求的职业不再模糊不清，已有具体的、现实的职业目标，表现出的最大特点是客观性、现实性、讲求实际。

金斯伯格的职业发展论，事实上是前期职业生涯发展的不同阶段，也就是说，是初就业前人们职业意识或职业追求的变化发展过程。

（二）萨柏的五阶段理论

美国管理学家萨柏把人的职业生涯划分为五个主要阶段：成长阶段、探索阶段、确立阶段、维持阶段和衰退阶段。

1. 成长阶段（0 ~ 14 岁）

主要任务：认同并建立起自我概念，对职业好奇占主导地位，并逐步有意识地培养职业能力。具体分为 3 个成长期。

（1）幻想期（10 岁之前）：儿童从外界感知到许多职业，对于自己觉得好玩和喜爱的职业充满幻想和进行模仿。

（2）兴趣期（11 ~ 12 岁）：以兴趣为中心，理解、评价职业，开始作职业选择。

（3）能力期（13 ~ 14 岁）：开始考虑自身条件与喜爱的职业相符合否，有意识地进行能力培养。

2. 探索阶段（15 ~ 24 岁）

主要任务：主要通过学校学习进行自我考察、角色鉴定和职业探索，完成择业及初步就业。分为 3 个时期。

（1）试验期（15 ~ 17 岁）：综合认识和考虑自己的兴趣、能力与职业社会价值、就业机会，开始进行择业尝试。

（2）过渡期（18 ~ 21 岁）：正式进入职业，或者进行专门的职业培训，明确某种职业倾向。

（3）尝试期（22 ~ 24 岁）：选定工作领域，开始从事某种职业，对职业发展目标的可行性进行实验。

3. 建立阶段（25 ~ 44 岁）

主要任务：获取一个合适的工作领域，并谋求发展。这一阶段是大多数人职业生涯周期中的核心部分。

（1）尝试期（25 ~ 30 岁）：个人在所选的职业中安顿下来。重点是寻求职业及生活上的稳定。

（2）稳定期（31 ~ 44 岁）：致力于实现职业目标，是个富有创造性的时期。

4. 维持阶段（45 ~ 64 岁）

主要任务：这一长时间内开发新的技能，维护已获得的成就和社会地位，维持家庭和工作两者间的和谐关系，寻找接替人选。

5. 衰退阶段（65 岁以上）

主要任务：逐步退出职业和结束职业，开发社会角色，减少权利和责任，适应退休后的生活。

萨柏的职业生涯发展阶段理论是一种纵向职业指导理论，重在对个人的职业倾向和职业选择过程本身进行研究。

（三）格林豪斯的五阶段理论

美国心理学家格林豪斯研究人生不同年龄段职业发展的主要任务，并以此将职业生涯划分为 5 个阶段。

（1）职业准备。典型年龄段为 0 ~ 18 岁。主要任务：发展职业想象力，对职业进行评估和选择，接受必需的职业教育。

（2）查看组织。18～25岁为查看组织阶段。主要任务是在一个理想的组织中获得一份工作，在获取足量信息的基础上，尽量选择一种合适的、较为满意的职业。

（3）职业生涯初期。处于此期的典型年龄段为25～40岁。学习职业技术，提高工作能力；了解和学习组织纪律和规范，逐步适应职业工作，适应和融入组织；为未来的职业成功做好准备，是该期的主要任务。

（4）职业生涯中期。40～55岁是职业生涯中期阶段。主要任务：需要对早期职业生涯重新评估，强化或改变自己的职业理想；选定职业，努力工作，有所成就。

（5）职业生涯后期。从55岁直至退休位职业生涯的后期。继续保持已有职业成就，维护尊严，准备引退，是这一阶段的主要任务。

第三节　个人职业生涯管理

一、人力资源个体分析

（一）职业价值观

1．价值观和职业价值观

价值观就是人们在关于各种事物所具有的各种价值的观点或看法基础上形成的对这些事物所具有的价值的信念，这种信念是人们进行价值判断和选择、确立价值取向和追求的范型和定势。

职业价值观是指人们对职业的一种信念和态度，或是人们在职业生活中所表现出来的一种价值取向，既表现在择业观上，也体现在具体的工作态度上。

2．职业价值观的影响因素

（1）年龄

不同年龄的人具有不同的社会经历，这对其观念会产生不同的影响，表现出职业价值观的差异。研究表明，年龄越小越重视职业价值。

（2）性别

性别因素对职业价值观的影响，在企业职工中表现比较明显。有研究表明，内地女职工比男职工更重视职业价值中的外在报酬，三资企业的男职工比女职工更重视职业的内在价值。性别因素虽然在大学生职业价值观的内容上表现不明显，但在大学生的职业选择上，男女大学生心目中的理想职业存在较大差异。

（3）文化程度

文化程度越高的人越重视内在价值，即他们的职业需求较高，一般具有较大的职业抱负，希望在工作中充分施展自身才能，实现自身价值。

（4）职业兴趣

根据霍兰德的职业性向理论，可以将个人的职业兴趣分为六种类型，有研究表明，六种职业兴趣的人对职业价值的判断是不同的。如社会型的人更看重“能提供再教育机会”，企业型的人更看重“有较高的经济地位”，研究型的人更看重“专业能派上用场”等等。

3. 职业价值观的类型

人的职业价值观大致可以分为13中类型：

利他主义：看重为社会作贡献，把直接为大众谋福利作为自己的追求。

审美主义：不断追求美，得到美感的享受。

智力刺激：注重智力开发，思考、学习和探索新事物，解决新问题。

成就动机：不断得到他人的赞扬和不断实现自己的目标。

自主独立：能充分发挥自己的独立性和主动性，按自己的方式和想法去做，不受他人干扰。

社会地位：职业在人们心目中有较高的社会地位，获得他人的尊敬。

权力控制：有对他人或某事的管理权，能指挥和控制人和事。

经济报酬：获得优厚的报酬，生活富足。

社会交往：能和各种人交往，建立广泛的社会关系，和知名人物交往。

安全稳定：工作安稳，变动的风险小。

轻松舒适：追求舒适、轻松、自由和优越的工作条件和环境。

人际关系：同事和上级关系融洽，愉快自然。

追求新意：工作内容经常变动，不单调枯燥。

（二）个体人格

人格是个体与其环境交互作用的过程中所形成的一种独特的身心组织，而这一变化缓慢的组织使个体在适应环境时，在需要、动机、兴趣、态度、价值观、气质、性向、外形及生理等方面显示出不同于其他个体的地方。

1. 人格类型

人格的类型是指一类人身上所共有的人格特征的独特结合。从不同角度可以分为以下类型：

（1）理智型、意志型和情绪型：理智型的人以理智来衡量一切并支配行动；意志型的人具有明确目标，行动主动；情绪型的人行为举止受情绪左右。

（2）外倾型和内倾型：外倾型人格的人心里倾向于外部世界，表现出活泼、开朗、感情外露、善交际、好外出、坦率、随和等，考虑问题多从外部事物出发，有时较轻率。内倾型的人心理活动倾向于内心世界，对外多疑、困惑、厌恶社交、富于幻想、小心谨慎、缺乏实际行动，行动从主观态度出发，不关心周围的人和事，有防御性。

（3）A型人格和B型人格：A型人格的共同特点是急躁、争强好胜、有强烈的紧迫感、缺乏耐心，心直口快、爱激动、易发怒、不知满足等。B型人格的特点是从容、不争强好胜、能化竞争为兴趣、做事胸有成竹，不受外界干扰，失败不气馁。

（4）顺从型和独立型：顺从型的人独立性差，易受暗示、容易轻信、容易不加批判地接受别人的意见，屈从权威，逆来顺受，缺乏主见，办事盲从，紧急情况下易张皇失措。独立型的人善于独立发现问题和解决问题，喜欢把自己的意见强加于人，不易受外界干扰，自信果断，紧急困难情况下不会慌张。

2. 人格的表现

人格是一个人对客观现实的一种反应形式，具体可以从以下方面表现出来：

（1）对社会、对别人的态度和行为方式：如诚实、谦虚、温和、同情心、合作性等。

（2）对工作和学习的态度和方式：如勤恳、专注、坚持、责任心、创新性等。

（3）对自己的态度和行为方式：如谦虚谨慎、自尊、自爱、自信、自律等。

（4）语言的特点和方式：如坦率、朴实、委婉、健谈、沉默、轻言细语、快人快语等。

（5）外部情感的表现：如面部表情、肢体语言、衣着、服饰等。

（6）对生活的态度和方式：如软弱顺从、孤僻倔强、乐观、悲观等。

（三）个体能力

能力是指人实现某种活动所具备的条件。能力包括体力、智力、知识和技能四部分。体力是人的身体素质，包括生理能力（如运动能力、爆发力、平衡能力、耐力等）和精神运动能力（如控制能力、肢体协调能力、反应能力、身体灵活性等）。智力是一个人聪明程度的反映，包括语言理解能力、语言表达能力、运算能力、推理能力、记忆力、感知能力等。知识是对客观人和事物的各种经验和认识，包括基础性知识、专业化知识、复合型知识、前瞻性新知识等。技能是人们从事活动的动作能力，可以通过反复的训练形成，包括动作技能和心智技能。

个体之间的能力是有差异的，影响个体能力的形成和发展的因素包括：

（1）遗传因素：人生来就具有的某些生理方面的特点，包括神经系统、感觉器官、运动器官和生理方面的特点等。

（2）环境因素：包括自然环境和社会环境，尤其是社会环境对个体能力的形成影响较大。

（3）教育因素：受教育的情况是个体能力形成和发展的主导因素，一般而言，良好的教育能使个体的知识和能力同步增长。

（4）实践活动因素：能力和实践活动紧密相关，不同职业对个体的能力要求不一样，必须通过该领域的实践活动才能发展出相应的能力。

（5）主观努力因素：能力的发展还受到个体主观努力程度的影响。

二、个人职业生涯管理的基本原则

1. 清晰性原则：目标清晰明确，措施和步骤详细、直接。

2. 灵活性原则：目标和措施的设计要考虑环境因素的变化，以便根据实际情况进行调整。

3. 一致性原则：远期目标和近期目标一致，主要目标和分目标一致，目标与措施一致，个人目标与组织目标一致。

4. 挑战性原则：目标的设置要具有挑战性，不断提升自己的能力，开发自己的潜力。

5. 激励性原则：目标要符合自己的性格、兴趣和特长，能对自己产生内在的激励作用。

6. 整体性原则：制定职业生涯规划时要从长远目标出发，全盘考虑，设计出整个职业生涯的历程。

7. 实际性原则：实现职业目标的途径很多，应考虑自己的特点、社会环境、组织环境，利用优势、回避劣势，选择具有可行性的方案。

8. 可衡量原则：设计职业生涯规划时应有明确的时间限制和标准，能评估、检查每一个步骤的结果，随时掌握执行情况，为下一步的决策提供参考依据。

三、个人职业生涯管理应考虑的因素

1. 自我认识方面

(1) 个人的兴趣、爱好与特长；

(2) 个人的职业价值观与人格特点；

(3) 个人的目标与追求；

(4) 个人智商、情商；

(5) 个人的优缺点、优势与劣势；

(6) 个人的学历与能力；

(7) 个人的工作经验与职业经历。

2. 外部环境方面

(1) 宏观经济情况；

(2) 国家政策、法律的影响；

(3) 科技发展情况；

(4) 社会需求；

(5) 行业发展情况；

(6) 组织的需求；

(7) 家庭的期望。

3. 个人目标方面

(1) 设定该目标的原因；

(2) 达到该目标的途径；

(3) 要实现目标所需的能力、训练及教育；

(4) 实现目标可能得到的帮助；

(5) 实现目标可能遇到的阻力。

4. 具体措施方面

(1) 教育、培训的具体安排；

(2) 有助于个人发展的其他安排；

(3) 排除各种阻力的计划与措施；

(4) 争取各种帮助的计划与措施。

四、个人职业生涯管理的基本步骤

1. 自我评估

自我评估包括对自己的兴趣、特长、性格的了解，也包括对自己的学识、技能、智商、情商的测试，以及对自己思维方式、思维方法、道德水准的评价等。自我评估的目的是认识自己、了解自己，从而对自己所适合的职业和职业生涯目标作出合理的抉择。

2. 职业生涯机会的评估

职业生涯机会的评估，主要是评估周边各种环境因素对自己职业生涯发展的影响。在制定个人的职业生涯规划时，要充分了解所处环境的特点、掌握职业环境的发展变化情况、明确自己在这个环境中的地位以及环境对自己提出的要求和创造的条件等等。只有对环境因素充分了解和把握，才能做到在复杂的环境中避害趋利，使你的职业生涯规划具有实际意义。

3. 职业认知及确定职业发展目标

在准确地对自己和环境做出了评估之后，我们可以确定适合自己、有实现可能的职业发展目标。在确定职业发展的目标前需要全面认识目标职业的各个方面，包括职业类型、职业性质、职业特点、工作内容、职业要求、工作环境、职业发展前景、行业文化等等；同时要注意自己性格、兴趣、特长与选定职业的比配，更重要的是考察自己所处的内外环境与职业目标是否相适应，不能妄自菲薄，也不能好高骛远。合理、可行的职业生涯目标的确立决定了职业发展中的行为和结果，是制定职业生涯规划的关键。

4. 选择职业生涯发展路线

在职业目标确定后，向哪一路线发展，如是走技术路线，还是管理路线；是走技术加管理即技术管理路线，还是先走技术路线、再走管理路线等，此时要做出选择。由于发展路线不同，对职业发展的要求也不同。因此，在职业生涯规划中，必须对发展路线做出抉择，以便及时调整自己的学习、工作以及各种行动措施沿着预定的方向前进。

5. 制订职业生涯行动计划与措施

在确定了职业生涯的目标并选定职业发展的路线后，需要分解目标，制订相应的教育培训计划，选择实现目标的路径和方法。具体而言，包括将目标分解为短期目标、中期目标和长期目标。其中短期目标可分为日目标、周目标、月目标、年目标，中期目标一般为三至五年；长期目标为五至十年。同时可以根据环境变化制订和调整短期行动计划，并针对具体计划目标采取有效措施。职业生涯中的措施主要指为达成既定目标，在提高工作效率、学习知识、掌握技能、开发潜能等方面选用的方法。行动计划要对应相应的措施，要层层分解、具体落实，细致的计划与措施便于进行定时检查和及时调整。

6. 评估与回馈

影响职业生涯规划的因素很多，有的变化因素是可以预测的，而有的变化因素难以预测。在此状态下，要使职业生涯规划行之有效，就必须不断地对职业生涯规划执行情况进行评估。首先，要对年度目标的执行情况进行总结，确定哪些目标已按计划完成，哪些目标未完成。其次，对未完成目标进行分析，找出未完成原因及发展障碍，制定相应解决障碍的对策及方法。最后，依据评估结果对下年的计划进行修订与完善。具体包括以下评估和调整：

（1）职业目标的评估和调整；

（2）发展路径的重新选择；

（3）实施措施与行动计划的变更。

第四节　组织职业生涯管理

一、组织职业生涯管理的基本原则

1．利益整合原则

利益整合是指员工利益与组织利益的整合。这种整合不是牺牲员工的利益，而是处理好员工个人发展和组织发展的关系，寻找个人发展与组织发展的结合点。每个个体都是在一定的组织环境与社会环境中学习发展的，因此，个体必须认可组织的目的和价值观，并把他的价值观、知识和努力集中于组织的需要和机会上。

2．公平、公开原则

在职业生涯规划方面，企业在提供有关职业发展的各种信息、教育培训机会、任职机会时，都应当公开其条件标准，保持高度的透明度。这是组织成员的人格受到尊重的体现，是维护管理人员整体积极性的保证。

3．协作进行原则

协作进行原则，即职业生涯规划的各项活动，都要由组织与员工双方共同制定、共同实施、共同参与完成。职业生涯规划本是好事，应当有利于组织与员工双方。但如果缺乏沟通，就可能造成双方的不理解、不配合以至造成风险，因此必须在职业生涯开发管理战略开始前和进行中，建立相互信任的上下级关系。建立互信关系的最有效方法就是始终共同参与、共同制定、共同实施职业生涯规划。

4．动态目标原则

一般来说，组织是变动的，组织的职位是动态的，因此组织对于员工的职业生涯规划也应当是动态的。在“未来职位”的供给方面，组织除了要用自身的良好成长加以保证外，还要注重员工在成长中所能开拓和创造的岗位。

5．时间梯度原则

由于人生具有发展阶段和职业生涯周期，职业生涯规划与管理的内容就必须分解为若干个阶段，并划分到不同的时间段内完成。每一时间阶段又有“起点”和“终点”，即“开始执行”和“实现目标”两个时间坐标。如果没有明确的时间规定，会使职业生涯规划陷于空谈和失败。

6. 发展创新原则

发挥员工的“创造性”，在确定职业生涯目标时就应得到体现。职业生涯规划和管理工作，并不是指制定一套规章程序，让员工循规蹈矩、按部就班地完成，而是要让员工发挥自己的能力和潜能，达到自我实现，创造组织效益的目的。还应当看到，一个人职业生涯的成功，不仅仅是职务上的提升，还包括工作内容的转换或增加、责任范围的扩大、创造性的增强等内在质量的变化。

7. 全程推动原则

在实施职业生涯规划的各个环节上，对员工进行全过程的观察、设计、实施和调整，以保证职业生涯规划与管理活动的持续性，使其效果得到保证。

8. 全面评价原则

为了对员工的职业生涯发展状况和组织的职业生涯规划与管理工作状况有正确的了解，要由组织、员工个人、上级管理者、家庭成员以及社会有关方面对职业生涯进行全面的评价。在评价中，要特别注意下级对上级的评价。

二、组织职业生涯管理的方法和步骤

1. 建立企业人力资源档案

通过日常绩效考评等各种人才评估工作，了解员工才能、特长、兴趣、个性、绩效、学历、知识和经验、技能、工作经历及个人目标等，评估他们在专业技术、管理和创新等方面的潜力，确定员工目前所在的职业生涯发展阶段。另外，了解沿不同职业道路转移或流动的人数、工种、职位，转移或流动的原因，转移或流动发生时间及预计发生的时间等。人力资源档案是企业制订具体的员工培养发展计划的依据。

2. 设计员工职业发展道路

企业要建立完善、清晰的职位体系，明确每个职位应负的责任、业绩的衡量标准、职位价值、回报等。职位体系应有合理的分层，各个层级的名称、数量要明确。目前企业为员工设计的职业发展道路一般包括以下几种：

(1) 纵向职业道路：传统发展模式，沿组织的等级层次逐级跨越，获得职务的晋升。

(2) 横向职业道路：跨越横向职能边界的调动，有助于员工扩大专业知识和丰富专业经历，开发员工的潜能，调动员工的工作积极性，做到人尽其才。

(3) 网状职业道路：纵向职业路径与横向职业路径的综合交叉，为员工提供更灵活的发展机会。

(4) 双重/多重职业道路：允许各部门的专业人才通过提高其专业水平、为企业做出更大的贡献来提升自己在企业中的地位并增加报酬，而不必通过成为管理者来实现上述目标。职业通道如：管理类、技术类、营销类等。

3. 建立内部晋升/流动机制

组织结构的变动会导致职位的增删合并，员工离职、辞退、事故、自然减员等都可能带来职位变动，需要提前做好职位替补/晋升计划；另外，为了提升员工绩效，有效激励各个层面的员工，发现及培养人才，组织也有必要在内部建立人员升降、流动的正常机制。

4. 帮助员工设计职业生涯规划

（1）为员工提供企业目标、战略、政策等信息；

（2）为员工提供企业职业发展道路及职位要求等方面的信息；

（3）帮助员工制订职业计划，使员工个人目标与企业目标相一致；

（4）职业适应性管理：帮助员工明确热爱的职业，培养员工的职业兴趣，帮助员工融入组织文化，帮助员工提高综合素质，尽可能适应职业的要求；

（5）职业生涯三维管理：在进行员工职业管理（帮助员工进行职业选择、职业适应和职业发展）的同时，还需要帮助员工进行自我事务管理（如个人身体健康、心理健康、生活技能提升、社交能力提升等），以及员工家庭生活管理（如帮助员工提升家庭生活质量等）。

三、组织职业生涯管理应注意的问题

企业在对员工进行职业生涯管理时，应首先依据组织的经营发展、职位种类与特点等进行岗位序列设置职位族，以打开员工职业发展通道；其次依据具体员工的实际情况做相应的能力分析、评估以及个人意愿，以决定员工的发展方向和发展计划。因此，我们需要解决的是如何让员工的生涯和企业发展相统一，如何让员工提升自身能力，以面对生涯发展中的要求并且有自我满足和实现感。

（1）管理人员应与员工进行沟通，以勾画出员工未来可能达到的状态。这主要应从正面进行，即多谈谈员工的优点，使员工突破自身的胆怯心理，帮助他们看到自身的长处有助于实现自己的生涯前景。

（2）应针对员工而非岗位。员工通常都有一种感觉，即希望生涯规划是为他们量身定制的，而不是为岗位的所有人制定的，这样员工就会感受到自身对组织的重要性，从而激发出潜能，也就能体现出员工生涯前景的独特之处。

（3）生涯前景应对员工有激励作用。管理人员对员工进行的生涯前景设计应能满足员工的价值观和需求，必须让员工从中看到个人利益，以及这些利益对自己带来的好处，这样才能使生涯规划发挥对员工的激励作用。

（4）积极建立员工个人职业生涯规划与企业发展需要的交集。

（5）不要以职业生涯规划来批评员工。管理人员在与员工进行沟通时，不要总是强调员工的现实能力与胜任能力之间的差距，以至对员工进行批评，打击员工的发展雄心，这样员工就不会感到兴奋而是感到威胁，有必要进行自我防卫。

（6）不要告诉员工必须改变自身行为。如果管理人员这样做，实际上是在对员工进行纪律教育而不是鼓励员工瞄准更高的高度。

（7）不要在进行员工职业生涯规划时对员工许下各种有诱惑力的承诺。生涯规划本身对员工应该具有足够的激励作用，充满诱惑力的承诺本身具有缺陷——员工认为你是在贿赂他，而不是正在为他们发展进行考虑；而且一旦承诺无法兑现，员工就认为受到欺骗而适得其反。

【本章小结】

本章介绍了职业生涯及职业生涯管理等基本概念；介绍了职业生涯管理有关理论的内容及发展背景；从个人和组织两个角度分别论述了职业生涯管理的基本原则，影响因素、方法、步骤和职业生涯规划中注意的问题。

【本章思考题】

1. 何为职业生涯管理？职业生涯管理有什么作用？
2. 个人职业生涯管理的原则与步骤是什么？
3. 组织职业生涯管理的原则与步骤是什么？
4. 霍兰德的职业性向理论的基本内容是什么？对我们进行职业选择有什么启示？
5. 进行职业生涯管理时应考虑哪些因素？
6. 如何实现个人职业发展与组织发展目标的有效整合？

【应用性练习题】

运用所学的职业生涯管理的理论撰写个人职业生涯设计书。

要求：

1. 在职业测评的基础上认识自我性格、气质、职业兴趣、能力等个人特征。
2. 调查影响个人职业生涯的环境因素。
3. 在了解自我和认识环境的基础上，确立个人职业生涯目标。
4. 制订个人职业生涯规划方案。

第七章　绩效考核

【本章学习目标】

- 了解绩效、绩效考核的基本概念
- 理解绩效考核的基本流程
- 掌握绩效考核的标准和主要方法
- 掌握关键绩效指标的设计方法
- 掌握有效绩效反馈和面谈的技巧

【引导案例】

朗讯公司的业绩考核激励①

朗讯公司按业绩提供报酬，全公司每年都要进行非常周密的业绩考核。朗讯公司通过一个“3×3”矩阵给员工打分，告诉每位员工他自己的业绩情况。每个人的报酬增长情况最终的决定权在业务部门，业务部门要真正知道谁是他们的业务骨干。

在人力资源管理中，业绩估计是最敏感的部分，因为它直接关系到员工的升迁和薪金。业绩评估不恰当会影响到员工的情绪，也会影响到部门的工作。有些经理甚至不愿意有真正严格的评估，或者说中层主管对公司制定的考核员工制度往往在情绪上不愿意执行，因为这里面有破坏个人自尊的行为，有人际关系风险。研究表明，大多数员工认为自己表现优秀，评估结果往往与他们的期望有着天壤之别。

人力资源的许多方面是务虚，业绩评估却是非常“实”的一部分，它实实在在要兑现，也实实在在影响着员工的心理和行为。所以发展一个合理的评估制度，尽可能得出准确公平的评估结果，将是评估工作的最大成功。有些公司弱化评估，就是因为评估是一个主观性比较大、尺度不太好把握的工程，如果有失公允的地方太多，伤害到业务骨干的情绪，甚至导致业务骨干跳槽，反而得不偿失，所以搞平均主义在许多企业里面有其市场。另外，评估是一个非常细致的管理流程，需要完善的管理制度支持，所以在整体管理制度低下的情况下，业绩评估的正面影响难以发挥，而负面作用会突出，这也是评估制度被搁置的原因。但是有一点必须明确，在企业规模越来越大、人才竞争激烈的今天，对员工实行粗放制度管理，使管理缺乏力度，将会导致管理涣散，使企业陷入被动并失去活力。

一、评估每一天

朗讯公司的业绩评估系统是一个闭环反馈系统，这个系统有一个形象的模型就是

① 夏光. 人力资源管理案例·习题集［M］. 北京：机械工业出版社，2008：152－155.

一个“3×3”的矩阵。员工工作业绩的最后评定，会通过这个矩阵形象地表达出来。这就像一个矩阵形的“跳竹竿”游戏，如果跳得好就不会被夹脚出局，而且会升迁涨工资。朗讯的员工每年要“跳矩阵”一次，但是评估过程从目标制定之日起就已经开始了，可以说是做到了评估每一天。

二、朗讯的业绩评估系统

每年年初，员工都要和经理一起制定这一年的目标，经理要和更高层经理制定自己的目标。这个目标包括员工的业务目标、行为目标和发展目标。在业务目标里，一个员工要描叙未来一年的职责是什么，具体要干些什么；如果你是一名主管，还要制定对下属的帮助目标。在行为目标里，员工必须根据朗讯的企业文化分别指出自己应该怎么做。在发展目标里，员工则可以明确地提出方向并得到主管的同意。下属每一个目标的制定，都是在主管的参与下进行的。主管会根据你的业绩目标、行为方面的差距、自己能力的不足三个方面提出最切实的发展参考意见，因为主管在工作中与下属有最密切的联系。

三、履行自己的计划

在制定了目标后的一年里，每个员工在执行目标时会有来自三个方面的互动影响，一种是反馈（Feedback），另一种是指导（Coaching），还有一种是认可（Recognition）。

反馈通常是在员工与员工、员工与主管、主管与员工之间常用的一种沟通方式。朗讯公司的每位员工在工作中都有可能充当教师的角色。指导主要是指员工和主管沟通的三种常见方式，每位员工有义务通过这三种方式履行自己的目标的日常行为。朗讯将员工的评估通过这些方式细化到每天的工作中。

每个员工都非常重视这些互动反馈的信息，因为在业绩评估中，反馈是一项重要的依据。每位员工都要收集好别人给你的反馈，记录下一些重要的反馈，而且要与主管讨论这些反馈。如果员工在收集反馈时遇到问题，可以有以下七种执行好反馈的方法：①员工应该主动采取一些方式，例如向其他员工、主管、客户等所有与工作有关的人索要这些反馈；②员工要善于听取别人的反馈意见，认真考察别人说的是否正确，避免出现对别人的反馈不重视的自我保护行为；③要认真思考这些反馈，以免自己做出过度的反应或提出不恰当的意见；④向提供反馈的人做出响应，告诉他们针对其意见所做的变化；⑤让提供反馈的人参与到你的改进行为中去，看他们能否提出更进一步的建议；⑥针对反馈改进行为，记录改变，比较一下自己的变化；⑦每3~4个月跟踪那些提供反馈的人，看他们能否感觉到了你所做的改进。这七种行为将是员工完成好反馈的基本方法。

这种类似于批评和自我批评、不断提高自己的效率和沟通技巧的工作方式，将业绩评估贯彻到日常工作的每一天。

对于培养员工职责的主管来说，他还必须执行好职责（Coaching）。这个职责简单来说用英文“SMART”来概括：S即Specific，指出对员工行为看法；M即Measurable，量化员工工作的一些指标；A即Attainable，是指员工与经理要协商一致；R即Relevant，指出员工能够实现的效率；T即Time－bound，要及时给员工提出反馈信息。每个主管都要做到职责所要求的事，这些是其年终评估的一项。

认可是一种良好的文化，无论是员工与员工之间，还是主管与员工之间都存在工作的认可，认可甚至超越公司内部，延伸到客户中。朗讯工作鼓励用一些简单的认可方式来鼓励员工，这些认可可能是一封感谢信，或者一个停车位，订一份杂志，甚至还有送电影票、戏票。认可多种多样，只是表达一种正向的反馈，但是能够让大家在工作中获得好的情绪。朗讯公司对认可有以下几个指导方针：①将合适的鼓励送给合适的人；②鼓励的方式要和员工的成绩相匹配；③鼓励要及时；④说出为什么要鼓励他。这种相互鼓舞的机制可以让员工分享新的思想，也能鼓励不同的观点，共享信息，减少官僚作风，为做重大决策打基础。

业绩评估是整个系统中最关键的一环，因为他使以前大家所做的一切有一个“说法”。朗讯的评估过程非常精细和严谨，目的是使评估尽可能公平，尽可能体现每一位员工和主管在过去一年里的作为。

评估围绕三个方面进行：第一个是当前的业务结果，这是针对当初的业务目标进行的，通过比较每一位员工自己设定的目标和完成的情况，以决定其这一项的效果如何；第二个评估内容是“GROWS”，朗讯的文化行为模式；第三个是员工在发展自己的知识和技能方面做得如何。每位员工一年中有两次评估，一次是年中评估，这个时间在半个财政年度执行，主要看目标的执行情况；另一次是财政年度的评估，看达到了目标没有。

第一节　绩效考核概述

绩效考核作为管理的核心环节之一，对组织业绩影响的重要程度已经为企业界普遍关注，但是，大部分企业在如何推进绩效考核方面，仍面临着各种困惑。如何不断提高员工的绩效？如何公正客观地评价员工？如何有效地运用考核的结果？这些困惑既有对绩效考核本质认识不清的问题，也有方法和手段欠缺的问题。

绩效考核是对人力资源业绩进行评估和管理的基本环节，是组织人力资源管理系统中一个衡量、测评、影响人员行为和工作结果的职能单位。本章将从绩效考核的基本问题、绩效考核的方法、绩效考核体系设计及绩效考核中的问题和对策几个方面来解决人力资源业绩管理的问题。

一、绩效的基本概念

（一）绩效的含义及分类

1．绩效的含义

绩效，也称为业绩、效绩、成效等，是指员工经过考核并被认可的工作行为、表现及结果，反映的是员工从事某一种活动所产生的成绩和成果。只要有需求、有目标，就有绩效。企业通过对员工工作绩效的考核，获得反馈信息，并据此制定相应的人事决策与措施，调整和改进其效能。绩效是一种客观现象，可以为人所辨识和确认，但由于环境、标准及人的主观因素等方面存在差别，这种辨识和确认可能不精确。

2. 绩效的分类

绩效可分为员工绩效和组织绩效。

员工绩效是指员工在某一时期内的工作结果、工作行为和工作态度的总和。

组织绩效是指组织在某一时期内组织任务完成的工作数量、质量以及效率和盈利状况。

员工绩效和组织绩效之间并不是孤立的，两者之间的关系如图 7.1 所示①。

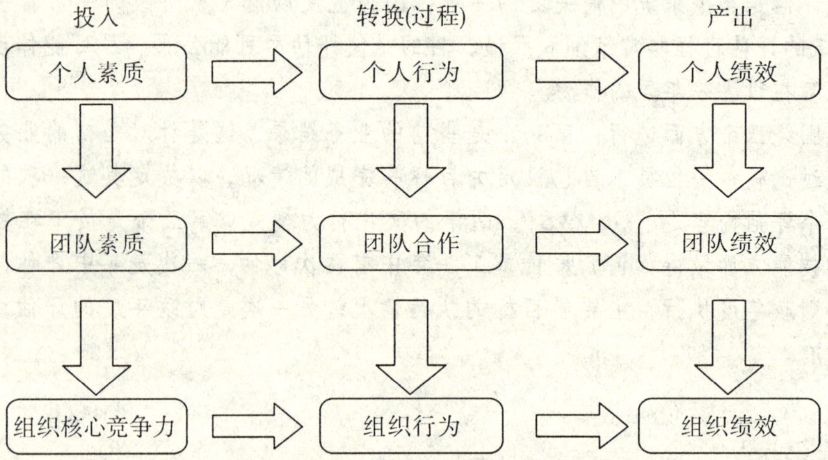

图 7.1　绩效矩阵

员工绩效是由员工个人的职业化行为所决定的，主要考察的是员工达到目标的行为是否符合职业化行为的标准、是否在按照职业化工作程序做正确的事。个人素质是决定个人职业化行为的主要因素。团队绩效主要是由团队合作的程度所决定的，团队建设、跨团队跨职能合作、知识经验共享、学习型组织的建立等团队“素质”是团队高绩效的决定因素。企业文化和共同愿景则将个体、团队与组织的绩效有机地结合在一起，最终实现组织的战略目标。

（二）绩效的特征

绩效一般呈现出一系列较为明显的特征。组织只有根据绩效的基本特征科学地设计考核体系，才能提高考核的信度和效度。一般来说，绩效具有四个显著的特征：

1. 多因性

绩效的多因性是指绩效的优劣不是取决于单一的因素，而是由多种因素共同决定的。影响员工工作绩效的因素主要有能力（Ability）、激励（Motivation）、机会（Opportunity）和环境（Environment）。绩效可以用以下的公式来表示：

① 彭剑锋. 人力资源管理概论［M］. 上海：复旦大学出版社，2006：325.

$$P = f(A, O, M, E)$$

这个公式表明，绩效是能力、激励、机会和环境四种变量的函数。其中能力和激励为员工自身所拥有，属于主观因素，直接对绩效产生影响；而机会和环境则是客观因素，对绩效产生间接影响。

根据上述几个因素的关系，我们可以做出如图 7.2 所示的工作绩效模型。

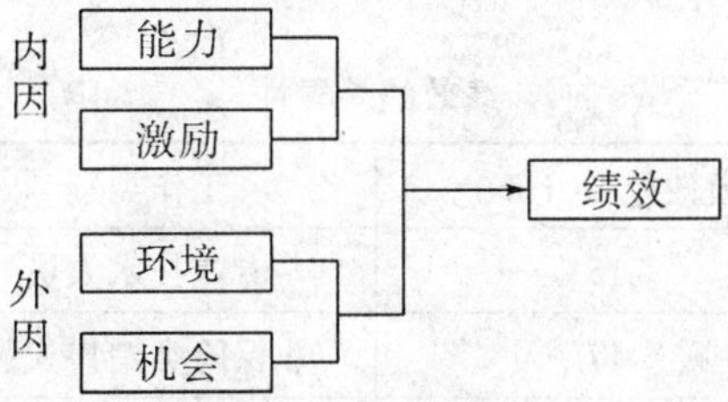

图 7.2　工作绩效模型

（1）能力是指员工工作技巧与能力水平，取决于个人天赋、智力、经历、教育与培训等个人特点。在其他因素不变的情况下，员工的能力越高，绩效越显著，能力与绩效成正比。作为组织，可以通过培训提高其能力水平，从而改进他们的绩效水平。

（2）激励是指员工的工作积极性。激励本身又取决于职工个人的需要结构、个性、感知、学习过程与价值观等个人特点，其中需要结构影响最大。员工在谋生、安全与稳定、友谊与温暖、尊重与荣誉及实现自身潜能诸层次的需要，各有其独特的强度组合，需经企业调查摸底，具体分析，对症下药予以激发。

（3）机会具有很大的偶然性，如某项任务分配给员工甲，员工乙当时不在或因纯随机性原因而未被派给任务，可能乙的能力与激励均优于甲，却无从表现。不能否认，“运气”是存在的，现实中不可能做到完全的公平。此因素是不可控的。

（4）环境首先是指企业内部的客观条件，如劳动场所的布局与物理条件（室温、通风、粉尘、噪声、照明等），任务的性质，工作设计的质量，工具、设备与原料的供应，上级领导的作风和监控方式，公司的组织结构与规章政策，工资福利、培训机会以及企业的文化、宗旨及氛围等。此外还包括企业之外的客观因素，如社会政治状况、经济状况、市场竞争强度及劳动力市场状况等，这些因素的影响都是间接的。

2. 多维性

绩效的多维性是指员工的工作绩效是通过多方面表现出来的。例如，在考核生产工人的绩效水平时，不仅要考核产量指标的完成情况，而且要考核质量指标及原材料的消耗和节约情况，还要考核该员工的出勤情况、团结意识、服从意识、纪律意识等。在考核时，应全面考核，综合分析，通过综合评价各种指标才能得出比较正确的结论。

3. 动态性

绩效的动态性是指员工的绩效在不同时期会有所差异。原来较差的绩效可能会变好，原来较好的绩效可能会变差。一段时期可能具有较高的绩效水平，另一段时期可能具有较低的绩效水平。企业应用动态的眼光来考核员工，而不能一成不变地观察和考核员工。尤其是在确定考核周期时，应充分考虑绩效的动态性特征，具体情况具体分析，从而确定恰当的绩效周期，保证组织能根据评价的目的及时掌握员工的绩效情况，并减少不必要的管理成本。

4. 差异性

绩效的差异性是指相同的员工从事不同的工作会产生不同的绩效，不同的员工从事相同工作的绩效也截然不同。随着工作内容复杂性的提高，员工之间绩效的差异也必将随之增大。如表 7.1 所示。

表 7.1 绩效的差异性

工作类别	绩效差异（%）	工作类别	绩效差异（%）
蓝领工人	15	专业技术人员	46
办事员	17	非保险类销售人员	42
工匠	25	保险类销售人员	97
事务性管理人员	28		

由于个体之间存在着知识、智力、能力、心理素质、个性等方面的广泛差别，组织员工之间在工作绩效上往往表现出非常明显的差异。管理学家研究表明，即使是同一职位的不同员工之间的绩效也可能存在明显的差异，而且越是在需要高层次知识和技能的工作岗位上，这种差别就越明显。

员工中存在的这种固有的差异要求组织提供一个良好的绩效考核机制，企业必须设法合理地衡量各个员工的绩效，公平地评价不同员工对组织的贡献，并据此激励先进，鞭策后进；有效地测评员工的知识、技能和态度，并据此决定组织人员在各个岗位上的配置；对照员工的考核结果，制订出合理的人员发展计划；建立公平、公正的绩效考核机制，为员工提供一个公平的竞争环境，调动员工积极性。

总之，管理者对下级员工的考核，应该是全面的、发展的、多角度的和权变的，力戒主观、片面和僵化。

二、绩效考核的概念

（一）考核的含义

考核是考核与评价的总称。其中“考”是指查核、查考的意思；“核”是考察、核实的意思。考核就是仔细查对、核实的意思。考核是为评价提供事实依据，只有基于客观的考核基础上的评价才是公平合理的，考核的结果也只有通过评价才能得以进一步的运用。

（二）绩效考核的含义

绩效考核，是指对员工在工作过程中表现出来的工作业绩（工作的数量、质量和社会效益等）、工作能力、工作态度及个人品德等进行评价，并用之判断员工与岗位的要求是否相称。考核不仅仅是对员工工作绩效的考核，它还能确保员工的工作活动以及工作产出能够与组织的目标保持一致。

绩效考核包括三个层面的含义：

（1）绩效考核是从企业经营目标出发对员工工作进行考核，并使考核结果与其他人力资源管理职能相结合，推动企业经营目标的实现。

（2）绩效考核是人力资源管理系统的组成部分，它运用一套系统的和一贯的制度性规范、程序和方法进行考核。

（3）绩效考核是对组织成员在日常工作中所表现的能力、态度和业绩实事求是的评价。

绩效考核在管理活动中承担着两种角色：一种角色是通过绩效考核获得员工工作的真实信息，以对绩效突出、表现优异的员工进行鼓励，或对绩效平平、表现不佳的员工进行惩戒。另一种角色是通过绩效考核获得员工工作的真实信息，有针对性地开发员工的各种潜能，并为组织提供员工在提升、调动和加薪等方面作决策的全面信息。

绩效考核在人力资源管理中处于核心地位，它与人力资源管理的其他方面几乎都密切相关。企业通过工作分析，制定岗位职责，依据企业战略目标，进而制定绩效考核的标准，实施绩效考核。而绩效考核的结果又应用于奖惩、培训、晋升、解雇等方面，并与薪酬、企业文化建设以及员工职业生涯设计挂钩。

（三）绩效考核与绩效管理的联系与区别

绩效管理，就是为了更有效地实现组织目标，由专门的绩效管理人员运用人力资源管理的知识、技术和方法与员工一起进行绩效计划、绩效沟通、绩效评价、绩效的诊断与提高的持续改进组织绩效的过程。绩效管理是一套完整的 P—D—C—A 循环体系，即指计划（Plan）、实施（Do）、检查（Check）、调整（Adjust）。落实到绩效管理上就是制订绩效计划、动态持续的绩效沟通、绩效考核、绩效的诊断与提高的循环过程。见图 7.3。

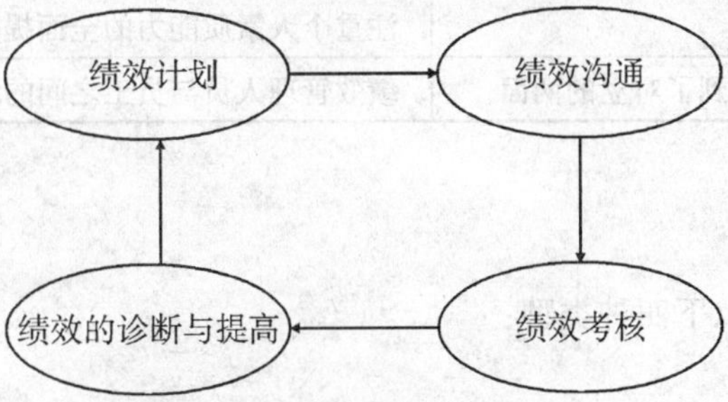

图 7.3　绩效管理的循环过程

1. 绩效考核与绩效管理的联系

绩效考核是绩效管理的一个不可或缺的组成部分。绩效考核可以为组织改善绩效管理提供资料，帮助组织不断提高绩效管理的水平和有效性，使绩效管理真正帮助管理者改善管理水平，帮助员工提高绩效能力。绩效管理以绩效考核的结果作为参照，通过与标准的比较，寻找差距，提出改进的方案，并推动方案的实施。

2. 绩效管理与绩效考核的区别

（1）绩效管理包括制订绩效计划、动态持续的绩效沟通、绩效考核、绩效的诊断与提高四个环节，是一个完整的绩效管理过程；而绩效考核只是这个管理过程中的局部环节和手段。

（2）绩效管理是一个过程，贯穿于日常工作之中，循环往复进行；而绩效考核是一个阶段性的总结，只出现在特定时期。

（3）绩效管理具有前瞻性，能帮助组织和管理者前瞻性地看待问题，有效规划组织和员工的未来发展；而绩效考核则仅仅是回顾过去的一个阶段的成果，不具备前瞻性。

（4）绩效管理以动态持续的绩效沟通为核心，注重双向的交流、沟通、监督、评价；而绩效考核只注重事后的评价。

（5）绩效管理根据预期目标，评价绩效结果，提出改善方案，侧重日常绩效的提高；而绩效考核只比较预期的目标，注重进行绩效结果的评价。

（6）绩效管理充分考虑员工的个人发展需要，为员工能力开发及教育培训提供各种指导，注重个人素质能力的全面提升；而绩效考核只注重员工的考评成绩。

（7）绩效管理能建立绩效管理人员与员工之间的绩效合作伙伴关系；而绩效考核则使绩效管理人员与员工站到对立的两面，容易产生紧张的气氛和关系。

表 7.2　　传统的绩效考核与绩效管理的区别

绩效考核	绩效管理
管理过程中的局部环节和手段	一个完整的绩效管理过程
只出现在特定时期	贯穿于日常工作之中，循环往复进行
回顾过去一个阶段的成果	具有前瞻性，能有效规划组织和员工的未来发展
事后的评价	注重双向的交流、沟通、监督、评价
注重进行绩效结果的评价	侧重日常绩效的提高
注重员工的考评成绩	注重个人素质能力的全面提升
绩效管理人员与员工站到了对立的两面	绩效管理人员与员工之间的绩效合作伙伴关系

三、绩效考核的类型

绩效考核可分为以下四种类型：

1. 品质导向型

这种考核是以考核员工在工作中表现出来的品质和个人特征为主，如忠诚度、主动性、创造性、沟通能力和团队精神等内容，主要是回答员工“人”怎么样，而不是重视员工的事做得如何。这种考核方法最主要的优点是简便易行，但有严重的缺陷。一是有效性差，含混而主观，不具体、不准确，而且评价过程中所衡量的员工特性与其工作行为和工作结果之间缺乏确定的联系。见表 7.3。

表 7.3 部门经理品质型考核表

模块结构	考核指标	考核标准
工作态度	责任感	明确自己在组织中的地位和作用，积极实施自己的职责；勇于承担责任，在职权范围内不推诿；对自己和下属的行为负责，绝不推卸
	积极性	能够充满热情地完成工作，保持旺盛的干劲；努力充实提高自己，经常留心改善工作，不断提高自己的业务水平和领导能力；积极向企业领导提出有利于企业发展的建议
	协作性	为部门间的合作和平衡做出贡献，配合其他部门开展工作；加强部门内的团结合作，为使整个部门成为一个有效率的团队而努力；主动、及时地帮助与指导本部门员工解决困难
	纪律性	模范遵守企业内部各种规章制度，服从上级命令和指挥；坚持原则，是非分明，绝不拿职权做交易或为了情面放弃原则；在遇到超出自己职责范围的事情时，不自作主张，及时上报
	创新性	在例外事件面前，能够迅速准确把握事件的本质，作出恰当的判断和决定；善于提出独特而有效的方法应用于工作中，提高工作效率；善于应用新的有效的工作方法

2. 效果导向型

这种考核方法主要是考核员工的工作效果。它着重看员工“干出了什么”，而不是“干什么”。这虽然也是多维分解，但考核的重点在产出和贡献，而不在于行为与活动。这样虽然对象具体可测，可操作性强，但是只测结果，不问手段，这会导致结果具有表面性。这样很可能导致员工的短期行为和为了得到好的评价结果而不择手段。在一个团队中，把员工个人的工作结果作为绩效考核的依据，会妨碍彼此之间的协作和互相帮助，不利于整个团队的工作绩效。一般而言，对一线员工，尤其是从事具体生产操作及体力劳动的劳动者来说，这种方法比较适用。见表 7.4。

表 7.4 销售人员的效果型考核表

考核指标	考核标准
销售计划	及时全部完成
销售费用	合理控制
回款率	100%
市场占有率	不断增加
已有重要客户	流失率低
新客户	不断增加
客户满意度	高
销售表格、销售分析和总结报告	及时上交、质量高

3. 行为导向型

这种考核方法主要是考核员工的工作行为。它着重看员工“干什么”、“如何去干的”，重在工作过程，而非工作结果。这种考核方法的优点是能够为员工提供有助于改进工作绩效的反馈信息，缺点是无法涵盖员工达成理想工作绩效的全部行为。这种考核方法适用于绩效难以量化考核、以脑力劳动为主的管理人员和工程技术等专业工作者的考核。见表7.5。

表7.5　　某类作业人员行为考核表

模块结构	评定项目
职务行动	是否准确地拟定了检查项目
	是否按正确的方法检查炉内的温度
	是否在规定的炉内温度的时刻做的
	是否配备了灭火器
	是否戴了安全帽
	是否穿了安全鞋
	是否正确穿戴了作业服
	材料放置是否正确
	是否做了准备活动
	是否有油

4. 综合型（总体型）

这是对一名员工所做的整体评价和鉴定，不以工作分析为基础，也不再划分为若干维度，只是做轮廓性、定性的描述，主要涉及该人的道德品质、基本能力和智力等，但可能完全与工作中的具体表现和成绩无关。

四、绩效考核的原则

在建立绩效考核制度及实施绩效考核时，企业必须遵循一些基本原则。这些原则既是建立绩效考核制度的重要理论依据，又是保证企业人力资源管理体系有效运行的基本条件。具体包括：

（一）公开与开放的原则

所谓公开与开放的原则，就是绩效考核必须公开、开放。开放式的绩效考核首先应体现在评价上的公开、公平和公正，这样才能取得上下级的认同；其次，评价标准必须是十分明确，上下级之间可通过直接对话、面对面地沟通来进行绩效考核工作。在贯彻公开与开放原则时，应注意以下几点；

（1）要通过工作分析明确对员工的期望和要求，制定出客观的岗位任职资格标准和绩效管理标准，将企业对员工的期望和要求明确地规定下来，使考核的总体性和全局性得以加强。

（2）要实现绩效考核活动的公开化，进行上下级间的直接对话，将技能开发与员工发展的要求引入考核体系之中。

(3) 引入自我主体和自我申报机制，对公开的工作绩效考核作出补充。

(4) 要分阶段引入绩效考核的评价标准和规则，使员工有一个逐步的认识和理解的过程。

（二）反馈与修改的原则

所谓反馈与修改的原则，就是把绩效考核的结果，及时反馈给员工。考核过程中正确的行为、方法、程序、步骤、计划、措施要坚持下来并发扬光大，不足之处及时加以纠正和弥补。在现代人力资源管理系统中，没有反馈的绩效考核将失去存在的意义。

（三）定期化与制度化原则

绩效考核是一种连续性的管理过程，因而必须定期化、制度化。绩效考核既是对员工能力、工作绩效、工作态度的评价，也是对未来行为表现的一种预测。因此只有定期化、制度化地进行绩效考核，才能真正了解员工的潜能，发现企业的问题，促进企业的有效管理。

（四）可靠性与正确性原则

可靠性又称信度，是指某项测量的一致性和稳定性。绩效考核的信度是指绩效考核的方法要保证收集到的员工能力、工作绩效、工作态度等信息的稳定性和一致性。它强调不同评价者之间对同一个人或一组人评价的结果应该大体一致。如果绩效因素和绩效管理尺度是明确的，那么测评者就能在同样的基础上评价员工，从而有助于改善测评的信度。

正确性又称效度，是指某项测量有效地反映其所测量内容的程度。绩效考核的效度是指绩效考核测量员工的能力与绩效内容的准确性程度。它强调的是绩效考核事项真实反映特定工作程序与方法（行为、结果和责任）的程度。

可靠性与正确性是保证绩效考核有效性的充分必要条件。因此，一个绩效考核体系要想获得成功，就必须具备良好的信度和效度。

（五）可行性与实用性的原则

可行性是指绩效考核所需时间、人力、物力、财力，应是企业能够承受的。因此，企业在制定绩效考核方案时，应根据绩效目标和要求，合理地进行方案设计，并从以下几个方面对方案进行可行性分析：

（1）进行限制因素分析。每一项绩效考核活动都是在一定条件下进行的，企业必须研究该考核方案所拥有的资源、技术以及其他条件，并对绩效考核方案的对象与范围的适用性进行深入、全面的分析。

（2）进行目标与效益分析。设计方案时，要全面分析和确定绩效考核所要实现的目标，全面评价绩效考核方案对人力资源管理所能带来的直接和间接的效益，包括经济效益和社会效益。

（3）进行潜在问题分析。要预测每一考核方案可能发生的问题、障碍和困难，问题发生的可能性以及可能产生的不良后果，并找出原因，提出应变措施。在实施绩效考核活动前，要对各种绩效考核工具进行调试，通过调试发现问题，减少绩效考核的误差。

所谓实用性，包括两个方面的含义：一是指绩效考核的工具和方法应适合不同绩效考核的目的和要求，要根据绩效考核的目的设计测评工具；二是指所设计的绩效考核方案应适合企业的不同部门和不同岗位的人员素质特点和要求。

五、绩效考核的功能

绩效考核作为一项重要的人力资源管理职能，功能广泛，覆盖面强。

（一）控制功能

对组织来说，通过绩效考核，可以为各项人事管理提供一个客观而公平的标准，并依据这个考核的结果决定晋升、奖惩、调配等。这样就会使企业形成按标准办事的风气，使各项管理工作能够按计划进行。对员工个人来说，这也是一种控制手段，可以使员工牢记工作职责，养成按照规章制度工作的自觉性。

（二）沟通功能

考核结束后，管理者将绩效考核的结果向员工进行反馈，可以促进上、下级之间的沟通，使双方了解彼此的期望。通过绩效考核进行沟通可以有效地加强和保持现有的良好绩效。因为，不论在东方文化中还是在西方文化中，几乎所有的员工都希望知道自己什么时间很好地完成了某项工作。同样，改进绩效不佳的方法很多，但最有效的方法往往是通过上下级之间的沟通实施的。

（三）培训功能

绩效考核是按已定的绩效标准进行的，考核结果显示的不足之处就是员工的培训需求。管理者可以根据这一点制订有针对性的培训计划，达到提高员工素质的目标。同时，通过考核，管理者对员工各方面的情况有详尽的了解，可以根据员工的长处和特点决定培养方向和使用办法，充分发挥员工的长处，促进个人的发展。

（四）激励功能

考核能使员工产生一定的心理效应，起到激励、督促和导向的作用。通过考核，无论对成绩突出者，还是落后者都会起到鞭策作用。工作符合要求者和突出者，由于得到肯定和奖励而受到鼓舞，会继续朝着好的方向努力。落后者，会把自己与工作要求和先进分子相比较，在以后的工作中加以改进。同时，正确的考核还是一面旗帜，为员工指引前进的方向，使员工通过考核产生一种前进的动力。

第二节　绩效考核的流程

绩效考核是企业根据岗位工作说明书，对员工的工作业绩、工作行为和工作效果进行全面系统地考察与评估的过程。

一、制订绩效考核计划

绩效计划是绩效考核的起点，是考核中最为重要的环节。很多人认为绩效考核是绩效考核过程中最重要的环节，但实际上绩效计划要重要得多。究其原因，一方面主要在于评价仅仅是从反光镜中往后看，而绩效计划是往前看，以便在不久的将来获得更好的绩效，而不是分析和关注那些过去的不变的绩效。

另一方面，绩效计划可以帮助管理者和员工明确目标和努力的方向，避免事半功倍。研究结果表明：明确的绩效通常与更高的组织绩效及个人绩效相对应；高质量地设定目标比泛泛地设定目标更可以产生较高的绩效。为了保证绩效考核顺利进行，人力资源部门应当事先制定考核工作计划。

二、确定考核的周期

考核的周期并没有唯一的标准。典型的考核周期是一季、半年或一年，也可在一项特殊工作任务或项目的完成之后进行。考核周期不宜过短，以免浪费过多精力和时间，给员工带来过多不必要的干扰，造成心理负担。但周期过长，反馈太迟，不利于改进绩效，并使大家觉得考核的作用不大。一般来说，半年一次较为适宜，把两个半年考核评分的平均值作为全年获分，并据此实行奖惩。最好是保持连续考察，注重记录关键事件，再结合定期考核。

在设计考核周期时要考虑一些重要的因素，如考核目的、公司所在行业、考核对象的职务、奖金发放的周期等。只有综合考虑到各类因素，才能设计出符合企业实际的考核周期。对员工的绩效考核可以有三种类型：年度考核、平时考核、专项考核。公司的高层管理人员（总经理、副总经理）的绩效考核根据公司董事会决定另行安排。

（一）年度考核

每年七月份进行年中考核，翌年一月份进行年终考核。公司部分人员，如营销人员可每季度考核一次。

（二）平时考核

各级直属主管对于所辖人员就平时工作、能力、品德、知识、敬业精神等，随时做出考核，并在平时考核记录表上记录下来，以便作为年度考核或专项考核的重要参考资料。

（三）专项考核

在考核年度内，员工具有特别优秀或特别恶劣的行为时需考核，并随时进行。

三、考核内容的确定

绩效考核的内容，体现了企业对员工的基本要求。考核内容是否科学、合理，直接影响到绩效考核的质量。因此，实行绩效考核的企业对有关考核内容的问题都应重视，要制定符合各自企业实际情况需要、能够全面而准确地评价员工工作的考核内容。由于绩效的多因性，绩效量度的内容也颇为复杂，我国很多企业主要以下面几点为绩效考核的基本内容：

（1）工作业绩考核。包括工作业绩数量结果，即工作量的大小；工作业绩的质量状况，即工作效果如何；对下级的教育指导工作；在本职工作中自我努力改进与提高的成效等。

（2）工作能力考核，包括基础能力、业务能力和素质能力。

（3）工作态度考核，包括工作积极性、热情、自我开发和责任感。

（4）工作潜力考核，包括能力推断、学历与证书和工作经验。

（5）工作适应性考核，包括人与事和人与人。

四、考核标准的确定

企业要进行准确而有效的绩效考核，必须选择适当的考核标准，并以科学而公正的量度方法去评估。绩效标准让我们明确在各个考核指标上分别应达到什么程度，标准解决的是考核对象工作或任务的完成程度。一般来说，绩效考核指标尽量数量化或可操作化，对一些无法量化的行为指标，要找出关键特征行为，给予等级评定，以实现数量化处理。

（一）标准的定义

标准是对员工绩效的数量和质量进行监测的准则。标准由三要素组成：标准的强度和频率、标号及标度。标准的强度和频率是指考核标准的内容。标号是指不同强度和频率的标记符号，用字母（A、B、C 等）、汉字（如甲、乙、丙等）或数字来表示。标度是指测量的单位标准。

（二）考核标准确定的原则

（1）标准针对于工作而非工作者。考核标准表明员工完成工作令人满意的程度是什么，因此，应当根据工作本身来制定考核标准，而不应针对每个工作者各制定一套标准。这里需注意的是，标准和目标是不同的。工作目标可以针对人的不同情况来设定，但考核标准则只能因工作而设。

（2）考核标准是可以达到的。考核标准应具有一定的难度和挑战性，员工经过一定努力可以达到。

（3）考核标准要公开。在考核前，管理人员和一般员工都应当对考核标准非常了解。

（4）考核标准是经过协商确定的。管理人员应当与员工一起协商确定考核标准，对标准达成共识。

（5）考核标准应当明确、具体和可衡量。绩效考核的项目最好能用数据来表示，一般属于现象或态度的部分，因为抽象而不够具体，就无法客观衡量比较。有句管理名言："凡是无法衡量的，就无法控制。"

（6）考核标准应有时间限制，即明确规定标准的适用期。

（7）考核标准必须有意义，有助于实现组织目标。

（8）考核标准具有可变性，能够不断修订和改进。因为绩效考核标准须经同意并且可行，有必要时就应定期评估并予以改变。也就是说，绩效考核标准因新方法之引进，或因新设备之添置，或因其他工作要项有了变化而变动。但是，值得注意的是，工作标准不应仅为了员工无法达成而予以变更。

（三）考核标准分类

标准从不同的角度有不同的分类。

（1）按考核的手段分：可分为定量标准和定性标准。

（2）按标准的属性分：可分为主观标准和客观标准，相对标准和绝对标准。

（3）按标准的形态分：可分为静态标准和动态标准。

五、考核的实施者

一般来说，绩效信息来源主要有：直接上级、同级同事、直接下属、被考核本人、顾客和外界考绩专家或顾问。从不同的信息来源获得员工的绩效考核信息，会使绩效管理过程更为准确有效，这也就是目前广为流行的一个绩效考核方法——360 度绩效考核法。这种方法就是对被考核人员的绩效进行全面评价。

（一）直接上级

上级，尤其是员工的直接上级在绩效考核时居于特别重要的位置，应当十分重视直接上级的考核意见。但有一点必须说明，即直接上级与被考核员工的接触最多，感情因素往往会影响到考核的客观性与公正性，对平时听话、合得来的下属考核时容易偏宽松，而对合不来的下属考核时则偏严。因此，有时还需更高层级的上级做二次考核，以减少偏差。

（二）同事同级

由共同工作的同事参与绩效考核，会使考核更符合实际工作情况。因为员工通常会把自己最好的一面展现给上级，但是与其朝夕相处的同事却可以看到他更本质和更真实的一面。使用同事评价对上级考核进行补充，有助于形成关于员工绩效的一致性意见。

这种方法得不到经常使用的原因是：①同事评价很可能成为员工彼此竞争的牺牲品；②上级主管不愿意失去其在绩效考核过程中的控制权；③那些在绩效考核中得到较差成绩的员工可能会报复其他同事。

（三）直接下属

对于主管人员的工作作风和领导能力，下属最具有发言权。但是有些下属往往害怕得罪上级领导而不敢直言，而另一些下属则出于个人恩怨，使评价有失偏颇。因此，对下级的意见要注意分析，尤其要强调事实依据，并从统领全局的角度进行剖析。

（四）被考核本人

这就是常说的自我鉴定。这可以使被考核者得以陈述对自身绩效的看法，而他们也确实是最了解自己所为的人。自我考核能令考核者感到满意，抵制少，且能有利于工作的改进。不过在平时，本人对考核维度及权重的理解可能与上级不一致，常见的是自我考核的评语优于上级的。

（五）顾客

许多公司把顾客也纳入员工绩效考核体系中。由于产品的生产和消费常常就是在某一个时点上发生的，无论是上级、同事还是下属都没有机会观察其员工的行为。相反，顾客是唯一能够在工作现场观察员工绩效的人。因此在这种情况下，他们就成了最好的绩效信息来源。但是，这种做法的费用较高。

（六）外界考绩专家或顾问

有些专家有考绩方面的专门技术与经验，理论修养也深；而且他们在公司中无个人瓜葛，较易做到公正。但专家对员工的具体工作表现情况缺乏深入的了解，对考核的专业也可能不在行。专家通常把某个人或者团队的工作产生的对象当成该个人或团队的客户，该客户如果属于本组织的职员则称为内部客户，否则就是外部客户。现代企业已经越来越多地使用内部客户和外部客户评价的方法来获得员工绩效考核所需要的工作绩效。

第三节 绩效考核指标体系的设计

绩效考核的有效实施需要有科学可行的绩效考核指标体系。绩效考核指标体系的合理性直接影响到考核结果的质量，也直接影响到考核、被考核人员的承受程度。因此，要采用科学有效的方法来设计考核的指标体系，使指标能充分反映出各个层面人员的工作成果、工作质量与成效。

绩效考核指标是对绩效进行评价的维度，如产品的数量、质量、成本等。

一、影响绩效考核指标的因素

（一）战略相关性

战略相关性指的是考核指标与组织战略目标的相关程度。比如，如果全面质量管理计划规定了“95%的客户投诉必须在一天内解决”，那么，企业的客户业务代表就必须以这条考核标准来衡量他们的工作。又如，3M公司的战略目标是“保证其销售的产品中25%~30%是在过去5年内研制生产的”，那么这些目标均会被逐级分解并最终作为员工绩效考核的标准。

（二）指标的缺陷

在制定绩效指标时需要考虑考核指标是否存在缺陷。如果某个企业的绩效指标仅仅注重于某一类指标（如销售收入），而排斥另一些同样重要却产生较少收益的指标（如顾客服务）时，那企业的考核体系就存在指标的缺陷。

（三）指标的污染

绩效指标不仅会存在缺陷，还会被污染。有时一些不能为员工所控制的外部因素会影响员工的工作业绩。如，在比较生产工人的工作业绩时，绩效指标不能被工人使用机器的新旧程度这一因素所污染；在衡量销售业务员的工作业绩时，绩效指标应该排除地区潜在销售差异这一因素的影响。

（四）指标的可靠性

可靠性是指一项指标的稳定性或一贯性，或者是指个人在一段时间里维持某一工作水平的程度。如，由一个考核者使用相同的绩效考核指标在一段时间内两次对某个员工进行评定，也可以由两个考核者使用相同的绩效考核指标评定同一个员工以获得所需数据。

二、绩效考核指标的设计方法

（一）问卷调查法

这种方法是设计者以书面形式，将项目和问题表示出来，分发给有关人员填写，收集、征求不同人员意见。问卷调查有结构问卷调查和非结构问卷调查之分。下面介绍的方法就是结构问卷调查，这种问卷的设计和实施主要包括以下几个程序：

（1）根据考核目的、对象等情况，收集、分析和确定绩效考核指标。一般来说，可以采用文献查阅、关键事件分析、访谈等方法确定这些绩效考核指标。

（2）对每个考核指标用恰当的语言加以描述，以明确它的内涵和外延。

（3）将所有绩效考核指标的描述语句，采用五等级或七等级加以评定，如非考核不可、非常需要考核、需要考核、需要考核程度低、几乎不需要考核，并将这些语句随机加以排列，便可编制成结构式调查问卷。每一个绩效考核指标的语言描述要注意：不要在一个问题中包含两个或两个以上的问题；提问的措辞要认真推敲、要防止诱导；在回答问题的次序上可按逻辑性、先易后难的顺序。以推销员的绩效考核指标为例，设计一问卷。如表 7.6。

表 7.6　　推销员绩效考核指标调查表

要　素	要素内容	重　要　程　度			
		必要考核	应该考核	可以考核	不需考核
出勤率	出勤天数除以应出勤天数				
销售额	销售产品的价值额				
销售费用	（本人薪金＋推销经费）/销售额×100%				
遵守秩序	严守工作纪律、勤奋工作				
不良债权比例	不良债权发生额/销售额×100%				
销售增长率	本期销售额/上年同期销售额×100%				
对客户、顾客礼貌	对客户、顾客以诚相待，提高了公司信誉				
从全局出发	能顾全公司利益				
安　全	十分注意工作场所安全				
负　责	对部下的错误，经常表现出负责的态度				

说明：你认为考核一个推销员应考核哪些指标，在“重要程度”栏里，在你认为最恰当的项目后画“√”。

(4) 根据调查的目的和单位的具体情况，确定问卷调查对象、范围和方法。

(5) 分发问卷。通过一定的渠道分发问卷给被调查者，选择的渠道应是可靠的。

(6) 回收问卷。对问卷统计分析，处理调查结果。比如，根据每一个绩效考核指标的重要性进行排序，依重要性的不同确定用于绩效考核的指标体系。

(二) 个案研究法

个案研究法就是通过选取若干个具有代表性的典型人物、事件或岗位的绩效特征进行研究，来确定绩效考核指标和绩效考核指标体系。

个案研究可分为典型人物研究和典型资料研究两种形式。典型人物研究就是以表现典型人物的工作情况、具体表现为研究的直接对象，通过对其观察分析，确定出其所代表的人物或岗位的绩效指标体系；典型资料研究就是以典型人物或事件的文字资料为直接研究对象，通过对这些材料的总结分析，归纳出绩效考核指标体系。在实际应用时，应根据研究情况和条件而定，如能同时具备则更好。

选择典型人物和资料时，可以选择成功的典型人物和资料，也可选择失败的，也可将两者结合起来。

(三) 访谈法

访谈法就是通过对各类人员，如被考核者的上级、人力资源管理人员的访问和谈话收集有关资料，以此作为确定考核指标的依据。进行访谈时主要采用以下两种形式：

1. 个别访谈法

个别访谈法是指通过走访有关人员，面对面地谈话来了解被考核对象的各种情况，然后将收集的材料归纳总结，找出其共性的东西，以此作为绩效考核的指标。

2. 群体访谈法

群体访谈法，即座谈讨论法，就是召集有关部门的具有一定知识和经验的人员，来讨论被考核对象的工作性质、绩效的表现形式等，通过讨论集思广益，为绩效考核指标的确定提供依据。

(四) 绩效指标图示法

绩效指标图示法就是将某类人员的绩效特征，用图表描绘出来，然后加以分析研究，确定需考核的绩效指标。这种方法一般将某类人员的绩效指标按需要考核的程度分档。然后，根据少而精的原则进行选取。分档可以是三档（非考核不可、非常需要考核、需要考核），也可以是五档（非考核不可、非常需要考核、需要考核、需要考核程度低、几乎不需要考核）。如对推销员的绩效考核指标体系的制定，在工作分析的基础上，其绩效指标分为三个档次列在绩效指标图示法。如图 7.4 所示。根据绩效考核指标体系设计原则，对推销员的绩效进行考核，主要应考核销售额及其增长率、销售费用、不良债权比率、对客户礼貌程度和公司全局的观念。

(五) 总结经验法

总结经验法指的是根据特定时期的用人政策和本单位的具体情况以及考核单位所积累的经验来确定考核的指标，或者参照总结一些较为权威的绩效考核指标体系以及

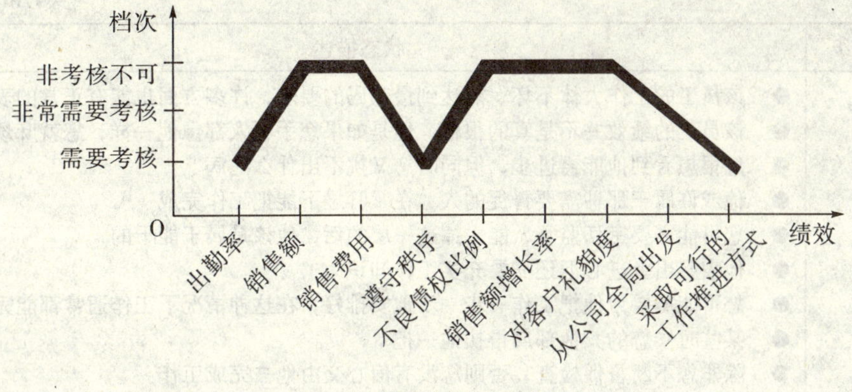

图 7.4 绩效指标图示法

同行业绩效考核的经验，再结合本单位的情况以及考核目的来确定。

(六) 多元分析法

多元分析法是通过因子分析和聚类分析等方法，从较多数量的初选指标中，找出关键性的指标以及某类岗位人员绩效的基本结构。这是一种结论性的定量设计方法，它是统计学的一个重要方法，主要用于对考核信息数据的处理，是一种用于分析较多复杂数据的统计技术。

三、绩效指标标准的衡量

绩效指标标准的衡量是对绩效指标达成程度状态的描述，一般采取量化和非量化的两种方式。量化的方式是用具体数值进行区分的，而非量化的方式往往采取描述的方式来区分。

(一) 描述性指标标准

描述性指标标准可以是针对某一特定要素的，也可以是对整体职责的。表 7.7 是对员工整体工作状态进行判断的五级程度划分。

表 7.7 整体的描述性定义

绩效等级	状态描述
勉强	● 在职时间应该有更好的表现 ● 由于他的无能，对其他同仁（包括您本人）已造成一些士气上的问题 ● 对工作缺乏兴趣，也许调任其他工作会好一些 ● 拖累了其他人的工作 ● 很可能该员工知道其工作做不好 ● 如果绩效停滞不进，该员工应予替换 ● 他不像是要把事情做完 ● 如果继续留他，工作会一直落后，整个部门会受很大影响 ● 错误连续发生，有些一错再错

表7.6(续)

绩效等级	状态描述
普通	● 该员工的工作大体不坏、能达到最起码的要求，许多方面也能有正常的表现 ● 该员工的绩效并不是真的很糟，但是如果您手下人都像他一样，您就麻烦了 ● 您很想看到他能再进步，但同时您又挑不出什么毛病 ● 他或许属于那种需要督促的人，在紧盯之下能把工作完成 ● 您可能需要密切监督，能去掉这一层的话，他该是属于能干的 ● 他表露出上进心但还需要充实工作知识 ● 您可能需要帮他把工作一步一步地安排好，在这种情况下工作通常都能完成 ● 某些时候您的其他部属得扶他一把 ● 除非您不断督促检查，否则您没有信心交由他去完成工作
能干	● 他做事完整，令人满意，正是您所期望的有资格、有经验的人所表现的 ● 您不会再要求他有什么重大的改进。如果有，那对整个部门的效益是件好事，如果没有，您也无话可说 ● 如果您的手下都能像他一样，那么整体的工作表现该是令人满意的 ● 您很少听到与其工作有关的人埋怨他 ● 错误极少，也很少有重复的现象 ● 工作的质与量均很好 ● 不在不重要的事情和问题上花费时间 ● 采用他的意见时，你觉得很放心 ● 只需要适度的督导，通常能按时做好工作 ● 工作有关的各方面几乎都曾经历过，而且都证明其能力很强 ● 该员工即使在其工作中最困难与复杂的事务上仍有超过要求的表现。他能面对具有挑战性的目标自行开展并完成工作。正常情况下，应考虑晋升该员工 ● 您所得比您想要的多 ● 您发现他做得比您希望的要多 ● 他能承接额外的工作而不致妨碍到其他的工作 ● 他经手的每一份工作都完整无缺 ● 该员工决策与行动的效果比预期的要高 ● 时常有额外的贡献 ● 只偶尔需要督导或追踪 ● 时常超越目标 ● 自行预做计划，设想可能的问题并采取适当的行动 ● 能掌握全局。设想不局限于小节，朝着部门整体的目标努力 ● 表现出来的知识通常需在该项工作上有相当长的经验才能获得 ● 公认是其所任工作上的专家 ● 当有较高职位（相同或相关的工作）出缺时，他应是首先被考虑的人选 ● 其表现显示他对工作了解的程度远远超出指定的范围。因为他对部门工作各方面都具有丰富的知识、常有人求助于他 ● 很少或完全不用督导 ● 几乎可以说他是永远抱着务必尽善尽美的心态工作。 注意：使用本项时，一定要考虑到量和质两方面，同时在您用它时也就代表了您确实认清在该员工所任的职务上对公司最具价值的是什么

整体性判断的分级描述是相对粗糙的，尽管它的定义比较简单，所需的考核成本较低，但是判断起来却是相当困难的，同时也缺乏客观性。因为它的描述中涉及许多不同的绩效方面，包括了知识、经验、行为、态度、结果等，每个方面相互交叉在一起，因果关系不明。每一个方面重要程度在不同考核者的眼里是不同的，而且可能存在多次评估的问题。例如，员工可能是经验不足而产生了不理想的业绩，因而经验上被评估了一次，结果上又被评估了一次。因此，如果采用描述性标准评估法，最好使用分要素的描述性标准。如表 7.8 所示。

表 7.8　　分要素的描述性定义

项目	评价等级定义
计划与组织管理	定义：有效地利用人、财、物，计划性安排和组织工作 1 级：缺乏预先制订的工作计划，解决问题准备不足 2 级：有计划，但缺乏系统性，导致工作执行不利 3 级：能有效地计划和组织下属工作 4 级：对工作执行和可能遇到的问题有计划性的解决方案，并能够组织实施 5 级：具有系统、准确、迅速解决问题的工作行为特征，并进行有效的工作分解，以较佳的方式达成工作目标
目标管理	定义：建立工作目标，制定合理的行为规范与行为标准 1 级：目标设置模糊、不现实，实现标准不明，没有明确的时间要求 2 级：仅设置总体目标，细化分解不足。制订标准不恰当，时间要求不合理 3 级：多数情况下，目标设置合理现实，但会出现目标设置标准忽略现实要求的情况 4 级：总是设置具有现实性的目标，但有时目标设置过难 5 级：设置目标合理、有效，计划性、时间性强
管理控制	定义：组织协调各种工作关系，领导群体实现目标 1 级：回避群体控制，批评多但不提建议 2 级：面临困难易放弃原则，管理思想和工作风格不易为他人接受 3 级：保持必要的指示、控制，获得他人的协作，对他人表现出信任 4 级：善于激励，能对下属及同事的行为产生影响，以管理者的身份体现其影响力 5 级：善于控制、协调、干预，使群体行为趋同于目标的实现
管理决策	定义：设计决策方案，并对方案进行迅速评估，以适当的方法采取行动 1 级：较少制定、作出决策或表现出决策的随意性 2 级：决策犹豫，忽略决策的影响信息 3 级：作出日常的、一般性决策，在较为复杂的问题上采取中庸决策策略 4 级：决策恰当，一般不会引起争议 5 级：善于综合利用决策信息，经常作出超出一般的决策，且大多数情况是正确的选择

在现行的考核要素标准判断方法上，有一种更为粗糙和简单的做法，即只做要素程度的等级区分，而不对不同等级的标准进行确切描述。如表 7.9 所示。显然，各个要素的分级标准是无法统一的，它只能依赖管理者对标准各级程度的自我理解，当管理者不能承担考核责任的时候，考核很容易流于形式。

表 7.9　　　　　　　　　　　　无分级的定义考核

评定项目	评分	评定项目	评分
①对他的成绩您是如何看的？ 得分	5 4 3 2 1	④假定他不是本公司的职员，如果他想在目前同样的条件下到本公司就职，您是否录用他？ 得分	5 4 3 2 1
②对他的工作情况您是如何看的？ 得分	5 4 3 2 1	⑤如果上司托您推荐某人为（　　）长的候选人，您是否推荐他？ 得分	5 4 3 2 1
③对他的能力大小您是怎么看的？ 得分	10 8 6 4 2	⑥您认为在从事同样工作的人中，他的表现占什么样的位置？ 得分	10 8 6 4 2

（二）量化指标标准

量化指标标准是最能够精确描述状态的考核指标，目前被广泛使用在生产、营销、成本、质量等管理领域。但是，如果用其来衡量某些管理职能的活动，就会变得有些力不从心。量化指标标准的设计，需要考虑两个方面的问题：一是指标标准的基准点；二是等级间的差距。

1．指标标准基准点的位置

基准点的位置本质上是我们所预期的标准水平的位置，而不是在考核中的“中”的位置。在传统考核中，不管采取“五级尺度法”还是“七级尺度法”，都习惯把中点作为“中”的位置。但是，它是低于基准点位置的绩效标准。图 7.5 是两者的差距所在：

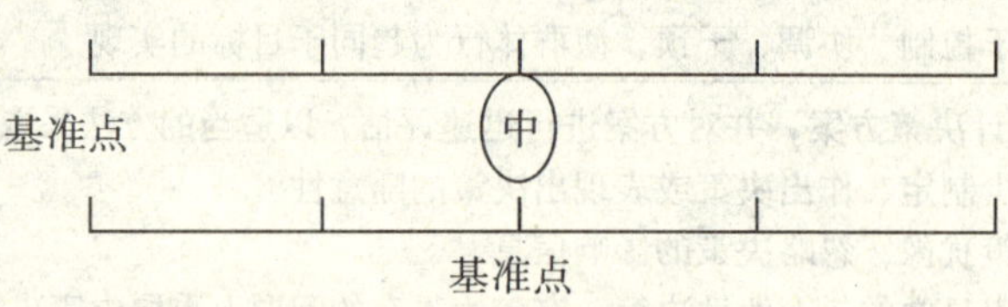

图 7.5　基准点的位置

基准点实际上就是预期的业绩标准，应当处于衡量尺度的中央（部分特殊指标例外，例如一些人身伤亡、火灾等重大恶性事故的指标，期望值的基准点可能在最高等级，因为我们的期望是不发生），向上和向下均有运动的空间。当一个人的绩效水平达到基准点时，我们就说这个人称职。

2．指标标准等级差距

指标标准的等级差距存在两种：一是尺度本身的差距；二是每一尺度差所对应的绩效差距。但是，这两个差距是结合在一起来描述绩效状态水平的。尺度差距实质上是标尺的差距，可以是等距的，也可以是不等距的。例如，图7.6所给出的不同差距状态。在常规上，我们习惯把标尺做成等距等差的，把绩效标准做成不等差的，但绩效也常常做成等差的。至于绩效标准做成等差还是不等差的，要根据具体情况确定。一般来说，指标标准的上行差距越来越小，而指标标准的下行差距越来越大。这是因为，从绩效基准点提高绩效的难度越来越大，边际效益下降，而在基准点以下，人们努力的边际效益比较大。但是，有时为了控制员工绩效，增加他们达成绩效基准的压力，也可以把基准点以上的差距加大，而把基难点以下的差距缩小。表7.10是指标以及指标标准等级差距的实际案例。

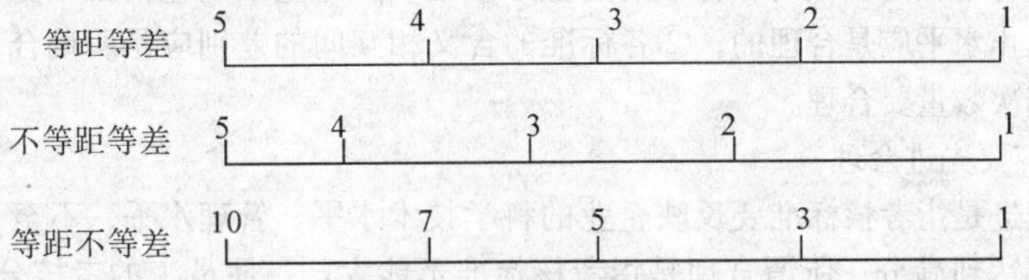

图7.6　标尺差距

表7.10　指标与指标标准分级

1. 等级划分

绩效评估按7级划分，7级为最高，1级为最低。

2. 等级说明

(1) 销售总量，以85 000吨为4级，每增加3%，提升一个等级；每减少2%，降低一个等级。
(2) 销售收入，以5.4亿元为4级，每增加2%，提升一个等级；每减少1%，降低一个等级。
(3) 资产利润率，以目标规定数额为4级，每增加3%，提升一个等级；每减少2%，降低一个等级。
(4) 总成本费用，以目标规定数额为4级，每减少5%，提升一个等级；每增加3%，降低一个等级。
(5) 净利润，以目标规定数额为4级，每增加3%，提升一个等级；每减少2%，降低一个等级。
(6) 货款回收率，以目标规定数额为5级，每增加0.5%，提升一个等级；每减少0.5%，降低一个等级。
(7) 产品合格率，以目标规定数额为5级，每增加0.5%，提升一个等级；每减少0.5%，降低一个等级。
(8) 市场覆盖率，以目标规定数额为7级，每减少0.5%，降低一个等级。
(9) 市场占有率，以目标规定数额为4级，每增加1%，提升一个等级；每减少0.5%，降低一个等级。
(10) 设备利用率，以80%为4级，每增加3%，提升一个等级；每减少2%，降低一个等级。
(11) 安全生产，以目标规定数额为7级，每发生一次重大人身事故，向下降一个等级。

3. 指标说明

(1) 销售总量：各类品种销售量之和。
(2) 销售收入：各类品种销售收入之和。
(3) 资产利润率：利润额/量化资产额
(4) 总成本费用：生产成本+销售成本+管理费用+财务费用
(5) 净利润：以事业部为单位的内部利润
(6) 货款回收率：回款数额/实际商品发出价值额
(7) 产品合格率：合格产品量/全部生产量
(8) 市场覆盖率：实际供货市场/目标供货市场
(9) 市场占有率：实际销售量/市场销售总量
(10) 设备利用率：设备运行/设备能力
(11) 安全生产：以人身伤残事故次数计算。重大事故定义为人员因事故致伤、致残，使之暂时或永久丧失劳动能力。

（三）绩效考核标准的原则

与绩效考核指标一样，绩效考核标准对于一定时期员工的努力方向和积极性有重要影响，因此应慎重对待。在编制绩效考核标准时应遵循以下几项原则：

1. 定量要准确

标准能用数量表示时应尽可能使用数量表示。如对推销员的销售额指标，假如分成三档的话，用“50 万以上为合格，得 1 分；100 万以上为良好，得 3 分；150 万以上为‘优秀’，得 5 分”的标准就比“‘较少’得 1 分；‘较多’得 3 分；‘很多’得 5 分”的衡量标准要好。同时，标准的定量必须准确。定量准确包括三个方面：①各指标标准的起止水平应是合理的；②各标准的含义相互间的差别应是明确合理的；③选择的等级档次数量要合理。

2. 内容要先进合理

所谓先进是指考核标准要反映企业的科学技术水平、管理水平，不至于使员工的每项指标都达到满分；所谓合理是指考核标准不能太严，使员工的考核分数都较低。一般情况下，应以多数员工都能达到的水平为考核的及格分。

3. 绩效考核标准要针对不同的岗位及承担该岗位员工的特点而制定

同样的指标，对于不同的岗位其要求是不同的。比如，“出勤率”指标，对于门卫，其要求是严格的，而对于推销员，就不必过于苛求，甚至不予考核。同是 95% 的出勤率，推销员的得分就应高于门卫的得分。

4. 文字应简洁、通俗

在标准中，应尽量使用人们常用的大众化语言和词汇，表达力求简明扼要，专业术语及模棱两可的词句尽量不用，以减少由于考核者对词汇概念理解的不同而产生评定的差异。

四、关键绩效指标的设计

绩效考核指标因岗位、职责的不同而不同。在设计考核指标体系时，要充分考虑到考核中的一些关键指标，使考核更具针对性，更有实际意义。

（一）概念

关键绩效指标（Key Performance Indicator，KPI）是指企业宏观战略目标决策经过层次分解产生的可操作性的战术目标，是对公司及组织运作过程中关键成功要素的提炼和归纳，是宏观战略决策执行效果的监测指针。关键绩效指标具有以下特征：

（1）将员工的工作与公司远景、战略与部门相连接，层层分解，层层支持，使每一员工的个人绩效与部门绩效，与公司的整体效益直接挂钩。

（2）保证员工的绩效与内外部客户的价值相连接，共同为实现客户的价值服务。

（3）员工绩效指标的设计是基于公司的发展战略与流程，而非岗位的功能。

所以，关键绩效指标与一般绩效指标相比，能把个人和部门的目标与公司整体目标联系起来，具有更长远的战略意义。由于其简单明了且少而精，因此变得可控与可管理。对于员工而言，关键绩效指标体系使得他们按照绩效的测量标准和奖励标准去做，真正发挥绩效考核指标的牵引和导向作用。

(二) 设计关键绩效指标的原则

在设计关键绩效指标的时候，必须符合"SMART"原则。

第一，关键绩效指标必须是具体的（Specific），以保证其明确的牵引性。

第二，关键绩效指标必须是可衡量的（Measurable），有明确的衡量指标。

第三，关键绩效指标必须是可以达到的（Attainable），不能因指标的无法达成而使员工产生挫折感，但这并不否定其应具挑战性。

第四，关键绩效指标必须是相关的（Relevant），它必须与公司的战略目标、部门的任务及职位职责相联系。

第五，关键绩效指标必须是以时间为基础的（Time - based），即必须有明确的时间要求。

表 7.11 展现了在确定绩效指标时应如何运用这些重要的原则。

表 7.11　设定关键绩效指标的原则

原　则	正确做法	错误做法
具体的	• 切中目标 • 适度细化 • 随情境变化	• 抽象的 • 未经细化 • 复制其他情境中的指标
可度量的	• 数量化 • 行为化 • 数据或信息具有可得性	• 主观判断 • 非行为化描述 • 数据或信息无从获得
可实现的	• 在付出努力的情况下可以实现 • 在适度的时限内实现	• 过高或过低的目标 • 期间过长
现实的	• 可证明的 • 可观察的	• 假设的 • 不可观察或证明的
有时限的	• 使用时间单位 • 关注效率	• 不考虑时效性 • 模糊的时间概念

(三) 绩效指标体系设计程序

无论是应用于组织、部门、团队或是个人的绩效考核，我们都期望得到这样一种绩效考核的指标体系：①能清晰描述绩效考核对象的增值工作产出；②针对每一项工作产出提取了绩效指标和标准；③划分各项增值产出的相对重要性等级；④能追踪绩效考核对象的实际绩效水平，以便将评估对象的实际表现与要求的绩效标准相对照。

关键绩效指标体系的设计步骤，见图 7.7①。

① 付亚和，许玉林. 绩效管理［M］. 上海：复旦大学出版社，2006：261.

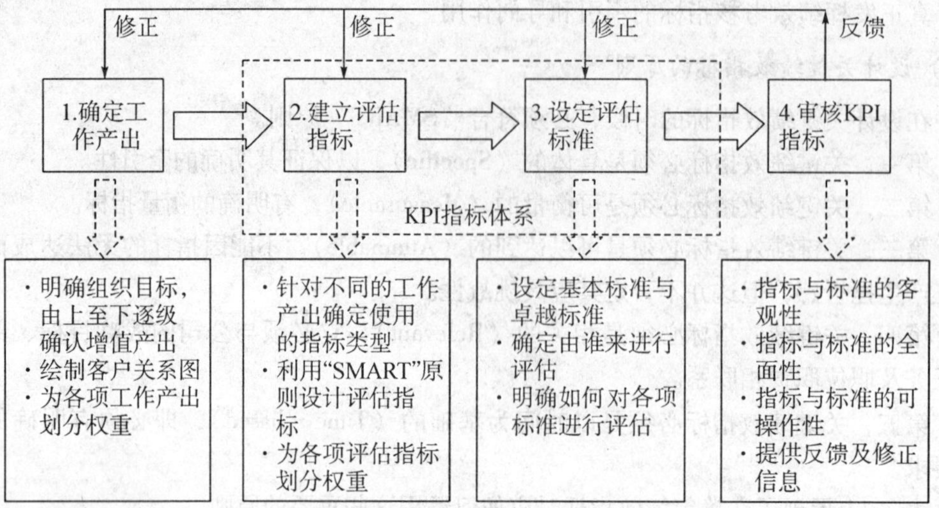

图 7.7　设计关键绩效指标体系

1．工作产出的确定

不同层次的工作目标都是由组织总体的目标分解而形成的，因此在设定不同层次的关键绩效指标时也要首先回顾组织整体的目标和各个业务单元的工作目标。由于关键绩效指标体现了绩效对组织目标增值的部分，是根据对组织绩效目标起到增值作用的工作产出来设定的，因此，要想设定关键绩效指标，首先要确定组织内各个层次的工作产出，明确工作产出的方法——绘制客户关系示图。

客户关系示意图表现为个体或团队对组织内外客户的工作产出。在这个客户关系图中，我们可以看到一个个体或团队为哪些内外客户提供工作产出以及对每个客户提供的工作产出分别是什么，因此在进行绩效考核时，我们就可以推断内外客户对这些工作产出的满意标准，并以这些标准来衡量个体或团队的绩效。

例如，某销售部秘书的客户关系如图 7.8 所示①。销售部秘书的主要工作职责有：

●协助销售部经理处理日常事务，包括起草文件、收发信件、接待客人等。

●协助销售部的业务人员处理日常事务，包括会议后勤、差旅安排和其他一些日常事务。

●汇总部门的财务票据和数据，提供给财务部门。

因此，从客户关系图中可以看出，秘书所面对的客户主要有：一是部门经理，二是部门内的业务人员，三是财务部门的相关人员。

秘书向部门经理提供的主要工作产出有：

●起草日常信件、通知等。

●录入和打印文件。

●收发传真、信件。

●接待来客。

① 付亚和，许玉林．绩效管理［M］．上海：复旦大学出版社，2006：263.

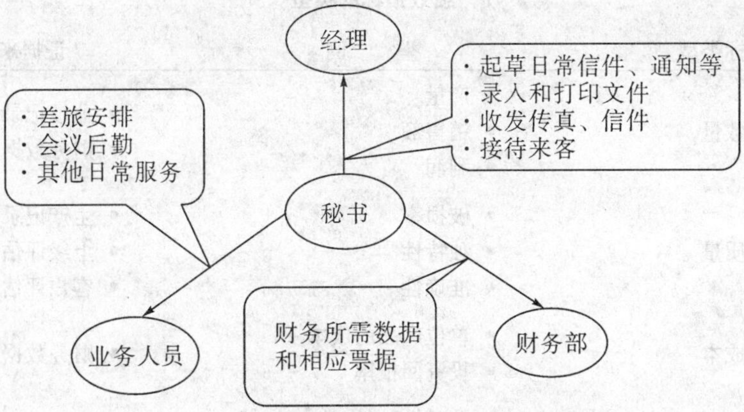

图 7.8 销售部秘书的客户关系示图

秘书的绩效标准也就是这几项工作产出的质量、数量、时效性等。例如，文件的录入、打印的准确性，起草的文件是否能达到经理对质量的要求等。

秘书向部门的业务人员提供的工作产出主要是：

- 差旅安排。
- 会议后勤。
- 其他日常服务。

秘书向业务人员提供的工作产出主要是为业务人员的工作提供一些辅助性的支持。秘书为业务人员的差旅安排提供的服务主要有预订机票、酒店、安排车辆等，那么在这方面判断一个秘书的工作做得怎么样时，主要会考虑她的服务是否给业务人员的工作带来了方便，这主要通过业务人员的满意度来体现。秘书为业务人员提供会议的后勤服务，主要包括预订会议室、安排会议设备、会议过程中为参会者提供会场服务等，在这方面衡量秘书的工作做得怎么样时，主要可以通过会议是否顺利进行以及参会人员的满意度来体现。另外，作为部门秘书，还要为业务人员提供其他一些日常服务，例如，与行政部门协调借用设备等有关事宜。

某公司财务部门规定各项财务报销和费用支出都统一由部门秘书经手，因此部门秘书要向财务部门提供相关的数据和票据。秘书在这个方面工作做得怎么样，需要财务部门进行判断。

2. 考核指标的建立

在确定了工作产出之后，需要确定应从什么角度去衡量各项工作产出，从哪些方向评估各项工作产出。

(1) 关键绩效指标的类型。

关键绩效指标主要有四种类型：数量、质量、成本和时限。

表 7.12 列出了常用的关键绩效指标的类型，以及从哪里可以获得验证这些指标的证据来源。

表 7.12　　　　绩效指标的类型

指标类型	举　例	证据来源
数量	• 产量 • 销售额 • 利润	• 业绩记录 • 财务数据
质量	• 破损率 • 独特性 • 准确性	• 生产记录 • 上级评估 • 客户评估
成本	• 单位产品的成本 • 投资回报率	• 财务数据
时限	• 及时性 • 到市场时间 • 供货周期	• 上级评估 • 客户评估

（2）针对不同的绩效考核指标，设定相应的绩效考核标准。

①指标与标准

绩效指标指的是从哪些方面对工作产出进行衡量或评估，解决的是对被考核者需要评估“什么”的问题。绩效标准指的是在各个指标上应该达到什么样的水平，解决的是被考核者做得“怎样”或完成“多少”的问题。

对于数量化的绩效指标，设定的评估标准通常是一个范围。如果被考核者的绩效表现超出标准的上限，则说明被考核者做出了超出期望水平的卓越绩效；如果被考核者的绩效表现低于标准的下限，则表明被考核者存在绩效不足的问题，需要进行改进。对于非数量化的绩效指标，在设定绩效标准时往往通过客户的满意度来体现。表 7.13 中列举出了一些绩效指标与绩效标准的实例。

表 7.13　　　　绩效指标与绩效标准

工作产出	指标类型	具体指标	绩效标准
销售利润	数量	• 年销售额 • 税前利润百分比	• 年销售额在 20 万 ~25 万元 • 税前利润率达到 18% ~22%
新产品设计	质量	上级评估： • 创新性 • 体现公司形象	上级评估： • 至少有 3 种产品与竞争对手不同 • 使用高质量的材料、恰当的颜色和样式代表和提升公司的形象
		客户的评估： • 性价比 • 相对竞争对手产品的偏好程度 • 独特性 • 耐用性 • 提出的新观点的数量	客户的评估： • 产品的价值超过了它的价格 • 在不告知品牌的情况下对顾客进行测试，发现选择本公司产品比选择竞争对手产品的概率要高 • 客户反映与他们见到过的同类产品不同 • 产品使用的时间足够长 • 提出 30 ~40 个新的观点

表7.13(续)

工作产出	指标类型	具体指标	绩效标准
零售店销售额	数量	销售额比去年同期有所增长	销售额比去年同期增长5% ~8%
竞争对手总结	质量	上级评估: 全面性 数据的价值	上级评估: 覆盖了所有已知竞争对手的所有产品 提供的数据包括对产品的详细描述，如产品的成本、广告费用、回头客的比例等
	时限	预定的时间表	能在指定的期限之前提供关于竞争对手的总结数据
销售费用	成本	实际费用与预算的变化	实际费用与预算相差在5%以内

②对绩效表现的追踪

在确定了绩效标准之后，更进一步的问题是我们需要知道每个被考核者在各个绩效指标上实际表现怎样，是否达到了绩效标准。

因此，我们需要通过各种手段对绩效表现进行跟踪。有些数量化的指标，如销售额、生产的数量等，可以直接从相关的记录中获得，而有些来自客户评估的数据则通过取样的方式获得。表7.14记录了被考核者的实际表现，我们可以将其与绩效标准进行对照。

表7.14 **绩效表现的追踪**

工作产出	绩效标准	实际表现
销售利润	年销售额在20万~25万元 税前利润率达到18% ~22%	年销售额20万元 税前利润百分比为20.2%
新产品设计	上级评估: • 至少有3种产品与竞争对手不同 • 使用高质量的材料，恰当的颜色和样式代表和提升公司的形象 客户的评估: • 产品的价值超过了它的价格 • 在不告知品牌的情况下对顾客进行测试，发现选择本公司产品比选择竞争对手产品的概率要高 • 客户反映与他们见到过的同类产品不同 • 产品使用的时间足够长 • 提出30~40个新观点	• 上级评估: • 有5种产品与竞争对手的产品不同 • 除了1种产品之外，其他产品的材料、颜色和样式均能代表和提升公司的形象 客户的评估: • 80%的客户认为产品的价值超过了它的价格 • 在不告知品牌的情况下对顾客进行测试，发现90%的客户会选择本公司产品而不选择竞争对手产品 • 40%客户反映本公司产品与他们见到过的同类产品不同 • 80%的客户对产品的耐用性表示满意 • 提出了56个新观点
零售店销售额	销售额比去年同期增长5% ~8%	销售额比去年同期增长7.5%

7.14(续)

工作产出	绩效标准	实际表现
竞争对手总结	上级评估： • 覆盖了所有已知竞争对手的所有产品 • 提供的数据包括对产品的详细描述，如产品的成本、广告费用、回头客的比例等 • 能在指定的期限之前提供竞争对手的总结数据	上级评估： • 覆盖了所有已知竞争对手的90%的产品 • 提供的数据包括对产品的详细描述，如产品的成本、广告费用、回头客的比例等 • 能在指定的期限前3天提供关于竞争对手的总结数据
销售费用	实际费用与预算相差5%	实际费用超出预算的1%

(3) 审核关键绩效指标

在确定了工作产出及关键绩效指标和标准后，需要进一步对这些关键绩效指标进行审核。其目的主要是为了确认这些关键绩效指标是否能够全面、客观地反映被考核者的工作绩效，以及是否适合于绩效考核操作，从而为适时调整工作产出、绩效考核指标和具体标准提供所需信息。

审核关键绩效指标可以从以下几个方面进行：

①工作产出是否为最终产品。由于通过关键绩效指标进行评估主要是对工作结果的评估，因此在设定关键绩效指标时主要关注的是与工作目标相关的最终结果。

②关键绩效指标是否可以证明和观察。在设定了关键绩效指标之后，就要依据这些关键绩效指标对被考核者的工作表现进行跟踪和评估，所以这些关键绩效指标必须是可以观察和证明的。

③多个考核者用一个绩效指标进行评估，考核结果是否能取得一致。如果设定的关键绩效指标符合"SMART"原则，那么用不同的考核者对同一个绩效指标进行评估时就能够取得一致的评估结果。

④这些指标的总和是否可以解释被考核者80%的工作目标。关键绩效指标是能够全面覆盖被考核者工作目标的主要方面。因此，在审核关键绩效指标的时候，需要重新审视一下被考核者主要的工作目标，判断所选的关键绩效指标是否能够说明被考核者主要的工作目标。

⑤是否从客户的角度来界定关键绩效指标。在界定关键绩效指标的时候，充分体现出组织内外客户的意识，把客户满意的标准作为被考核者工作的目标。

⑥跟踪和监控关键绩效指标是否可以操作。我们不仅要设定关键绩效指标，还要考虑如何依据这些关键绩效指标对被考核者的工作行为进行衡量和评估。如果无法得到被考核者与关键绩效指标有关的行为表现，那么关键绩效指标也就失去了意义。

⑦是否留下超越标准的空间。关键绩效指标确定的是被考核者达到工作目标的基本标准，即是一种工作合格的标准。因此，绩效标准应该设置在大多数被考核者通过努力可以达到的范围之内，对于超越这个范围的绩效表现，可以将其认定为卓越的绩效表现。

五、考核指标的权重

考核指标权重关系到具体考核指标贯彻落实的可行程度。

（一）权重的概念

权重是指绩效考核指标在评价体系中的重要性或绩效考核指标在总分中所占的比重，是每个绩效考核指标在整个指标体系中重要性的体现。各个考核指标相对于不同的考核对象会有不同的地位与作用。因此，要根据不同的测评主体、不同的测评目的、不同的测评对象、不同的测评时期和不同的测评角度，恰当地分配与确定不同的指标权重。

（二）确定指标权重的方法

（1）主观经验法。如果对于某一个考核客体非常熟悉和了解，考核者可以凭自己以往的经验直接给指标加权。

（2）主次指标排队分类法，也称A、B、C分类加权。具体操作分为排队和加权两步：排队是将指标从大到小或由重要到一般依次排列；加权是在排队的基础上，按照A、B、C三类指标赋权，如按照A、B、C的顺序直接赋予3、2、1的不同权数。

（3）专家调查加权法。这种方法是给每位专家发放加权咨询表，然后将所有专家对每个评价指标的权重系数进行统计处理。

（三）赋值

赋值是按照一定的标准，根据指标之间的差异程度给指标赋予一定的分数。赋值的方法有多种形式：

（1）标准赋值。设定一个标准，然后按是否达到标准以及标准的程度给每项指标赋值，有递减赋值和加减赋值两种。

（2）等级赋值。按照达到指标标准的程度，分若干个等级，并按给每个等级打分的方法，分为实质赋值与等矩赋值、弹性赋值与刚性赋值等形式。

（3）常规赋值。按照事先的约定，给每个评价指标赋值的方法，并对评价指标加权，然后对每个评价指标的权数取平均值，作为权重系数。

（四）不同层次员工的考核权重

对于不同层级的员工，其绩效计划中关键绩效指标和工作目标之间的权重会有所不同。一般而言，对于职级高的职位和主要业务部门的职位，其关键绩效指标的权重大于工作目标设定；对于职级低的职位和部分管理及支撑部门的职位，其工作目标设定大于关键绩效指标权重。关键绩效指标和工作目标的设定可以参见表7.15。

表 7.15　关键绩效指标与工作目标设定表

内容及权重 / 考核对象	关键绩效指标	工作目标设定
领导层	100%	——
管理层	60%	40%
执行层	20%	80%
基　层	——	100%

对于不同的考核目的，在不同级别员工之间各种考核指标的权重可以参见表 7.16。

表 7.16　不同级别员工之间各种考核因素的权重设定表

考核种类	评价因素	初级员工	中级员工	高级员工	中高级干部
提高考核	关键职责	20%	25%	25%	25%
	工作目标	50%	40%	35%	30%
	工作能力	30%	35%	40%	45%
奖金考核	关键职责	40%	50%	50%	70%
	工作目标	60%	50%	40%	30%

第四节　绩效考核的方法

科学有效的绩效考核方法，应该具有有效性、可靠性和准确性的基本特征，使其能够对员工的工作绩效做出更客观、更有价值的评价，以利于组织人事决策、利于员工改进工作及自身的发展，并使其真正成为提高绩效的有力工具和手段。

一、行为导向型主观考核方法

行为导向型主观考核方法主要是依据一定的标准或设计好的维度对被考核者的工作行为进行主观评价的方法。具体方法包括排列法、选择排列法、成对比较法和强制分布法等。

（一）排列法

排列法也称排序法、简单排列法，是绩效考核中比较简单易行的一种综合比较的方法。它通常是由上级主管根据员工工作的整体表现，按照优劣排序依次对员工进行排列。有时为了提高其精度，也可以将工作内容作出适当的分解，分项按照优劣的顺序排列，再求总平均的次序数，作为绩效考核的最后结果。如表 7.17 所示。

表 7.17　　　　　某公司中层经理绩效考核的排列法

设定指标 被考核人	工作业绩状况	团队精神	业务知识经验	开拓能力	工作责任心	创新性	组织能力	决策能力	指导说服能力	协调能力	排序总分	评定等级
张建华	1	1	1	2	1	2	2	1	1	1	13	优
赵　丽	2	2	3	1	2	1	3	2	4	2	22	良
孙　明	4	4	2	3	3	3	1	3	3	4	30	良
李　刚	3	5	4	4	5	4	5	4	2	3	39	中
吴晓月	5	3	5	6	4	6	4	5	5	6	49	及格
周忆寒	7	7	6	5	6	5	7	7	6	5	61	差
郑　爽	6	6	7	7	7	7	6	6	7	7	66	差

这种方法的优点是简单易行，花费时间少，能使考核者在预定的范围内组织考核并将下属进行排序，从而减少考核结果过宽和趋中的误差。在确定的范围内可以将排列法的考核结果作为薪酬调整或人事变动的依据。但是，由于排列法是相对对比性的方法，考核是在员工间进行主观比较，因此不能用于比较不同部门的员工，个人取得的业绩相近时也很难进行排列，也不能使员工得到关于自己优点或缺点的反馈。

（二）选择排列法

选择排列法也叫交替排列法，是简单排列法的进一步推广。选择排列法利用的是人们容易发现极端、不容易发现中间的心理，在所有员工中，按照某一特定的绩效维度，或者根据员工的整体绩效状况，首先挑出最好的员工，然后挑出最差的员工，将他们定为第一名和最后一名，接着在剩下的员工中再选择出最好的和最差的，分别将其排列在第二名和倒数第二名。以此类推，最后将所有员工按照优劣的先后顺序全部排列完毕。

选择排列法是较为有效的一种排列方法，采用这种方法时，不仅上级可以直接完成排序工作，还可以将其扩展到自我考核、同级考核和下级考核等其他考核的方式之中。

（三）成对比较法

成对比较法亦称配对比较法、两两比较法。此法要将全体被考核员工逐一配对比较，按照两两比较中评为较优的总次数确定等级名次。其基本程序是：首先，根据某种考核要素，如工作质量，将所有被考核人员两两比较，按照被评为较优的总次数进行排列；然后再根据下一个考核要素进行两两比较，得出本要素被考核人员的排列次序；以此类推，经过汇总整理，最后求出被考核者所有考核要素的平均排序数值，得到最终考核的排序结果。

成对比较法是一种系统比较程序，有一定的合理性。应用此法时，能够发现每个员工在哪些方面比较出色，在哪些方面存在明显的不足和差距。在涉及的人员范围不大、数目不多的情况下宜采用本方法。但如果员工的数目过多，不妨设总人数为n，仅对某一个要素进行两两配对，其配对的次数将达到$n\times(n-1)/2$，这样不但费时费力，其考核质量也将受到制约和影响。表 7. 18 为成对比较法的示例。

表 7. 18　　成对比较法：工作质量要素考核表

	A	B	C	D	E	F	排序
A	0	+	+	+	+	+	6
B	−	0	+	+	−	+	4
C	−	−	0	−	−	+	2
D	−	−	+	0	−	+	3
E	−	+	+	+	0	+	5
F	−	−	−	−	−	0	1
汇总	−5	−1	+3	+1	−3	+5	

注：纵列员工与横列员工对比，优者划“+”，差着划“−”。

（四）强制分布法

强制分布法也称强迫分配法、硬性分步法等。这种方法假设员工的工作行为和工作绩效整体呈正态分布，那么按照状态分布的规律，员工的工作行为和工作绩效好、中、差的分布存在一定的比例关系，处于中间状态的员工应该最多，而处于两端的员工相对较少。强制分布法就是按照一定的百分比，将被考核的员工强制分配到各个类别中。从实务操作来看，类别一般分为五类，从最优到最差的具体百分比可根据需要确定，可以是 10%、20%、40%、20%、10%，也可以是 5%、20%、50%、20%、5%，等等。其分布的典型形式如图 7. 9 所示。

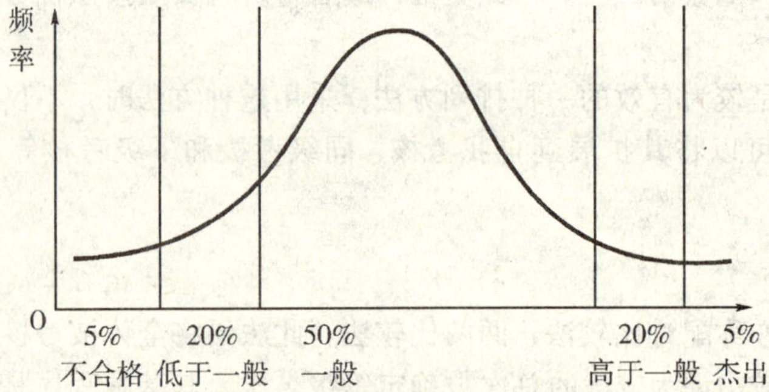

图 7. 9

强制分布法较适合在人数较多情况下评估总体状况，简易方便，可以避免考核者过分偏宽、偏严或高度趋中等偏差的发生。不过此法缺少具体分析，在总体偏优或偏劣的情况下，难以实事求是地作出评价。

金碟公司提出一个口号：让员工在绩效跑道上接力。金蝶公司的考核周期为半年，由本人自评、直接上级打分和间接上级审核三段组成，形成最终结果。为了让员工最后排列一定是一条“活力曲线”，金蝶公司要求将员工进行正态分布。金蝶公司分五个等级，分别是 A、B、C、D、E。凡人数达到 15 人以上的部门可以进行正态分布，即获得 A 为 15%、B 为 30%、C 为 40%、D 为 10%、E 为 5%，这个比例是固定的。员工的等级根据分数高低确定，但等级和分数之间没有固定的对应关系。因为每个经理对于分数的衡量尺度不一样，可能一个经理打分都集中在 9 ~ 10 分，而另一个经理集中在 7 ~ 8 分，打分判断不出差距。因此，需强制按比例分级。实践表明，在人数较多的部门中，员工的实际工作绩效存在差距是必然，一般会呈现正态分布。正态分布的结果与正激励和负激励直接挂钩。获得高等级的，在奖金、工资调整、晋升、优秀评选、轮岗、储备人才培养等方面可能会获利。而获得低等级的，可能要面临降级甚至淘汰的残酷命运。最为“残酷”的应该是获得 E 的 5% 将被强制淘汰。这个比例是固定的，在正态分布的部门中，如果你排在末位，就要遭到淘汰。

这种方法的优点是：有利于管理控制，特别是在引入员工淘汰机制的公司中，它能明确筛选出淘汰对象。由于员工担心因多次落入绩效最低区间而遭解雇，因而具有强制激励和鞭策功能。当然，其缺点也很明显，如果一个部门的员工的确都很优秀，还是强制进行正态分布划分等级，可能会带来多方面的弊端。

二、行为导向型客观考核方法

行为导向型客观考核方法是依据完全确定性指标对考核者的工作行为进行客观评价的方法。具体方法包括关键事件法、行为锚定等级评价法、行为观察法、加权选择量表法等。

（一）关键事件法

关键事件法是主管对下属与工作相关的优秀事件和不良行为进行记录，并在预定的时期内进行回顾考评的一种方法。在某些工作领域内，员工在完成工作任务过程中，有效的工作行为导致了成功，无效的工作行为导致了失败，我们将这些有效或无效的工作行为称作“关键事件”。考核者要记录和观察这些关键事件，并形成一个书面报告，然后在一定的时间里，主管人员根据所记录的特殊事件面对面地讨论员工的工作绩效。表 7.19 是关键事件法应用示例。

关键事件法以事实为依据，考核不仅要注重对行为本身的评价，而且还要考虑行为的情境，以向员工提供明确的信息，使员工知道自己在哪些方面做得比较好，而在哪些方面做得不好。例如，一名保险公司的推销员，有利的关键事件的记录是“以最快的速度和热情的方式应对顾客的不满”，而不利的关键事件的记录是“当获得保险订单后，对客户置之不理，甚至有欺骗行为”。需要注意的是，关键事件法考核的内容是下属特定的行为，而不是他的品质和个性特征。由于这种方法强调选择具有代表最好或最差行为表现的典型和关键性活动事例作为考核的内容和标准，因此一旦考核的关键事件选定了，其具体方法也就确定了。

采用关键事件法具有较大的时间跨度，可以贯穿考核期的始终，与年度、季度计划结合在一起。其主要优点是：为考核者提供了客观的事实依据；考核的内容不是员工短期表现，而是整个考核期内的整体表现；以事实为依据，保存了动态的关键事件记录，可以全面了解下属是如何消除不良绩效、如何改进和提高绩效的。关键事件法的缺点是：对关键事件的观察和记录费时费力；能做定性分析，不能做定量分析；不能具体区分工作行为的重要性程度，很难使用该方法在员工之间进行比较；上级主管必须确定能就正、反两面的事实着眼，否则考核就会有偏差，员工也无法公正地接受评估。

表 7.19　　关键事件法应用示例

工作责任	目　标	关　键　事　件
安排工厂的生产计划	充分利用工厂中的人员和机器；及时发布各种指令	为工厂建立新的生产计划系统；上个月的指令延迟率降低了 10%；上个月提高机器利用率 20%
监督原材料采购和库存控制	在保证充分的原材料供应的前提下，使原材料的库存成本降低到最小	上个月使原材料库存成本上升了 15%；“A”部件和“B”部件的订购富余了 20%，而“C”部件的订购却短缺了 30%
监督机器的维修保养	不出现因机器故障而造成的停产	为工厂建立了一套新的机器维护和保养系统；由于及时发现机器部件故障而阻止了机器的损坏

（二）行为锚定等级评价法

行为锚定等级评价法也称为行为定位法、行为决定性等级量表法或行为定位等级法。这一方法是关键事件法的进一步拓展和应用。它将关键时间和等级评价有效地结合在一起，通过一张行为等级评价表（如图 7.10 所示）可以发现，在同一绩效维度中存在一系列的行为，每种行为分别表示在这一维度中的一种特定绩效水平，将绩效按等级量化，可以使考核结果更有效、更公正。

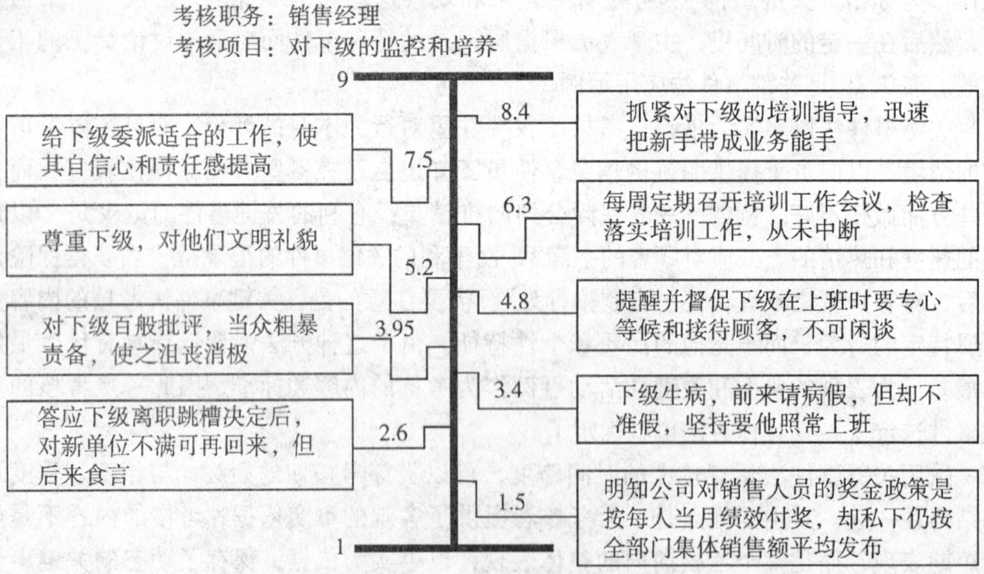

图 7.10　行为锚定评价量表

行为锚定等级评价法的具体工作步骤：

（1）进行岗位分析，获取本岗位的关键事件，由其上级主管人员做出明确简洁的描述；

（2）建立绩效考核的等级，一般为5~9级，将关键事件归并为若干绩效指标，并给出确切定义；

（3）由另一组管理人员对关键事件做出重新分配，将它们归入最合适的绩效要素指标中，确定关键事件的最终位置，并确定出绩效考核指标体系；

（4）审核绩效考核指标等级划分的正确性，由第二组人员将绩效指标中包含的重要事件，由优到劣、从高到低进行排列；

（5）建立行为锚定法的考核体系。

行为锚定等级评价法的最大优点是为考核活动提供明确的典型行为锚定点，考核者在实际考核时就有了评分尺度。此外，这些附有具体行为描述性的文字，也有助于被考核者较深刻地了解自己工作状态，找到具体改进的目标。其缺点有：一方面，行为锚定等级评价法设计和实施的费用高，比许多其他考核方法更费时费力；另一方面，由于典型行为的描述性文字数量总是有限的，不可能涵盖被考核者实际中各种各样的行为表现，考核者很有可能对既定的行为锚定等级评价表持有异议，而不严格按照既定的评分标准进行考核，从而影响量表的可信度。

（三）行为观察法

行为观察法也称观察评价法、行为观察量表法、行为观察量表评价法等。行为观察法也是在关键事件法的基础上发展起来的，与行为锚定等级评价法大体接近，只是在量表的结构上有所不同。该方法不是首先确定工作行为处于何种水平上，而是确定员工某种行为出现的频率，它要求考核者根据某一工作行为发生的频率或次数的多少对被考核者打分。例如，一名营业员在一个月内与顾客发生0次争执得5分；发生1~2次争执得3分；发生3~4次争执得2分；发生5次争执得1分；发生5次以上争执得0分。考核者既可以对不同工作行为的评定分数相加得到一个总分数，也可以按照对工作绩效的重要程度赋予工作行为不同的权重，经过加权后再相加得到总分。总分可以作为不同员工之间进行比较的依据。需要注意的是，发生频率过高或过低的工作行为不能选取为评定项目。

行为观察法克服了关键事件法不能量化、不可比及不能区分工作行为重要性的缺点，具有直观、可靠，被考核者容易接受反馈、提高自身绩效的优点。但是编制一份行为观察量表较为费时费力；同时，完全从行为发生的频率考核员工，也可能使考核者和员工双方忽略行为过程的结果。行为观察量表实例如表7.20所示。

表 7.20　　行为观察量表实例

评定管理者的行为，用 5 ~1 和 NA 代表下列各种行为出现的频率，评定后填在括号内： 5 表示 95% ~100% 都能观察到这一行为 4 表示 85% ~94% 都能观察到这一行为 3 表示 75% ~84% 都能观察到这一行为 2 表示 65% ~74% 都能观察到这一行为 1 表示 0% ~64% 都能观察到这一行为 NA 表示从来没有这一行为
克服变革的阻力： （1）向下级详细地介绍变革的内容（　　　　） （2）解释为什么变革是必须的（　　　　） （3）讨论变革是必须的（　　　　） （4）倾听员工的意见（　　　　） （5）要求员工积极配合参与变革的工作（　　　　） （6）如果需要经常召开会议听取员工的反映（　　　　）

0 ~10 分：未达到标准；11 ~15 分：勉强达到标准；16 ~20 分：完全达到标准；21 ~25 分：出色达到标准；26 ~30 分：最优秀。

（四）加权选择量表法

加权选择量表法是行为观察量表法的另一种表现形式。它用一系列的形容性或描述性的语句来说明员工的各种具体的工作行为和表现，并将这些语句分别列在量表中，作为考核者评定的依据。在打分时，如果考核者认为被考核者的行为表现符合量表中所列出的项目，就做上记号，如划“√”或者划“×”。

加权选择量表法的具体设计方法是：①通过工作访问调查和分析，采集设计本岗位人员有效或无效行为表现的资料，并用简洁的语言做出描述；②对每一个行为项目进行多等级评判，合并同类项目，删去缺乏一致性和代表性的事项；③求出各个保留项目评判分的加权平均数，将其作为该项目等级分值。加权选择量表法实例如表 7.21 所示。

表 7.21　　加权选择量表法实例

如果员工有下列行为描述的情况则打“√”，否则打“×”	等级分值 $\sum Ai = 1$	考核结果
1. 布置任务时，经常与下级进行详细的讨论	A1	□
2. 识人能力差，不能用人所长	A2	□
3. 在进行重要的决策时，尽可能地征求下属的意见	A3	□
4. 不但对工作承担责任，也能放手让下属独立地进行工作	A4	□
5. 经常深入员工，观察他们，并适时地予以表扬	A5	□
6. 对下级进行空头许诺	A6	□
7. 能耐心倾听别人提出的批评，或下级的意见和建议	A7	□
8. 在做出重大决策之前，不愿意听取其他人的意见	A8	□
9. 为保住自己的面子，不考虑下级会有何感受	A9	□
10. 明明是自己的失误，错怪了下属，也不向下属道歉	A10	□

三、360 度考核法

绩效考核是人力资源管理一个极为重要的环节，可对职工提供绩效反馈，使之了解自身工作中的优缺点。为了更好发挥绩效考核的功能，使绩效考核尽量客观、公正、全面而不带个人好恶因素，令被考核者心悦诚服，360 度绩效考核技术便应运而生。

360 度绩效考核是一种从多维度进行的比较全面的绩效考核方法，也称为全方位考核法、全面评价法。这种方法是选取与被考核者联系紧密的人来担任考核人员，包括上级、下级、同事、客户及被考核者本人。如图 7.11 所示。

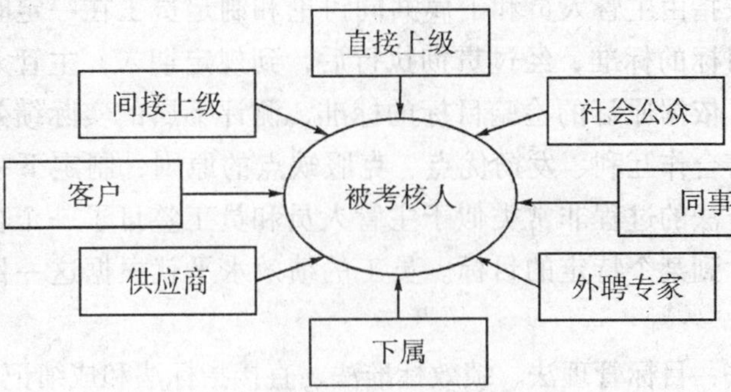

图 7.11　360 度考核法

实施 360 度考核方法时，应注意以下几方面：

（1）充分培训。在考核前应对考核者和被考核者进行企业绩效管理制度、评分方法与技巧、考核的方式与程序的培训，使考核者和被考核者都能充分理解和接受相关的制度和方法，使他们在评分时能把握相同的尺度。

（2）恰当的考核方式。考核方式必须有利于充分地沟通，要避免“背靠背”评分。恰当的考核方式能使来自不同群体的考核者充分了解被考核者的各方面，从而做出公正的评价。

（3）恰当的考核者权重。由于不同的考核者对被考核者的情况了解不同，以及对评价的理解不同，因此会对不同被考核者赋予不同的权重。如，有四家公司对中层经理考核的考核者权重分布，如表 7.22 所示。

表 7.22　中层经理考核的考核者权重

考评人类别	SF 公司	FT 公司	ZD 公司	SKY 公司	平均值
总经理	36%	20%	40%	15%	27.7%
直接分管的高级经理	18%	30%	30%	50%	32%
其他高层经理	20%	15%	无	10%	15%
中层经理（含被考评人自己）	20%	25%	15%	20%	20%
其他（股东代表、员工代表、外聘专家等）	6%	10%	15%	5%	9%

360 度考核法的优点是：能够使上级更好地了解下级，鼓励员工参与管理和管理自己的职业生涯；同时也促使上级帮助下属发展，培养员工的责任心和改善团队合作状态。其缺点是花费时间太多，只适用于管理者而不适用于普通员工。此外，这种方法的实施受组织文化的影响非常大，我国实施这种方案可能会遇到保密性、同事之间的竞争、人际关系的影响、缺少发展机会等方面的困难。

四、结果导向型评价方法

结果导向型的考核方法是以实际产出为基础，考核的重点是员工工作的成效和劳动的结果。这种方法指由主管人员和下属共同讨论和制定员工在一定时期内需达到的绩效目标以及检验目标的标准，经过贯彻执行后，到规定期末，主管人员和下属双方共同对照既定目标，依据原订的检验目标的标准，测评下属的实际绩效，找出成绩和不足，然后双方本着合作互利、发扬优点、克服缺点的原则，制定下一阶段的绩效目标。实施这种评价方法的过程非常类似于主管人员和员工签订了一个合同，双方规定在某一具体的时间达到某个特定的目标。员工的绩效水平就根据这一目标的实现程度来评定。

主要有四种方法：目标管理法、绩效标准法、直接指标法和成绩记录法。

（一）目标管理法

目标管理法是管理者与每个员工一起确定特定的可检测的目标，并定期检查这些目标完成情况的一种绩效方法。它的指导思想是管理的成功有赖于自身调节，体现了现代管理的哲学思想，是领导者与下属之间双向互动的过程。目标管理法的最大特点是其目标是由上下级共同协商确定的，在期限到达时，上下级一起进行工作评估，总结经验教训并商讨下一期目标。上下级的目标之间是一种“目标—手段”的关系，上级的目标通过下级的完成来实现，用总目标指导分目标，用分目标保证总目标，从而形成“目标—手段”链。

实行目标管理的目的在于通过各级目标的确定、评估、鉴定、实现，激发员工的创造性和工作热情，使其发现自己在组织中的价值和责任，从中得到满足感，并在工作中实行“自我控制”，从而更好地为实现组织的总目标做出自己的贡献。目标管理法主要包括以下两个方面的重要内容：一是必须与每位员工共同制定一套便于衡量的工作目标；二是定期与员工讨论其目标的完成情况。如表 7. 23 所示是某家电产品销售公司的销售员工在应用目标管理法时的业绩考核表。

表 7. 23　　销售人员业绩考核表

序号	目标项目	本月目标	实际完成情况	绩效差距（%）
1	微波炉增量（台）	100	110	110
2	电冰箱销售量（台）	60	50	83
3	电视机销量（台）	80	75	94
4	新发展的批发客户（个）	5	4	80

表7.23(续)

序号	目标项目	本月目标	实际完成情况	绩效差距（%）
5	顾客抱怨（次数）	10	7	70
6	销售分析报告（篇数）	4	4	100

目标管理法的评价标准直接反映了员工的工作内容，结果易于观测，所以很少出现评价失误，也适合对员工提出建议，进行反馈和辅导，增强员工的责任心和事业心。但是，目标管理法没有在不同部门、不同员工之间设立统一目标，因此难以对各员工和不同部门间的工作绩效作横向比较，不能为以后的晋升决策提供依据。

企业在推行目标管理时，领导者应在员工心中牢固地树立以目标为导向的管理意识，将公司愿景具体到各部门，然后具体到每位员工。

（二）绩效标准法

绩效标准法与目标管理法基本接近，它采用更直接的工作绩效衡量的指标，通常适用于非管理岗位的员工。衡量所采用的指标要具体、合理、明确，更有时间、空间、数量、质量的约束限制，要规定实现目标的先后顺序，保证员工目标与组织目标的一致性。

由于被考核者的多样性，个人品质的差异性，因此有时某一方面的突出业绩和另一方的较差表现有共生性，而采用这种方法可以克服此类问题，能对员工进行全面的评估。绩效标准法为下属提供了清晰明确的努力方向，对员工具有更明确的导向和激励作用；其局限性是需要占用较多的人力、财力和物力，需要较高的管理成本。

（三）直接指标法

直接指标法是指在员工的衡量方式上，采用可监测、可核算的指标构成若干考核要素，作为对员工的工作表现进行评估的主要依据。如，对非管理人员，可以衡量其生产率、工作数量、工作质量等。工作数量的衡量指标有工时利用率、月度营业额、销售量等；工作质量的衡量指标有顾客不满意率、废品率、产品包装缺损率、顾客投诉率、不合格品返修率等。对管理人员的工作评估可以通过对其下属的缺勤率、流动率的统计来实现。

直接指标法简单易行，能节省人力、物力和管理成本。运用本方法时，需要加强企业基础管理，建立健全各种原始记录，特别是一线人员的统计工作。

（四）成绩记录法

成绩记录法是新开发出来的一种方法，比较适合从事科研教学工作的人员，如教师、工程技术人员等，因为他们每天的工作内容不尽相同，无法用完全固化的衡量指标进行考量。

这种方法的步骤是：先由被考核者把自己与工作职责有关的成绩写在一张成绩记录表上，然后由其上级主管来验证成绩的真实准确性，最后由外部专家评估这些资料，决定员工的绩效。

因本方法需要从外部请来专家参与评估，因此，人力、物力耗费较高，时间也很长。

第五节　绩效考核的实施

一、绩效考核反馈与面谈

员工绩效考核的真正目的是让员工充分了解自己的工作行为与工作表现，找到自己的优势与劣势，以便在下一考核期内做出改进，提高工作绩效。如果只做考核而不进行员工绩效反馈，那么绩效考核便会失去重要的激励、奖惩和培训开发功能。因此，进行有效的绩效反馈是员工绩较管理的重要环节，可以提高员工重视并参与绩效考核的主动性，帮助员工改进工作绩效。

（一）绩效反馈与面谈的目的

（1）让员工了解自己在绩效周期内的业绩是否达到所定目标、行为态度是否合格，使管理者和员工双方达成对评估结果一致的看法。对同样的行为和结果，不同的人有不同的看法。管理者可能认为绝对不能接受的行为，员工却认为是很正常并且是不可避免的。这一阶段的任务就是要对同一行为或结果最终达成一致看法。

（2）探讨绩效不合格的原因，并制订绩效改进计划。让员工承认自己的绩效不合格可能是很难的。一旦员工和管理者在这个问题上达成一致，就应制订如何解决绩效问题以及改进绩效的计划。

（3）管理者向员工传递组织的期望。组织的愿景目标及未来期望是要通过管理者来传递给员工的。在与员工讨论工作目标的过程中，可以将组织的愿景贯穿其中，让员工感受到具体的目标而不是一种无形的愿景，这样更有利于员工将其落到实处。

（4）双方对下一个绩效周期的目标进行协商，形成个人绩效合约。绩效合约是一份正式的书面约定，它将管理者和员工双方讨论的结果列为具体的条目记录下来，既有助于员工清楚自己要完成的任务有哪些，又有助于管理者在绩效周期结束时对员工绩效进行评估。

（二）面谈与反馈的内容

如果预期的绩效已经被界定清楚，并且对员工的实际绩效也进行了评价，就要将绩效信息反馈给员工，从而帮助他们纠正自己的不足。但是绩效反馈过程是非常复杂的，并且对于管理者和员工双方来说有可能都是非常不舒服的。

在面谈与反馈时，管理者应将绩效考核的结果明确告知员工，对于在上一个绩效周期内的优秀业绩和值得肯定的行为，要给予表扬与称赞，并且鼓励员工在今后的工作中继续保持和自我突破。但面谈重点应该放在诊断不良业绩上，因为这可能是阻碍员工发展、影响业绩提高的“瓶颈”。员工的能力欠缺、态度不端可能就存在于此。

二、绩效反馈与面谈中应注意的问题

绩效面谈是一次非常正式的沟通和反馈，需要注意以下几个的问题：

(一) 对事不对人

绩效面谈的重点在以硬的数据为基础的绩效结果上，先不要责怪和追究当事者个人的责任与过错，语气尽量不带威胁性，要强调客观结果。考核者要先表明他所关心的是哪方面的绩效，再说下级的实际情况与要求达到的目标的差距，要一起来找差距。

(二) 谈具体，避一般

不要作泛泛的、抽象的一般性评价，要拿出具体结果来支持结论，援引数据，列举实例。用事例说明主管想看到的改进结果，引导下级看到差距在哪里。

(三) 不仅找出缺陷，更要诊断出原因

找原因本身可以变成问题式的过程，借此可以找出所应采取的措施，要引导和鼓励被考核者自己分析造成问题的原因。

(四) 要保持双向沟通

共同解决问题是一个双向过程，不能上级单方面说了算，让他主宰一切，教训下级。这样只会造就傀儡，不能造就人才；只会激起抵制的心理而不是对克服缺点的热情。

(五) 落实行动计划

制定具体的绩效改善目标，确定检查改善绩效进度的日期。

三、几种典型面谈情况的处理

1. 对优秀的下级

这种情况最顺利，但面谈者要注意两点：一是要鼓励下级的上进心，为他订好个人发展计划；二是不要急着许诺，答应几时提拔或给何种特殊物质奖励之类。

2. 与前几次比没有显著进步的下级

面谈者应开诚布公，跟他讨论是不是现在的职位不太适合他，让他意识到自己有哪些不足。

3. 绩效差的下级

造成绩效差的可能原因有多种，如工作态度不正、积极性不足、缺乏训练、工作条件恶劣等，必须具体分析，找出真正的原因并采取相应措施。切忌不问青红皂白，认定是这位下级的过错。

4. 年龄大的、工龄长的下级

对这种下级一定要特别慎重。他们看到比自己年纪轻而资历浅的人后来居上，自尊心会受到伤害，或者是对他们未来的出路或退休感到焦虑。对他们要尊重，要肯定他们过去的贡献，要耐心而关切地为他们出主意。

5. 过分雄心勃勃的下级

有雄心是优良品质，但过分雄心勃勃则不好。他们会急于想得到提升和奖励，虽然他们此时还没进展到这种程度。对这类下级要耐心开导，说明政策是论功行赏，用事实说明他们还有一定差距。但不能泼冷水，可以跟他们讨论未来进展的可能性与计划，不过不要让他们产生错觉，以为达到某一目标就马上能获奖或晋升，要说明努力进步，待机会到来自会水到渠成的道理。

6. 对沉默内向的下级

这种人不爱开口，对他们只有耐心启发，用提出非训导性的问题或征询他意见的方式，促使其作出反应。

7. 对爱发火的下级

对这种人首先要耐心地听他讲完，尽量不马上跟他争辩和反驳。从他发泄出的话中可以听出他气愤的原因，然后与他共同分析，冷静地、建设性地找出解决问题的办法。

有的企业为了促进双方进行认真的谈话，避免主管人员单方面评价后对员工隐瞒结果，会采用一种谈话记录单的形式（如表7.24所示），要求记录双方的主要谈话内容并签字确认。

表7.24　　绩效面谈记录

部　门			时　间	年　月　日
被考核人	姓名：	职位：		
直接上级	姓名：	职位：		
业绩讨论要点：				
能力与行为表现讨论要点：				
给予员工的发展建议（包括绩效改进计划、措施及建议）： 双方确认签字：　　　　日期：				

四、员工绩效的改善

（一）明确差距

要改善员工绩效，首先要明确员工绩效的差距，要让员工明白自己在哪些方面存在差距，这些差距究竟有多大。差距可通过员工工作目标与实际工作绩效相比较来寻找，也可以通过员工与员工之间相互比较得到，或者是将员工的工作绩效与社会上同行的平均水平相比较。

（二）归因分析

归因分析是研究产生差距的原因。产生绩效差距的原因可能是多方面的，但归纳起来不外乎两大类：内因与外因。内因主要是指员工的能力与努力程度；而外因则是指工作的环境、组织的政策等。归因分析具体可通过以下几个方面来进行：①能力；②工作的兴趣；③明确的目标；④个人的期望；⑤工作的反馈；⑥奖励；⑦惩罚；⑧个人晋升与发展的机遇；⑨完成工作必要的权力。

以上几个方面可以用一个调查提纲进行调查分析。下面是一个员工绩效归因分析的调查提纲的实例。

请仔细阅读下列问题，并在"是"与"否"之间作出选择。

	是	否
1. 技能与知识		
A. 员工是否具备所期望的技能？	□	□
B. 员工是否达到期望的绩效标准？	□	□
2. 个性、兴趣与爱好		
A. 员工的个性与兴趣是否符合期望的要求？	□	□
B. 员工是否明确工作所需的个性与兴趣？	□	□
3. 工作目标		
A. 目标是否已建立？	□	□
B. 目标是否非常具体？	□	□
C. 目标是否明确？	□	□
D. 员工实现这些目标是否有困难？	□	□
4. 个人的期望		
A. 对应得的奖励，员工是否有明确的期望？	□	□
B. 员工是否有其他明确的期望？	□	□
5. 工作反馈		
A. 员工是否得到关于工作量与质的信息？	□	□
B. 员工是否得到关于如何改进工作的信息？	□	□
C. 员工是否能及时地、不被延误地得到工作绩效信息？	□	□
D. 是否向员工解释绩效的有关信息？	□	□
6. 奖惩		
A. 当员工未达到应有的绩效水平时，是否立即受到惩罚？	□	□
B. 当员工超过或达到应有的绩效水平时，是否立即得到奖励？	□	□
7. 责任与权力		
A. 员工是否明确自己的责任与权限？	□	□
B. 在职权范围内，员工是否可利用有效的资源来完成工作？	□	□
C. 员工是否能影响他人帮助自己完成工作？	□	□
D. 员工在组织中是否明显比他人具有更重要的地位？	□	□

8. 发展与晋升

A. 员工是否有机会发挥自己的能力与特长? □ □

B. 组织是否为员工设计职业生涯发展的计划? □ □

以上问题的否定回答可能就是产生员工绩效差距的原因。

(三) 绩效的改善

通常，管理者对低能力、低绩效者所采取的措施往往是辞退、再培训或惩罚，而对于由外部环境或条件引起的低绩效情况，则会努力改善工作环境与条件，或改变组织政策。下面是一些较为有效的绩效改善方法。

1. 正强化

这种方法是指当员工达到绩效目标时，立即给予肯定、认可或表扬等激励。该法要求首先根据工作分析，建立一个工作行为标准体系，然后建立一个绩效目标体系。该目标体系具体明确且富有一定的挑战性，员工的绩效达到目标要求时，立即实行正强化。

2. 员工帮助计划

员工帮助计划主要是帮助员工解决工作中一些习惯性的缺点，而这些缺点又是影响他们绩效的主要因素。这种计划在实施过程中，必须得到高层管理者、部门主管和员工本人三方面的密切配合。

3. 员工忠告计划

这种方法常用于员工经常出现低绩效，且正强化不起作用的情况。这种方法首先要确认经常出现低绩效的员工，记录这些员工的有关信息，如能力、原因、频次、周期等，并将记录的信息分析处理。其次主管人员要让这些员工意识到问题的严重性，并让他们熟悉组织的绩效标准。若这些低绩效员工不能主动改进不足、提高绩效，主管人员则要与之进行面谈，帮助其找出原因，给予必要的建议和忠告；若仍达不到预期的效果，则主管人员、主管人员的上级与低绩效的员工三方进行面谈，并限期整改；若限期整改无效，则可停职反省。

4. 负强化

不同于前三种方法，这种方法是一旦员工出现不希望出现的行为后，立即给予惩罚，防止该行为的再次发生。在使用该方法时要注意：惩罚要根据具体情况有轻重之分；惩罚要做到公平及时，对事不对人。

总之，工作绩效考核过程是一个反馈的过程。研究表明，评估信息若得到有效反馈，则劳动生产率可提高10%~30%。

五、绩效考核中常见的问题

绩效考核是一项复杂的工作，在实际操作中会遇到很多困难。首先是方法上的困难，例如，如何确定一个人的工作能力，尤其是智能，仍然缺乏简单易行的方法。其次是考核人常受人际关系影响和主观情绪左右，以致出现考核结果失真。最后，员工中有一些对绩效考核持抵制态度。这些都会给绩效考核工作带来一定的阻碍，影响到绩效考核作用的发挥。具体来讲，在绩效考核中，经常出现以下一些问题：

（一）缺乏客观性

在绩效考核标准中存在一些难以量化的因素，比如工作态度、协作关系、事业心等，对这些因素的考核没有一个确切的指标，主观随意性较大；对一些量化的标准存在不客观、不现实、不可衡量等问题，这都影响了考核结果的准确性。

（二）晕轮效应

晕轮效应是在绩效考核时较普遍的一种心理作用和常见的错误。当考核人员仅把一个因素看做是最重要的因素，并根据这一因素对员工做出一个好坏判断时，便产生了晕轮效应。换言之，在考核时，由于评价人对被评人情况的某一方面有强烈的感受或印象，由此影响其他方面的评价，觉得被评人什么都好或什么都差。例如，某位管理者在一次特殊场合下见到其下属醉酒，便有了其下属爱喝酒、容易误事的印象，并把这一点有意无意地扩大到其他方面，从而得出该下属是一位不称职的员工的评价。实际上，那位下属可能仅仅醉过一次。

（三）居中、偏紧、偏松倾向

在考核工作中，评价人的某些特征也许会产生居中、偏紧、偏松等主观偏向，影响考核的效果。比如，评价人的思想水平和修养、评级经验与技能、评级态度、个人好恶、宽容或严厉的个性等会影响到考核工作。而被评人的特点也会影响到考核与评定，比如，他的作业水平、工作态度、性别、年龄，甚至仪表等因素。同时，评价人与被评人的特征之间还可能发生交互作用，从而产生其他的影响。居中倾向是指考核人员倾向于将员工考核结果集中于中间区域。这是由于评价人员不愿意做“很好”或“很差”的极端评定而造成的错误。评价人员往往倾向于在量表中部（中等程度）做“一般”的评判。偏紧、偏松倾向是指有些考核人员倾向于都给下属员工的工作绩效做较高或较低的评价，使考核结果失真。

（四）近期行为偏见

近期行为偏见是指对员工进行考核时，过多地从近期的表现出发，忽视长期一贯表现的现象。一般而言，每位员工都能准确地知道何时安排对自己的绩效考核，因而在此之前的一段时间内，其行为会有所改善；同时，对评价者来说，员工最近行为的记忆自然比以往行为更为清晰，因此容易出现近期行为偏见。

（五）马太效应

在马太效应的作用下，绩效考核每次都是将固定的几个人排在前面，他们所得到的奖励和荣誉越来越多，而那些尚未出名的人则往往被忽视，其价值或被贬低或得不到承认。在这种环境下，有潜能的人才很难被发现和得到培养。

（六）个人偏见

考核者可能因为对员工的一些个人特征，如种族、宗教、性别、年龄、性格、气质等存在某种偏见，而影响其考核结果的客观性。个人偏见对于绩效考核的负面影响很大，由于偏见是一种长期形成的、很固执的观念，把这种偏见带到绩效考核工作中，就会影响到考核的客观性、公平性。

（七）其他问题

除了上述问题，在考核中还会存在其他一些问题影响到考核结果的准确性，比如反馈不良、多重标准的使用、权重定有误、评价频率不当、考核数据使用有误等。如图7.12所示。

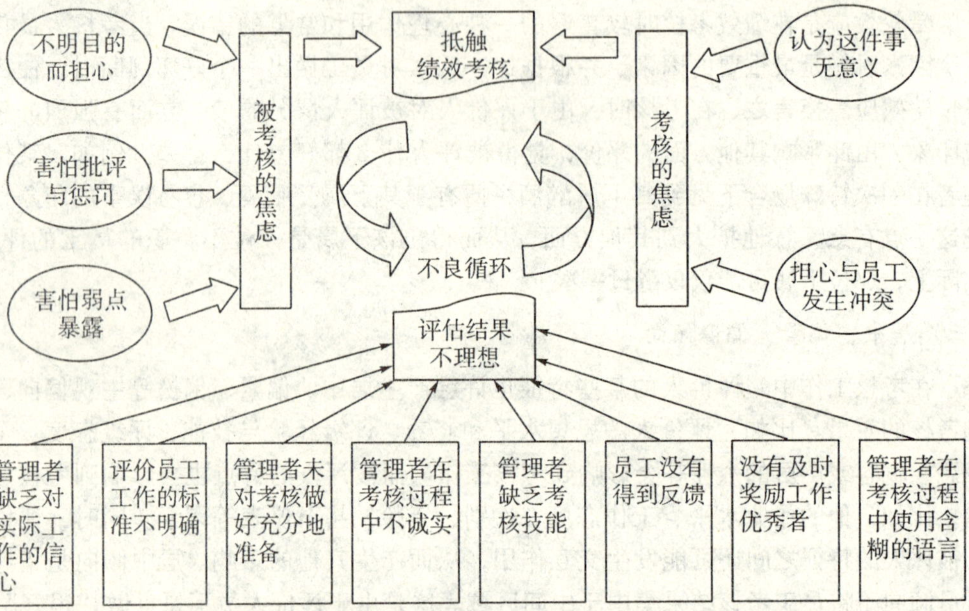

图7.12　绩效考核不良循环图

六、绩效考核结果的运用

绩效考核作为人力资源管理的重要环节和核心内容，通过获得员工工作的真实信息，以对绩效突出、表现优异的员工进行鼓励，或对成绩平平、表现不佳的员工进行惩戒，帮助员工认识实际工作中的问题和不足，促进他们不断改进；同时有针对性地开发员工的各种潜能，并为组织提供员工提升、调动及加薪等方面决策的全面信息。

（一）绩效考核是人力资源规划的依据

绩效考核提供的有关员工业绩的信息是人力资源规划制定和调整的重要信息来源之一。绩效考核反馈的结果常常能够反映企业人力资源管理系统中的潜在问题和可能的新的增长点，为完善下一阶段人力资源规划提供了宝贵的参考，也使人力资源规划的制定和实施更加切合实际，有的放矢。

（二）绩效考核是企业进行人员配备的基础

绩效考核依据每种工作的具体要求来对照员工的实际工作业绩，找出其中的差距和不足，同时分析其中的原因，明确究竟是员工哪方面不合格，还是工作本身的要求有不合理之处。在此基础上确定或修改工作对员工基本素质的要求或者修改工作相关的内容和范围，为企业下一步的人员招聘与选拔活动提供有效的依据。

（三）绩效考核是进行人员培训与开发的依据

绩效考核的结果反映了企业人员的基本工作状况，如能否胜任某一项工作，工作熟练程度如何，以及应在哪些方面加以改进和如何改进等，这类信息正是企业培训和发展所需掌握的内容。

（四）绩效考核为奖酬方案的制订提供依据

绩效考核结果最直接的作用就是为企业制订员工的奖酬方案提供客观依据。每一阶段的绩效考核都是对这一阶段的员工工作绩效的评判，以此为依据进行奖酬发放和薪酬的调整，以真正反映员工对企业的贡献和取得回报的对应关系。同时，员工总体绩效的考核也为企业整体薪酬水平的确定提供了依据。

（五）绩效考核为员工职业发展提供依据

绩效考核过程可以帮助管理者发现员工的工作兴趣方向和工作潜力，通过合理安排和适当指导，使员工按照一定的职业发展道路顺利前进。员工的兴趣爱好得到满足，会为企业做出更大的贡献。

【本章小结】

本章主要介绍了绩效考核的含义与内容、绩效考核应遵循的原则、绩效考核如何实施、绩效考核指标体系的设计方法、绩效考核的方法以及在绩效考核中常见的问题与解决对策。本章通过这些内容的介绍，旨在使同学们对有关绩效考核的基本内涵有所了解，在工作中尽量避免绩效考核不良问题的产生，使绩效考核真正起到有效激励的作用。

【本章思考题】

1. 怎样理解绩效的概念？员工行为与绩效之间有怎样的联系？

2. 什么是绩效管理？它与绩效考核有什么区别和联系？

3. 请为班主任老师编制一份反映其工作绩效的关键事件，并据此形成行为锚等级评价表。

4. 绩效考核的标准与指标有何区别？

5. 绩效考核作为人力资源管理的重要内容，与其他各职能有什么样的相互关系？

【应用性练习题】

练习一：角色扮演练习

林某是一家高科技企业的年轻客户经理，有着双学位的学历背景和较好的客户资源。但是个性较强的林某，常常是公司各种规章制度的“钉子户”。果不其然，在公司新的绩效考核方法推行的过程中，林某又一次“撞到枪口上”。

林某所在的公司新推行的考核办法是根据每个员工本月工作的工时和工作完成度对其工作进行考核，考核结果与工资中的岗位工资和绩效工资挂钩，效益工资和员工创造出的相关效益挂钩。因为该公司有良好的信息化基础，工时是根据员工每日在信息化系统上填写的工作安排和其直接上级对员工工作安排工时的核定来累计的，员工的工作完成度也是上级领导对员工本月任务完成情况的客观反映。上月月末，该公司绩效考核专员根据信息化系统所提供的数据，发现林某上月的工时离标准工时差距很大，而且林某的工作完成度也偏低。经过相关工资计算公式的演算，林某这个月的工资中的岗位工资和绩效工资要扣掉几百元钱。

拿到工资后的林某，面对工资数额的减少，非常激动，提出了如下几点质疑：①工作安排不写不是他的错，因为上级朱某没有及时下达任务；②没有完成相关的经济目标责任也不应该全由他承担，因为这和整个公司的团队实力有关；③和他同一岗位的同事相比，他认为自己的成绩比别人好，而拿到手上的工资却比同事低得多，这太不公平。

带着一身的怨气，林某走进了一向以严明著称的公司董事长赵某的办公室……

问题：

1. 董事长应如何回答林某的质疑？
2. 由两位同学分别扮演资料中的董事长和林某。

练习二：绩效考核表设计

调查当地一企业，比较该企业营销部门和行政部门员工绩效考核方法的区别，并结合企业实际设计销售员和办公室秘书的绩效考核表。

第八章　薪酬管理

【本章学习目标】

- 领悟并掌握薪酬的内涵和外延，把握其相关概念的区别与联系
- 了解企业战略的不同研究视角，理解战略与薪酬管理的一致性
- 掌握薪酬的构成及其主要功能，了解薪酬管理的基本研究范式
- 掌握基本工资管理包括的内容，了解基本工资设计的制度安排
- 掌握奖金管理包括的主要内容，熟悉组织奖金设计的基本思路
- 区别各种福利的不同激励功能，了解法定福利和企业补充福利
- 领会薪酬不同组成部分的功能，理解不同制度安排的激励效果

【引导案例】

薪酬不公的难题①

理吉医院位于某中等规模城市的市中心，它拥有296个住院床位的内科和外科医疗设施服务，除了传统的医疗服务项目外，医院还设有心脏监护、癌症治疗和急诊服务，医院共有806名支付全职工资的员工。

理吉医院十分注重员工薪酬系统的内部一致性，即保持内部职工薪酬的公平性。医院采用因素评分法，在对员工工作评估打分的基础上，把员工薪金分成25个薪金级别。每一个薪金级别在原来的基础上还有上下25%的浮动，没有经验或是经验很少的人，只能得到其所属级别中最低限的薪水。随着员工在工作中的不断进步，医院将支付与员工工作中表现出来的水平相称或相符的薪水。

管理者认为，理吉医院的员工对医院的薪金体系还是很满意的，因为很少听到员工抱怨什么。然而，当人力资源部经理马丁在统计这些年来医院员工的离职人数时，发现医院的医疗师存在异常高的流动率。马丁决定对此现象进行调查，找出原因。他发现本医院的薪酬体系存在一些问题。

医疗师在医院薪酬体系的薪金等级中属于第八级，医院对第八级岗位的付薪范围是1 750 ~2 250美元。而马丁的调查也发现，其主要竞争对手Q医院对其医疗师支付的薪水是2 100 ~2 700美元。显然医疗师的薪酬是存在问题的。

于是，马丁决定召开一次会议来讨论应对的办法。出席会议的有主管人力资源管

① 劳伦斯·S. 克雷曼. 人力资源管理：获取竞争优势的工具［M］. 孙非，等，译. 北京：机械工业出版社，1999：242.

理工作的副总裁皮特森和其助手李克。李克建议医院将医疗师的工作级别升至第十级，以保证医院对医疗师的支付薪资水平能与竞争对手医院的付薪水平相当。但皮特森对李克的提议表示怀疑，他认为这样的变动会破坏理吉医院工作评估的可信度，并可能影响员工士气，特别是对那些薪金在第八级以上岗位工作的员工们。

理吉医院遇到的薪酬问题在其他的组织也有可能存在，人力资源管理副总裁皮特森的说法是否成立？应该如何来设计员工的薪酬水平？在设计中要考虑哪些因素？如何解决理吉医院因薪酬所带来的人员流动问题？

第一节　薪酬与薪酬管理

薪酬管理系统作为人力资源管理系统中的一个子系统，向员工传达企业的价值导向，说明什么样的行为是企业所倡导的，什么样的行为是企业所不愿看到的。同时，它还通过与企业发展战略的充分一致性，来使企业所有员工的努力和行为都集中到能够帮助企业提升竞争力的方向上去。

一、薪酬的相关概念

（一）报酬

为一个组织或一位雇主工作的时候，劳动者之所以愿意付出自己的劳动（包括时间、技能等），是因为他们期望自己能够获得与个人劳动价值相符的回报。通常情况下，我们将一位员工为某个组织工作而获得的所有他认为有价值的东西统称为报酬(Reward)。从报酬的这一定义我们不难看出，报酬并不等同于金钱或者能够直接折合为金钱。并且，由于人与人之间在需求和价值观上存在差异，所以对于某一位员工来说属于报酬的东西，对于另外一位员工来说却很可能不能算是报酬，或者说只能算是没有太大分量的报酬。比如，个人的工作能够获得上级的认可对于某些员工来说可能是一种非常有价值的报酬，但是对于另外一些员工来说，只能算是价值不大的报酬或者根本就不能算是报酬。因此，报酬这一概念并非仅仅是一种金钱或者能够折算为金钱的实物概念，它还包括一些心理上的收益。

（二）薪酬

薪酬显然是报酬的一部分。但是，对于薪酬到底应当包括哪些报酬，目前并无完全一致的定论。“薪酬”一词在英语中的直接对应词汇是“Compensation”，这个词本来就有弥补和补偿之意，因此，在本质上正是雇主或企业为获取员工所提供的劳动而提供的一种回报或报酬。然而，即使是在英语中，不同的使用者在使用这一词汇时，往往也会作出不同的界定。对于薪酬概念的界定，通常可以划分为三类。

第一种是宽口径的界定，即将薪酬等同于报酬，即员工由于完成了自己的工作而获得的各种内在报酬和外在报酬。① 不过，这种宽口径的定义并不是很常见。

第二种是中等口径的界定，即员工因为雇佣关系的存在而从雇主那里获得的各种形式的经济收入以及有形服务和福利。这种薪酬概念包括工资（直接经济报酬）和福利（间接经济报酬）。很多人力资源管理和薪酬管理方面的教科书都采用这种定义。②

第三种是窄口径的界定，即薪酬仅仅包括货币性薪资（基本薪资和可变薪资或浮动薪资之和），而不包括福利。在实践中，大多数实际管理部门都倾向于使用这种定义。比如美国全面报酬学会（WAW）③ 就采取这样的定义。美国联邦政府人事管理署和美国劳工统计局也倾向于使用这种定义。④

"薪酬"一词所对应的英文单词是"Compensation"。但是在历史上，"薪酬"并不总是用"Compensation"来表示。学术界和企业界所运用的词汇大致经历了从"Wage"到"Salary"，再到"Compensation"，最后衍变出"Total Rewards"的过程（见表8.1）。

表 8.1 "Wage"，"Salary"，"Compensation"之比较

	时期	对象	支付构成
工资（Wage）	1920 年以前	蓝领	基本工资比重大、福利少（少于 5%）
薪水（Salary）	1920—1980 年	白领、蓝领	基本工资比重大、福利少（少于 15%）
薪酬（Compensation）	1980 年以后	白领、蓝领	基本工资 30% + 奖金 30% + 福利 40%

"工资"（Wage）概念主要是在 1920 年以前被企业广泛应用的。顾名思义，"工资"就是根据工作量（例如工作时间长短）而给付的报酬。当时，工资的主要支付对象是从事体力劳动的蓝领工人，他们根据每天工作的时间数来领取报酬。这份报酬中，基本工资占了绝大部分比例，而福利等只占到很小的比例。

从汉字的构成来理解，"薪水"一词是以"木"和"水"为基础的，暗指它的作用就是要为人们提供生活必需品。在美国，薪水是指支付给那些不包括在《公平劳动法案》内，属于"豁免职位"的任职者，是没有加班工资的雇员的报酬。白领阶层就属于这类雇员。他们的报酬并不是根据每天工作几小时就给几小时的钱这样最基本的方式发放的，而是企业在每一阶段单位时间（例如一个月）后，一次性支付给员工一个相对固定的报酬数额（例如月薪）。这就是薪水和工资的最大区别。由于这一区别，导致了工资的组成中基本工资的比重相对较大（为了保证薪水支付水平的相对固定），

① Joseph J Martocchio，Strategic Compensation：A Human Resource Management Approach，Pearson Prentice Hall，2004：2.

② 加里·德斯勒. 人力资源管理［M］. 9 版. 北京：中国人民大学出版社，2005：411；Milkovich and Newman，Compensation，Sixth Edition，McGraw - Hill，1999：5.

③ 即 Worldatwork，其前身为成立于 1955 年的美国和加拿大薪酬管理学会，该学会在 2000 年将自己的名称从原来的 ACA（American Compensation Association）改为现名，并将自己明确定义为薪酬、福利和全面报酬领域的专业组织，以倡导和推行包括薪酬、福利和工作体验在内的全面报酬体系。现有专业会员大约 2.5 万人。该学会的网址为：www. worldatwork. org。

④ 美国劳工统计局的薪酬词典中明确认为，compensation 的含义等同于 earnings 和 remuneration，都是指一位或一群劳动者由于在特定时期为雇主提供服务而获得的各种薪资或工资之和。

只拥有较少比例的福利。

从 1980 年开始，“薪酬”（Compensation）的概念开始为大多数人所接受。从字面理解，薪酬的意思是平衡、补偿、回报的意思。从经济学角度而言，薪酬是指劳动者依靠劳动所获得的所有劳动报酬的总和。从企业人力资源管理角度而言，薪酬是指企业以法定货币和法定形式定期或不定期对付出劳动的员工的一种劳动回报，其主要包括工资、奖金、津贴、佣金、红利、福利等。从其构成来讲，薪酬包括经济性薪酬和非经济性薪酬两部分（见图 8.1）。

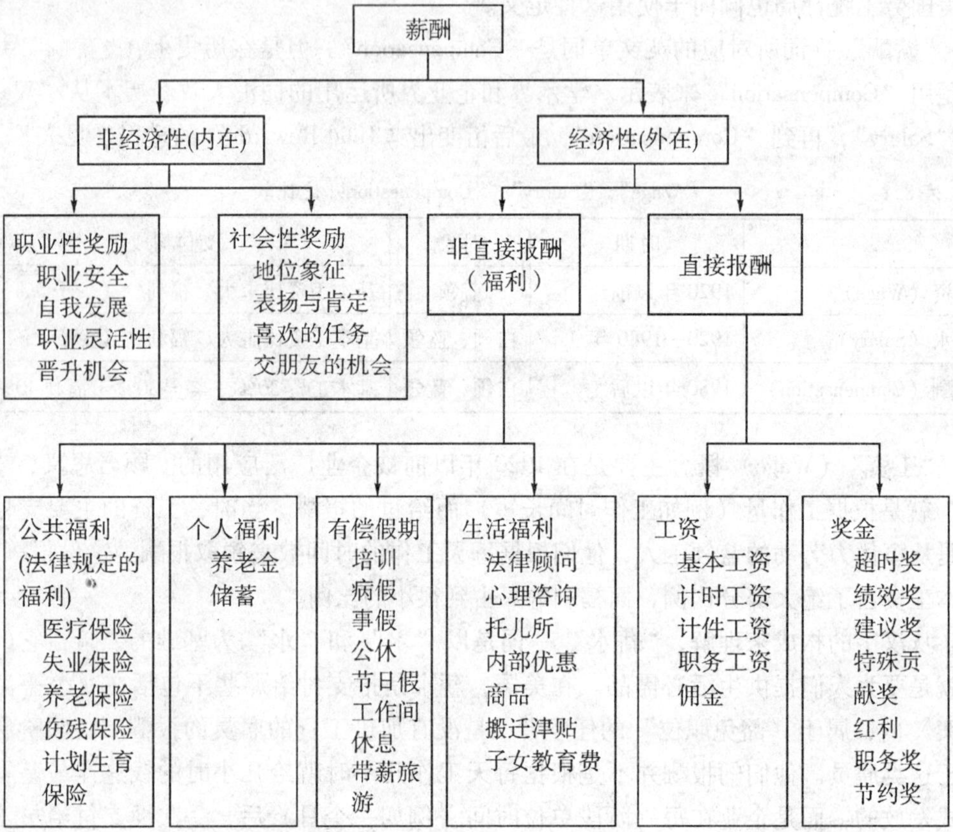

图 8.1　薪酬系统模型

二、薪酬的构成

薪酬的核心部分包括三个板块：基本薪酬（Base Compensation）、奖金（Incentive）和福利（Benefits）（见表 8.2）。

表 8.2 薪酬的构成、功能及特征

薪酬构成	功能	决定因素	变动性	特点
基本工资	保障 体现岗位价值	职位价值、能力、资历	较小	稳定性 保障性
奖金	对员工良好的业绩回报	个人、团体和组织的绩效	较大	激励性 持续性
福利	提高员工满意度 避免企业年资负债	就业与否、法律	较小	针对所有员工满意度 保障性

（一）基本薪酬（Base Compensation）

基本薪酬（Base Compensation），也叫做基本工资，是指一个组织根据员工所承担或完成的工作本身、所具备的完成工作的技能或者能力和资历而向员工支付的稳定性报酬。在大多数情况下，企业根据员工所承担的工作本身的重要性、难度或者对组织的价值来确定员工的基本薪酬，即采取所谓的职位薪资制。另外，企业还会根据员工所拥有的完成工作的技能或者能力的高低来作为确定基本薪酬的基础，即所谓的技能薪资制或者能力薪资制。此外，员工的资历也会影响其基本工资的水平。

一般来说，基本薪酬变动很小，是企业最主要的固定成本之一。对于员工来说，基本工资的主要功能就是稳定性和保障性。基本薪酬的变动一般取决于三方面的因素：第一是由于社会生活水平的提高或者通货膨胀，生活费用上涨；第二是由于劳动力市场的变化，同类职位市场工资水平提高；第三是由于个人在本职位工作中的知识、经验、技能得到提高，因而绩效相应提高。另外，企业所处的行业、地域以及行业的竞争程度都将影响员工的基本工资水平。

（二）奖金（Incentive）

无论在学术研究还是在实践应用中，关于奖金的表述方式都非常多。例如，激励工资（Incentive Pay）、可变薪酬（Variable Pay）等，还有一个特别容易混淆的概念是绩效加薪（Merit Pay）。本书在第四章“奖金管理”中对这些概念进行了详细介绍和区分。尽管对于“奖金”（Incentive）一词的表述有多种，但是它的基本内容是确定的，它是根据雇员是否达到或超过某种事先建立的标准、个人或团队目标或者公司收入标准而浮动的报酬，是在基本工资的基础上支付的可变的、具有激励性的报酬。奖金在薪酬的整体构成中属于变动性较大的薪酬类型，其最主要的功能就是激励性和持续性。

（三）福利（Benefits）

国内外的薪酬管理专家对福利的定义多种多样，但对其特征和内容认识基本是一致的。福利（Benefits）有别于根据员工的工作时间计算的薪酬形式。与基本薪酬和奖金相比，福利往往具有以下两大特征：第一是支付方式的不同，福利往往采取实物或者延期支付的形式；第二是福利因为与劳动能力、绩效和工作时间的变动没有什么直接关系，所以有固定成本的特征。一般来说，福利可以分为两种：法定福利和企业福利。法定福利是根据国家政策而支付的福利，这种福利具有强制性和保障性的特点，例如，基本养老保险、失业保险、基本医疗保险等。而企业福利是企业根据企业自身情况而支付的福利项目，也被称为非法定福利，这种福利具有个性化和激励性的特点，例如，美国的“401K 计划”、中国的企业年金制度等。近年来，企业福利在企业的薪酬激励中得到越来越广泛的应用。

三、薪酬管理

（一）薪酬管理的含义

薪酬管理是指企业在战略思维的基础上对本企业员工薪酬的支付标准、发放水平、要素结构进行确定、分配和调整的过程，是企业人力资源管理的一项重要职能活动。传统薪酬管理仅具有物质报酬分配的性质，而对员工的行为及心理特征考虑较少，其着眼点是物质报酬；而现代企业薪酬管理的着眼点转移到了人，转移到对人的影响及作用上。企业经营首先要树立目标，企业目标的实现有赖于对员工的激励，现代薪酬管理将物质报酬的管理过程与员工激励过程紧密结合起来，使之成为一个有机的整体。

1. 从经济学理论的视角看薪酬管理问题

从经济学视角来判断，薪酬管理问题主要是两个：工资的性质和工资的决定机制。在经济学的所有论著中，一般对于不同形式的薪酬都统一用“工资”一词概括。在经济学的历史中，对工资问题的研究由来已久。一定程度上来说，一部西方经济学史就是一部工资史。因为在西方经济学家中，劳动是作为经济发展中的重要因素，因此劳动力的价格——工资的决定就成为经济学中不可能避免的话题。所以我们可以看到，在经济学家的著作中，基本上都对工资问题进行过论述。这些经济学家从理论角度来理解工资，其重点主要集中在探讨工资的性质和决定机制方面。

2. 从管理实践的视角看薪酬管理问题

从管理实践的视角来看待薪酬管理问题与从经济理论的视角看是存在较大差异的。我们认为，薪酬管理中最核心的是要解决五个层面的十大薪酬问题。

（1）战略层面——薪酬战略

在设计薪酬管理体系的时候，首先必须解决一个主要问题就是：薪酬战略如何与企业战略相匹配，以支持企业战略的实现。关于这个问题，国内外很多专家学者作了较为系统深入的研究。这部分内容涉及企业战略管理的相关问题，将在人力资源管理专业的专业基础课《薪酬管理》中进行专门论述，在此，本部分内容略去。

（2）基本薪酬层面

基本薪酬（即基本工资）的管理是企业薪酬管理的重要组成部分，一般来说，它涉及三个基本问题：第一是基本薪酬的支付基础，即凭什么支付基本薪酬的问题；第二是如何保持基本薪酬的外部公平性；第三是如何确定收入结构。对这三个问题的回答过程就是勾勒基本薪酬轮廓的过程。

（3）奖金管理层面

奖金是薪酬组成中变动最大的部分，也是激励作用最明显的部分。因此，奖金的发放也格外受到大多数企业的重视。科学地发放奖金，无非就是要回答三个基本的问题：凭什么支付奖金，支付多少奖金以及应该如何支付奖金。每一个问题都涉及很多管理技术和方法，我们在本章第四节“奖金管理”中详细阐述。

（4）福利管理层面

近年来，福利管理在整个薪酬管理体系中的地位越来越突出。福利由两个部分组成：法定福利和企业补充福利。福利管理也可以分为两类：法定福利管理和企业补充福利管理。

法定福利管理需要解决的关键问题就是如何在国家法律条例的框架内，使法定福利组合的激励效果最优化。企业补充福利已经在企业中得到越来越广泛地应用。例如，企业年金计划不仅引起了企业的高度重视，而且因为企业年金计划的广泛实施，金融界也对该计划给予了密切关注。在企业补充福利管理中，一个关键的问题是如何设计企业福利计划，以提高企业的竞争力。

（5）薪酬制度层面

企业的薪酬体系需要制度化，就如同一个国家需要法制化一样顺理成章。国家法律要遵循法理，企业的薪酬制度也必须有自己的依据。只有有助于提升企业竞争力的薪酬制度才是好制度。因此，在制定薪酬制度时，企业必须要充分考虑战略需要、内部公平和外部公平的需要、企业的支付能力大小等因素，既基于理论，又要从现实出发；既要书面化，又不拘泥于文本。

（二）薪酬管理与其他人力资源管理职能的关系

薪酬管理与人力资源规划、工作分析、绩效管理、招聘、培训等职能一样，都是人力资源管理体系的有机组成部分。它不但与其他组织有逻辑上的关联关系，更重要的是与其他职能之间存在相互依存、相互联动的关系，不能把薪酬管理单独地割裂开来。因此，必须清晰薪酬管理和其他职能的关系，在薪酬设计时才能系统思考并考虑相互之间的匹配性。具体逻辑关系如图 8.2 所示。

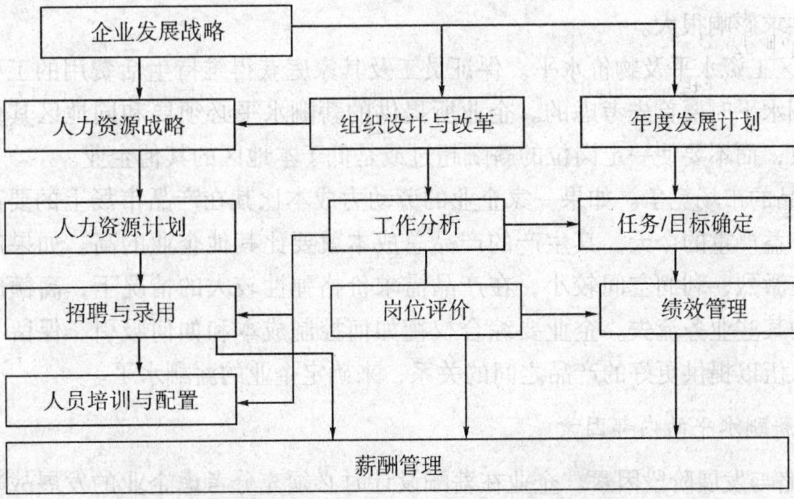

图 8.2　薪酬管理与其他人力资源功能模块的逻辑关系

第二节　薪酬管理的基本内容

一、薪酬管理的内容

薪酬管理的主要内容包括：薪酬水平的确定及其调整、薪酬体系的设计、薪酬结构的改善、薪酬制度的设计、薪酬形式的采用、薪酬成本的控制等具体活动。

二、薪酬水平管理

薪酬水平有不同层次的划分，它主要指一定时期内，一个国家、地区、部门、企业劳动者的平均薪酬水平，其中企业员工薪酬水平是基础和核心。企业员工薪酬水平主要是指本企业员工一定时期收入的平均水平与同行业或本地区其他企业员工收入相比定在什么水平上，是高于其他企业还是低于其他企业或者与其他企业持平。这个问题实质在于：如果企业的薪酬水平过低，就不能吸引或留住企业所需的人力资源；如果薪酬水平过高，就会导致人力成本过大，影响企业产品的竞争力。如何把握好这个“度”，不完全是雇主和雇员在劳动力市场上交易的结果，也不是雇主在企业内部随心所欲的结果。在薪酬管理时必须对相应的影响企业薪酬设计的因素进行分析，这些因素包括外部因素和内部因素。

(一) 影响薪酬水平的外部因素

1. 经济发展水平与劳动生产率。经济发展水平和劳动生产率是企业薪酬的重要决定因素。一个国家或地区，其劳动生产率低，劳动者的薪酬水平必然低。

2. 劳动力市场竞争因素。这些因素包括市场薪酬水平、市场人才供给与需求情况、竞争对手的薪酬政策与薪酬水平、企业所在行业的特点与竞争态势等。在考虑以上因素后，企业才能制订出适合自己的薪酬方案。企业在进行薪酬水平决策时，受劳动力市场供求影响很大。

3. 地区工资水平及物价水平。保证员工及其家庭获得维持生活费用的工资是企业在决定薪酬水平时要首先考虑的。企业所提供的薪酬水平必须要和同地区其他类型工种保持一致，而不要使一定岗位的薪酬超过或是低于本地区的其他企业。

4. 产品的市场竞争。如果一家企业的劳动力成本比其在产品市场上的要高，在产品同质化日益严重的今天，其生产的产品总成本就要比其他企业的高。如果产品市场的竞争比较激烈，利润空间较小，在产品需求价格弹性较大的情况下，高额的成本会导致企业的某些业务流失。企业要综合权衡如何控制成本和如何吸引、保留一支高质量的员工队伍以提供更好的产品之间的关系，来确定企业的薪酬水平。

(二) 影响薪酬水平的内部因素

1. 战略与发展阶段因素。企业在薪酬设计时必须充分考虑企业的发展战略，这与战略导向原则是一致的。企业设计薪酬还必须结合企业自身的发展阶段，不同的发展阶段对薪酬策略的要求是不一样的。比如在创立期，企业的薪酬政策关注的是易操作性和激励性，表现出非常个人化的随机性报酬，在薪酬评价上以主观为主。处于高速成长期的企业，在制定薪酬政策时，必须考虑到薪酬的激励作用，这个时候设计的薪酬工资较高，奖金相对较高，长期报酬也比较高，福利水平也比较高。但如果企业处于平稳发展期或者衰退期时，制定薪酬策略中又会反映出保健因素的增强而激励因素的弱化。因此，企业设计薪酬政策必须充分与企业发展的阶段相联系。

2. 企业经营状况与盈利能力。通常资本实力雄厚、盈利能力强且正处于上升时期的企业，员工所获得的薪酬要高于经营状况差的企业。

3. 企业管理理念与企业文化。虽然企业经济效益的好坏在决定薪酬方面起决定性的作用，但企业高层管理者对于保持和提高士气、吸引高质量员工、降低离职率影响也很大，继而对企业薪酬决策产生重要影响。

4. 工会的作用。按照现代企业制度的要求，企业工会组织可以代表职工就劳动报酬、工作时间、休息休假、保险福利及劳动保护等事项与企业通过协商谈判，依法订立劳动合同，合同内容都以法律形式做出具体规定。

5. 价值因素。价值因素是指企业必须支付薪酬的因素。现代企业中一般的付酬因素分为三大类，即岗位因素、知识能力因素和绩效因素。岗位因素主要评价每个岗位承担的责任大小、在公司中价值的大小，它是确定岗位工资的基础；知识能力因素主要评价企业中每个员工身上承载的知识和能力的大小，以及这些能力对企业发展战略的重要性，它是确定能力工资的基础；绩效因素主要是评价员工为企业做出了多少业绩，这些业绩对企业的发展有着重要的作用，它是确定绩效工资的基础。

三、薪酬体系管理

企业的薪酬体系一般分为五大类，具体表现如下：

（一）以年资为基础的薪酬体系

这种薪酬体系偏重于生活保障，为了保持平稳的收入曲线，降低流动率，将员工的年龄以及在企业服务的年限作为决定员工薪酬的重要因素。员工薪酬的增长是通过在企业服务年限的长短体现出来的。这种薪酬体系将员工个人的发展与企业的发展结合起来，但是也存在着很多问题，比如不能体现员工对企业的贡献，也不能很好地促进员工学习和工作的热情。这种薪酬体系在那些存在着内部劳动力市场、采取终身雇用制或是很少解雇员工的企业里经常采用。

（二）以职位为基础的薪酬体系

这种薪酬体系是建立在职位评价的基础上的。员工所担任职务的差别是决定基本工资差别的主要因素，通过对职位分析和职位评价的结果，将职位的排列与薪酬水平相结合。以职位为基础的薪酬体系只要职能或作用发生了变化，就可以改变薪酬，而不考虑员工是否很好地履行了该职能。这种薪酬体系容易培养员工很强的进取感，但是其灵活性较差，有机械管理的倾向。

（三）以技能为基础的薪酬体系

这种薪酬体系与员工所从事的工作有很大的联系，其基本思想就是根据员工所取得的证书或培训证明的技能水平来决定薪酬。根据职位要求的不同，既可以以技术的广度，也可以以技术的深度作为薪酬决定的主要因素。这种薪酬制度可以鼓励员工不断地学习，努力发展各种与提高工作绩效有关的技能，以促进企业的发展。这种薪酬结构确定方法的最大优点就是企业能够保持一支比较精干的员工队伍，最大限度地避免人浮于事，在员工调配方面有很大的灵活性。但是由于员工薪酬水平是由他所掌握的技能水平决定的，因此员工势必积极要求参加技术培训，以尽快达到高级别的薪酬水平，这就容易导致员工的薪酬水平有可能都处于上限，造成企业人工成本过高，进而影响企业产品在市场上的竞争力。

（四）以能力为基础的薪酬体系

这种薪酬体系着重于考察员工价值创造力，重视员工潜质的发掘，关注的是未来。因为员工个人所拥有的能力在很大程度上是个人和公司取得成功的关键，通过鼓励员工发展提高工作绩效所必需的某些能力，来提高公司的整体竞争力。这种薪酬体系要求对员工的某些能力进行评定，对能力强的员工支付较高的薪酬。员工具备的能力体现在知识、技能以及经验的积累程度上。员工个人的能力通常不能得到准确的定义和衡量，以此作为薪酬决策的标准比较困难，而且实施的过程也较为复杂。

（五）以绩效为基础的薪酬体系

在这种薪酬体系中，工资的增长是与绩效联系在一起的。它较为关注员工以往的工作表现，将员工对企业的贡献与薪酬结合在一起。

四、薪酬结构管理

薪酬结构管理是关于薪酬的构成要素以及确定各要素占多大比例的管理。薪酬要素主要有基本工资、奖励工资、津贴、福利和服务以及可变薪酬等。

基本工资是薪酬结构中其他部分的计算基础，主要根据员工所在部门、岗位、职位以及员工个体之间的劳动差异为基础。

奖励工资主要以员工超额有效劳动为计算依据，是员工在完成既定任务的基础上，进一步付出有效超额劳动的报酬。

津贴主要包括三大类：与劳动直接相关的津贴、生活保障性津贴和地区性津贴。津贴是企业对员工在特定劳动条件下，或从事特定的具有超常劳动强度的工作所付出的超额劳动，或为了保证员工的实际生活水平的稳定，或是为了补偿员工在特定地理自然环境条件下造成的生活费的额外开支等支付的补偿。

福利和服务是指企业在支付员工与劳动有关的报酬之外，为确保和提高员工及其家属生活而从诸多方面采取的措施的总称。例如，社会保险、带薪假期、疗养计划、娱乐活动等。

可变薪酬一般具有薪酬延期支付的性质，并通过资本增值的形式实现，多用于管理人员的激励。例如，股票购买权、股票期权、虚拟股票权及绩效股权等是可变薪酬的表现形式。

五、薪酬支付形式的管理

薪酬支付形式的管理主要是指薪酬是以工作时间为单位，还是以产量、销售量为单位来计算的，这是薪酬支付的基础。支付形式主要有两种：一种是计时工资，另一种是计件工资。

计时工资制是指员工按照工作时间获取报酬的制度，比如按照工作小时、周、月等确定的工作时间来获取工作报酬。一般像行政人员、管理人员等以计时工资的形式支付薪酬。计时工资制的优点就在于其计量容易，缺点是不能很好地反映劳动的强度和劳动成果。同时，由于工作刺激性不强，因此管理成本较高。

计件工资把员工的报酬与其产量或工作量直接挂钩。像销售人员的佣金就是将薪酬与销售量直接挂钩的一种计件工资的形式。计件工资具体形式多样，计件主体可以按个人也可以按小组计件。计件单价可以按不变价、累进价、累退价或限额价计件，还有经济责任承包计件、按质分等或质量否决计件、劳动成果提成计件、辅助工人间接计件，等等。

计件薪酬与工作绩效直接相关，有利于筛选绩优员工并激励员工努力工作，但操作难度大且易引起员工情绪紧张。计件工资的好处在于将员工的劳动成果与薪酬直接挂钩，有利于激励员工提高绩效，但是其最大的缺点就是容易导致短期利益的产生，比如生产工人很容易为了提高产品数量而忽视产品的质量，以及不重视生产设备的保养等。同时，实施计件工资也受到了很多客观条件的限制。比如，所有的工作必须是易于衡量的，而且可以直接归因于个人或某个团队；工作的速度是可以由员工自己控制的，而不由其他的客观条件控制等。

第三节　基本工资管理

对绝大多数员工来说，薪酬是他收入的主要来源；对公司而言，薪酬是公司成本的主要组成部分。因此，设计一套既能支持企业战略、又能恰当反映员工价值和贡献的薪酬体系，无论对公司还是员工都具有相当重要的意义。

一、概述

（一）薪酬体系设计的两大主题

1. 确保薪酬水平对外，特别是与竞争对手相比具有竞争力。
2. 确保对内相对公平。

（二）确保薪酬具有外部竞争力，我们在基本工资管理中应做的主要工作

1. 进行薪酬调查，并根据公司战略和公司的支付能力，决定公司的薪酬水平

定位。

2. 确定合理的薪酬结构，即确定基本工资、奖金和福利在薪酬总额中所占比例。

(三) 确保薪酬对内相对公平，我们在基本工资管理中所需解决的主要问题

1. 确定基本工资的支付基础

目前薪酬的支付基础主要有三个，即基于职位（Position）、基于能力（Person）和基于绩效（Performance）。在上述“3P”中，职位和能力多用于确定员工的基本工资，而绩效则多用于决定奖金（含绩效加薪酬，Merit Pay）。至于在岗位和能力中具体选择哪一个作为公司基本工资的支付基础，这取决于公司的具体情况。

2. 正确测度支付基础

在确定了工资的支付基础后，接下来的问题是，我们如何对其进行衡量，以尽可能量化。这是整个工资体系构建中工作量最大也是最难的一步，其科学与否将直接影响整体薪酬体系的效率。

3. 根据测度结果设计薪酬体系

由于对能力的衡量和界定存在很多的争论，在本教材的安排中，主要从职位的角度分析对基本工资的管理。从能力角度分析基本工资管理的问题将在人力资源管理的专业课程《薪酬管理》中进行专门的论述。

二、基于职位的薪酬体系

(一) 分析框架

基于职位的薪酬设计所隐含的逻辑基础是，公司根据职位的相对价值给员工支付报酬。这就要求我们对职位进行合理地评估。而要对职位进行评估，就必须先解决两个基本问题：

1. 该职位主要的工作任务是什么？

2. 员工要胜任该职位需要具备什么样的能力？

基于职位的薪酬体系分析的基本框架如图 8.3 所示。

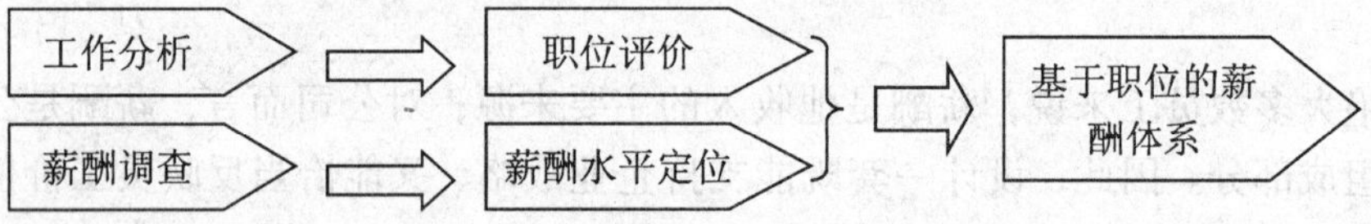

图 8.3 基于职位的薪酬体系设计

(二) 工作分析

职位分析或工作分析（Job Analysis）指的是了解、获取与工作有关的信息并以一种格式把这种信息描述出来，从而使其他人能了解这种工作的过程。它所要回答的主要是这样两个问题：

1. 该职位应该做什么？怎么做？为什么要做？

2. 什么样的人来做该职位是最合适的？

组织通过职位分析可以得到两个成果[①]：

（1）职位描述（Job Description）。它是对经过职位分析所得到的关于某一特定工作的职责与任务的一种书面记录。它所阐明的是一种工作或某个职位的职责范围及其内容。职位描述并不列举每一种工作的细节。相反，它只提供关于一种工作的基本职能及其主要职责的总体脉络。

（2）职位规范（Job Specification）。它是对适合从事该工作的人的特征所进行的描述。职位规范又被称为任职资格，它主要阐明适合从事某一工作或岗位的人所应当具备的受教育程度、技术水平、工作经验和身体状况等条件。

关于在职位分析中常用到的相关概念以及职位分析应当解决的基本问题，在《人力资源管理的基本原理》的第三章“职位分析与职位设计”中已经有论述，在此从略。

（三）职位评价

职位评价是指组织基于职位分析的结果，系统地确定职位之间的相对价值从而为组织建立一个职位结构的过程，它是以工作内容、技能要求、对组织的贡献以及外部市场等为综合依据的[②]。

1．主要步骤

职位评价的步骤如图 8.4 所示。

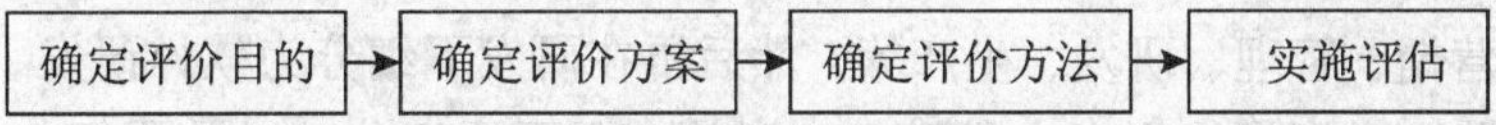

图 8.4 职位评价的主要步骤

2．确定评价目的

一般来说，职位评价目的主要有以下三个方面：

（1）职位评价过程通过使每一个职位的报酬与其对组织的相对贡献相适应，来支持工作流程。

（2）职位评价通过建立一个可行的、一致同意的、能减少随机和偏见的工资结构，来减少员工对职位间报酬差别的不满与争端。

（3）职位评价能向员工们指明组织重视他们工作的哪个方面，以及哪些方面有助于组织的战略与成功，通过提高员工对于什么是有价值的、为什么会变化的认识，职位评价还有助于员工适应组织变化。

3．确定评价方案

（1）评价所有职位还是一部分职位

组织很少会同时评价所有职位，这样做工作量太大，也没有必要，因为许多职位是很有可比性的。一般是先对部分标杆职位进行评价，然后再利用插值比较法把其他职位与标杆职位进行比较，建立整个组织的职位结构。

---

① 刘昕．薪酬管理［M］．北京：中国人民大学出版社，2002：59.

② 乔治·T．米尔科维奇，杰里·M．纽曼．薪酬管理［M］．北京：中国人民大学出版社，2001：102.

（2）所评价的职位应用同一评价方案还是不同的方案

许多雇主都为不同类型的职位设计不同的评价方案。之所以这么做，是因为有些因素对某类职位可能是重要的，但对其他职位并不重要。如工作环境对生产性职位是很重要的，但对管理类职位却无关紧要。因此，面对种类繁多的职位，组织不可能接受单一的方案。

4. 选择评价方法

在长期的实践中，人们发展出了很多职位评估方法。在这里我们先介绍四种有代表性的传统方法，即排序法、归类法、点数法和要素比较法。

（1）排序法

具体做法是：评价者从所有职位中确定出最有价值和最没有价值的职位，然后再从剩下的职位中选出最有价值和最没有价值的职位，以此类推，直至所有的职位都已排列在内。配对比较法是评价者将每个职位与其他职位进行逐一比较，并将每次比较中的优胜者选出。最后，根据每一职位净胜次数多少进行排序。

（2）归类法

①进行职位分析，理解职位的主要工作职责、工作环境、劳动强度及其对任职者的资格要求等内容。

②进行职位分类。一般是先分大类，然后在大类下再细分小类。比如，把企业的职位先分为营销、管理、研发、生产等，然后再在研发下细分为软件研发、硬件研发，在管理下细分人力资源、财务、行政等。当然，要不要细分，以及要细分几次，取决于企业的需要。一般认为，两次分类，即先分大类、再在大类下分小类，是通常的做法。

③制定分等的标准。这是整个归类法中最难的一步。常见的做法是先选择报酬因素，然后制定同报酬因素的数量或基准有关的等级说明书。在完成这一步后，我们可得到一张二维表（参见表2.1）。

④将所有职位归类划等。以表8.3为例，主要工作就是把需要评估的职位填入对应的表格中。

表8.3　职位归类分等二维表

等级	专业人员		文员/技术支持人员	
	机械工程	土木工程	会计	电子技术
1				
2				
3				

（3）点数法

①进行职位分析，目的是理解职位的主要工作职责、工作环境、劳动强度及其对任职者的资格要求等内容。

②确定报酬要素

报酬要素通常可以大致归为四类：所需的技能、所需的努力、责任和工作条件。在点数法的评价方案中，报酬要素非常关键，发挥着中心作用。

报酬要素必须满足以下条件：以工作本身为基础；以组织的战略和价值观为基础；利益相关者能够接受。

③划分要素等级

其一，各个等级之间差别程度应尽可能相等。例如，等级 1 与等级 2 之间的差别应接近于等级 4 与等级 5 之间的差别，因为点数差别是一致的。其二，不宜划分太多的等级。使用过多的等级，往往会使评价者很难准确地选出恰当的等级。这会降低评价体系的可接受性。其三，在描述等级的标准时，尽可能地运用容易理解的术语，让人们非常清楚如何将这些等级运用于各类职位。

④根据要素重要性确定其权数

要素的等级确定之后，要素的权重也必须确定。不同的权重反映组织对各要素重视程度的差别。

（4）要素比较法

①进行职位分析，理解职位的主要工作职责、工作环境、劳动强度及其对任职者的资格要求等内容。

②确定报酬要素。要素比较法通常选用心理要求、身体要求、技术要求、工作职责和工作条件作为报酬要素。当然，不同的组织可根据需要进行不同的取舍。

③根据报酬要素对待评价的职位进行排序。

④根据报酬要素确定每个职位的工资率，得出如表 8.4 所示的评估结果。

表 8.4　　关键职位的比较要素

职位名称	现行工资率	技术知识	工作复杂性	工作责任
A	22.00 美元/小时	7.80	5.50	8.70
B	16.50 美元/小时	6.60	4.95	4.95
C	13.00 美元/小时	5.85	4.55	2.60

排序法、归类法、点数法和要素比较法的提出时间及其相互之间的关系如表 8.5 所示。

表 8.5　　排序法、归类法、点数法和要素比较法之间的比较

	将职位视为一个整体	考虑职位中的报酬因素
将职位与（报酬）量表相比较	归类法（Classification） 1909 年提出	点数法（Point Method） 1924 年提出
将职位与职位进行比较	排序法（Ranking Method） 1920 年提出	要素比较法（Factor Comparison Method） 1926 年提出

5. 实施职位评价

与最终结果有利益关系的那些经理和员工都需要参加设计结构这一过程。常用的

一个方法是利用委员会或有来自重要职能部门的代表组成的团体，这些代表包括非管理性员工。这个群体可能只起顾问咨询的作用，但也可以参与设计评价方法、选择报酬要素并论证所有的主要变动。

（四）薪酬调查

1. 薪酬调查的方法选择

对一个组织来说，薪酬调查一般有两种做法：一种是自行组织；另一种是把自己的需求提交给外部专门的薪酬调查公司，委托他们代为完成。

2. 薪酬调查的基本阶段①

（1）明确薪酬调查的目的

一般情况下，企业进行薪酬调查的主要目的如下：构建或评价薪酬结构；对薪酬进行定期调整；避免不恰当的薪酬开支；分析与薪酬有关的人事问题；试图评估产品市场竞争对手的劳动成本。

（2）界定相关劳动力市场

与本企业从事相同职业或具有同样技术员工的企业；与本企业在同一地域范围内的企业，因为不同地区物价差别大，实际工资率不同；与本企业竞争同类产品或服务的企业；与本企业薪酬结构（是基于职位的薪酬结构、基于能力的薪酬结构还是基于技能的薪酬结构）相同的企业；与本企业规模相同的企业。

（3）选择要调查的职位

一般来说，薪酬调查仅包括基准职位。基准职位指的是：职位内容是众所周知的、相对稳定的，并且得到从事该职位雇员的广泛认可；能胜任该职位的人的市场供求相对稳定，且不受最近变化的影响；这些职位能代表当前所研究的完整的职位结构；这些职位上有相当数量的劳动力被雇佣。对基准职位要有详细地描述，以使被调查对象能把本组织中的职位与被调查的职位相比较。

（4）确定要调查的内容

调查内容取决于调查目的和调查中所包括的职位。一般说来，薪酬调查需要采集两类资料。

①基本资料：包括公司名称、历史背景、人数、公司结构、财务信息以及公司的合作者等。通过收集这些基本资料，能够了解该公司的规模、支付能力和对劳动力市场的影响程度，以及公司的组织形式、业务流程、各类职位之间的关系以及对组织的重要程度，等等。

②核心数据：包括基准职位描述、基准职位的实际工资以及有关公司总薪酬支付等方面的信息。

（5）实施薪酬调查

①用什么样的方法获取薪酬调查所需要的信息。薪酬调查获取信息的主要方法有电话调查、邮寄问卷、个人访谈以及一些人力资源管理专家参加的会议、论坛等方式，

① 乔治·T. 米尔科维奇，杰里·M. 纽曼. 薪酬管理［M］. 北京：中国人民大学出版社，2001.

其中应用较为普遍的是电话调查和邮寄问卷。

②如何设计调查问卷。问卷的内容一般包括基本内容和核心内容两部分：基本内容有企业名称、历史、年销售规模、人数、部门、合作者等；核心内容主要包括增加工资的基本数据、工资增长结构等。根据调查的目的不同，企业在设计调查问卷时可以有所侧重。

（6）分析调查结果

①频率分布

频率分布指的是将所调查的数据以一定的间距分成多个数据段，以每个数据段所包含的公司数作为该段的薪酬数据出现的频率。如表 8.6 所示，给出了程序分析员职位以 2 500 美元为间距的薪酬数据频率分布表。

表 8.6　某程序分析员职位薪酬数据频率分布表

工资区间（美元）	平均工资在此范围内的公司数	所占比例	工资区间（美元）	平均工资在此范围内的公司数	所占比例
40 001 ~ 42 500	1	3%	52 501 ~ 55 000	3	10%
42 501 ~ 45 000	5	17%	55 001 ~ 57 500	2	7%
45 001 ~ 47 500	4	13%	57 501 ~ 60 000	3	10%
47 501 ~ 50 000	6	20%			
50 001 ~ 52 500	6	20%	总计	30	100%

②居中趋势。居中趋势指将调查的大量信息简化为能够代表该职位市场薪酬率的一个数据，通常可以用算术平均数、加权平均数或中位数来表示。

③离中趋势。薪酬率在中间趋势的分布称作离中趋势。描述离中趋势的指标主要有标准差、四分值和百分数。

标准差指的是每个值偏离平均值的大小。四分值和百分比是薪酬调查分析中最常用的测量离中趋势的方法。计算四分值是要把所有的数据按从小到大的顺序排列，然后将所有数据分成四组，每组包括 25% 的数值。有三个四分值，其中第二个四分值与算术平均数相对应。如果说某一个数处于第二个四分值上，就是说它处于第一个四分值和第二个四分值之间。百分位的意思类似于四分值，薪酬处于第 75 个百分位上指的是 75% 的公司的薪酬率等于或低于这一点。如图 8.5 所示，给出了调查数据按百分比分布的情况。

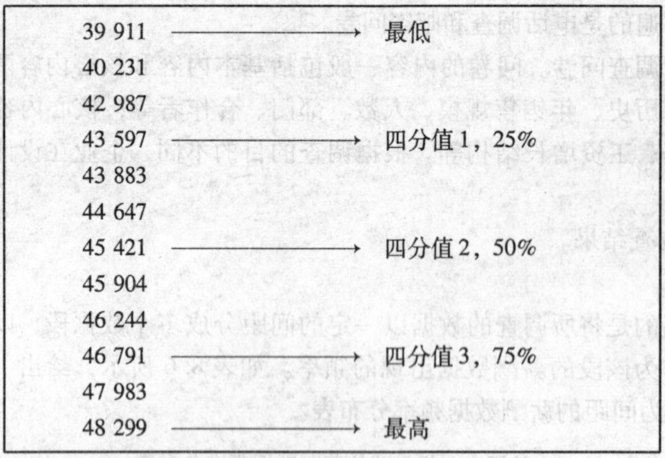

图 8.5 调查数据分布图（单位：美元）

（7）绘制市场薪酬线

构建市场薪酬线，可以根据需要采取比较简单的方法。企业通过职位评价得到公司的职位结构，并且通过薪酬调查得到基准职位的市场工资率。现在我们以职位评价的点数为横轴，以市场工资率为纵轴，两者之间的配合就形成了市场薪酬线，如图 8.6 所示。

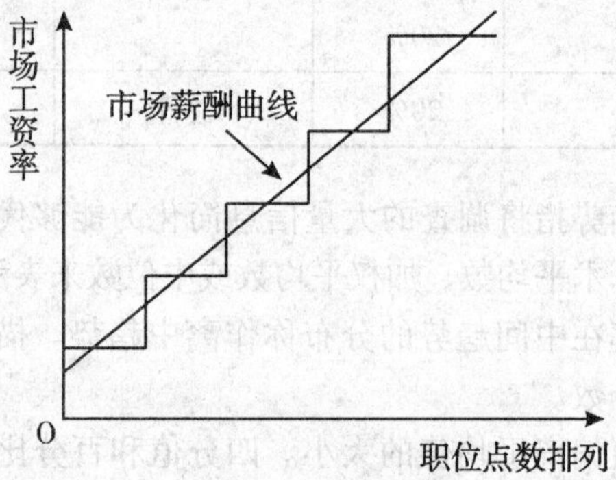

图 8.6 市场薪酬线

3. 数据更新

尽管竞争对手的调整是没有规律的，但就实践而言，常常假定它们是有规律的。因此，当一项调查经过 3 ~ 6 个月收集资料、编码和分析后，得到的数据往往过时了。所以在薪酬决策正式完成前，要根据未来的一个时期来预测具有竞争性的薪酬率。

（五）薪酬水平定位

薪酬水平指的是企业支付给不同职位的平均薪酬。薪酬水平决策对组织的总费用会产生重大影响。在其他条件相同的情况下，薪酬水平越高，劳动力成本就越高。但有些公司认为支付高薪可以从更有效率的员工那里得到弥补。高薪可能使员工很少跳槽，从而降低招聘和培训成本。

在确定薪酬水平时，企业需要解决的基本问题是：

1. 相对市场平均水平，公司在薪酬上采取何种策略？领先策略、跟随策略还是滞后策略？

2. 如果采取领先（跟随，滞后）策略，领先（跟随，滞后）的比例是多少？

3. 在总体薪酬中，基本工资占到多大的比重？

（六）确定薪酬结构

在构建好反映市场工资率和公司薪酬水平定位的工资政策线之后，接下来的工作就是决定组织的薪酬结构（Pay Structure）。确定企业的薪酬结构主要包括以下三方面的工作：分等（Grade）；确定每等对应的薪酬区间（Range）；确定相邻等之间的交叉（Over lap）。

1. 分等

设计薪等时主要考虑的因素有：

（1）职位数量的多少。在其他条件既定的情况下，企业的职位越多，薪等就越多。

（2）企业的管理倾向。主要考察企业是鼓励比较大的收入差别还是比较小的差别。

（3）企业文化。主要考察企业是否有能够接受较大的收入差别的企业文化。

（4）薪酬管理上的便利。为了管理上更加方便，薪等越少越好。

2. 确定薪等的薪酬区间

在确定薪酬区间时，一般分为以下步骤。

（1）确定薪酬区间的中点（Midpoint）

中点由市场的薪酬水平和公司的薪酬策略决定，它反映了受到良好培训的员工在其工作达到规定的标准时应该得到的薪酬。

（2）决定薪等的上限（Maximum）和下限（Minimum）。

在确定薪酬结构的过程中，我们一般不直接确定薪等的上限和下限，而是确定该等的浮动幅度，再根据浮动幅度和中点计算出薪等的上限和下限。

当中点和浮动幅度确定后，就可以计算薪等的上限和下限了。

下限＝中点÷［100%＋（0.5×浮动幅度）］

上限＝下限＋（浮动幅度×下限）

例如，浮动幅度为30%，中点值为10 000元，则

下限＝10 000÷（100%＋15%）＝8 695（元）

上限＝8 695＋（30%×8 695）＝8 695＋2 609＝11 304（元）

（注：以上公式假定浮动幅度的对称性，即中点距上下限的值相等。）

3. 确定相邻薪等之间的交叉

交叉指的是较高薪等的薪酬区间与较低薪等的薪酬区间之间的重叠程度。其形式有三种：有重叠、有缺口和既无重叠也无缺口。

相邻等之间的交叉设计和这两等的等内浮动幅度是密切相关的。事实上，在决定了所有薪等的薪酬区间后，薪等之间的交叉就自然而然地决定了。之所以还要研究相邻薪酬之间的交叉，主要是基于以下两个考虑：

（1）企业所期望的员工分布。如果希望通过晋升使某等的员工人数增多，则要减

少该等与下一等的重叠，甚至没有重叠，形成缺口。

（2）企业的管理倾向。为了鼓励员工晋升到某职位，缺口必须足够大，以引导员工去寻求并接受提升机会或接受所需的必要培训。

在交叉与既定的薪酬区间相矛盾时，我们建议根据交叉去调整在上一步中认定的薪酬区间。

第四节　奖金管理

“奖金”，这个在日常生活中大家都很熟悉的词，目前在专业薪酬理论的研究层面上却有着并不统一的界定。在薪酬管理中，到底如何对奖金进行界定？对员工进行奖励的标准是什么？在奖励的标准确定之后，奖励的绝对量和相对量如何把握？到底应该选择哪些奖励方式？理解这些问题是解决本章内容的关键。

一、奖金的界定和奖金的内容结构

（一）奖金含义理论界定的几种倾向

通过总结目前国内外比较权威的薪酬教材及相关专著来看，对“奖金”含义的界定大概可以归纳出三种思路：

1. 强调薪酬与绩效挂钩（Pay Linked to Performance）产生的可变性和激励性，以整个绩效工资体系（Pay for Performance）体现“奖金”的全部含义。①

2. 基于薪酬与绩效挂钩产生的可变性和激励性，但是又将绩效工资（Merit Pay）纳入到基本工资范畴的意图，而以激励工资（Incentive Pay）计划作为“奖金”的主要含义。②

3. 不仅仅将“奖金”的激励性体现在薪酬与绩效挂钩上，还进一步认为薪酬可以通过与能力、技术、知识等因素挂钩来体现激励性。

一些专用于表示“奖金”意义的术语也有着不同的层次含义。“奖金”可以是绩效工资体系（Pay for Performance）下的绩效工资（Merit Pay）③ 与激励工资（Incentive Pay）的总和，也可以单指激励工资（Incentive Pay）；从“奖金”的可变性上它也可以被界定为可变薪酬（Variable Pay）；从它的激励性和风险性上又有激励计划（Incentive Plan）、风险工资（Risk Pay）的说法；考虑到“奖金”的货币形式和非货币形式时，又有全面奖金（Total Rewards）或报酬机会总量（Total Reward Opportunity）等。

---

① 美国最权威的薪酬专家，乔治·T. 米尔科维奇（Gerge T. Milkovoch）和杰克·M. 纽曼（Jerry M. Newman）所编著的《薪酬管理》（第六版）一书就是以这样的思路来编排“奖金”的全部内容的，在这种编排下绩效工资计划与激励计划共同组成“奖金”的范畴。

② 约瑟夫·J. 马尔托齐奥所著的《战略薪酬：人力资源管理方法》及加里·德斯勒所著的《人力资源管理》等，在编排“奖金”的内容时就体现了这样的思路。

③ 目前国内相关书籍对“Merit Pay”的译法并不统一，有直接译作“绩效工资”、“业绩工资”，也有译作“绩效加薪”、“绩效提薪”。本书此后将采用“绩效加薪”的译法。

（二）本书的界定：奖金的核心含义

虽然有以上这些不尽相同的概念外表，但奖金与基本工资、福利并列，作为薪酬的重要组成部分之一，其核心含义其实是比较明确的。可以从两个角度去理解，即奖金被用于：

1. 对已完成的超额、超标准的绩效进行奖励。

2. 对预定的绩效目标进行激励。

奖金就是为了奖励那些已经（超标）实现某些绩效标准的完成者，或为了激励追求者去完成某些预定的绩效目标，而在基本工资的基础上支付的可变的、具有激励性的报酬。简单地说，奖金就是为了奖励完成者和激励追求者所支付的报酬，其支付依据主要是绩效标准。

（三）奖金的内容结构

让我们从总体奖励报酬（Total Rewards）的角度来看奖金，如图 8.7 所示。①

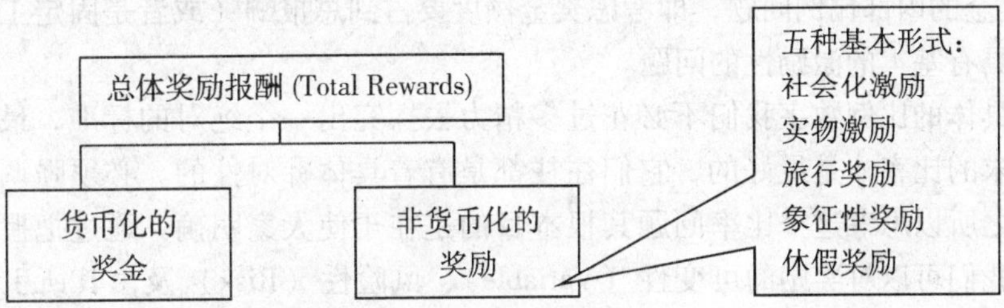

图 8.7　总体奖励报酬内容结构

货币化的奖金的具体结构见表 8.7 所示。②

表 8.7　货币化的奖金

<table>
<tr><td colspan="2">奖金</td></tr>
<tr><td colspan="2">奖金的可变性和激励性基于按绩效付酬的发展要求</td></tr>
<tr><td>对超标准绩效达成的奖励：</td><td>对绩效目标的激励：</td></tr>
<tr><td>绩效工资计划（Pay for performance）
绩效加薪（Merit Pay）
一次性奖金（Merit Bonuses）
个人特别绩效奖</td><td>激励工资计划（Incemtive Pay）
个人激励计划（Individual Incentive Plans）
团队激励计划（Group Incentive Plans）
组织激励计划（Organizational Incentive Plans）</td></tr>
<tr><td colspan="2">针对一些特殊人员的奖励计划</td></tr>
<tr><td colspan="2">公司董事的奖励报酬；高层经理人员的奖励报酬；
技术研发人员的奖励报酬；销售人员的奖励报酬</td></tr>
<tr><td colspan="2">从时期的角度</td></tr>
<tr><td colspan="2">短期奖励计划；长期奖励计划</td></tr>
</table>

① 非货币化的奖励的五种形式见 JerryL. McAdamsWatsonWyattworldwide 的专题文章（薪酬手册第二十章）。

② 文跃然. 薪酬管理原理［M］. 上海：复旦大学出版社，2004.

二、奖金的发放

奖金的发放我们可以从两个角度来看：一个是奖金支付的绝对量问题，一个是奖金支付的相对量问题。

（一）在绝对量上的关注

在绝对量上，我们关注支付多少奖金能起到最基本的激励作用的问题。这个绝对量也就是所谓的“最低限度有意义的加薪”（Just - meaningful Pay Increase），这个量在纽瑟夫·J. 马尔托齐奥看来取决于人们的生活成本、对待工作的态度和他们对工作回报的期望。可同时他也指出，其实并没有一种具体的计算工具或者公式能够精确地计算出这个概念性的数值，它表达的是人们内心的一种心理期望。

（二）在相对量上的关注

在相对量上的关注我们从两个角度来看：

1. 奖金的内部比例问题，即考虑奖金额度要占到总报酬（或者是固定工资）多大的比重才具有基本的激励性的问题。

针对具体的比例数字我们不必花过多精力去探究出一个绝对的标准，最适合于管理实际要求的比率才是最好的，它们往往都是有着具体针对性的。必须强调的一点就是，我们之所以思考这个比率问题其根本目的是在于使大家明确：通过把握和调整这个比率，我们可以对奖励的可变性（Variable）、风险性（Risk）及由其所引致的激励性（Incentive）进行把握和调整，尤其是可以和由固定报酬引致的稳定性进行权衡。

2. 基于企业外部的问题

相对于企业的外部竞争者所支付的奖金水平来分析和确定自身的奖励水平在行业中所处的位置，是选择领先（Lead）、跟随（Follow）还是滞后（Lag）？是基于行业的平均奖金水平进行比较，还是以行业“领头羊”企业的支付水平为标杆？这个角度的分析我们称之为奖金的外部比较问题。目前，大多数的薪酬调查把主要的注意力集中在了基本工资的比较分析上，相对忽视了对奖金的比较问题。这在很大程度上可能是由于奖金本身的可变性和设计的具体性使得外部比较变得复杂而具有难度，但是如果对外部的奖金水平或其比例构成情况能够有所把握的话，这个信息对帮助企业优化其薪酬结构必然是有意义的。

四、奖金的方式

从本章开篇图示的“奖金的内容结构”中我们可以看到奖金支付常用的几种方式，作为对已完成绩效的奖励，其主要方式包括：绩效加薪（Merit Pay）、一次性奖金（Merit Bonuses）、个人特别绩效奖（Special Performance Award）；作为对绩效目标的激励，其主要方式按奖励对象可分为：个人激励计划（Individual lncentive Plans）、团队激励计划（Group lncentivePlans）与组织激励计划（Organizational IncentivePlans）。

(一) 对已完成绩效的奖励方式

1. 绩效加薪（Merit Pay）

绩效加薪是最为常用的一种加薪方式，它体现了对已发生的工作行为或已取得的绩效成果的认可和奖励。它的一个显著特点即增加部分是直接加到基本工资中去的，每一次加薪后基本工资额都获得增长，下一次加薪是在已经增加了的基本工资额的基础上进行的。

在加薪幅度的安排上，一般要求不同的绩效评价等级对应不同的工资涨幅，表 8.8 是一个简单的例子。

表 8.8　　绩效加薪幅度与绩效评价等级（OVGIUN 标准）对应表

	杰出	非常好	好	值得改进	不令人满意
绩效评价等级	1	2	3	4	5
绩效加薪幅度（%）	6	5	4	2	0

加薪幅度的安排除了要与绩效水平等级挂钩之外，还必须考虑基本工资水平与加薪幅度的关系及加薪幅度要满足“最低限度有意义的加薪”要求。

2. 一次性奖金（Merit Bonuses）

一次性奖金同样强调加薪与绩效评价结果的直接联系，但是在每次加薪时并不增加工资基数，而是在每一次加薪时按该周期内的绩效评价水平给予一次性的奖金，这部分奖金不累加到基本工资中去，下一次加薪仍然在原来基本工资额的基础上进行。因此，一次性奖金在一定程度上可以克服积累性绩效加薪带来的成本增加问题。

3. 个人特别绩效奖（Personal Special Performance Award）

个人特别绩效奖是一种针对个人特别突出的优质业绩进行奖励的方式，也就类似于我们通常“个人突出贡献奖”等奖项，其最突出的特点在于这样的奖励具有极强的针对性和灵活性，往往可以通过这种奖项来突破一些基本奖励制度在支付额度、支付周期及支付对象上的局限。

(二) 对完成绩效目标的奖励方式

为了激励员工更好地实现预先设定好的绩效目标，一些激励计划则作为奖金方式受到了广泛的运用。激励计划的操作原则就是通过将员工的实际业绩与确定好的绩效目标进行比较而确定其奖金额度，达到绩效目标则给予一定额度的加薪，超标完成则加薪幅度更大，没有达到绩效标准则没有奖金甚至减薪。

激励计划按照激励对象的角度可以划分为个人激励计划、团队激励计划与组织激励计划，针对每个对象层次都可以有长、短期的激励安排。因此，本书下面将按激励对象划分的方式来具体介绍针对个人、团队和组织的激励计划。

1. 个人激励计划（Individual Incentive Plans）

个人激励计划是用来激励员工个人为实现其绩效目标而运用的一种奖金支付方式。个人激励计划有很多种类，一般包括：针对生产人员的产出激励计划、针对一般管理人员的管理激励计划及关注员工行为的行为鼓励计划。

（1）针对生产人员的产出激励计划

针对生产人员的激励计划一般是将员工的生产率作为绩效标准，按产量标准的完成情况支付奖金。在这里，产量（生产率）指标的设定有两种方式：一种是按照单位时间内的产量为标准，一种是以生产单位产量所消耗的时间为绩效标准，具体的一些支付方式如表 8.9 所示。

表 8.9　　针对生产率的个人激励计划类型

以单位实际内的产量为绩效标准	以生产单位产量的耗时为绩效标准
直接计件工资计划 泰勒差别计件工资计划 梅里克多重计件工资计划	标准小时工资 哈尔西 50/50 方法 罗恩计划 甘特计划

（2）针对一般管理人员的管理激励计划

这里的管理激励计划是针对一般性的部门、职能管理人员的个人激励计划，是指当其所管辖的部门（或职能单位）达到或超过预定的有关销售、利润、生产或其他方面的目标时，对经理个人进行奖励所运用的奖励方式。

针对一些高层经理人员设立激励计划时，往往是采用一些长期的，与股权相关的激励计划。

（3）行为鼓励计划

行为鼓励计划是针对员工的某种具体的优良行为进行奖励的方式，一般用于鼓励拥有良好的出勤率或安全纪录的员工。这种奖励计划适用于对出勤、作业安全性要求很高的工作员工，如保安、工程的巡查人员、施工人员、矿山的井下工人等等。表 8.10 是美国某公司奖励员工优秀出勤率的一个例子。

表 8.10　　奖励员工出勤的行为鼓励计划

缺勤天数①	奖金
0 天	250 美元
1 天	200 美元
2 天	100 美元
3 天	50 美元
4 天	25 美元
全年无缺勤：给予年度全勤奖 1 000 美元	

（4）推荐计划

推荐计划是一种比较特殊的个人奖励计划，它不针对于员工的工作绩效，而是对那些为公司成功介绍了新客户或者推荐了合适人才的员工进行奖励。这种特别的奖励

① 说明：每季度末（每 3 个月），出勤率高的员工可以根据下列制度得到奖金。注意，缺勤天数不包括公司批准的缺勤、休假、病假、陪审团义务、丧假、兵役、法定节假日和学习等。

计划一般适用于公司急需人才的人力资源吸纳期。当雇员为公司的空缺职位成功推荐了合适人员就有获得奖金的机会，只要被推荐来的人工作一段时间后（至少30天），期间各方面表现确实符合公司要求，获得了用人部门的认可，则推荐奖金就可以兑现。推荐计划的基本观点认为公司现有的人员比招聘代理机构更熟悉本公司的文化和用人要求，因此可以更有效地为公司推荐合适的人选。

2. 团队激励计划（Group Incentive Plans）

由于激励对象是群体，对群体的激励就必然有着不同于个人激励的特点和要求，因此在选择团队激励计划时必须考虑到它的应用特性。表8.11对这两类激励计划的一些特征进行了比较。

表8.11　　个人与群体激励计划的应用特性比较

特征	应用于个人的激励计划	应用于团队的激励计划
绩效指标	存在易于监控的个人指标，工作的完成与他人的绩效关系不是很大	产出是集体协作的结果，个人对集体绩效的贡献较难衡量；指标一般具有较广的涵盖性（平衡计分卡是一种可用于群体绩效评价的典型的指标体系方式）
绩效标准	绩效标准比较稳定、明确	个人绩效标准会随群体目标的变化而变化
激励导向	关注激发出个人的专长和个人的突出效率，同时保持公平	关注群体目标和绩效，个人贡献指向群体成果，可能会避免平均化
互动程度	基本要求大都事前确定	个人的绩效目标和群体的绩效目标充分进行沟通、融合或调整

团队激励计划的种类有：班组或小团队奖励计划；收益分享计划；利润分享计划和风险收益计划。

（1）利润分享计划是将公司或者某个利润单位所获得的利润或者超额利润的一部分在织织和员工之间进行分享的一种计划。

（2）收益分享计划。所谓收益分享计划，是指将企业节省的成本在组织和员工之间进行分享的一种团队奖励方式。由于计算和分配企业节约的成本的方式不同，收益分享计划主要包括三种方式：斯坎伦计划、拉克计划和分享生产率计划。①斯坎伦计划。这是由约瑟夫·斯坎伦在1937年提出的一种收益分享计划，其目标是降低企业的劳动成本而不影响员工的工作积极性。②拉克计划：这是由艾伦·W. 拉克于1933年提出的一种收益分享计划，它与斯坎伦计划的区别在于它所关注的不仅仅是劳动成本的节约，而是关注整个生产成本的节约。③分享生产率计划。这是米歇尔·费恩于1973年提出的一种收益分享计划。分享生产率计划不再衡量节省成本的经济价值，而是追求在更短的劳动时间内生产出更多的产品。这一计划的关键是计算劳动时间比率，即生产单位产品所需要耗费的劳动小时数。

3. 组织激励计划

从时期上看，这类计划通常属于以超过一年的时间为考核的长期激励计划。这类计划所支付的激励方式一般包括股票（Stock/代表公司财产价值的凭证）、股份（Stock

Shares/把股本划分成价值相等的等份）和股权（Stock Options/员工按一定价格购买公司股票的权利）。其中比较流行的是员工持股计划（Employee Stock Option Plan，ESOP）。

1．员工持股计划（ESOP）

员工持股计划是目前被采用很广泛的全员股权激励计划。它的运作方式一般是：公司把一部分股票（或者是可以购买同量股票的现金）交给一个信托委员会（其作用就是为雇员购买一定数额的企业股票），这个数额通常依据雇员个人年报酬总量的一定比例来确定，一般不超过15%，然后信托委员会把股票存入雇员的个人账户，在雇员退休或不再工作（已经工作了很长时间，积累了足够多的股票）时再发给他们。

2．股票分享计划（BBOP）

股票分享计划在20世纪90年代后期受到了广泛地讨论和应用，它是指公司在特定时间内直接给员工派发公司的股票，对员工进行激励。这种给予股票进行奖励的方式被认为能提高员工的组织承诺度和保留优秀员工。

在计划实施中，公司应该根据不同情况确定股票派发的覆盖范围，如星巴克和微软的股票分享计划就是广覆盖的，针对所有员工；柯达公司则只在非管理类员工中分享股票，并且是其中业绩很突出者才能得到。

第五节　福利管理

目前，主流的薪酬管理思想已经把福利、基本工资和奖金并称为薪酬体系的三大支柱，并且开始从战略的高度对福利进行研究，把福利作为企业人力资源战略落地的工具来看待，福利已不再是过去的“小额优惠”了。

一、员工福利的定义和功能

（一）员工福利的定义

根据美国著名的薪酬管理专家乔治·T. 米尔科维奇的观点，认为员工福利有两个显著特点：它是总报酬的一部分；它不是按工作时间给付的①。而另外一位美国的薪酬管理专家约瑟夫·J. 马尔托奇奥在其所著的《战略薪酬》一书中从分类别的角度对员工福利（Employee Benefits）进行了界定。他认为员工福利就是非货币奖励，属于边缘薪酬（Fringe Compensation），就类别而言可以分为三类：员工所能获得的非工作时间报酬（例如假期）；为雇员提供的各种服务（例如日托补助）和企业的各种保障计划（例如医疗保险）②。

刘昕博士在其所著的《薪酬管理》一书中认为福利是员工薪酬中的重要组成部分，

① 乔治·T. 米尔科维奇，杰里·M. 纽曼. 薪酬管理［M］. 6版. 董克用，等，译. 北京：中国人民大学出版社，2002：366.

② 约瑟夫·J. 马尔托奇奥. 战略薪酬［M］. 2版. 周眉，译. 北京：社会科学文献出版社，2002：5.

包括退休福利、健康福利、带薪休假、实物发放、员工服务等。它有别于根据员工的工作时间计算的薪酬形式，具有以下两个特征：第一是福利通常采取延期支付或实物支付的方式；第二是福利具有类似固定成本的特点，因为福利与员工的工作时间之间并没有直接的关系①。

本书从以下几个方面来界定员工福利：员工福利是总报酬的重要组成部分；员工福利大多表现为非现金收入（例如各种保障计划、休假、服务以及实物报酬）；员工福利通常采取间接支付的发放形式（福利不同于工资和奖金，可以完全在当期得到直接的体现，有些福利项目可能要在若干年后才能为员工所享受）；几乎所有正式员工都可得到福利（福利作为一种普惠制式的报酬形式，它的享受对象通常是企业的所有员工，而且员工与员工之间的差别并不是很大）；员工福利通常为非劳动收入（福利的享受通常并不是在员工劳动之后，也与员工的个人贡献无太多关系，一个刚刚加入企业的员工常常就可以享受到与一个在此工作了几年的员工相同的福利待遇）。

（二）福利的功能

1. 设计良好的福利制度可以帮助实现企业人力资源管理活动的目标，进而实现企业的战略目标

福利是企业体现其管理特色的一种工具，一个有竞争力的福利计划传递着一种潜在的信息，告诉人们这是一个好的工作单位，愿意为雇员的幸福生活投资。设计良好的福利制度可以为企业吸引和保留所需要的员工。组织行为学认为较高的工作满意度一般会带来较高的生产率、较低的缺勤率和流动率。所以如果员工福利能够对工作满意度产生积极的影响，那么企业所花费的成本就是有意义的②。

2. 设计良好的福利制度可以鼓励员工之间的合作

随着个体管理向团队管理的发展，个人绩效越来越难以测量，对外表现出来的大多是团队绩效。这样一来，薪酬的发放也更多地以团队绩效为标准，采取团队发放的形式。员工福利作为天生的普惠制的报酬形式，有更多的平均化倾向，更加适用于做团队的报酬形式。

3. 员工福利是影响企业劳动力雇用决策的重要因素

这里特别强调的是企业的正式员工，一般的临时工是没有权力享受以上福利的。如果员工的福利在企业的人工成本中占的比重过大，那么企业在做出雇佣决策时就可能会考虑通过雇佣临时工，哪怕是工资略微高些的临时工来替代正式员工，以节省福利部分的开支。

4. 传递企业的文化和价值观

现代企业越来越重视员工对企业的文化和价值观的认同，因为企业是否有一个积极的、得到员工普遍认同的文化氛围，将对企业的运营效率产生十分重要的影响。而福利恰恰是体现企业的管理特色，传递企业对员工的关怀，创造一个大家庭式的工作

---

① 刘昕. 薪酬管理［M］. 北京：中国人民大学出版社，2002：259.

② 斯蒂芬·P. 罗宾斯. 组织行为学［M］. 7版. 孙健敏，李原，等，译. 北京：中国人民大学出版社，2001：153.

氛围和组织环境的重要手段。

二、法定福利

员工福利按照其制定的依据不同可以划分为两类。一类称为法定福利，主要包括养老保险、失业保险、医疗保险、工伤保险、生育保险五大险种以及住房公积金；另一类我们称为企业自主福利，它是企业根据自身的管理特色、财务状况和员工的内在需求，向员工提供的各种补充保障计划以及向员工提供的各种服务、实物、带薪休假等。

（一）养老保险

养老保险是国家和社会根据一定的法律和法规，为解决劳动者在达到国家规定的解除劳动义务的劳动年龄界限，或因年老丧失劳动能力退出劳动岗位后的基本生活而实行的社会保护和社会救助措施。

1. 养老保险制度的特点

养老保险是世界各国较普遍实行的一种社会保障制度。养老保险具有以下几个特点：

（1）强制性。由国家立法，强制实行，企业单位和个人都必须参加，符合享受养老保险条件的人，可向社会保险部门领取养老金。

（2）互济性。养老保险费用来源，一般由国家、单位和个人三方或单位和个人双方共同负担，并实现广泛的社会互济。

（3）储备性。参加者按规定缴纳费用作为基金，储存待用。就个人而言，从参加社会养老保险开始便按规定长期缴费，等于为自己储蓄了一笔费用，供老年使用；就社会而言，也是一种储备基金。

（4）社会性。影响范围大，享受人多且时间较长，费用支出庞大，因此，必须设置专门机构，实行现代化、专业化、社会化的统一规划和管理。

2. 养老保险制度的类型

从资金的筹集管理和发放方面考虑，目前，世界上实行养老保险制度的国家可分为三种类型，即投保自助型（也叫传统型）养老保险、强制储蓄型养老保险（也称公积金模式）和国家统筹型养老保险。

（1）投保自助型养老保险是一种强调社会共同负担、社会共享的保险模式。目前为大多数国家所采用。其基本思想是：每一位社会成员都有义务在达到享受养老保险年龄之前，向社会保险机构缴纳一定的养老保险费；同时，企业也必须按企业工资总额的一定比例定期缴纳保险费，在此基础上，每一位社会成员在退出劳动领域或因年老而丧失劳动能力的时候都将有资格享受养老保险。

（2）强制储蓄型养老保险也称公积金模式。它强调社会成员的保险费用要由企业和员工自己负担，并建立一个员工个人账户，国家不对此个人账户进行投保资助，但会给予一定的政策性优惠，将来员工的养老费用就全部出自这个个人账户。这种社会自我保障的做法必然会使企业和员工的缴费率较高，所以必须在经济发展迅速而且水平较高的情况下才适用。同时这种模式对基金管理部门的要求非常高，既要保证基金的安全稳定，又要有很高的增值能力，所以实行起来困难重重。目前世界上采用这种制度的国家较少，具体方法也不尽相同，新加坡的中央公积金制度是这种模式的代表，也是目前养老保险运行最好、最成功的国家之一。

（3）国家统筹型养老保险是一种强调国家应该负担全体社会成员养老的保障模式。劳动者不需缴纳任何保险费，就可以在退出劳动领域或因年老而丧失劳动能力的时候无条件享受养老保险。这些费用全部由国家财政无条件负担。前苏联和我国在计划经济时代所采用的就是这种国家统筹型养老保险。

我国根据具体国情，在借鉴国外养老保险制度的基础上，创造性地提出了“社会统筹与个人账户相结合”的基本养老保险改革模式，经过探索与完善，正在逐步走向成熟。

（二）失业保险

失业保险是指国家通过立法强制实行的，由社会集中建立基金，对因失业而暂时中断生活来源的劳动者提供物质帮助的制度。1999 年 1 月 22 日国务院颁布了《失业保险条例》，对失业保险的领取对象、资金缴纳、待遇、享受期限等问题进行了明确规定。

1．哪些单位和人员应当参加失业保险

从单位来讲，城镇的国有企业、集体企业、外商投资企业、港澳台投资企业、私营企业等各类企业，以及事业单位都必须参加失业保险并按规定缴纳失业保险费。从个人来讲，上述单位的职工也要按规定缴纳失业保险费，失业后符合条件的可以享受失业保险待遇。

2．失业保险所需资金的来源以及如何缴纳失业保险费

失业保险所需资金来源于四个部分：失业保险费，包括单位缴纳和个人缴纳两部分，这是基金的主要来源；财政补贴，这是政府负担的一部分；基金利息，这是基金存入银行和购买国债的收益部分；其他资金，主要是指对不按期缴纳失业保险费的单位征收的滞纳金等。

3．失业人员可享受到哪些失业保险待遇

具体来说，包括按月领取的失业保险金，领取失业保险金期间的医疗补助金，领取失业保险金期间死亡的失业人员的丧葬补助金及其供养的配偶、直系亲属的抚恤金。还可以为失业人员在领取失业保险金期间开展职业培训、职业介绍的机构或接受职业培训、职业介绍的本人给予补贴，以帮助失业人员实现再就业，并减轻失业人员的经济负担。

4．享受失业保险待遇的条件

失业前所在单位和本人按规定履行缴费义务满 1 年，非本人意愿中断就业，已办理失业登记并有求职要求，同时具备以上三个条件者才能够申请享受失业保险待遇。

5．失业保险金的领取时间

由失业人员失业前所在单位和本人按照规定累计缴费时间决定的，满 1 年不足 5

年的，最长不超过 12 个月；满 5 年不足 10 年的，最长不超过 18 个月；10 年以上的，最长不超过 24 个月。对连续工作满一年的农民合同工，根据其工作时间长短支付一次性生活补助。

（三）医疗保险

医疗保险通常是指由国家立法规定并强制实施的，当人们生病或受到伤害后，由国家或社会给予一定的物质帮助，即提供医疗服务或经济补偿的一种社会保障制度。它具有社会保险的强制性、互济性、社会性等基本特征。

1. 城镇所有用人单位，包括企业（国有企业、集体企业、外商投资企业、私营企业等）、机关、事业单位、社会团体、民办非企业单位及其职工，都要参加基本医疗保险。乡镇企业及其职工、城镇个体经济组织业主及其从业人员是否参加基本医疗保险，由各省、自治区、直辖市人民政府决定。

2. 基本医疗保险费由用人单位和职工共同缴纳。用人单位缴费率应控制在职工工资总额的6%左右，其中的30%进入个人账户，其余的进入基本医疗保险统筹基金；职工的缴费费率一般为本人工资收入的2%，全部划入个人账户。随着经济发展，用人单位和职工缴费率可作相应调整。

3. 医疗保险费用的支付。统筹基金和个人账户要划定各自的支付范围，分别核算，不得互相挤占。

（四）工伤保险

工伤保险是指国家和社会为在生产、工作中遭受事故伤害和患职业性疾病的劳动者及其亲属提供医疗救治、生活保障、经济补偿、医疗和职业康复等物质帮助的一种社会保障制度。

1. 无过失补偿原则。第一是无论职业伤害责任主要属于雇主或第三者或员工个人，受伤害者应得到一定的经济补偿；第二是雇主不承担直接补偿责任，而是由工伤社会保险机构统一组织工伤补偿，并且一般不需要通过法律程序和法院裁决。

2. 风险分担、互助互济原则。这是社会保险制度中的基本原则，首先是通过法律，强制征收保险费，建立工伤保险金，采取互助互济的办法，分担风险。其次是在待遇分配上，国家责成社会保险机构对费用实行再分配。这种基金的分配使用，包括人员之间、地区之间、行业之间的调剂，它可以更有效地解决社会问题。

3. 个人不缴费的原则。工伤保险由单位缴纳，职工个人不缴纳任何费用，这是工伤保险与养老、失业、医疗保险的区别之处。

（五）生育保险

生育保险是国家通过立法，对怀孕、分娩女职工给予生活保障和物质帮助的一项社会政策。其宗旨在于通过向职业妇女提供生育津贴、医疗服务和产假，帮助他们恢复劳动能力，重返工作岗位。

1. 生育保险根据“以支定收，收支基本平衡”的原则筹集资金，由企业按照其工资总额的一定比例向社会保险经办机构缴纳生育保险费，建立生育保险基金。

2．女职工生育期间的检查费、接生费、手术费、住院费和药费由生育保险基金支付。超出规定的医疗服务费和药费（含自费药品和营养药品的药费）由职工个人负担。

3．产假期间的生育津贴按照本企业上年度职工月平均工资计发，由生育保险基金支付。

（六）住房公积金

1．住房公积金的建立对象

在行政辖区内的各级行政机关、国有企业、城镇集体企业、外商投资企业、城镇私营企业及其他城镇企业、事业单位、民办非企业单位、社会团体及其在职职工（不含外方职工）均应建立住房公积金制度。

2．住房公积金的缴存比例

职工和单位住房公积金的缴存比例均不得低于职工上一年度月平均工资的5%；有条件的城市，可以适当提高缴存比例。具体缴存比例由住房公积金管理委员会拟订，经本级人民政府审核后，报省、自治区、直辖市人民政府批准。

3．住房公积金的提取

职工有下列情形之一的，可以提取职工住房公积金账户内的存储余额：

①购买、建造、翻建、大修自住住房的；

②离休、退休的；

③完全丧失劳动能力，并与单位终止劳动关系的；

④出境定居的；

⑤偿还购房贷款本息的；

⑥房租超出家庭工资收入的规定比例的。

依照前款第②、③、④项规定，提取职工住房公积金的，应当同时注销职工住房公积金账户。

职工死亡或者被宣告死亡的，职工的继承人、受遗赠人可以提取职工住房公积金账户内的存储余额；无继承人也无受遗赠人的，职工住房公积金账户内的存储余额纳入住房公积金的增值收益。

三、企业补充福利

（一）企业年金制

企业年金制是指企业及其员工在公共年金制基础上自愿建立的一种补充性养老金计划，是企业职工福利制度的重要组成部分。其基本运作规范是：企业年金依法享受政府减免税优惠政策，经企业与员工代表共同协商，以平等公平原则确定；企业年金基金运营与资本市场对接，政府通过对企业年金管理机构、托管银行和基金投资公司等相关机构的资格审查、准入制度，以及有关金融、税收、审计等法规政策等，对企业年金制运行加以调节和规制；企业年金制采取个人账户形式记载每个员工企业年金的缴费情况（包括企业和个人的缴费）以及投资收益和利息收入等资产状况，企业年金个人账户资产全部归员工个人所有，不得调剂使用。

企业年金计划按照给付结构来分可以分为收益确定制（Defined - benefits Plans，DB）和缴费确定制（Defined - contribution Plans，DC）两种类型。

1. 收益确定制

收益确定制的企业补充养老金计划是一种按照固定公式计算退休福利的计划，它包括确定养老金数量的一套准则，这样就可以事先确定雇员应得的养老金数额。

DB 计划对于进行退休金制度改革的大中型企事业单位（如传统的银行、电力、冶金、工程勘察设计、广播电影电视、公用事业单位等）中的年长职工尤具吸引力。

2. 缴费确定制

缴费确定制是一种雇主按照固定方式向雇员退休基金或雇员储蓄基金捐款的计划。这种计划并不确定雇员最终所得的养老金数量，它只确定计划的定期缴纳额。最终能够领取到多少养老金还取决于基金的摊缴额和退休基金的投资收益。

企业年金的资金来源方式有两种：第一是完全由企业负担，员工退休时企业按规定支付员工养老金；第二是由企业和员工共同负担，员工个人缴费比例可以依据员工的工龄或薪酬水平而定，企业的缴费比例根据企业支付能力和企业员工年龄结构确定。关于企业年金的支付涉及三个方面：第一是支付额度的基础，可以是员工在职期间的月基本工资，或者是基本工资加其他项目工资，也可以是全部工资，这要看企业实际支付能力；第二是年金支付率，可以根据员工的工龄不同确定不同的支付率，工龄越长，支付率越高；第三是具体支付形式，可以是一次性支付、定期支付或一次性与定期支付相结合。

（二）企业补充医疗计划

法定福利中的医疗保险的保障水平很有限，如果员工生病住院，通常还要自己承担很大一部分费用（即是指社会医疗保险计划中规定的最高限额以上的部分），这对于员工来说可能是很大的负担。所以有许多企业为其员工建立了补充医疗保险，如果员工生病住院，所需的医疗费用除了社会保险报销的部分以外，企业还会帮助员工负担剩余部分的一定比例，这样一来，员工个人所需承担的费用就很少了。此外，一些企业还为其员工提供免费定期体检、免费防疫注射、药费、滋补营养品报销或补贴、职业病免费防护、免费或优惠疗养等福利措施。

四、企业福利制度弹性化趋势

（一）弹性福利制的含义

弹性福利制又称为“自助餐式的福利”，即员工可以从企业所提供的一份列有各种福利项目的菜单中自由选择其所需要的福利。弹性福利在美国还有几种不同的名称，如弹性报酬计划、自助餐式计划等。

弹性福利制是一种有别于传统固定式福利的新员工福利制度。弹性福利制强调让员工依照自己的需求，从企业所提供的福利项目中来选择组合属于自己的一套福利“套餐”，每一个员工都有自己“专属的”福利组合。

事实上，实施弹性福利制的企业，并不会让员工毫无限制地挑选福利措施，通常公司都会根据员工薪水、年资和家庭等因素来设定每个员工所拥有的福利限额。而在福利菜单所列出的福利项目都会有一个金额，员工只能在自己的限额内“认购”喜欢的福利。

（二）弹性福利制的类型

弹性福利制从20世纪70年代初开始兴起，历经多年发展，已经演变出多种不同的类型。

1. 附加型。附加型弹性福利计划是最普遍的弹性福利制．它是指在现有的福利计划之外、再提供其他不同的福利措施或扩大原来福利项目水准，让员工选择。例如某家公司原先的福利计划包括房租补贴、交通补助费、意外险、带薪休假等。如果该公司实施此型的弹性福利制，它可以将现有的福利项目及供给水准全部保留下来当作核心福利，然后再根据员工的需要，额外提供不同的福利措施，如国外休假补助、人寿保险等。通常都会标上一个“金额”作为“售价”。

2. 核心加选择型。此类型的弹性福利计划是由一个核心福利和弹性选择福利所组成。核心福利是每个员工都可以享有的基本福利，不能自由选择，可以随意选择的福利项目则全部放在弹性选择福利之中。这部分福利项目都附有价格，可以让员工“选购”。员工所获得的福利限额，通常是未实施弹性福利前所享有的福利，总值低于其所拥有的限额，差额可折发现金。

3. 弹性支用账户。弹性支用账户是一种比较特殊的弹性福利制。员工每一年可以从其税前总收入中拨取一定数额的款项作为自己的“支用账户”，并以此账户去选购组织所提供的各种福利措施。拨入专用账户的金额不需扣缴所得税，不过账户中的余额如未能在年度内使用完，余额就归公司所有，即不可在下一个年度中使用，亦不能够以现金的方式发放。此制度的优点是福利账户的钱免于纳税，相当于增加净收入，所以对员工有吸引力。缺点是行政手续过于繁琐。

4. “套餐”。这种类型是由企业同时推出不同的福利组合，每个组合所包含的福利项目和优惠水准都不一样，员工只能就其中一个做选择。在规划此种弹性福利制时，企业可依据员工的背景（婚姻状况、年龄、住宅需求等）来设置。

5. 选高择低型。此种福利计划提供几种项目不等、程度不一的福利组合给员工选择。以组织现有的固定福利计划为基础，再据此规划数种不同的福利组合。这些组合的价值和原有的固定福利相比，有的高，有的低，如果员工看中了一个价值较原有福利措施还高的福利组合，那么他就需要从薪水中扣除一定的金额来支付其间的差价，如果他挑选的是一个价值较低的福利组合，就可以只发给其间的差额。

（三）弹性福利制的优点

1. 对员工而言。员工可以根据自己的情况，选择对自己最有利的福利。这种由企业所提供的自我控制，对员工具有激励作用。同时，也可以改善员工与企业的关系。

2. 对企业而言。福利成本不断地增加，使很多企业负担沉重，而弹性福利可以使员工了解每项福利和成本间的关系，让员工有所珍惜，并方便员工管理和控制成本。

(四) 弹性福利制的现存问题

1. 部分员工在选择福利项目时没有仔细考虑或只看近利，以至于选择了不实用的福利项目。

2. 实施弹性福利制，会带来繁琐的行政事务工作。

3. 实施弹性福利制初期，行政费用会增加，成本往往不减，反而增加。

第六节　薪酬制度

作为企业的基本制度，薪酬制度也必须有自己的“法理”，也就是薪酬制度必须有自己的依据。对企业的薪酬制度进行诊断，就是检视薪酬制度是否有理可循，从而改进不足，这是企业的薪酬制度能否行之有效的一个重要条件。

一、企业薪酬诊断及问题分析

(一) 为什么要对企业薪酬制度进行诊断

1. 当企业面对多种多样先进的薪酬理念时，必定会考虑企业现有的薪酬制度是否是切实有效的？是否要对现有的薪酬制度进行改革？是否需要建立一套新的薪酬制度？

2. 当企业遇到员工工作积极性不高，不能全心全意地投入工作而只是在应付差事的问题时，企业也必然会考虑是否是对员工的激励程度不够？是否是企业的激励系统、薪酬制度出了问题？

3. 企业所面临的内外部环境，包括企业自身都有可能发生巨大的变化，原有的薪酬制度在新的形势下可能就变得不合时宜。那么企业的薪酬制度到底是否需要进行相应的变革和调整呢？

这也就提出了薪酬制度的诊断问题。

(二) 如何对企业的薪酬制度进行诊断

1. 对企业薪酬体系整体的诊断

在前面的章节里我们提到，基本薪酬、奖金和福利共同组成了薪酬这个整体。对企业薪酬体系的诊断必然涉及对这三个组成部分的诊断。首先让我们从以下几个方面进行整体的诊断，看看企业现行的薪酬制度是否有理可循。

(1) 企业的薪酬制度是否符合企业的战略需要主要从以下方面进行检验：支付对象是否与战略要求一致；支付规模是否与战略要求一致；对战略层级的支付是否与战略要求一致；薪酬战略是否与公司战略匹配。

(2) 企业的薪酬制度是否具有内部公平性。主要从是否采用了正确的评估方法；是否选择了正确的评估要素；评估要素的权重是否正确；评估要素的等级是否正确；评估者是否合适等方面取进行衡量。

(3) 企业的薪酬制度是否具有外部公平性。通过对企业现有的薪酬政策与市场工资率的比较，可以判断企业的薪酬制度是否具有外部公平性。

（4）工资差别是否合理。第四个检测就是看一个企业的工资差别是否合理，也就是企业的工资主要有哪些差别，工资等级的重叠是否合理等。

对企业薪酬制度合理性的诊断可以参见表 8.12 所示。

表 8.12　　薪酬制度合理性诊断表

原　因	诊断方法	改进方法	备　注
企业的薪酬制度配合企业的战略吗?			
企业的薪酬制度具备外部公平性吗?			
企业的薪酬制度具备外部竞争力吗?			
企业的薪酬制度具有内部公平性吗?			
企业的薪酬制度是成本节省的吗?			
企业的薪酬制度是有效率的吗?			

2. 对企业奖金制度的诊断

（1）员工的努力程度是否与奖金有直接的关系

一套奖金计划成功要素之一是使员工相信经过自己的努力可以获得相应的奖金。

（2）奖励对员工是否具有吸引力

由于个性需求的不同，必然导致不同的薪酬制度对不同的员工具有不同的吸引力。因此，企业必须对员工的需求状况进行调查，有针对性地实行奖励。

（3）获得奖金所必需的任务（工作）量是否是员工通过努力可以达到的

员工的工作努力程度与奖金直接相关，所以为获得奖金所需要完成的工作（任务）量必须是员工通过个人努力可以达到的。

（4）奖金计划是否是明了的、易于计算的

奖金计划明了且易于计算对于员工的激励作用也就更为直接和有效。

（5）奖金的标准是否是固定的

奖金计划所依据的标准必须固定，要规定什么情况下这样的标准有效；奖金标准必须明确，而不能含糊；奖金标准必须周密，不可只重视数量而忽视质量。

3. 对企业福利制度的诊断

企业中的福利制度一般包括法定福利和企业补充福利两部分。对企业福利是否健康的判断也分为两部分：企业现有的福利制度是否符合国家法定福利的要求；企业的补充福利部分是否切实有效，成本是否是可控制的。

（三）健康薪酬制度的一般标准

1. 符合企业战略需要

一个设计良好的薪酬体系直接与组织的战略规划相联系，从而使员工能够把他们的努力和行为集中到帮助组织在市场中竞争和生存的方向上去。

2. 兼具内外公平性

在一个设计良好的薪酬体系中，员工会感觉到，相对于同一组织中从事相同工作的其他员工，相对于组织中从事不同工作的其他员工，相对于其他组织中从事类似工作的人而言，自己的工作获得了适当的薪酬。

3. 成本节省、富有效率

从本质上来说，薪酬其实是员工与企业之间的一种交易或交换，是员工在向企业提供其劳动或让渡劳务使用权后获得的报酬。在这个交换关系中，企业所支付的薪酬就是企业所花费的成本，如何用最小的成本获得最大的利益是经济实体所应该考虑的问题。

二、薪酬制度设计

（一）薪酬制度设计的基本原则及基本程式

1. 基本原则

（1）公平原则。公平是企业之间的薪酬公平，又称为外部公平。公平是企业内员工之间的薪酬公平，又称为内部公平。公平是同种工作岗位上的薪酬公平，即个人公平。

（2）竞争原则。竞争原则就是指企业的薪酬标准在人才市场，甚至全社会中，要有吸引力，以战胜竞争对手，招聘到宝贵的人才，并长久地留住他们。

（3）激励原则。激励原则就是指根据员工的能力和贡献大小、根据企业内部各类各级职务的不同，企业的薪酬标准也要适当地拉开距离，防止“大锅饭”之类的绝对平均化，充分利用薪酬的激励效果，调动员工的工作积极性。

（4）经济原则。在设计薪酬制度时，既要考虑薪酬的对外竞争性和对内激励性，又要考虑企业财力的大小，找到其间最佳的平衡点。

（5）战略原则。在进行薪酬设计过程中，一方面要时刻关注企业的战略需求，要通过薪酬设计反映企业的战略，反映企业提倡什么、鼓励什么、肯定什么和支持什么；另一方面要把企业战略转化为对员工的期望和要求，并进一步转化为对员工的薪酬激励。

2. 基本程式

（1）基于薪酬支付基础。依据什么向员工支付基本薪酬？通过职位评价确定内部支付依据；通过薪酬调查确定外部支付依据。确定收入结构，即确定企业内的收入差别，将薪酬制度化进行实施与调整。

（2）基于企业战略。这主要包括以下五个步骤：理解企业战略；职位评价；薪酬调查；确定收入结构；实施与调整。

（3）基于市场工资率。根据市场工资率与职位价值排序，得出自己的收入政策曲线。职位价值排序由职位评价做出，市场工资率由薪酬调查做出。收入政策曲线取决于市场工资率和公司支付战略。

（二）企业薪酬制度的类型

从目前来看，企业的薪酬制度可以分为四种类型：

1. 基于人的薪酬制度。它是以劳动者这个自然人为单位，根据劳动者的潜在劳动力或劳动者本身所具有的能力来决定每个劳动者的工资标准，工资跟着人走。

2．基于工作的薪酬制度。它是根据某一工作岗位（职位）的重要程度来确定处于这个工作岗位（职位）的员工的工资，工资随着工作岗位（职位）走。

3．基于绩效的薪酬制度。它以劳动者最终完成的工作结果（量）来决定劳动者工资的多少，工资跟着绩效走。

4．基于能力的薪酬制度。它提出了能力的概念，以劳动者所拥有的能力大小来决定劳动者工资的多少，而能力一般被认为是以知识、技能和绩效等共同表现出来的。

三、薪酬制度的文本化

（一）薪酬制度文本化的含义与作用

薪酬制度文本化其实就是薪酬制度的文本写作过程。通过这一过程把与薪酬有关的各方面道理用条文的形式体现出来，将企业的薪酬理念、薪酬结构系统化和规范化，进而转化为具体的、可执行的薪酬制度。制度文本化是制度化管理的基础。

（二）薪酬制度文本化的基本操作程式

1．制作薪酬制度文本

薪酬制度文本可以由企业内部人员来拟订，也可以请外部专家来拟订。当然，企业也可以采取以上两种方式相结合的办法来拟订薪酬文本。具体如何操作还需要企业根据自己所拥有的专业素质高低，以及支付能力的大小等来确定，没有固定的模式，不可一概而论。

2．文本拟订过程的民主化

文本拟订的过程必须是民主的，如果民主程序缺位，很容易造成员工的不满，得不到员工的认同。这种民主程序也应当作为一种制度确定下来，因为如果把薪酬制度化仅仅理解成薪酬制度的文本化是狭隘的，它还包括一种制度化的管理，而民主制度是其中极其重要的一个方面。

3．制度文本的结构

企业的薪酬制度应该如何来编写并没有一定之规，不过，一般来说，企业的薪酬制度文本应当包括以下几个部分：

（1）总则：表明企业薪酬制度的指导思想、制定原则、制度依据等。

（2）薪酬构成：表明企业发放的薪酬主要包括哪些部分。总的来说企业的薪酬是由基本工资、奖金和福利三部分构成的，企业也可以各部分进一步细分。如将基本工资细分为技能工资和岗位工资，将奖金细分为任务奖、超额奖、出勤奖等。

（3）基本工资的支付标准、支付范围、支付时间（周期）、支付方式。

（4）奖金的奖励标准、奖励范围、发放的时间（周期）、支付方式。

（5）福利的发放标准、发放范围、发放的时间（周期）和发放的方式。

（6）附则：其他应说明的问题。

四、薪酬制度的试行与反馈

（一）薪酬制度的试行

为了检验薪酬制度在实际操作中的可行性和有效性，在薪酬文本拟订之后要有一个制度试行的过程。制度试行是一种试错的方法，在试行中不断收集反馈信息，及时发现问题，以便对薪酬制度进行调整和修正。

（二）反馈信息的收集

制度试行的一个重要活动是收集反馈信息，而反馈信息正是进一步完善制度的主要信息。反馈信息分为两个部分：企业外部反馈和企业内部反馈。反馈信息的分析要分别从这两个角度来展开。

五、薪酬制度的调整、修正与推行

（一）一般性的调整要求

一般来说，对薪酬制度进行调整与修正的过程包含了这样几个方面的要求：

1. 对一些条目或具体设计的保留与删除。

2. 对一些决定保留的条目或具体设计进行调整，比如在一些量的界定上的调整等等。

3. 增加一些在试行过程中获得的新意见和新条款。在文本撰写时可能没有考虑的地方，应该加入到制度中去。

4. 对一些当前可能难以解决的问题，可以在制度中做出说明。

（二）薪酬制度调整的基本原则

1. 战略性原则。我们的薪酬制度是基于战略的，故调整时仍然要从战略出发，重新用战略的眼光来审视制度的各个环节，修正与战略相背离的部分。

2. 针对性原则。调整过程要针对反馈意见有的放矢。

3. 随机性原则。根据随机因素产生的偏差，采取随机变化的调整修正措施，随机地对制度进行调节控制，以变应变。

4. 及时性原则。及时性要求制度推行负责人要善于及时发现制度试行过程中所出现的各种问题，并在此基础上进行实时调整修正，也就是要及时应变。

5. 适度性原则。为了对制度进行有效地调整与修正，还必须对制度试行过程中反馈出的问题、出现的偏差作具体分析，准确判断这些问题的性质、大小，以及制度本身偏差的方向与强弱。

6. 沟通原则。在制度调整与修正的过程中应当与下级员工进行充分的沟通，只有这样才不至于越调越乱。

（三）推行实施与持续调整

1. 薪酬制度的实施内容

（1）薪酬制度执行组织和人员落实。薪酬制度历来敏感，它的实施需要得到最高级领导的充分认同和部门领导的强力支持。在这中间，薪酬项目专家组、人力资源部门与财务部门要做好充分的沟通，成为专门的制度实施团队。

（2）物资统筹。任何一项制度的推行实施，无论规模大小、内容多少、时间长短，都必须有一定的经费和物品作保证，否则便无法进行。

（3）思想宣传。要成功地实施方案，必须以舆论为先导，即要向员工讲清楚制度实施的道理所在，让员工明白新制度的合理性，以求得共识与支持。

（4）实施过程的监控。在制度实施过程中，制度实施负责人和制度制定者要对实施过程进行监控，以发现制度实施过程中出现的偏差与问题，以便及时采取措施纠正出现的偏差或解决问题于萌芽之中，从而防患于未然。

（5）信息沟通。信息沟通是指在制度实施过程中，制度制定人、实施者要与制度触动的利益相关者就实施过程出现的各种情况进行交流。

（6）协调。协调是指引导、调整制度实施组织内外各方关系，并使之达到有效的配合。协调主要包括情况协调、力量协调、利益协调和认识协调四种。

（7）工作指导。工作指导是指制度制定者为了帮助制度实施执行团队澄清模糊思想认识、明确工作目标策略和指正工作方向，传播基本的工作技术和方法，或者用自己所掌握的有关全局性的情况及创见启迪执行团队的思维。

（8）组织指挥。组织指挥是指制度实施负责人，通过行政命令和指示等方式来实施活动的调控和安排，从而保证新的薪酬制度的落地。

（9）工作控制。工作控制是指制度实施者负责保持实际推行工作和制度初衷一致性的管理行为。它的主要内容包括：控制制度实施工作的进度、工作的质量、实施的方向、实施的手段、横向关系的配合、所付出的代价大小等。

2. 薪酬制度的持续调整

（1）奖励性调整，又称为功劳性调整。使用的时机一般是在员工作出了突出的成绩或重大的贡献之后，目的是为了使他们保持这种良好的工作状态，并激励其他员工一起努力，向他们学习。

（2）生活指数调整。这是为了补偿物价上涨对员工造成的物质损失。企业要根据一定的物价指标，建立薪酬与物价挂钩的指标体系。在保持指标体系的数值稳定的同时，实现薪酬对物价的补偿。

（3）效益性调整。这是在企业效益上升时对全体员工作出等比例的奖励，类似于不成文的利润分享制度。但是，它对员工的激励作用是有限的，特别是为企业发展作出巨大贡献的关键员工，他们的积极性会因为这种平均化的分配而大大受挫。

（4）工龄调整。这是薪酬结构比较稳定，特别是薪酬体系中包含了年功工资的企业所采用的提薪方式。它的激励原理是，把资历和经验当作一种能力和效率，并予以奖励。因此，随着时间的推移和员工在本企业连续工龄的增加，就要对他们进行提薪奖励。这也可以促使员工对企业长期忠诚。

附：某公司薪酬管理规定摘录

薪酬发放管理办法

第一条　管理人员、技术人员（大车司机除外）和后勤（搬运工除外）的薪酬管理制度。

1. 薪资分类

1.1 公司管理人员月薪总额包括三部分：月基本工资、浮动工资和津贴，其中月基本工资占工资总额的40%。

1.2 公司视经营业绩、员工表现，依据有关制度及政策提供奖金。

2. 薪资评定

2.1 薪资点设立

公司管理人员根据职务、岗位的不同划分为20个职等，每一个职等设10级，职等与职级结合即形成薪资点。共设200个薪资点，薪资点最高为13 760，最低为100（参见表1）。

2.2 薪资点分配

薪资点的分配由薪酬审定小组决定。其分配原则是：新进入公司的员工，原则上要经过试用，试用期满后进行定级。薪资点原则上每年审核一次。

2.3 试用期薪资评定

新进员工实习（试用）期的薪酬按照《新进员工试用期薪资评定标准》执行。

2.4 转正薪资评定

试用期满后按工作岗位、学历、职称、工龄、工作表现、水平、责任心、实绩确定其薪资点。

非大、中专院校毕业的员工经考核获得国家有关部门颁发的各种技术上岗证书(会计、电工、锅炉、电梯、叉车、电焊工)、职称证书等可视同等学力确定薪资点。

表1　薪资点数值表

职等＼职级	1	2	3	4	5	6	7	8	9	10
20	11 019	11 294	11 576	11 865	12 162	12 466	12 778	13 097	13 424	13 760
19	8 607	8 822	9 043	9 269	9 501	9 739	9 982	10 232	10 488	10 750
18	6 723	6 891	7 063	7 240	7 421	7 607	7 797	7 992	8 192	8 397
17	5 252	5 383	5 518	5 656	5 797	5 942	6 091	6 243	6 399	6 559
16	4 103	4 206	4 311	4 419	4 529	4 642	4 758	4 877	4 999	5 124
15	3 206	3 286	3 368	3 452	3 538	3 626	3 717	3 810	3 905	4 003
14	2 503	2 564	2 627	2 692	2 759	2 828	2 898	2 978	3 048	3 126
13	1 957	2 006	2 056	2 107	2 160	2 214	2 269	2 326	2 384	2 444
12	1 530	1 568	1 607	1 647	1 688	1 730	1 773	1 817	1 862	1 909
11	1 195	1 225	1 256	1 287	1 319	1 352	1 386	1 421	1 456	1 493
10	934	957	981	1 006	1 031	1 047	1 083	1 110	1 138	1 166

表1(续)

职等 \ 职级	1	2	3	4	5	6	7	8	9	10
9	9 729	747	766	785	805	825	846	867	889	911
8	569	583	598	613	628	644	660	667	694	711
7	444	455	466	478	490	502	515	528	541	555
6	346	355	364	373	382	392	402	412	422	433
5	271	278	285	292	299	306	314	322	330	338
4	212	217	222	228	234	240	246	252	258	264
3	166	170	174	178	182	187	192	197	202	207
2	130	133	136	139	142	146	150	154	158	162
1	100	103	106	109	112	115	118	121	124	127

表2　各职级所对应的薪资点范围

职级	薪资等级范围
总裁	13.01～20.10
部门总经理	12.01～19.10
副总经理	11.01～7.10
总监	10.01～16.10
经理	9.01～14.10
副经理	8.01～12.10
科员	3.01～10.10

2.5 调整薪资评定

上司对其下属的薪资点随时有提议降级和升级的权力。调整幅度为：

副经理级或经理级：直接降2级或提议升2级；

总监：直接降4级或提议升4级；

副总经理或以上：直接降6级或提议升6级。

员工晋级降级，由各部门备案后通知人力资源委员会，人力资源委员会将升级或降级名单送薪酬审定小组审查同意后，以书面形式通知财务部及本人，自通知下发之日起，重新计发薪资。

2.6 按人事管理制度规定，员工提拔执行“先聘用，后任命”的原则。所有任职人员均需经过半年见习考察期。考核合格才能转为正式任职人员，见习期内享受正式职务薪资的一半。

2.7 薪资点是一种特定符号，不代表币值数额。每一资点所代表的币值，由总裁部根据公司的效益、发展规模，兼顾眼前利益和长远发展，每年确定一次。

第二条　奖金发放。奖金参照相关制度评定并发放。

第三条　加班工资的发放参照《加班计时操作细则》执行。

第四条　已实行目标管理部门，其员工的薪资按该部门的目标管理方案所规定的有关办法发放。

第五条　各员工的薪资等级由薪酬审定小组根据员工具体工作职级、入厂年限、工作表现和能力、实绩等因素反复审核确定，如有意见可向主管申述理由，但不能与别人攀比，否则处以降级处罚。

第六条　查阅薪资等级。经理级以上人员（含经理级）有权查阅下属的薪资等级。

第七条　外设厂和分公司的工资方案应在不违背制度的原则下，根据当地的情况由营销总部和工厂管理部制定。

员工医疗福利项目规定

第一条　工作满三个月者，在公司指定医院和本公司医务室门诊，每月可报销药费300元（实报实销，可累积跨年）。工伤医药费经医生证明，部门总经理审批后可全部报销。

第二条　技术服务工人和管理人员与公司签订了劳动合同的，可享受公司的医疗福利。

第三条　病假待遇

3.1 工作满一年以上的管理人员和技术服务工人，一个月以内病假期间每天可享受50%的基本工资（不足10元补足10元）。超出此期间每天发放病假工资10元。

3.2 工作满三年以上的管理人员和技术服务工人，三个月以内的病假期间每天发放50%的基本工资（不足10元补足10元）。

3.3 工作满五年以上的员工，半年以内的病假期间每天发放50%的基本工资，超出期间每天发放25%的基本工资（不足10元补足10元）。

3.4 工作满十年以上的员工，一年以内病假期间每天发放50%的基本工资（不足10元补足10元）。

3.5 病假期间出示的病假单，必须持有医生证明，部门总经理审批及行政科核实后才能有效。

员工劳动保险管理规定

第一条　为了保证公司雇员的合法权益，公司按《劳动法》的有关规定，为员工购买相关保险。

第二条　购买条件

2.1 满试用期。

2.2 已签订我公司劳动合同，属公司的正式员工。

第三条　费用分配

3.1 企业缴费部分。属公司总部员工，由公司直接支付；属公司员工，由分公司负责支付；属外设厂员工，由外设厂负责支付。

3.2 个人缴费部分。公司总部员工，由公司直接在其工资中扣除；属分公司员工，由分公司财务主管在其工资中扣除；属外设厂员工，由外设厂财务主管在其工资中扣除。

【本章小结】

本章内容共分为六个部分，这六个部分是按照总—分—总的顺序进行安排的。要把握薪酬的含义、作用、性质及结构体系，并认真区别薪酬和薪酬管理的不同含义，特别要把握本教材界定的薪酬包含的基本内容以及战略和薪酬的关系。本教材认为薪酬包括基本工资、奖金以及福利三部分内容，根据这个逻辑顺序，分别安排了基本工资管理、奖金管理以及福利和服务的管理。这三部分内容是薪酬管理的核心，应分别弄清各部分内容对其基本概念的界定和提高管理效率所做的基本的制度安排。要把薪酬管理中各部分内容制度化，作为管理者，必须让制度文本化，制度文本化的内容安排在薪酬制度的内容中，对前面的各种管理提出了制度文本化的一般分析框架。

【本章思考题】

1. 什么是薪酬及薪酬管理？一套合理的薪酬制度应有哪些基本部分组成？
2. 公司战略、人力资源管理战略、薪酬战略和薪酬管理的关系？
3. 薪酬政策水平的决定因素有哪些？企业在成熟阶段应采取怎样的薪酬战略？
4. 基于职位的基本工资设计中，通过职位分析可以解决哪些问题？
5. 基于职位的基本工资设计中，职位评价的步骤有哪些？
6. 如何进行薪酬结构的调整？调整的模式与方法有哪些？
7. 个人奖金制度和团队奖金制度有什么不同？
8. 管理人员和专业技术人员的奖励制度设计的一般思路？
9. 福利有哪些类型？如何合理地设计与管理员工的福利制度？
10. 弹性福利制度有哪些类型？有哪些优缺点？企业应该如何实施弹性福利制度？

【应用性练习题】

朗讯科技公司为什么具有市场竞争力？

练习一：角色扮演练习

朗讯科技公司是美国通信业巨擘。北京朗讯科技光缆公司是美国朗讯科技光缆公司在华设立的分公司之一，主要生产制造通信光缆。现该公司产品在中国国内光缆市场所占份额居市场第二位，其成绩的取得不但有其先进科技产品领先的优势因素，更有其卓越的管理制度和激励机制来吸引和保留优秀人才的因素。该公司的薪酬机制有其独特之处。

（一）该公司的薪酬结构

1. 工资。工资体系共有十个级别，除第十级外（副总经理级），每个级别都有 A、B 两个等级，而每个等级又有最高和最低工资。工资从一级到十级差别为 20 多倍。工资标准不固定，而是随所在地区薪资行情的变动而作相应修订，总体水平要比国企同类人员的薪资高出许多。

2. 奖金。分为两种类型：一为常规半年奖、年底奖，奖金发放根据公司经济效益和对员工个人绩效评估后而定；二为非常规季节奖、随机奖，这两种奖根据上级对员工的工作表现而定，每次获奖名额不超过员工总额的10%，奖金额一般相当于员工半个月至一个月工资的水平。

3. 其他福利。公司除支付按当地政府规定的社会保险外，另行还为员工购买人身意外和个人财产商业保险、门诊医疗商业保险等，并且每年还在员工住房、教育、培训、疗养旅游、工会活动等基金领域作出预算开支，供员工福利消费。

4. 股权认购和股权奖励。股权认购为每个员工认购公司股票100股。而股权奖励只发给不超过员工总数5%的优秀员工，具体数目不定。无论是股权认购还是股权奖励，都不用员工自己掏腰包，而是由公司将股权在名义上赠给员工，但不能出售，必须等到三年后才可出售归己。

（二）公司薪酬运作及其特点

1. 底薪调整。为保持竞争优势，公司每年联合参加或由公司人力资源部单独组织一次相关外资企业薪酬调查，并对调查结果进行系统分析比较。其调查内容主要有：

（1）当地物价指数的变动。它有时可以左右公司决定是否马上调薪。

（2）当地所有企业年度平均增资水平。

（3）各相关公司的最高增薪和最低增薪水平情况。

（4）各相关公司各职位的全部薪酬水平情况，最高及最低水平变化。

（5）各相关公司各职位的薪酬结构比例。

（6）当地各相关公司和全国本行业公司的总体人员流失率情况，经理、专业技术人员的流失情况。

2. 员工职务晋升增薪。经理人员可以参照公司的工资级别提出员工晋升增薪建议。通常是逐级晋升，但有时业绩异常优秀的员工也有连升三级的事例。正常晋升增薪的幅度在10%～25%，越级晋升的幅度在25%～40%。

3. 员工招聘时的定薪。决定招聘新员工定薪的因素有学历、经验、专长、经历。

（1）学历。刚毕业本科生工资在专业管理人员最低一级，刚毕业研究生学历相应高出15%。

（2）经验。有两年以上工作经验的本科生比没有经验的高出20%，有两年以上经验的研究生比没有经验的同类人员高出30%。

（3）专长。如果在招聘时发现一个人将能发挥的作用会大于其他员工时，公司可提供超出规定的工资级别，极有可能会高于在相同岗位上已经工作了几年的员工工资。

（4）经历。新员工在不同行业、不同领域、不同公司工作过，特别是在著名外企工作过，其工资定级会被公司着重考虑。

4. 工资的正常晋升，半年奖、年底奖的发放与绩效评估。这三类薪酬是严格按照员工半年和一年度的绩效评估结果决定。公司在员工的绩效评估中采取矩阵式正态分布法，共分五个档次：第一是“不能接受”，第二是“勉强接受”，第三是“基本完成任务”，第四是“完成任务”，第五是“超额完成任务”。硬性规定必须有5%的员工考核结果落在第一类，10%的员工考核结果落在第五类，其余的则以不同的百分比分布在其他三类中。落在“不能接受”类的员工不能发奖，而且要限定三个月内改正，如没有明显的改正，将会面临被公司辞退的危险。落在“勉强接受”类的员工，发奖幅度最低，工资部分不能有所增长。落在“基本完成任务”类的员工发奖幅度为标准额，其年度工资的晋升，也是按公司反复测算的标准额增薪。落在“超额完成任务”类的员工其奖金和工资晋升幅度最高，有时比平均增幅高出一倍以上。

练习与思考：

1. 假定你是公司分管人力资源部的副总经理或人力资源部的经理，你如何看待公司现有的薪酬制度？

2. 公司在员工的绩效评估中采取矩阵式正态分布法，假定你是公司员工如何看待这种方法在公司的运用？

练习二：

根据上面介绍的朗讯科技公司的薪酬制度，我们无法看出对技术人员、中高层的管理人员、营销人员以及一般工作人员不同的薪酬制度安排。

练习与思考：

1. 请你根据自己感兴趣的职位，设计出符合这一职位的奖金制度安排。

2. 根据自己掌握的薪酬管理的基本知识，站在企业老员工（可以是管理者，也可以是技术人员，也可以是具体的操作工）的角度，你认为该企业现行的基本工资的制度安排有何利弊？实验一下，比较站在不同角度得出的结论。

第九章　劳动关系管理

【本章学习目标】

- 理解劳动关系的含义和内容
- 理解处理劳动关系的基本原则和改善劳动关系的途径
- 理解劳动管理的方式
- 理解劳动争议及处理

【引导案例】

员工惩处与申诉[①]

范某是某公司财务部会计。一天上班时，她突然想吃水果，于是就到公司附近的市场买了两斤苹果。不料被财务部经理看见了，经理严肃警告她，上班时间为个人买东西，是违反劳动纪律的，若再发生类似行为，公司会严肃处理。一周后，范某在上班时间溜到外面逛商场，碰巧被正在商场为公司买办公用品的副总经理一行人遇见。针对范某这两次违纪行为，根据公司《员工守则》规定：对上班时间逛商场、买东西的过失行为，第一次书面警告，第二次再犯立即解除劳动合同，公司遂决定解除与范某的劳动合同。范某不服，认为自己虽然有两次违纪行为，但公司并没有给过书面警告，因而不能立即解除劳动合同。公司认为，范某的两次违纪事实清楚，证据确凿，公司根据《员工守则》的规定，解除与范某的劳动合同有理有据。至于没有给她书面警告，那只是程序上的小问题，并不能影响对两次违纪行为的认定和处理。

劳动关系涉及对违纪员工的惩罚管理和申诉处理程序。当管理方对违纪员工或表现不好的员工实施降级、降职甚至解雇时，要遵循有关的处理程序；当员工对企业的管理行为不满或抱怨时，也可以通过相关程序提出。这些程序可以是正式的，也可以是非正式的。本案中，公司应严格遵守解除合同的程序，在对范某的第一次违纪行为未给予书面警告的情况下，当第二次违纪行为出现时就不能直接产生解除劳动合同的法律后果。

① 程延园．劳动关系［M］．北京：中国人民大学出版社，2002：231．

第一节　劳动关系概述

劳动关系是社会生产和生活中人们相互之间最重要的联系之一。劳动关系对劳动者、企业、和整个社会有着深刻的影响。对劳动者来说，工作条件、工作性质、薪酬福利待遇等将决定他们的生活水平、个人发展和身心健康；对企业来说，员工的工作绩效、忠诚度、薪酬福利水平是影响生产效率、生产成本和质量、企业的生存和发展的重要因素；对社会来说，劳动关系影响经济增长、社会财富的总量和分配，并进一步影响社会成员的生活质量。因此，只有拥有和谐的劳动关系，社会经济才能健康发展。

一、劳动关系的含义

劳动关系是企业劳动力使用者或雇主与企业劳动者或雇员之间的一种社会经济利益关系。在市场经济条件下，企业劳动关系涉及三方主体：企业管理者或雇主组织；企业劳动者或工会组织；政府。三方主体的关系如图 9. 1 所示。

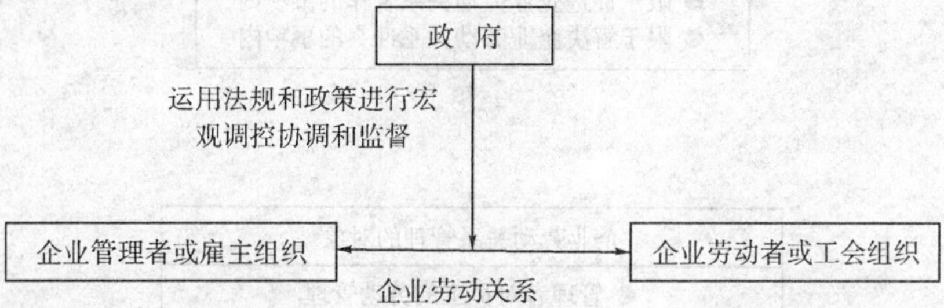

图 9. 1　企业劳动关系的运行方式

劳动关系的特性可从以下四个方面理解：

第一，劳动关系是社会生产关系的基石。劳动关系是社会生产关系中生产资料与劳动力结合的具体表现形式。企业人力资源管理面对的劳动关系，是员工加入管理方（资方）的劳动组织并与其生产资料相结合的过程。

第二，劳动关系本质上是一种经济利益关系。员工向用人单位转让劳动力，用人单位向员工支付劳动报酬，工资是连接双方关系的基本要素。

第三，劳动关系具有人身关系的属性。劳动者与用人单位签订劳动合同建立劳动关系后，必须加入对方劳动织织、接受安排和管理，按要求转让自己的劳动力，这就意味着劳动者要限制自己一定的自由权利。

第四，劳动关系具有法律上平等的属性。各国政府均制定专门法律来规制劳动关系双方的行为，协调双方的关系，使其在平等自愿和协商一致的基础上建立、变更、解除和终止劳动关系。

二、劳动关系管理的领域和对象

劳动关系管理是按照法律法规的要求，遵照劳动关系法律调整的基本原则，运用企业管理的技术和手段，以劳动关系的和谐稳定为目标，开展一系列活动的行为。具体内容包括劳动合同制度、平等协商集体合同、职业安全卫生管理、劳动争议预防与处理，以及工会和员工民主参与管理等。劳动关系管理与其他管理不同，不仅研究企业个体微观层面的问题，更从宏观的角度考虑关系双方利益平等，并建立长效机制。

劳动关系管理的基本领域有两个方面：企业劳动关系的冲突和企业劳动关系的合作。具体对象包括管理者对员工的劳动管理、工人参与管理、双方协议制度、集体谈判制度四个方面。如图 9.2 所示。

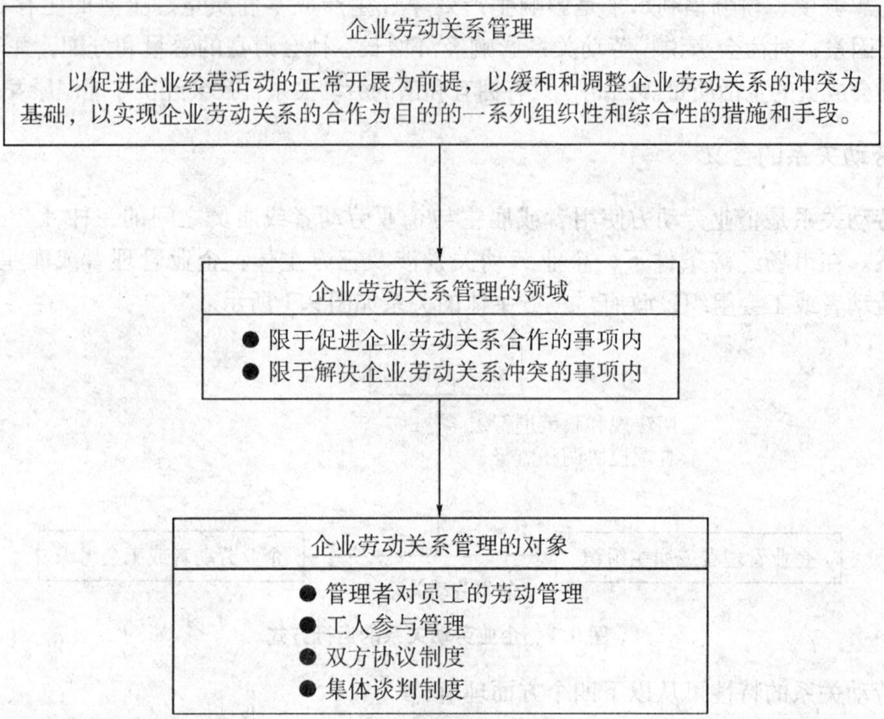

图 9.2　企业劳动关系管理的领域和对象

三、处理劳动关系的基本原则

（一）兼顾各方利益

组织劳动关系的合作是建立在双方获取合法、合理利益的基础之上的，这里的利益不单单指物质收益，还包括工作中的民主参与、知情权、劳动条件的改善和劳动保护等非物质收益。片面强调一方利益都会为劳动争议的产生埋下隐患。

（二）协商为主

当产生劳动争议时，应尽量采取协商办法解决，不应轻易采取极端行动，如罢工、怠工、开除等，以免形成尖锐对立，造成更大的损失。在处理劳动争议时，应尽量遵循协商解决问题的原则，这样既节省费用和时间，又不容易伤害感情。

（三）以法律为准绳

处理企业劳动关系要以国家相关法律法规为依据。无论是在平时的管理中还是劳动争议发生后都要以法律为准绳。坚持依法管理，可以预防劳动争议的产生。

（四）预防为主

组织经营管理人员除了要关心组织生产经营活动外，还应搞好人力资源的开发与管理，协调好各方面的关系，化解组织内部已经发生和将要发生的矛盾。

（五）明确管理责任

在组织经营管理中应明确各层次管理人员改善劳动关系的责任，有条件的组织应在工会之外再设立必要的正式或非正式机构来处理劳动关系。

四、改善劳动关系的途径

（一）立法

劳动关系的不和谐和劳动争议的产生，一个很重要的原因是组织各方往往强调自身利益而相互对立，并因为相关法制不健全而难以有效协调。通过立法，在调查研究的基础上界定各方组织的利益，就能避免许多完全凭单方面意志而引起的矛盾。有了相关法律，劳动争议的处理也有客观依据。

（二）发挥工会作用

工会是由雇员组成的组织，主要通过集体谈判方式代表雇员在工作场所以及整个社会中的利益。在现代的劳资关系中，雇员一般处于弱势地位，这也为劳动争议的产生埋下隐患。因此，注重发挥工会在劳动关系管理中的作用，能在很大程度上约束雇主的不合理行为。一般来说，工会的职能活动主要集中在以下两个方面：

1. 经济职能，如实现工资与就业人数的最优组合，确保就业公平等。

2. 民主职能，如工会代表雇员与雇主进行集体谈判，当管理方违反集体协议确立的就业条件或滥用职权时，为会员提供法律代表，为雇员争取管理民主权等。

（三）培训管理人员

企业管理中产生的例如不合理报酬、不正当的处罚和解职、侵犯隐私或自尊、不公正的评价提升、不安全的工作环境等，都是劳资矛盾产生的原因，而这些都与各级管理人员的思想作风、业务知识和法律意识有关。因此，改善劳动关系的重要前提就是对管理人员进行培训，增强改善劳动关系的意识，掌握处理劳动关系的原则和技巧。

（四）提高员工工作生活质量

工作生活质量对于工作组织来讲是一个过程，它使该组织中各个级别的成员积极地参与营造组织环境，塑造组织模式，产生组织成果。这个过程基于两个孪生的目标：提高组织效率和改善雇员工作生活质量。实现这两个目标的前提是让全体员工全身心地积极参与到工作中，将组织目标与成员的个体目标结合起来，既发展了组织，又提高了个人的工作生活质量。它强调企业应该放弃简单追求生产效率的做法，而改为更加重视每个组织成员的个人价值在工作中的体现，并且通过个人价值的实现反过来促进组织效率的提高。劳动关系管理中的工作生活质量主要包括以下几个方面：

1. 劳动报酬的充分性与公平性；
2. 安全和有利于健康的劳动条件；
3. 工作组织中的人际关系；
4. 对工作本身的满意度；
5. 员工职业生涯发展；
6. 参与决策，民主管理；
7. 保障员工在组织内的权利。

不断努力提高员工工作生活质量，是从根本上改善劳动关系的途径。

第二节 劳动管理

一、劳动合同管理

劳动关系主要是一种契约关系，而建立和维持这种契约关系的基本形式和主要手段就是劳动合同的签订和履行。

（一）劳动合同的概念及种类

1. 劳动合同的概念

劳动合同是劳动者和用人单位之间确立、变更和终止劳动权利和义务的协议。劳动合同是确立劳动关系的法律文书，是劳动者与用人单位之间形成劳动关系的基本形式。劳动合同的双方当事人依法订立和履行劳动合同，是促进劳动关系良好运行、预防并妥善处理劳动争议的前提条件，也是企业进行人力资源管理的重要手段和工具。

2. 劳动合同的种类

劳动合同的期限是企业根据生产、工作特点和需要，合理配置人力资源的手段，也是劳动者进行职业生涯设计，分期实现就业权的方式。按照劳动合同的期限可以把劳动合同分为以下三种：

（1）有固定期限的劳动合同，是指明确约定合同终止时间的合同。它可以是长期的，也可以是短期的。

（2）无固定期限的劳动合同，指没有明确规定合同终止日期的劳动合同。《中华人民共和国劳动法》第二十条第二款规定：“劳动者在同一用人单位连续工作满十年以上，当事人双方同意延续劳动合同的，如果劳动者提出订立无固定期限的劳动合同，应当订立无固定期限的劳动合同。”无固定期限的劳动合同，是为了保护劳动者职业的稳定和安全，防止企业只在劳动者“黄金年龄”阶段进行雇佣。

（3）以完成一定工作为期限的劳动合同，指以完成某项工作或某项工程的日期作为合同终止日期的劳动合同。

（二）劳动合同的订立

1．劳动合同订立的原则

（1）平等自愿，协商一致

所谓平等，指劳动合同双方当事人在签订劳动合同时的法律地位是平等的，不存在任何依附关系，任何一方不得歧视、欺压对方。所谓自愿，指劳动合同双方当事人应完全出于自己的意愿签订劳动合同。平等是自愿的前提、基础，自愿是平等的体现。协商一致，指合同双方当事人对所发生的一切分歧要充分地协商，在双方意思表示一致的基础上，再签订劳动合同。协商一致是平等自愿唯一的表达形式。

（2）依法订立

依法订立，指订立劳动合同不得违反法律、法规的规定，这是劳动合同有效并受法律保护的前提条件，也是把劳动关系纳入法制轨道的根本途径。依法订立包括：主体合法、目的和内容合法、程序合法和形式合法。

2．订立劳动合同的程序

（1）要约

在签订劳动合同前，劳动者或用人方提出签订劳动合同的建议，称为要约。如用人方通过招工简章、广告、电台等渠道提出招聘要求，另一方接受建议并表示完全同意，称为承诺。

（2）协商

双方对签订劳动合同的内容进行认真磋商，协商的内容必须做到明示、清楚、具体、可行，充分表达双方的意愿和要求，在双方协商一致后，协商即告结束。

（3）签约

劳动合同应当以书面形式订立，在认真审阅合同文书，确认没有分歧后，合同当事人双方分别签章或盖章签订劳动合同。

（三）劳动合同的条款

1．法定条款

法定条款是指劳动法律法规规定的，双方当事人签订劳动合同必须具备的条款。主要有：

（1）劳动合同期限；

（2）工作内容；

（3）劳动保护和劳动条件；

（4）劳动报酬；

（5）劳动纪律；

（6）社会保险；

（7）劳动合同终止的条件；

（8）违反劳动合同的责任。

2．约定条款

约定条款是指双方当事人在必备条款之外，根据具体情况，经协商可以约定的条款。主要有：

（1）试用期；

（2）培训；

（3）保守商业秘密；

（4）补充保险和福利待遇；

（5）其他事项。

（四）劳动合同的变更

劳动合同的变更，指在劳动合同履行过程中，经双方协商一致，对合同条款进行的修改或补充。劳动合同的变更，其实质是双方权利、义务发生改变。

1. 劳动合同变更的条件

（1）订立劳动合同时所依据的法律、法规、规章发生变化的，应当依法变更劳动合同的相关内容；

（2）订立劳动合同时所依据的客观情况发生重大变化，致使劳动合同无法履行，当事人一方要求变更其相关内容；

（3）用人单位发生合并或分立等情况，原劳动合同继续有效，劳动合同由继承权利义务的用人单位继续履行。用人单位变更名称的，应当变更劳动合同的用人单位名称。

2. 劳动合同变更的程序

劳动合同当事人一方要求变更劳动合同相关内容的，应当将变更要求以书面形式送交另一方，另一方应当在15日内答复，逾期不答复的，视为不同意变更。同意变更的，在变更协议上签字盖章后生效。

（五）劳动合同的解除

劳动合同解除，是劳动合同在期限届满之前，双方或单方提前终止劳动合同效力的法律行为。劳动合同的解除分为即时解除、预告解除和经济性裁员。即时解除是指双方当事人当解除条件出现时可以随时解除劳动合同；预告解除是指当解除条件出现时，提出解除劳动合同的一方必须提前30日以书面形式告知另一方。

1. 即时解除

（1）用人单位即时解除的条件

①劳动者试用不合格；

②劳动者严重违纪；

③劳动者严重失职，营私舞弊，给用人单位造成重大损害；

④劳动者被依法追究刑事责任的。

（2）劳动者即时解除的条件

①在试用期内；

②用人单位以暴力、威胁或非法限制人身自由的手段强迫劳动的；

③用人单位未按照劳动合同约定支付劳动报酬或提供劳动条件的；

④用人单位未依法为劳动者缴纳社会保险的；

⑤法律、法规规定的其他情形。

2. 预告解除

(1) 用人单位预告解除的条件

①劳动者患病或非因工负伤，医疗期满后，不能从事原工作也不能从事由用人单位安排的工作或不符合国家从事有关行业、工种岗位规定，用人单位无法另行安排工作的；

②劳动者不能胜任工作，经过培训或调整工作岗位，仍不能胜任工作的；

③劳动合同订立时所依据的客观情况发生重大变化，致使原劳动合同无法履行，经双方当事人协商不行就变更劳动合同达成协议的。

(2) 劳动者预告解除的条件

在即时解除劳动合同的条件以外，劳动者要解除劳动合同的，应当提前30日以书面形式通知用人单位。

3. 经济性裁员

用人单位在濒临破产进行法定整顿期间的、因防治工业污染源搬迁的或生产经营发生严重困难的，可以进行经济性裁员，但应当提前30日向工会或全体职工说明情况。

(六) 劳动合同的终止和续订

1. 劳动合同终止的条件

(1) 劳动合同期限届满的；

(2) 劳动合同约定的终止条件出现的；

(3) 劳动者达到法定退休条件的；

(4) 劳动者死亡或被人民法院宣告失踪、死亡的；

(5) 用人单位依法破产、解散的。

2. 劳动合同的续订

劳动合同双方当事人协商一致，可以续订劳动合同。续订劳动合同不得约定试用期。具体内容包括：

(1) 双方协商续订劳动合同；

(2) 劳动者在同一用人单位连续工作满10年以上，当事人双方同意延续劳动合同的，如果劳动者提出订立无固定期限的劳动合同，用人单位应当与劳动者订立无固定期限的劳动合同；

(3) 劳动者患职业病或因工负伤并被确认达到伤残等级，要求续订劳动合同的，用人单位应当续订劳动合同；

(4) 劳动者在规定的医疗期内或女职工在孕期、产期、哺乳期内，劳动合同期限届满时，用人单位应当将劳动合同的期限顺延至医疗期、孕期、产期、哺乳期期满为止。

(七) 无效劳动合同的确认及处理

无效劳动合同，是指劳动者与用人单位订立的违反劳动法律法规的条件，不能发生当事人预期的法律后果的劳动合同。无效劳动合同从订立时起就不具有法律效力，不受法律保护。

1．根据劳动法的规定及实践，无效劳动合同主要有：

（1）违反劳动法律法规的合同。劳动合同的主体、内容、形式和订立程序与法律法规强制或禁止性规定相抵触，或滥用法律法规的授权或任意性规定订立的合同。

（2）采取欺诈、胁迫等手段订立的合同。欺诈，是指一方故意捏造虚假情况或歪曲掩盖事实真相，使另一方陷于错误判断而签订的合同；胁迫，是指一方以给对方造成重大人身或财产损失为要挟，致使对方屈服，违背其真实意思而签订的合同。

（3）因重大误解签订的合同。重大误解是指一方在理解上有重大误差，从而违背了真实意愿表达的合同。

（4）内容显失公平的合同。权利义务严重不对等，从而造成一方利益的重大损失的合同。

（5）有关劳动报酬和劳动条件等标准低于该企业与工会签订的集体合同规定的标准。集体合同的法律效力高于个别劳动合同。

2．对无效劳动合同可按以下方法进行处理：

（1）确认部分无效的，如果不影响其余部分的效力，其余部分仍然有效。

（2）劳动合同双方当事人对合同效力发生争议时，应向劳动争议仲裁委员会申请仲裁或向人民法院提起诉讼，确认劳动合同是全部无效，还是部分无效。全部无效的合同须制作无效合同确认书；部分无效的，其有效部分按仲裁程序审理。

（3）分清造成合同无效的责任。分别采取返还财产、赔偿损失的责任方式处理。《中华人民共和国劳动法》规定：由于用人单位原因致使合同无效，给劳动者造成损失的，按照违反和解除劳动合同经济补偿金的支付标准赔偿损失。劳动者已履行合同的，用人单位应支付相应的劳动报酬，提供相应的待遇。双方恶意串通损害他人或公共利益的，追究双方责任。在法律允许和当事人愿意的情况下，可重新订立有效的劳动合同。

二、惩处与申诉

劳动关系涉及对违纪员工的惩罚管理和申诉处理程序。当管理方对违纪员工或表现不好的职工实施降级、降职甚至解雇时，要遵循有关的处理程序；当员工对企业的管理行为不满或抱怨时，也可以通过相关程序提出。这些程序可以是正式的，也可以是非正式的。

1．惩处的程序

所谓惩处，是指管理方对严重违反劳动纪律或规章制度的员工采取的惩罚措施。有效的惩处措施，不应随便使用，而应符合预先设定的规则，并按照规定的程序进行，应明确惩处的原因、依据、惩处的程度和形式，对事不对人。惩处不当，无论是对员工个人还是管理方，都十分有害，并影响到劳动生产率的提高和劳动关系的改善。对员工进行惩处，应遵循以下程序：

（1）制定绩效考核标准和规章制度。考核标准和规章制度尽量做到细化和量化。

（2）符合民主程序。制定规章制度和工作规则时，应直接或间接征求员工意见和建议，应符合法定的民主程序。

（3）向员工公示。管理方负有将绩效考核标准和规章制度传达给员工的责任和义务。

（4）必要时采取纠正性惩处行动。当员工的工作绩效低于预期或违反了规章制度时，必须采取纠正措施。

（5）调查和取证。惩处应建立在事实清楚、证据确凿的基础之上，以充分、恰当的记录为依据。

在惩处的级别上要对不同的行为做区分，如口头警告、书面警告、解除合同等。凡是违纪处罚，一定要有书面记录，并在员工档案中保存。

2. 惩处的方式

（1）“热火炉”方式

“热火炉”方式强调在实施惩处时应对事不对人，应具有即时性、预警性和一致性。

①即时性，指对员工的错误应迅速做出处罚，处罚不及时，在一定程度上会削弱惩处的效果；

②预警性，指对员工违反规章制度的行为应先提出口头、书面警告，让员工签字承认收到警告通知，是惩处能够得到认可和支持的重要程序；

③一致性，指惩处应具有一致性、公平性，不管是谁，都应一视同仁，不带有个人的好恶、情感和私心。

（2）渐进性惩处方式

渐进性惩处是指管理方对员工的处罚，应采取逐步严厉的方式进行，其目的是确保对所犯错误施以最轻的惩处。对员工的各种违纪行为要制定出不同的处罚标准，按照其严重程度分类，并规范处理程序。

（3）停职

停职是指让违纪员工带薪离开岗位一段时间来反省自己是否愿意遵守企业规章制度，是否愿意继续工作的问题。停职期满，员工与企业签订协议，应保证不再犯这样的错误，否则将离开企业。停职是一种不带有惩罚措施的处罚方式，在使用时，应有明确的书面规定，并负有告知的义务。对重复违反不同的规章制度，应和多次违反同一规章制度的行为同样对待。

3. 申诉

申诉是指认为自己在工作中权力受到侵犯，而提出要求解决的行为。建立申诉制度，为处理劳资纠纷、分歧和不满，提供了有效的办法。它用一种正式的、事先安排好的方式，为澄清纠纷提供了一种机制，有利于发挥工会在处理纠纷过程中的作用，有利于劳资双方在不同层次上的协商，确保员工的问题能得到及时处理。

申诉通常分为两类：个人申诉和集体申诉。个人申诉多是由于管理方对员工进行惩罚引起的纠纷，通常由个人或工会代表提出。集体申诉是为了集体利益而提起的政策性申诉，通常是工会针对管理方违反协议条款的行为提出的质疑。

一般申诉包含以下几个阶段：

(1) 由员工及其工会代表与直接监督管理人员讨论，尝试通过非正式的方式解决事端，如果不成功，再向主管或其他管理人员提出书面申诉；

(2) 由工会领导或工会代表与高一级管理者会面磋商，如仍得不到解决，则进入第三阶段；

(3) 由资深的工会和公司官员进行讨论解决，如果仍得不到解决，则结束申诉，进入仲裁。

第三节 劳动争议处理

一、劳动争议的概念及特点

劳动争议就是劳动纠纷，指劳动关系当事人之间因劳动权利与义务发生的争执。劳动争议具有以下几个特点：

1. 劳动争议的当事人是特定的。劳动争议的主体是彼此存在劳动关系的用人单位和劳动者。

2. 劳动争议的范围是限定的。劳动争议的内容必须与劳动问题有关。

3. 劳动争议必须表现为劳动者与用人单位矛盾的明朗化。

二、劳动争议的范围

劳动争议的范围，不同的国家有所区别。《中华人民共和国企业劳动争议处理条例》规定了我国劳动争议的范围：

1. 因企业开除、除名、辞退职工和职工辞职、自动离职发生的争议；

2. 因执行国家有关工资、保险、福利、培训、劳动保护的规定发生的争议；

3. 因履行劳动合同发生的争议；

4. 法律、法规规定依照本条例处理的其他劳动争议。

三、劳动争议处理的基本原则

(一) 着重调解、及时处理原则

调解是处理劳动争议的基本手段，贯穿于劳动争议处理全过程。调解应在当事人自愿的基础上进行，不得有丝毫的勉强或强制。调解应当依法及时进行，同时要明确调解不是无原则的“和稀泥”。

(二) 依法处理原则

劳动争议在查清事实的基础上依法处理，要正确处理调查取证与举证责任的关系，按照“大法优于小法，后法优于先法”的顺序处理。

(三) 公平原则

劳动争议双方当事人法律地位平等，具有平等的权利和义务，任何一方不得有超

越法律规定的特权。

四、劳动争议的处理程序

根据《中华人民共和国劳动法》规定，劳动争议分为调解、仲裁、诉讼三个程序。劳动争议发生后，当事人可以向本单位劳动争议调解委员会申请调解；调解不成，当事人一方要求仲裁的，可以向劳动争议仲裁委员会申请仲裁。当事人一方也可以直接向劳动争议仲裁委员会申请仲裁。对仲裁不服的，可以向人民法院提起诉讼。

（一）劳动争议调解

劳动争议调解，指劳动争议调解委员会对企业与劳动者之间发生的劳动争议，在查明事实的基础上，依照法律、法规以及依法制定的企业规章和劳动合同，通过民主协商的方式，推动双方互谅互让，达成协议，消除纷争的一种活动。

1．劳动争议调解的机构

根据《中华人民共和国劳动法》第八十条以及《中华人民共和国企业劳动争议处理条例》第七条的规定，企业可以设立劳动争议调解委员会，负责调解本企业发生的劳动争议。劳动争议调解委员会由下列人员组成：（1）职工代表；（2）企业代表；（3）企业工会代表。职工代表由职工代表大会或职工大会推举产生；企业代表由企业领导指定；工会代表由企业工会委员会指定。劳动争议调解委员会组成人员的具体人数，由职工代表大会提出并与企业领导协商确定，企业代表人数不得超过劳动争议调解委员会成员总数的1/3。劳动争议调解委员会主任由工会代表担任，劳动争议调解委员会的办事机构设在企业工会委员会，没有成立工会组织的企业，劳动争议调解委员会的设立及组成由职工代表与企业代表协商决定。

2．劳动争议调解的程序和期限

劳动争议调解委员会调解劳动争议，无严格程序要求，一般包括调解准备、调解开始、实施调解、调解终止几个阶段。当事人申请调解，应当从知道或应当知道其权利被侵害之日起30日内，以口头或书面形式向劳动争议调解委员会提出申请，并填写《劳动争议调解申请书》。劳动争议调解委员会接到申请后，应征询对方当事人的意见，对方当事人不愿调解的，应做好记录，在3日内以书面形式通知申请人。劳动争议调解委员会应在4日内做出受理或不受理申请的决定，对不受理的，应向申请人说明理由。调解达成协议的，制作调解协议书；调解不成的，应做好记录。劳动争议调解委员会调解劳动争议，应当自当事人申请调解之日起30日内结束；到期未结束的，视为调解不成。劳动争议调解委员会调解劳动争议未达成协议的，当事人可以自劳动争议发生之日起60日内，向劳动争议仲裁委员会申请仲裁。

（二）劳动争议仲裁

劳动争议仲裁是由一个公正的第三者即劳动争议仲裁委员会对当事人之间的劳动争议做出裁决。劳动争议仲裁具有较强的专业性，其程序与司法程序相比，较为简便、及时。在我国，仲裁是处理劳动争议的中间环节，也是劳动争议诉讼的前置程序。

1. 劳动争议仲裁的机构

根据我国《中华人民共和国劳动法》的规定：县、市、市辖区应当设立劳动争议仲裁委员会。劳动争议仲裁委员会是国家授权依法独立处理劳动争议的专门机构，负责处理管辖范围内的劳动争议案件。劳动争议仲裁委员会由以下人员组成：（1）劳动行政主管部门的代表；（2）同级工会代表；（3）用人单位代表。劳动争议仲裁委员会的组成人数必须是单数，裁决实行少数服从多数的原则。

2. 劳动争议仲裁的程序和期限

发生劳动争议的当事人应当从知道或应当知道其权利被侵害之日起60日内，以书面形式向劳动争议仲裁委员会申请仲裁，劳动争议仲裁委员会在接到申诉书之日起7日内做出受理或不受理的决定。劳动争议仲裁委员会决定受理的，应当在做出决定之日起7日内将申诉书副本送达被申诉人，并组成仲裁庭；决定不予受理的，应当说明理由。被申诉人应当自收到申诉书副本之日起15日内提交答辩书和有关证据。

仲裁庭处理劳动争议应先行调解，调解达成协议的，仲裁庭应根据协议内容制作调解书，调解书自送达之日起具有法律效力；调解未达成协议或调解书在送达前当事人反悔的，仲裁庭应及时裁决，做出裁决后，应当制作裁决书，自收到裁决书起15日内，当事人可以向人们法院起诉。仲裁庭应在组成仲裁庭起60日内结案。

（三）劳动争议诉讼

劳动争议当事人不服劳动争议仲裁委员会的裁决，可以在收到裁决书起15日内向人们法院起诉，人民法院依照民事诉讼程序，依法对劳动争议案件进行审理活动。劳动争议诉讼，是处理劳动争议的最终程序。

第四节　我国劳动关系的变迁与发展

一、我国劳动关系的变迁

（一）计划经济体制下的劳动关系

计划经济体制的权力结构是一种行政权力结构，劳动者没有完全意义上的产权，与组织之间是一种典型的行政隶属关系。此时的劳动关系具有如下特点：

1. 劳动关系的主体是国家。在计划经济体制下，国家是唯一的产权主体和唯一的社会利益代表者，组织只不过是行政体系中的一个中介机构，并不具有自由的用人权与资源的支配权，个体劳动者在职业流动和就业选择上也没有自由支配的权利，组织劳动关系的主体被异化为国家主体。

2. 通过行政手段确立劳动关系。组织作为政府的一个生产单位不具有独立的法人资格，人力资源的配置通过行政手段来实现，组织与劳动者之间的劳动关系也是通过行政手段来确立。

3. 劳动关系的运作机制是国家调控。在计划经济体制下，组织一旦出现劳动争议，其调解机构以政府机关所设的专门部门为主，利用行政手段加以调控。

（二）市场经济体制下的劳动关系

市场经济承认每个参与经济活动的当事人都是一个独立的产权主体，因此市场经济体制下的劳动关系，本质上是一种不同产权主体间的交易关系。市场经济的劳动关系具有如下特点：

1. 经营者与劳动者之间地位差别在逐步拉大。随着现代企业制度的建立，组织在劳动用工、人事调整和工资分配等方面的权力越来越大；与此同时，受转型期就业岗位减少和失业人口增多的压力，劳动者在组织内的地位却有所下降。

2. 劳动关系的主体变为组织管理者和劳动者双方主体。组织管理者作为劳动关系一方主体的身份或资格已逐步得到确立；对劳动者一方来说，劳动者在职业流动和就业选择上也获得了一定的自由支配的权力，组织的劳动者作为劳动关系另一方主体的身份也得到确立。

3. 劳动关系的确立由行政手段变为契约手段。市场经济下劳动关系的建立，需要在双方自愿的前提下通过签订组织劳动合同来实现，契约手段逐步成为确立劳动关系的基本手段。

4. 劳动关系的运作机制由国家调控向市场调控转变。

5. 劳动关系的发展步入法制化轨道。

尽管上述变化日益明显，但就目前我国劳动关系的基本状况而言，离高规范化、市场化、契约化和法制化的要求还有一段距离。在实践中，我国劳动关系问题正在成为经济发展中不可回避的重大课题和敏感社会问题。

二、加入世界贸易组织后中国劳动关系的五大基本走势

中国加入世界贸易组织，标志着中国直接与国际市场经济接轨，融入国际经济大循环的体系中，并遵守其规则和惯例，这对中国劳动关系产生了重大、深远的影响。

（一）劳动关系逐步趋于国际化

主要表现为劳动关系主体的国际性以及适用规则的国际化。加入世界贸易组织，是中国迈向经济市场化和全球化的重要步骤。目前在全球500家大公司中，已有一半以上在中国设立了企业或机构。跨国公司和国际财团比例的上升，直接促进了中国劳动关系的国际化，使其人力资源政策、劳动关系政策对国内企业的示范效应愈加明显。加入世界贸易组织对劳动关系的影响，主要表现为外资企业特别是跨国公司的人力资源政策和劳动关系对国内企业的影响。这种涉外劳动关系的发展以及经济全球化的进程，要求中国劳动关系的运作符合国际通行的“游戏规则”和公认的国际劳工标准及惯例，如工资作为劳动力的市场价格，要由劳动关系双方谈判确定等，从而使劳动关系趋于国际化。

（二）劳动关系更加市场化

首先，国有企业劳动关系面临市场化的重大转折。我国国有企业劳动关系市场化

的进程分为“双轨—并轨—单轨”三个阶段：至2000年年底，实行下岗与失业双轨并行；自2001年起，到2003年年底，实行并轨运行，取消下岗人员进入再就业中心，采用符合市场规律的失业方式承接新增的经济性裁员，直至全部人员出“中心”；从2004年开始，实行单轨运行，所有下岗人员全部纳入失业保险，把“企业人”变为“社会人”，通过统一规范的市场机制配置劳动力资源，确立劳动力市场供求主体的独立地位，使国有企业劳动关系由过去以政治利益为基础、行政控制为手段的利益一体化的劳动关系，转变为以经济利益为基础、市场调解为手段的利益协调型劳动关系。其次，市场化将加剧劳动关系的剧烈变动和冲突。加入世界贸易组织，意味着全面推进市场化，按照市场规则进行国际贸易。进出口贸易结构的调整必然带来国内产业结构的相应调整，生产资料和劳动者资源的重新配置势在必行，企业破产、兼并、合并、联合、转让将经常发生，从而带来劳动关系的剧烈变动和冲突。最后，劳动力市场个体化、弹性化的趋势，使劳动关系突破了传统的单一、稳定、静止的状态，表现出灵活、弹性、多样的特点，兼职、非全日制、阶段性就业关系呈增长趋势。

（三）劳动关系单极化

劳动力市场供求状况是劳动关系双方力量抗衡的重要经济基础。劳动力供过于求是我国的基本国情。加入世界贸易组织后，农村劳动力流向城镇，社会劳动力从第一产业流向第二、第三产业，原本是分割状态的城乡劳动力市场在趋同过程中将加剧城镇就业压力。在产业结构转换过程中，会进一步强化劳动力供给方的弱势地位，劳动力供求双方实力不均衡的现象日趋严重，供大于求的现状决定了劳动者在劳动关系中的弱势地位。劳动关系呈现单极化的态势：投资经营者享有完全决策和高度自主权，处于强势地位，员工则处于从属、被支配的弱势地位，对企业的知情权和参与权极为有限；在收入分配方面，充分体现按资分配，普遍存在着投资者对利润的独占和职工相对收入水平偏低的矛盾；劳动合同短期化现象越来越明显。

（四）劳动关系冲突易激化

劳动关系力量对比的失衡，使企业内部难以形成适应市场化需求的劳动关系协调机制和方式，从而使劳动关系日益朝着不利于劳动力供给方的方向发展，导致冲突容易激化。主要表现为：

1. 非国有企业组建工会难，经营者阻挠、抵制工会现象严重。
2. 现有的工会活动模式难以适应员工利益多元化的需要。
3. 企业工会在相当程度上仍然依附于管理方，难以发挥制衡作用。

（五）劳资对立社会化

劳动关系在多样化、复杂化的基础上继续发生深刻变化，现有的一裁两审体制难以及时有效地解决劳动争议，劳动关系冲突、对立呈社会化的趋势。一方面，劳动争议的数量自20世纪80年代以来大幅度上升，劳动纠纷日益复杂，涉及职工人数剧增，处理难度不断加大。另一方面，现行的仲裁体制与国际惯例不接轨的问题进一步凸显。随着劳动争议日益复杂，调解余地越来越小。同时，仲裁人员少、案件多的现状很难保证办案的质量和仲裁的公正性。

加入世界贸易组织后中国劳动关系呈现的这些变化，无论是政府，还是企业、工会和劳动者；也无论从宏观上，还是微观上，都需要对劳动关系的理念、理论和制度，及实务加以研究，以适应我国劳动关系的发展，为我国劳动关系的调整制度、立法和社会政策提供参考和理论上的准备，为我国在市场经济条件下的劳动关系调整的目标、策略，提出建设性的、务实的操作方案，以及对劳动关系问题最尖锐时期的情况加以提早预防的应对措施，建立和完善适应市场经济体制的劳动关系协调体系。

【本章小结】

劳动关系是市场经济中极为重要的一个领域，劳动关系的和谐发展对劳资双方、社会的作用都不可忽视。面对现代越来越多和越来越复杂的劳动纠纷，如何调解和处理，是每个从事管理的人员都要具备的技能。本章从劳动关系、劳动管理、劳动争议处理及劳动关系的历史沿革几个方面论述了劳动关系的基本概念与主要内容。劳动关系是企业劳动力使用者或雇主与企业劳动者或雇员之间的一种社会经济利益关系。现代调解劳动关系的方式有立法、发挥工会作用、培训管理人员和提高员工工作生活质量。劳动争议的处理我国遵循调解—仲裁—诉讼的程序。随着我国加入世界贸易组织，劳动关系也呈现出国际化、市场化、单极化、冲突易激化和劳资对立社会化的趋势。

【本章思考题】

1．劳动关系的含义及其构成主体？
2．改善劳动关系的基本途径？
3．劳动合同的条款有哪些？
4．劳动争议的处理程序？
5．比较我国计划经济体制下和市场经济体制下劳动关系的异同？

【应用性练习题】

邓某和王某是某企业的职工，邓某于1997年1月与企业签订了为期五年的劳动合同，王某于1998年10月与企业签订了为期三年的劳动合同，合同约定试用期6个月。邓某因身体不适，向企业提出了调换工作岗位的申请。王某于1999年2月因喝酒打伤了同班组的一名工人。1999年3月，企业在事先未通知的情况下，以邓某不能胜任工作、王某不符合录用条件为由解除了与邓某和王某的劳动合同。邓某、王某对企业的决定不服。邓某认为合同期未满，企业不能提前解除劳动合同，王某认为企业解除劳动合同的处罚太重，且没有提前30日通知，两人均向当地劳动争议仲裁委员会提起仲裁。

练习与思考：

企业对邓某和王某的处理决定和程序是否合法？为什么？

第十章　跨文化人力资源管理

【本章学习目标】

- 理解文化的含义及特点
- 理解跨文化的含义及内容
- 了解跨文化人力资源管理策略

【引导案例】

中韩文化差异——三星公司

在1992年，三星公司就开始进军中国。那时主要以战略合作为主，依靠中国丰富低价的劳动力资源，建立生产制造基地，三星在消费者眼中也沦为低质廉价的产品。20世纪90年代末，中国的经济以及综合国力取得了飞速发展，中国已成为各跨国企业竞相争取的投资基地。对此三星也给予了高度重视，2000年开始做战略调整，舍弃低端市场，提高产品的科技含量，努力推行高端产品，树立三星的时尚数码品牌形象，提升品牌价值，并将研发、生产、营销的全过程都在中国进行，即实现所谓的"当地完结型"模式。三星领导人认识到："未来将是亚洲的时代，作为亚洲的核心——中国已经成为国际型企业决胜全球的战略要地。"基于此，三星选择北京作为"2002三星数码灵感全球巡演"的首站。

2004年，三星在中国的销售额突破了100亿美元，占全球销售额的18%，并争取在2010年达到250亿美元。众所周知，中国已具备了研发高科技的实力，汇集了全球的尖端技术，拥有一大批高端人才。为了更好地利用和发挥中国的人才优势，三星在中国设立了研发基地——三星电子中国通信研究所及博士后工作站。三星还与清华大学和北京邮电大学签署共同培养博士后的协议，并在中国多所大学设立三星奖学金，培养并吸纳富于智慧、勇于挑战、开拓进取的创新型人才，为三星人才体系提供了强有力的保障。为了让中国员工和韩国员工一样为三星效忠，三星进行了卓有成效的跨文化培训。除了比较学习中韩文化的差异和三星的企业文化外，公司经常选派中国员工到韩国三星总部学习、进修，总部也经常选派高层领导来视察指导，给中国员工上一堂跨文化培训课。三星的人才本土化战略为三星注入了更多的新鲜元素，更好地了解中国人的消费习惯及中国市场的需求，进而更方便地开拓中国市场。

21世纪，世界经济将进入全球一体化的新时代：资本、技术、信息、人才跨越国界的相互流动将达到空前的规模，国际间竞争与合作的范围将更加广泛。在此过程中，人们必将面临由于文化不同而带来的不同的价值观念、态度与行为，而且由于价值取向、行为方式不同而引致的文化摩擦是跨国经营与管理失败的根本原因之一。因此对跨文化管理的研究越来越引起管理学界的重视。

第一节 文化和跨文化管理

文化是历史的沉淀，虽然在历史的进程中不同文明也相互影响和渗透，但是不同国家和民族的文化却依然保持了各自独特的一面。

随着世界经济结构的变化和世界经济一体化进程的加快，文化差异对管理的影响也越发突显。

一、文化的内涵及特征

1. 文化的内涵

按照马克思主义的观点，文化是人类在社会中为了生存和发展，通过体力和智力的劳动以适应和改变自然界而创造的物质财富和精神财富的总和，包括生产工具、生产方式、科学技术、政治制度、社会组织、哲学、文学艺术、宗教信仰、风俗习惯等。

比较管理学和跨文化管理学需要从商业的角度，而不是从纯文化人类学的角度来认识文化，目的在于应用其研究成果去制定有效的组织战略和结构，在不同的文化环境中有效地使用人力资源。各种企业和组织必须懂得文化“为什么”和“怎样”形成了它现有的形式，因为它们要在不同的文化环境中发挥功能。因此，比较管理学及跨文化管理学更侧重于对“解释文化”和“理性文化”的研究，以使这些组织更加清楚地了解它们所处的文化环境。

管理学家对文化比较一致的看法是：文化就是人们的生活方式和认识世界的方式。人们总是遵循他们已经习惯了的行为方式，这些方式决定了他们生活中特定规则的内涵和核心，社会的不同就在于其文化模式的不同。从一般意义上说，文化可以定义和表示为人们的态度和行为，它是由一代代传下来的对于存在、价值和行动的共识。

文化是组织或群体所有的价值观念体系和行为选择模式。社会、个人与文化形成三位一体的社会组织，相互影响、相互依赖，可用等边三角形表示。三者各据一个顶点，自顶点到各对边各作一条垂直线，分别产生角色、人格与规范。社会比作舞台，文化比作剧本，个人便是角色，其一言一语，一举一动，都要依照文化的规定。文化在某一组织、群体中可以从食物到服装，从工作方式到信息技术，从礼仪形式到大众传播手段，从工作节奏到常规习俗等一切人们创造的不同形态特征所构成的复合体。价值观是文化的内涵，而人们的行为特征是文化外显的具体特征。

文化是由特定的群体成员共同形成的，它形成了社会与人们共同生活的基础。社会生活在很大程度上依赖于人们的共识，这种共识就构成了特定的文化。文化的主要任务，是将社会价值体系灌输给个人，并训练个人去占有特定的位置，表演适合该位置的角色。因此，文化的目的主要是维持社会的存在，而不是满足社会的需要。

2. 文化的特征

为了更好地把握对文化的理解，可以从以下四个方面分析文化的特征：

(1) 文化不是一种个体的特征，而是人类群体的特征。这个群体是接受相同教育、相同生活经验所制约的大群体，例如，部落、少数民族、宗教组织、协会、工作组织、家庭等。

(2) 文化是一种观念形态，是精神活动的产物。文化存在于人们的精神中，同样也体现在人们的物质生活中。人们的衣、食、住（建筑物的形式）、行等，都代表了一定的文化，即一定历史时期、一定地区的精神生产的结果。

(3) 文化具有相对的独立性与稳定性。文化形态是从社会经济结构中发展起来的，并受这个结构所制约，但是文化形态一经产生，便具有相对的独立性和稳定性。这说明，一种文化形成后，其变化是缓慢的。文化的稳定性表现为有地域性、地区性、民族性与非他性。中华民族的文化有极强的稳定性与相对独立性，历史上任何外来文化传入中国后，都被中国文化所融合即是例证。

(4) 文化是发展的。尽管文化的变动是缓慢的，但终究是要发展、变化的。政治、经济对文化的发展、变化起着决定性的影响。但是，这种影响是通过文化自身的矛盾运动来实现的。具体说来，文化是通过自身的扬弃、克服、批判、继承、融合而发展、变化的。

3. 文化与管理的关系

文化与管理有着密切的关系，管理是一种文化，它随着文化的发展而发展，并受文化构成要素的制约。另一方面，管理水平的进步也是对人类文化的发展和提高。

(1) 管理的文化属性。美国著名管理学家德鲁克认为管理不只是一门学科，还是一种文化，有它自己的价值观、信仰、工具和语言。管理是一 种社会职能，隐藏在价值、习俗、信念的传统里，以及政府的政治制度中，管理是受文化所制约的。

一个特定民族、社会、文化圈的特定文化对管理过程的渗透和反映，就形成了所谓的“管理文化”。“管理文化”主要是指管理的指导思想、管理哲学和管理风貌，它包括价值标准、经营哲学、管理制度、行为准则、道德规范、风俗习惯等。许多国内外成功的企业正是因为在企业内部形成了优秀的管理文化，才使企业保持了长期的发展。

管理也是伴随着文化的发展而发展的，它本身也是文化发展表现出来的一种物质，同时，作为人类文化的一个组成部分，管理水平的提高，促进了生产力的发展，也使文化的内容更加丰富。

(2) 文化的管理功能。文化的管理功能主要有以下几方面：

①文化给人以认同感，特别是在人的行为和价值观方面，文化的作用更大。通过文化，可改进雇员对组织的忠诚及组织的效率。

②文化可以使人更好地相互了解。当管理者们理解了文化的一 般和特殊性质后，他们可以更好地推动跨文化的沟通、协调相互关系，提高生产效率。

③文化的认知和技巧对发展组织文化是十分有用的。如跨国公司的文化可以影响东道国工作人员和顾客的表现；而且如子公司、母公司、部门等都有自己的亚文化，

这些亚文化既可以促进，也可以阻碍组织目标的实现以及相互的交流。

④精通文化可以使人应付经验转换期的挫折，提高个人对转换管理方式的适应能力。

4. 文化对管理的影响

理查德·M. 霍吉茨与弗雷德·鲁散斯根据国际管理学领域中的大量研究成果，总结了文化对管理的影响的一些主要方面，见表10.1所示。

表10.1 文化对管理的影响

类别	文化内容	对管理的影响
人与自然	命运的主人	使用正确的奖励，能够使员工对计划高度支持
	宿命论	对计划承诺弱，需要强有力的正式控制，需要大量使用外派人员
变革	尝试变革	规划与实施变革或许是可行的
	维护地位	规划与实施变革或许是不可行的，需要强烈的激励刺激与控制机制
权利	企业重要	管理者或许能够高度授权给下属
	关系重要	管理者或许对下属进行低度授权，需要有力的控制机制及大量使用外派人员
工作关系	以业绩为基础	雇员在工作中有较高的积极性
	以关系为基础	需外雇员或许缺乏工作积极性，家庭成员或许具有工作积极性，需要强烈的工作刺激与控制，需要大量的外派人员

资料来源：JOHN J LAWLER. Human Resource Management in International Settings [J]. Gender and Agribusiness Seminar, 1999 (2).

二、跨文化管理的内涵

跨文化管理是20世纪70年代后期在美国逐步形成和发展起来的一门新兴的边缘学科。跨文化管理的视角，是从文化、价值观的角度来关注人力资源管理的各项活动。它主要着眼于文化观念的异同及由此引起的行为价值特征。

(一) 跨文化

当一种文化跨越了不同的价值观、宗教、信仰、精神、原则、沟通模式、规章典范等，我们就称之为跨文化。

跨文化既是一个挑选、吸纳（排斥）、融合的过程，也是一个整合的过程。文化整合是不同的文化相互吸收、融化、调和而趋于一体化的过程。这种整合事实上是一种不同文化的重新组合，原来渊源不同、性质不同以及目标取向、价值取向不同的文化，经过相互接近、彼此协调，在内容与形式、性质与功能以及价值取向、目标取向等方面不断被修正，发生变化，特别是为共同适应社会的需要，渐渐地融合，可以组成新的文化体系。

跨文化包含三层意思：第一是本国、本民族、本地区文化，来自于根深蒂固的民族特质，带着本国、本民族、本地区的特有的文化理解和文化敏感性，当一个跨文化工作者深藏着这种期待、价值观、需求、标准和经验，进入另一类独特的空间，即出现了跨文化现象；第二是本组织文化，由组织共同远景，共同誓言、历史、经历、理念构成，这是组织自身文化的积淀，是组织独特性所在；第三是员工的文化素质，每个人的成长背景不同，个体的文化差异是明显的，在跨文化组织中将影响个体能力的发挥和人际氛围的形成。组织的发展也有可能面临跨越国界到异地发展中的文化问题，本国发展中别国资本投入而产生的文化渗入，由此而产生跨文化问题。

（二）跨文化管理

跨文化管理又称交叉文化管理，是在跨国经营中，对不同种族、不同文化类型、不同文化发展阶段的子公司所在国的文化采取包容的管理方法，在跨文化条件下克服任何异质文化的冲突，并据以创造出企业独特的文化，从而形成卓有成效的管理过程。其目的在于在不同形态的文化氛围中设计出切实可行的组织结构和管理机制，在管理过程中寻找超越文化冲突的企业目标，以维系具有不同文化背景的员工共同的行为准则，从而最大限度地控制和利用企业的潜力与价值。全球化经营企业只有进行了成功的跨文化管理，才能使企业的经营得以顺利运转，竞争力得以增强，市场占有率得以扩大。

在跨文化管理中，将更多地面临着文化差异的挑战。其原因有以下三点：

（1）文化差异会伴随着跨国企业的发展，全方位、全系统地影响跨国企业的运作。

（2）文化内核的不易变迁性，决定了文化差异不会消灭，而且可在一段时间内保持稳定。文化的内核部分，诸如价值取向、行为准则等较为稳固，不易变迁。这种稳定性使得母国文化与东道国文化之间的差异，不可能在短期内彻底改变。

（3）人力资源成为跨国公司竞争的核心。文化是人类社会助产物，文化差异也会通过人的行为来影响组织效能。在跨国企业的经营中，对来自不同国家、民族、地区或组织的员工与生俱来的文化差异的合理控制和科学管理，将决定人力资源的产出效益。

三、跨文化冲突的表现

企业从事跨国或跨地区的经营活动时，为实现其本土化的目标，往往要招聘来自东道国或当地的人员进入企业。这就必然导致企业内部的文化冲突，包括企业成员之间的文化冲突和企业成员的文化与企业原有文化之间的冲突。同时，也会受到来自东道国或所在地文化环境的影响，这种文化环境会在某些方面与企业原有的文化产生冲突。

（一）民族性格、思维模式不同导致文化冲突

传统文化是民族文化的深层积淀，它融于民族性格之中，使各民族表现出不同的个性。民族责任、个性与人性的差异，往往造成跨文化沟通的困难。

（二）行为模式不同导致文化冲突

行为模式是民族文化的外显形式，不同的民族产生不同的行为模式。在共同的环境中，不同的行为模式会导致冲突。

（三）对文化意义符号的不同理解导致文化冲突

不同的文化采用不同的符号表达不同的意义；或者符号相同，表达的意义却迥然不同。

（四）语境差别导致文化冲突

语境是意义符号所包含的信息的一部分，它使意义符号完整地表达不同的意义。在相同意义符号中，人们的文化背景不同，会对意义符号赋予不同的语境而加以理解。

（五）政治体系不同导致文化冲突

不同国家的体系有其特殊性质，信奉特殊的价值观。企业产品有时会无意中冒犯某种政治价值观而受到抨击和抵制。

（六）宗教信仰不同导致文化冲突

不同的宗教信仰影响着人们的认知方式、行为准则和价值观念。在跨国生产性投资和市场营销活动时，应注意避免与其宗教信条相冲突。否则，一旦遭到当地宗教势力的反对，将陷入极为窘迫的境地。

四、跨文化管理的策略

（一）本土化策略

本土化策略，即根据“思维全球化和行动当地化”的原则来进行跨文化的管理。全球化经营企业在国外需要雇用相当一部分当地员工，因为当地员工熟悉当地的风俗习惯、市场动态以及其政府的各项法规，并且与当地的消费者容易达成共识。雇用当地员工不仅可节省部分开支，更有利于其在当地拓展市场、站稳脚跟。

（二）文化相容策略

根据不同文化相容的程度可分为以下两种策略：

1. 文化的平行相容策略。这是文化相容的最高形式，习惯上称之为“文化互补”，即在国外的子公司不以母国的文化作为主体文化。这样母国文化和东道国文化之间虽然存在着巨大的文化差异，但却并不互相排斥，反而互为补充，同时运行于公司的操作中，可以充分发挥跨文化的优势。

2. 隐去两者主体文化的和平相容策略，即管理者在经营活动中刻意模糊文化差异，隐去两者文化中最容易导致冲突的主体文化，保存两者文化中比较平淡和双方都认同的部分。这使得不同文化背景的人均可在同一企业中和睦共处，即使发生意见分歧，也容易通过双方的努力得到妥协和协调。

（三）文化创新策略

文化创新策略即将母公司的企业文化与国外分公司当地的文化进行有效地整合，通过各种渠道促进不同的文化相互了解、适应、融合，从而在母公司文化和当地文化的基础之上构建一种新型的企业文化，以这种新型文化作为国外分公司的管理基础。

这种新型文化既保留着母公司企业文化的特点，又与当地的文化环境相适应；既不同于母公司的企业文化，又不同于当地的文化，而是两种文化的有机结合。这样不仅使全球化经营企业能适应不同国家的文化环境，而且还能大大增强竞争优势。

（四）文化规避策略

当母国的文化与东道国的文化之间存在着巨大的不同，母国的文化虽然在整个公司的运作中占主体地位，可无法忽视或冷落东道国文化的存在的时候，由母公司派到子公司的管理人员，就应特别注意在双方文化的重大不同之处进行规避，不要在这些“敏感地带”造成彼此文化的冲突。特别在宗教势力强大的国家更要特别注意尊重当地的信仰。

（五）文化渗透策略

文化渗透是个需要长时间观察和培育的过程。跨国公司派往东道国工作的管理人员，基于其母国文化和东道国文化的巨大不同，并不试图在短时间内迫使当地员工服从母国的人力资源管理模式，而是凭借母国强大的经济实力所形成的文化优势，对于公司的当地员工进行逐步的文化渗透，使母国文化在不知不觉中深入人心，使东道国员工逐渐适应这种母国文化并慢慢地成为该文化的执行者和维护者。

（六）借助第三方文化策略

跨国公司在其他的国家和地区进行全球化经营时，由于母国文化和东道国文化之间存在着巨大的不同，而跨国公司又无法在短时间内完全适应由这种巨大的“文化差异”而形成的完全不同于母国的东道国的经营环境。这时跨国公司所采用的管理策略通常是借助比较中性的，与母国的文化已达成一定程度共识的第三方文化对设在东道国的子公司进行控制管理。用这种策略可以避免母国文化与东道国文化发生直接的冲突。如欧洲的跨国公司想要在加拿大等美洲地区设立子公司，就可以先把子公司的海外总部设在思想和管理比较国际化的美国，然后通过在美国的总部对在美洲的所有子公司实行统一的管理。而美国的跨国公司想在南美洲设立子公司，就可以先把子公司的海外总部设在与国际思想和经济模式较为接近的巴西，然后通过巴西的子公司总部对南美洲其他的子公司实行统一的管理。这种借助第三国文化对母国管理人员所不了解的东道国子公司进行管理，可以避免资金和时间的无谓浪费，使子公司在东道国的经营活动可以迅速有效地取得成果。

（七）占领式策略

占领式策略是一种比较偏激的跨文化管理策略，是全球营销企业在进行国外直接投资时，直接将母公司的企业文化强行注入国外的分公司，对国外分公司的当地文化进行消灭，国外分公司只保留母公司的企业文化。这种方式一般适用于强弱文化对比悬殊，并且当地消费者能对母公司的文化完全接受的情况下采用，但从实际情况来看，这种模式采用得非常少。

总之，全球化经营企业在进行跨文化管理时，应在充分了解本企业文化和国外文化的基础上，选择自己的跨文化管理模式，使不同的文化得以最佳结合，从而形成自己的核心竞争力。

第二节　跨文化人力资源管理

一、跨文化人力资源管理的含义

跨文化人力资源管理是指以提高劳动生产率、工作生活质量和取得经济效益为目的而对来自不同文化背景下的人力资源进行获取、保持、评价、发展和调整等一系列管理的过程。

在跨文化人力资源管理中，由于企业或公司是由两国或多国企业组成的跨地域、跨民族、跨政体、跨国体的跨文化经营管理的经济实体，所以，文化因素对人力资源管理的影响是全方位、全系统、全过程。如何运用科学的方法选择和使用各类管理人才，并最有效地调动他们的积极性、主动性和创造性，最大限度地挖掘每个人的潜力，以确保其整体目标的实现是跨国公司国际人力资源管理的根本任务。

二、跨文化人力资源管理的方式

（一）文化“移植”

“移植”，是指简单地将一个地方的“树苗”移植到另一个地方的“土壤”上去，这是一种单纯的“更换土壤”的思维方式。然而文化是有生命的东西，它的生存一定需要适宜的“土壤”才行。如果单纯地把“土壤”更换，再有生命的东西也会因“水土不服”而枯萎。

（二）文化“嫁接”

所谓文化“嫁接”，是指科学地将一个地方的“树苗”有生命力的那部分嫁接到另一个地方的“土壤”中去，用“合成”的文化物质去滋养促进其生长发育的一种全新的管理模式，这是一种复杂的“更换品种”的思维方式。

三、跨文化人力资源管理的内容

跨文化人力资源管理，就是如何对来自不同文化背景的人力资源进行整合和融合，所关注的问题是带有文化特点的个体行为与另一种文化之间是否发生冲突，冲突的范围和影响多大，冲突的文化原因是什么以及减少和克服冲突的对策，等等。

跨文化人力资源管理的内容包括以下几个方面：从管理的技能来看，可分为跨文化沟通、跨文化激励、跨文化领导和跨文化决策；从企业经营方面来看，可分为企业内部的跨文化管理、企业外部的跨文化管理。企业内部的跨文化管理包括人力资源开发中的跨文化管理、研发中的跨文化管理、生产中的跨文化管理、全面质量管理中的跨文化管理、企业文化建设中的跨文化管理；企业外部的跨文化管理包括市场经销中的跨文化管理、公共关系中的跨文化管理、广告中的跨文化管理等。

四、跨文化人力资源管理的特征

1. 相通性。企业组织与个人行为的差异主要来自于政治、经济、社会、文化背景的不同，但人们可以通过沟通来了解、适应以至于接受另一种文化。在跨国企业的管理适应另一种文化的过程中，跨国企业内部母国文化与东道国文化，东道国与母国之间以及来自不同国家、民族的企业员工之间的文化传递差异，造成了跨文化冲突。但管理者通过培训对异国文化进行深入了解，在不同的文化中寻找管理方式的异同点，掌握一些跨文化管理的基本原则和处理跨文化问题的技巧，可以处理好不同文化之间的关系，将文化冲突降低到最低限度。

2. 适应性。在跨文化人力资源管理中，对个人而言，在相同的管理原则和技术能力的情况下，管理是否有效，在于一个人适应文化环境的能力。一定的文化产生一定的人的行为。在跨文化人力资源管理过程中，常常会出现这样一种情况，即原本在母国文化环境中积累的卓有成效的管理知识和原则，到另一种文化环境中却失灵、不奏效。要改变这种情况，跨文化人力资源管理者，首先必须理解各种文化差异，再逐渐适应各种文化，然后才能够超越跨文化差异并创造一种新的“文化重新组合”的企业文化。

3. 实践性。针对企业或组织中的现实问题，去寻找跨文化人力资源管理的一般规律。管理者通过对跨文化的理解与参与，将这一规律再运用于实践并不断锤炼，最终实现跨文化的融合。

五、跨文化人力资源管理的原则

1. 确认原则。没有基本原则就不能确定文化中哪些应该改进，哪些应该扬弃，哪些应该废除，哪些属于落后。不同文化背景下的人们在一起工作中，要能完成人力资源开发的任务，双方就必须先确定一些基本原则，在“求同存异”的基础上相互包容。

2. 相互理解。在文化融合过程中没有所谓对错、先进与落后的概念，只有符合原则和不符合原则的问题。弱势文化背景下的员工个性、情感、意志、态度、兴趣等会产生挫折感，并由此产生一些非理性行为，对于这些要事先予以充分重视。

3. 相互尊重。“入乡随俗”是文化融合中一个重要原则。本土文化不论是处于强势还是弱势，在本地域内依然具有很强的影响力。外来文化尽管可能是强势文化，也不能咄咄逼人，处处以自己的原则和规范行事，威逼别人接受。

六、跨国公司人力资源管理

跨国公司是指在多个国家设立子公司，并在整个世界范围内获取和分配资金、原材料、技术和管理资源以实现企业整体目标的公司。如何选择和使用各类管理人才，并最有效地调动他们的积极性、主动性和创造性，最大限度地挖掘每个人的潜力，以确保其整体目标的实现，是跨国公司国际人力资源管理的根本任务。

（一）跨国公司人力资源管理的理论发展

根据跨国企业的经营特点和对人力资源的要求，跨国公司人力资源管理可以简单地划分为微观、中观和宏观三个层次的管理视角。

1. 微观视角（单个企业）

微观视角主要是从单个企业人力资源管理工作的角度出发来考虑人力资源管理的问题，如图 10.1 所示。

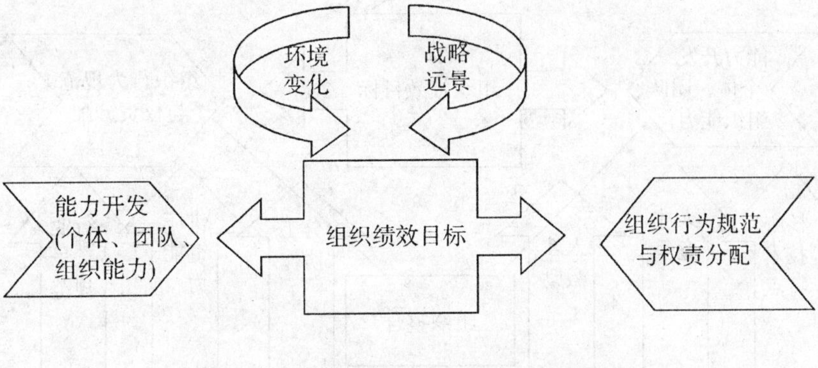

图 10.1　跨国公司人力资源管理的微观视角

2. 中观视角（行业）

中观视角则是从企业的组织工作角度以及将行业竞争特点分解为行业人力资源管理特点的角度来看待人力资源管理问题，如图 10.2 所示。

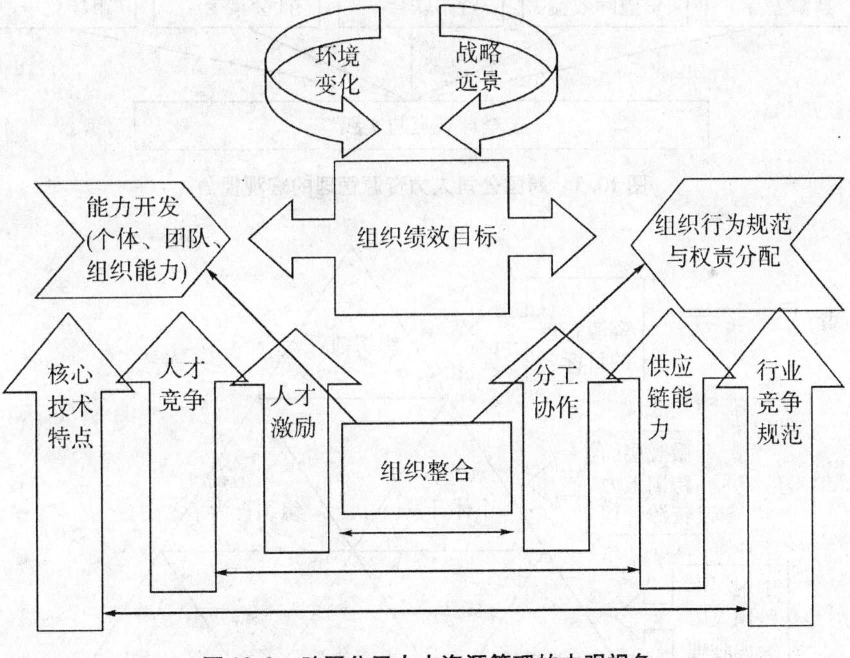

图 10.2　跨国公司人力资源管理的中观视角

3. 宏观视角（产业）

宏观视角则是从产业竞争的特点提升到国别的人力资源差异和人力资本投资差异的角度来考虑人力资源管理的问题，如图 10.3 所示。

与前面的跨国公司人力资源管理的三个层次视角相结合，研究者给出了跨国公司人力资源管理的思维框架，如图 10.4 所示。

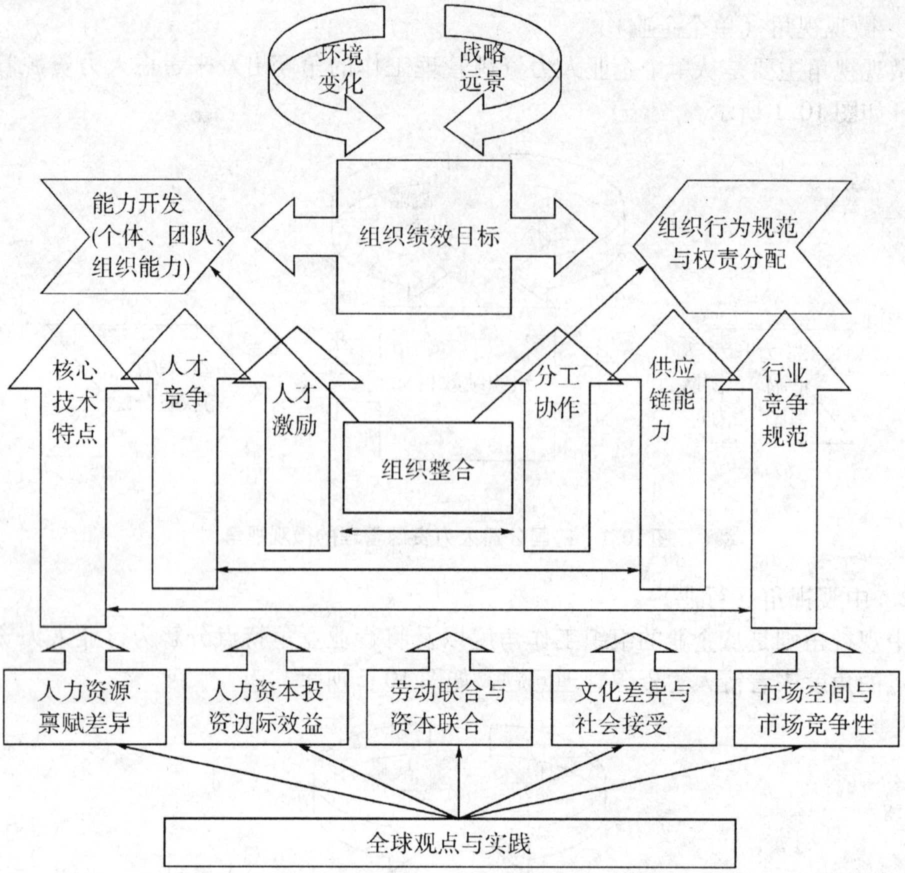

图 10.3 跨国公司人力资源管理的宏观视角

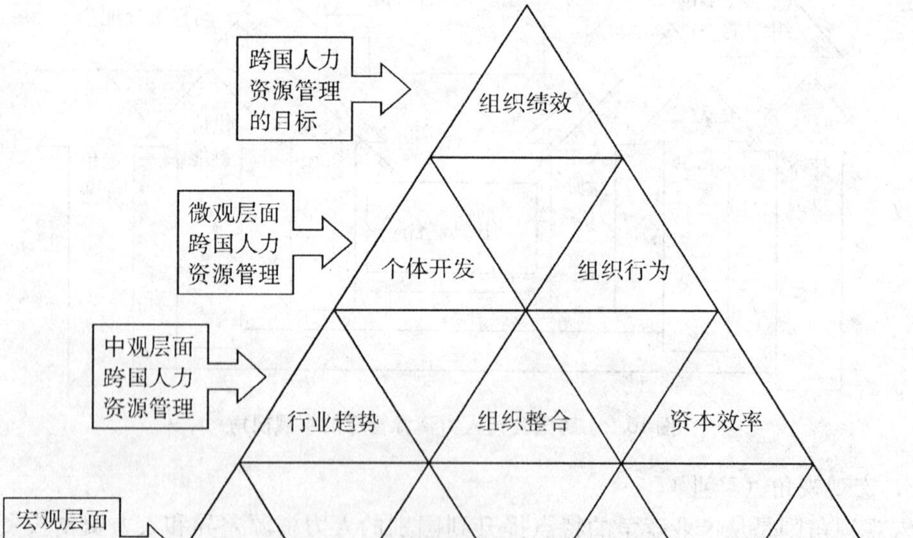

图 10.4 跨国公司人力资源管理的思维框架

(二) 跨国公司人力资源管理的模式

跨国公司人力资源管理的模式主要有以下几种：

1. 民族中心政策。这种政策中，子公司的管理人员由母公司选派本国员工担任，母公司对子公司员工严格的控制。其优点是：外派人员熟悉公司政策、目标，便于海外初期业务顺利展开；具有技术和管理方面的优势；对总公司忠诚度高；保持公司的外国形象。其缺点是：限制了所在国人员的晋升机会，可能会引起士气的下降和人员流动的频繁；驻外经理适应所在国环境需要很长一段时间，在此期间，母国人员会做出错误或不当的决策；母国人员和所在国人员的待遇差距过大时，所在国人员可能认为是不公平；驻外人员的维持费用高昂。中国国际航空、中国银行、中国五矿、中纺公司等都采取这种人员配备方法。

2. 多中心政策。跨国公司将每个分支机构看成具有某些决策自主权的独立个体。这些分部通常由当地人主管，但是他们一般不会被晋升到总部的位置。总部的管理人员也很少被派到分支机构去工作。其优点是：可以消除语言障碍，避免文化适应问题；在政治敏感地区能使公司保持低调；能为公司节省大量开支；能使当地公司在管理上具有延续性。缺点是：子公司与母公司之间的距离难以缩短；语言障碍和国家忠诚的冲突以及一些文化差异，都会使总部和子公司产生隔阂，结果可能是使总部难以控制子公司；子公司经理很少有机会到国外获得国际经验，也无法晋升到子公司之外的更高层；母国经理也只能很有限地获得国际经验，高级经理人员很少从事国际经营，长期下去将制约战略决策和资源分配。

3. 地区中心政策。子公司按地区进行分类，如欧洲区、东亚区和北美区等。采取有局限性的手段雇佣大量的管理人员。管理人员被允许可以离开自己的母国工作，但必须待在某一特定区域内。地区的管理人员虽然不可能被提升到总部的位置，却能享有一定程度的地区决策的自主权。其优点是：人力成本低；全球化视野；第三国人文化适应性强。

4. 全球中心政策。人力资源管理和其他管理由适合的任何国家的员工担任，公司总部与各子公司构成全球性的网络。不注重个体国籍但重视个体能力。其缺点是：所在国政府为了让本国居民被聘用，会限制外来人员任职；使用外国雇员的程序复杂；陪同配偶很难获取工作许可；培训重新安排成本昂贵。

表 10.2 国际人力源管理的模式

企业的特征	民族中心方式	多中心方式	地区中心方式	全球中心方式
标准设定、评估与控制	由公司总部负责	由子公司当地的管理当局负责	在地区内部的各个国家之间协调	全球和当地的标准和控制并行
沟通与协调	从公司总部到各地的子公司	在各个子公司之间和子公司与总部之间都很少	在子公司与总部之间很少，在地区的各个子公司之间一般较多	在子公司之间和子公司与总部之间结成完全联系的系统和网络

表10.2(续)

企业的特征	民族中心方式	多中心方式	地区中心方式	全球中心方式
人员	本国员工担任管理人员	东道国员工担任管理人员	本地区各国员工担任管理人员	最好的员工被安排到最合适的地方

资料来源：CYNTAIA D FISHER，LYLE F SCHOENFEIDT，JAMCS B SHAM. Human Resource Management（3th ed）[M]. Hcurhton Miffin Compory，P. 768.

第三节　跨文化人力资源管理策略

全球化是市场经济不断扩展的必然结果，国际贸易、国际投资和国际金融自由化进程加快；区域经济和区域市场逐渐趋向一体化；企业生产经营体系借助互联网等现代通信技术快速走向虚拟化，跨国公司间竞争往往“短兵相接”且日趋白热化，企业并购重组浪潮也呈“风起云涌”之势。全球化不仅意味着货币资本在全球范围内的大规模流动重组，而且表现为人力资本的全球化流动和配置。

实施跨国经营战略，必然面对文化多元化冲突的挑战，由此增大了跨文化人力资源管理的复杂性、风险性和不确定性。跨文化经营管理者所需要解决的不仅仅是组织结构、资金的筹集与投向、投资收益等问题，更为重要的是，要解决在跨文化条件下所产生的各种矛盾和冲突，以促进人力资源的产出效益。

一、识别文化差异，塑造文化合金

首先，正确对待文化差异，尊重驻在地包括不同的国家和民族、地区的文化，承认不同文化管理经验中先进性的一面，并积极、开放地予以吸收接纳，理性地对待他山之石，并不断地刺激跨文化的交流和学习，提高文化的认知能力，对异质文化的敏感性和异质文化的领悟力。其次，比较不同文化类型并找出其分歧、差异、相对以及相近的不同层面，从组织目标与整体利益出发进行从优择取，为跨文化性的交融和整合互通做好铺垫。最后，通过交流和整合，对不同文化进行融合创新，成为兼容性强、多元化的既“适应他人”又“保持自我”的“文化合金”，“适应他人”是真正理解、尊重东道国的文化，而“保持自我”是坚信本国优秀文化的特色魅力与影响力，并把它变为强势竞争力。“文化合金”是不同文化精华的集萃，将会使组织更具有优势与活力，这是跨文化管理的最高层次。

二、加强跨文化培训，造就高质量各类跨文化人才

由于各自工作习惯、企业体制、管理方法的差异，跨国企业员工可能不能完全适应公司的要求，跨文化培训可使企业员工理解文化的差异性，把握不同文化的特质，从而减轻可能的文化冲突，也可以使员工学会融合不同文化的方法，构筑文化整合的基础。跨文化培训的主要内容有对不同文化的认识、文化的敏感性训练、语言学习、

跨文化沟通以及冲突的处理、地区环境模拟等。培训方法主要包括把具有不同文化背景的员工集中在一起进行专门的文化教育、文化研究、实地考察、环境模拟、情景对话、角色扮演、语言培训等，以便打破每个人心中的文化障碍和角色束缚，更好地找出不同文化间相同之处，加强每个人对不同文化环境的适应性，提高不同文化间的合作意识和联系。

三、严格甄选外派人员，提高外派成功率

对于跨国公司而言，一项失败的外派任职的直接损失在25万~50万美元之间。美国学者的研究显示，99.9%的驻外人员不能适应海外跨国公司工作的主要原因，是不能适应海外的不同文化和工作方式。因此，选派人员到海外公司工作除考察忠诚和才干之外，选拔应侧重于考察其能否承受异国文化的冲击，是否善于控制和调节自身去适应不同的民族文化，即对不同文化的适应和协调能力，包括民族优越感倾向、对多元文化的体验、认识及承受能力、专门的文化知识、一般的文化知识、文化行为和人际交往的敏感性等。

四、推行人力资源本地化战略，增强跨文化环境的适应能力

本地人才管理本地企业，是全球化战略实施过程中，对企业组织行为和人力资源配置管理的一项基本要求。跨国经营市场和所处的政治文化法律等环境具有本地属性，员工、客户、合作伙伴和供应商大多也是本地化的。跨国企业要在本地市场参与竞争，离不开对当地消费文化的了解和把握，在这方面，本地化的管理人才显然更有优势。如日本松下公司提出“为了所在国的人们，依靠所在国人们来实现松下的经营目标”。本地员工熟悉当地的社会文化、生活习俗、法律法规，企业任用他们等于培养了自己的市场快速反应部队，他们能够根据不同地区的市场变化，做出敏捷反应，维护和提高公司效益。同样，通过他们的管理活动，公司的先进技术和成功经验得以快速本地化，提升企业的当地影响力。海尔集团是我国跨国经营本土化成功的典范，海尔认为真正的国际化应该是当地融智，也就是说人力资源应该主要用当地的，因此美国海尔的员工都是美国当地人。

五、实施全球导向的国际人力资源管理战略

经济的全球化呼唤国际化经理人。通用电器（General Electric Company，GE）前总裁韦尔奇曾说：“除非将人才全球化，否则就没有将公司真正全球化”。全球导向的国际人力资源管理，不仅要求选拔和培训具有不同国家背景的经理人，而且更加注重其与职位的匹配性，淡化个人国籍或任职国家的考虑，使之主动接受全球公司文化，灵活对待不同的文化和国家社会制度。实施全球导向的国际人力资源管理战略一方面要求不受国籍和地理限制建立全球范围的人才库，使公司在全球范围吸引、获取其所需要的经理人和专业技术人才。另一方面要求制定合理的薪酬和绩效机制，这也是全球范围内吸引人才最重要的手段。

六、在企业文化中遵循多样化政策

多样化已成为企业战略的重要方面，因为它使员工队伍趋于多元，并鼓励员工重视工作场所的文化差异。多样化政策将影响公司的全球化努力。公司可以通过多样化政策，鼓励跨文化了解和对文化差异的积极态度。福特公司、摩托罗拉每年都花巨资用于培训和发展其全球员工，要求每个员工年均至少参加40个小时的培训。

【本章小结】

跨文化人力资源管理是在不同形态文化氛围中，合理地配置人力资源，最大限度地挖掘和利用企业人力资源的潜力和价值，从而最大化地提高企业的综合效益。跨国公司的人力资源的类型按照员工所在国家可以分为本国员工、所在国员工和第三国员工，由此组成人力资源管理有三种模式。

实施跨国经营战略，必然面对文化多元化冲突的挑战，由此增大了跨文化人力资源管理的复杂性、风险性和不确定性。为此采取的策略有：识别文化差异，塑造文化合金；加强跨文化培训，造就高质量各类跨文化人才；严格甄选外派人员，提高外派成功率；推行人力资源本地化战略，增强跨文化环境的适应能力；实施全球导向的国际人力资源管理战略以及在企业文化中遵循多样化政策。

【本章思考题】

1. 文化的含义是什么，文化有哪些特征？
2. 什么是跨文化人力资源管理？跨文化人力资源管理包括哪些内容？
3. 简述跨国公司人力资源管理模式。
4. 论述如何做好跨国公司人力资源管理工作？
5. 如果东道国的生活标准比本国低，那么是否也应该相应降低外派人员的薪酬标准？请阐明你的立场。

【应用性练习题】

选择所在地的外资企业作为调查对象，收集企业的背景资料。通过对外资企业人力资源管理运作方式和流程的调查，了解外资企业在员工招聘、培训开发、绩效考核和薪酬管理等方面的操作方法，据此撰写企业调查报告。

参考文献

[1] 张德. 人力资源开发与管理 [M]. 北京：清华大学出版社，2007.

[2] 曹嘉晖，赵元凤. 管理学 [M]，南京：南京大学出版社，2011.

[3] 李剑锋，王君之. 人力资源管理十大误区 [M]. 北京：中国经济出版社，2004.

[4] 何娟. 人力资源管理 [M]. 天津：天津大学出版社，2000.

[5] 严诚忠. 企业人力资源管理理论与实务 [M]. 上海：立信会计出版社，2000.

[6] 王福新. 人力资源管理 [M]. 北京：石油工业出版社，2001.

[7] 董福荣，刘勇. 现代企业人力资源管理创新 [M]. 广州：中山大学出版社，2007.

[8] 暴丽艳，徐光华. 人力资源管理实务 [M]. 2 版. 北京：清华大学出版社，北京交通大学出版社，2010.

[9] 孙宗虎，郭蓉. 工作分析与职位说明书编写实务手册 [M]. 北京：人民邮电出版社，2007.

[10] 宋争辉. 简论职业生涯管理理论 [N]. 光明日报，2010-03-26.

[11] 郑兴山. 人力资源管理 [M]. 上海：上海交通大学出版社，2007.

[12] 林忠，金延平. 人力资源管理 [M]. 大连：东北财经大学出版社，2005.

[13] 曹红月. 人力资源管理理论和实务 [M]. 北京：对外经济贸易大学出版社，2005.

[14] 解进强，史春祥. 薪酬管理实务 [M]. 北京：机械工业出版社，2008.

[15] 苏珊·C. 施奈德，简·路易斯，巴尔索克斯. 跨文化管理 [M]. 石永恒，译. 北京：经济管理出版社，2002.

[16] 赵曙明，等. 跨国公司人力资源管理 [M]. 北京：中国人民大学出版社，2001.

[17] 喻术红，张荣芳. 劳动合同法学 [M]. 武汉：武汉大学出版社，2008.

[18] 陈维政. 人力资源管理 [M]. 北京：高等教育出版社，2005.

[19] 洛丝特. 人力资源开发与管理 [M]. 北京：中国人民大学出版社，2005.

[20] 李德伟. 人力资源培训与开发技术 [M]. 北京：科学技术出版社，2006.

[21] 石金涛. 培训与开发 [M]. 北京：中国人民大学出版社，2003.

[22] 孔静. 对企业人力资源开发与培训的探讨 [J]. 中共伊犁州委党校学报，2006 (1).

[23] 郭庆松. 企业劳动关系管理 [M]. 天津：南开大学出版社，2001.

[24] 程延园. 劳动关系 [M]. 北京：中国人民大学出版社，2002.

[25] 赵曙明. 人力资源管理研究 [M] 北京：中国人民大学出版社，2001.

[26] 赵曙明. 中国企业人力资源管理 [M]. 南京：南京大学出版社，2000.

[27] 廖泉文. 人力资源考核系统 [M]. 济南：山东人民出版社，2000.

[28] 陈全明. 绩效管理 [M]. 深圳：海天出版社，2002.

[29] 付亚和，许玉林. 绩效考核与绩效管理 [M]. 北京：电子工业出版社，2003.

[30] 刘颖，杨文堂. 绩效制度与设计 [M]. 北京：中国经济出版社，2005.

[31] 董克用，叶向峰. 人力资源管理概论 [M]. 北京：中国人民大学出版社，2004.

[32] 厉以宁. 中国企业管理教学案例 [M]. 北京：北京大学出版社，1999.

[33] LEPAK D P, SNELL S A. The Human Resource Architecture: Toward a Theory of Human Capital Allocation and Development [J]. Academy of Management Review, 1999, 24 (1): 31 -48.

[34] GREER C, YOUNGBLOOD S A, GRAY D A. Human Resource Management Outsourcing: The Make Or Buy Decision [J]. Academy Of Management Executive, 1999, 13: 85 -96.

[35] KLASS B S, MCCLENDON J, GAINEY T W. Managing HR in the small and medium enterprise: the impact of professional employer organizations [J]. Entrepreneurship: Theory and Practice, 2000, 25 (1): 107 -124.

[36] HAMMOND D. Firms resist HR outsourcing [J]. People Management, 2002, 8 (12): 8.

[37] KLASS B S, MCCLENDON J, GAINEY T W. Outsourcing HR: the impact of organizational characteristics [M]. Human Resource Management, 2001, 40 (2): 125 -138.

[38] GILLEY K M, GREER C R, RASHEED A A. Human resource outsourcing and organizational performance in manufacturing firms [J]. Journal of Business Research, 2004, 57 (3): 232 -240.

[39] GLENN DAVIDSON. Why HR outsourcing continues to expand [J]. Human Resource Management Digest, 2005, 13 (3): 3 -4.

图书在版编目(CIP)数据

人力资源管理/曹嘉晖主编.—成都:西南财经大学出版社,2012.11
ISBN 978-7-5504-0873-9

Ⅰ.①人… Ⅱ.①曹… Ⅲ.①人力资源管理 Ⅳ.①F241

中国版本图书馆CIP数据核字(2012)第246454号

人力资源管理

主　编:曹嘉晖

责任编辑:李特军
封面设计:杨红鹰
责任印制:封俊川

出版发行	西南财经大学出版社(四川省成都市光华村街55号)
网　　址	http://www.bookcj.com
电子邮件	bookcj@foxmail.com
邮政编码	610074
电　　话	028-87353785　87352368
照　　排	四川胜翔数码印务设计有限公司
印　　刷	四川森林印务有限责任公司
成品尺寸	185mm×260mm
印　　张	22
字　　数	490千字
版　　次	2012年12月第1版
印　　次	2012年12月第1次印刷
印　　数	1—3000册
书　　号	ISBN 978-7-5504-0873-9
定　　价	39.80元

1. 版权所有,翻印必究。
2. 如有印刷、装订等差错,可向本社营销部调换。
3. 本书封底无本社数码防伪标志,不得销售。